Robert Folger / Stephan Leopold (eds.)
Escribiendo la Independencia.
Perspectivas postcoloniales sobre la literatura
hispanoamericana del siglo XIX

BIBLIOTHECA IBERO-AMERICANA

Publicaciones del Instituto Ibero-Americano
Fundación Patrimonio Cultural Prusiano
Vol. 132

BIBLIOTHECA IBERO-AMERICANA

Robert Folger / Stephan Leopold (eds.)

Escribiendo la Independencia

Perspectivas postcoloniales sobre la literatura hispanoamericana del siglo XIX

Iberoamericana Vervuert

2010

© Iberoamericana, 2010
Amor de Dios, 1
E-28014 Madrid
info@iberoamericanalibros.com
www.ibero-americana.net

© Vervuert, 2010
Elisabethenstr. 3-9
D-60594 Frankfurt am Main
info@iberoamericanalibros.com
www.ibero-americana.net

ISSN 0067-8015
ISBN 978-84-8489-487-2
ISBN 978-3-86527-514-1
Depósito legal: SE-2166-2010
Printed by Publidisa

Diseño de la cubierta: Michael Ackermann
Ilustración de la cubierta: Fragmento de borrador del "Discurso de Angostura" de Simón Bolívar. Tomado de Simón Bolívar: *Los borradores del "Discurso de Angostura"*, edición facsimilar. Caracas: Instituto Nacional de Cultura y Bellas Artes, 1969.
Composición: Anneliese Seibt, Instituto Ibero-Americano, Berlín

Índice

Stephan Leopold

Introducción:
¿y cómo se escribe la Independencia?

Al comparar las dos posibles construcciones del *passé composé* francés, Roland Barthes, en su artículo programático "Écrire, verbe intransitif?", sugiere que el verbo *écrire* debería conjugarse según las dos maneras: *j'ai écrit* y *je suis écrit*. El pretérito tal como lo conocemos implica una actividad y una transitividad: yo escribo algo. El préterito incorrecto, en cambio, dice todo lo contrario: aquí el sujeto gramatical es el *patiens* de una escritura que produce performativamente al que escribe. Para Barthes el solecismo *je suis écrit* sirve para demostrar la inextractabilidad del sujeto de la lengua y asimismo para la deconstrucción de las implicaciones ontológicas del uso correcto *j'ai écrit*. Evidente prefiguración de "La mort de l'auteur", "Écrire, verbe intransitif?" visa a la desmitificación de una concepción del autor como un yo antecedente a la escritura el cual, fuerte e inquebrantable, domina su propia escritura como un dios. Es por eso que Barthes despide finalmente la convención decimonónica de la referencialidad extralingüística, ya que ésta encubre el momento fundamental de la subjetividad dentro de la escritura tal como se revela en Proust, donde "le sujet se constitue comme immédiatement contemporain de l'écriture, s'effectuant et s'affectant par elle [...] en dépit de la référence à un pseudo-souvenir" (Barthes 1984: 29). Desde esta óptica, el escritor se constituye como sujeto a través de la escritura –*je suis écrit*– y escribe algo –*j'ai écrit*– que no depende tanto de una preexistente realidad extralingüística que del desdoblamiento recíproco e íntimo del yo y la lengua misma. En el mundo postestructuralista y semiótico de Barthes, lo que reinan son los signos y no existe el escritor que medie, ni dentro de la escritura.

Acercarse a la literatura hispanoamericana del siglo XIX, sobre todo a la novela de la época, desde un concepto de procedencia postmoderna y una orientación antireferencial puede resultar un tanto chocante ya que esta literatura, en gran parte realista, pretende hacer palpable la realidad americana tal como se muestra después de la abolición de la tutela colonial. Sin embargo, el objeto de esta literatura, la realidad americana, no es un ente que se reproduce en la literatura, sino que se produce en gran medida a través de esta literatura. Hallándose la descolonización en América ante el problema de que no puede ser recuperación de un pasado precolonial –que sería un pasado precolombino y autóctono–, tampoco puede prescindir de las estructuras y jerarquías coloniales, entre ellas la lengua castellana. Además de eso, los estados postcoloniales son naciones *in statu nascendi*: entes políticos que todavía no han logrado una clara autodefinición – y esto ni a nivel de los territorios, ni a nivel de los discursos. De ahí que Benedict Anderson haya postulado que estas nuevas naciones existen ante todo en una imaginación colectiva, y son, por ende, comunidades imaginadas por poblaciones que creen en su existencia. Esta tesis –desde luego un tanto exagerada desde un punto de vista administrativo– nos puede ser de gran valor si enfocamos las prácticas simbólicas que corroboran la constitución de estas comunidades postcoloniales. Anderson nombra aquí sobre todo a la prensa que crea, por su difusión en todo el territorio, la ilusión de una temporalidad común, regida por los acontecimientos y compartida por los lectores a la hora de la lectura (Anderson 1991: 62). Así se establece lentamente una especie de cronotopía de la nación, la cual Homi K. Bhabha quiso llamar "time of the nation". Es un espacio-tiempo en el cual surge la nación como una simultaneidad virtual, y es por esta simultaneidad compartida por todos los que habitan el terreno nacional que se desarrolla a su vez el sentimiento de pertenencia y adhesión (Bhabha 1994: 143ss.). Por supuesto, no se trata aquí de negar la existencia de los estados independientes como cuerpos políticos, ni de olvidar su *hardware* tal como las leyes, la burocracia o el ejército. Queremos, no obstante, hacer hincapié en la otra cara de la moneda: a saber, en el *corpus symbolicum* que se constituye mediante la performatividad de la cultura, es decir mediante unas prácticas semióticas tales como la lectura de un determinado periódico o la conmemoración de los mismos días de fiesta que posibilitan una naciente identidad nacional.

Este proceso, claro está, se puede encontrar en todos los estados a lo largo de la historia. Cada comunidad, cada país se reafirma continuamente mediante prácticas simbólicas que hacen posible que nosotros seamos nosotros y no ellos. A pesar de ello, en el caso de la América independiente estas prácticas ganan una pertinencia singular ya que los cuerpos políticos, al encontrase en continua transformación, no son entes estables que se desdoblan meramente en las prácticas simbólicas. Las nuevas naciones, de corte arbitrario y de delimitaciones inseguras, no son –para volver a Barthes– simples referentes extrasimbólicos, sino más bien construcciones semióticas que se realizan y reactualizan mediante las prácticas culturales compartidas por los compatriotas. Según esta perspectiva las diversas independencias después de la Independencia se podrían describir como un deseo colectivo hacia un deseo propio todavía por alcanzar. En otras palabras: la carencia de referencialidad tiene su contrapeso en un deseo de referencialidad, en un deseo de comunidad que se acentúa más enfáticamente cuando más precarios son estos estados. Desde un punto de vista psicoanalítico y antropológico podríamos hablar aquí de un momento de compensación especular tal como lo ha descrito Jacques Lacan en su artículo seminal "Le stade du miroir comme formateur de la fonction du Je". Según Lacan el sujeto *infans* se constituye a partir de una carencia fundamental: carece de las facultades motrices suficientemente desarrolladas para concebirse a sí mismo como un ente autónomo y se percibe, por consiguiente, como un cuerpo despedazado *(corps morcelé)*. En esta situación disfórica la mirada al espejo dota al *infans* con un doble eufórico que es su propia imagen – la imagen visible de su entereza física. De ahí que la formación del yo sea, según Lacan, siempre una enajenación de esta *imago* del yo, y por lo tanto una identificación imaginaria con un otro que promete garantizar la entereza de la cual el sujeto carece.

Si queremos relacionar en analogía el concepto de Lacan con lo que hemos dicho anteriormente acerca de las comunidades imaginadas podemos tal vez aún precisar el concepto de Anderson. Si aceptamos la noción de que los estados postcoloniales equivalen en cierta medida al *corps morcelé* tal como lo percibe el sujeto *infans* lacaniano, las prácticas simbólicas, a través de las cuales los ciudadanos de Anderson imaginan su propia comunidad, tienen la función de una *imago* especular que no sólo garantiza la entereza del estado sino también la entereza del ciudadano como sujeto de un tal estado. Para un análisis del nacionalismo esta analogía es válida, ya que nos ayuda a comprender por qué se puede matar y morir por la patria o hasta por una bandera. Para nuestro propósito, empero, hay que subrayar el momento simbólico de esta identificación, y sobre todo el momento literario que nos interesa aquí. Desde este punto de vista la literatura de la Independencia sería *Nationalliteratur* en el sentido enfático pues no sólo (d)escribe la nación, sino también desencadena una práctica de lectura perpetua que es parte vital de este *nation-building* literario. La carencia inscrita en el cuerpo político se compensa así por un acto de lectura compartido por millares de individuos, los cuales, sin que necesariamente se conozcan entre sí, ganan su propia subjetividad de lectores-compatriotas justamente en el acto de esa lectura especular. Al reconocerme en *Amalia* soy argentino, al solidarizarme con *María* soy colombiano etc. Pero el deseo especular de estado, no sólo se encuentra en la recepción *post festum* sino también en la producción de los textos mismos. Es aquí donde nos encontramos plenamente con el *je suis écrit* de Barthes. Yo soy escrito porque escribo. Yo escribo sobre el estado que deseo porque deseo constituirme a mí dentro de esa escritura. Yo escribo porque deseo, en fin, ser reconocido por mis compatriotas como poeta fundacional de un estado que sólo se articula a través de mí.

Esta dialéctica del deseo es tal vez uno de los rasgos más destacables de las literaturas postcoloniales. El primero que, a nuestro saber, hizo hincapié en esta afectividad específica fue Fredric Jameson quien en su artículo "Third-World Literature in the Era of Multinational Capitalism" postula que en las culturas postcoloniales la privatización del individuo tal como se dio en Occidente no pudo tener lugar justamente por la precariedad en la que se hallaba la *res publica*. Para Jameson la literatura postcolonial es necesariamente política, y esto ante todo por la "investición libidinal" colectiva dirigida inevitablemente hacia el estado (Jameson 1986: 69). A diferencia de Anderson, Jameson destaca sin embargo el aspecto disfórico de esta investición. Mientras Anderson nos muestra cómo las prácticas culturales pueden constituir una subjetividad nacional que funciona independientemente de la realidad política propiamente dicha, Jameson se fija ante todo en los momentos de desintegración física y psíquica que abundan en las literaturas postcoloniales. Para Jameson, quien argumenta desde la semántica de los textos que analiza, la investición libidinal en el estado es una afectividad frustrada que se articula en imágenes de despedazamiento que él llama acorde con Freud una "reconstrucción paranoica de la realidad" (Jameson 1986: 70s.). No podemos profundizar en el análisis del texto de Jameson que por su complejidad conceptual merecería un análisis aparte. Lo que, no obstante, debería quedar en evidencia es que Jameson, sin que se base explícitamente en Lacan, concibe esta "reconstrucción paranoica" como la antítesis de la *imago* especular en la cual puede afirmarse el *infans* como sujeto integral. La "reconstrucción paranoica" equivale, pues, en cierta medida al *corps morcelé* suprimido en la identificación especular, y funciona, por lo tanto, como un resto irreprimible de la realidad política que se manifiesta, o bien en la superficie o bien en la estructura, de los textos postcoloniales. Es por esta pulsión de lo real-político que Jameson llega a la conclusión de que todo texto postcolonial es necesariamente alegórico, ya que exprime siempre, aún sin que lo diga explícitamente, la condición precaria de la nación.

Si el artículo de Jameson se puede leer como doble disfórico de la tesis de Anderson, Doris Sommer, en sus *Foundational Fictions*, intenta una especie de combinación de las dos posturas. De Anderson rescata, muy acertadamente a nuestro ver, el aspecto pragmático de la literatura de la Independencia al concebirla como un *nation-building* literario el cual sí corrobora a unas específicas identidades nacionales. De Jameson se apropia del concepto de la alegoría, pero sin el aspecto de la "reconstrucción paranoica". La dimensión libidinal de los textos la ve principalmente a nivel de la historia, ya que los textos que analiza son *family romances* y por lo tanto historias de amor. Estas historias de familias y de amores son alegóricas porque en vez de reproducir simplemente los eslabones heredados del romanticismo europeo contienen un significado figurativo que visa a las posibles o imposibles nupcias de las fuerzas heterogéneas que dominan y amenazan los nuevos estados independientes. Las ventajas de Sommer sobre Jameson saltan a la vista, ya que Sommer tiene en consideración la pragmática histórica en la cual la literatura puede funcionar como *nation-building*. Al pasar por alto el aspecto agudamente disfórico de la "reconstrucción paranoica" logra además esbozar una alegoría, como quien dice, optimista, la cual puede afectar al lector-compatriota de una manera positiva. Las historias de amor, aunque frustradas, son para Sommer sobre todo visiones de un estado que pudo ser y así son utopías de un posible futuro feliz. Su concepto teórico de la alegoría, derivado de *Ursprung des deutschen Trauerspiels* de Walter Benjamin, sirve a este propósito de tal manera que la literatura no alegoriza una realidad ya preexistente sino forma parte de un proceso dialéctico en el cual literatura y historia nacional se afectan mutuamente (Sommer 1991: 30-51). Las alegorías nacionales, tal como las concibe Sommer, no son referenciales en el sentido tradicional de la alegoría, sino prácticas que corroboran la producción de la realidad nacional. Funcionan, en última instancia, de una manera similar al *je suis écrit* de Barthes: No (d)escriben algo fuera del yo, sino constituyen el sujeto, y en nuestro caso, la comunidad y realidad nacionales.

El concepto de la alegoría nacional tal como lo maneja Doris Sommer es sin duda un instrumento teórico válido para la comprensión de la literatura latinoamericana del siglo XIX. Descartar el concepto de Jameson nos parecería, sin embargo, un tanto precipitado, puesto que, a nuestro ver, el aspecto disfórico omnipresente en las *familiy romances*, no se deja explicar únicamente por su función utópica. Es aquí donde vale la pena echar un vistazo al concepto de la alegoría tal como la concibe Benjamin en su libro sobre la tragedia barroca:

> [I]n der Allegorie [liegt] die *facies hippocratica* der Geschichte als erstarrte Urlandschaft vor Augen. Die Geschichte in allem was sie Unzeitiges, Leidvolles, Verfehltes von Beginn an hat, prägt sich in einem Antlitz – nein in einem Totenkopfe aus. Und so [...] spricht nicht nur die Natur des Menschendaseins schlechthin, sondern die biographische Geschichtlichkeit eines jeden einzelnen in dieser seiner naturverfallensten Figur bedeutungsvoll als Rätselfrage sich aus. Das ist der Kern der allegorischen Betrachtung, der barocken, weltlichen Exposition der Geschichte als Leidensgeschichte der Welt; bedeutend ist sie nur in den Stationen ihres Verfalls. Soviel Bedeutung, soviel Todverfallenheit, weil am tiefsten der Tod die zackige Demarkationslinie zwischen Physis und Bedeutung eingräbt. Ist aber die Natur von jeher todverfallen, so ist sie auch allegorisch von jeher. Bedeutung und Tod sind so gezeitigt in historischer Entfaltung wie sie im gnadenlosen Sündenstand der Kreatur als Keime ineinandergreifen (Benjamin 1978: 343).[1]

---

1   [E]n la alegoría la *facies hippocratica* de la historia se ofrece a los ojos del espectador como paisaje primordial petrificado. En todo lo que desde el principio tiene de intempestivo, doloroso y fallido, la historia se plasma sobre un rostro; o mejor, en una calavera. Y, si es cierto, que ésta carece de toda libertad 'simbólica' de expresión, de toda armonía clásica de la forma, de todo lo humano, en esta figura suya, la más sujeta a la naturaleza, se expresa significativamente como enigma no sólo la naturaleza de la existencia humana como tal, sino la historicidad biográfica propia de un individuo. Éste es sin duda el núcleo de la visión alegórica, de la exposición barroca y mundana de la historia en cuanto que es historia del sufrimiento del mundo; y ésta sólo tiene significado en las estaciones de su decaer. A

Según Benjamin, en el barroco toda historia profana es concebida como errónea *(verfehlt)* e inclinada a la muerte *(todverfallen)*. Su imagen central es la calavera *(Totenschädel)*, porque ésta, al ser la imagen más apropiada de la fuerza devastadora de la naturaleza, encierra en sí también la enigmática verdad *(Rätselfrage)* de toda la historia mundana. Esta propensión a la muerte es para Benjamin el *sine qua non* de la alegoría barroca ya que, al ser vano el mundo a causa de la irredimible caída del hombre *(gnadenloser Sündenstand)*, la historia mundana no puede ser sino exposición *(weltliche Exposition)* de la historia sagrada. Pero este mundo, caído y mortal, no sólo remite al otro mundo, sino cobra su significado justamente por su propensión a la muerte. "Soviel Bedeutung, soviel Todverfallenheit" dice Benjamin. De ahí que el estatus del mundo sea un tanto paradójico: el mundo es vano, no obstante, sólo a causa de esta vanidad intrínseca cobra su significado. En otras palabras: la historia profana y material, que es también la historia política, sólo tiene sentido por visar a la transcendencia, pero justamente por no haber alcanzado todavía la transcendencia es significativo el mundo y su historia. Es esta la dialéctica tal como la entiende Benjamin:

> Demnach wird die profane Welt in allegorischer Betrachtung sowohl im Rang erhoben wie entwertet. Von dieser religiösen Dialektik des Gehalts ist die von Konvention und Ausdruck das formale Korrelat. Denn die Allegorie ist beides, Konvention und Ausdruck; und beide sind von Haus aus widerstreitend (Benjamin 1978: 350).[2]

En el pensamiento alegórico el mundo profano y político es privado de valor *(entwertet)* y elevado *(im Rang erhoben)* al mismo tiempo, y esto justamente porque al significado alegórico *(Gehalt)* le falta el significante vano *(Ausdruck)*. Esta interdependencia de *sensus histori-*

---

mayor significado, mayor sujeción a la muerte, pues sin duda es la muerte la que excava más profundamente la dentada línea de demarcación entre la *phýsis* y el significado. Pero si la naturaleza siempre ha estado sujeta a la muerte, viene a ser igualmente de siempre alegórica. El significado y la muerte han madurado en el despliegue histórico tanto como, en el estado de pecado de la criatura excluida de la gracia, se compenetraban estrechamente en cuanto gérmenes (Benjamin 2006: 383).

2   "Según esto, en la consideración alegórica el mundo profano aumentará de rango en la misma medida en que se devalúa. El correlato formal de esta dialéctica religiosa del contenido es la de la convención y la expresión. Pues, en efecto, la alegoría es ambas cosas, y ambas son antagónicas por naturaleza" (Benjamin 2006: 393).

cus y *sensus allegoricus* produce, en última instancia, una situación agonal en la cual el significado transcendental y el significante vano luchan entre sí, sin que pudiera haber ganador *(von Haus aus wider-streitend)*.

Ahora bien, si comparamos la alegoría nacional de Doris Sommer con el pensamiento alegórico de Benjamin, podemos constatar dos cosas: por una parte, Sommer transpone la dialéctica agonal entre historia profana y historia sagrada en la dialéctica utópica entre historia privada del individuo y la (posible) historia futura de la nación. Por otra parte, mitiga considerablemente la importancia de la historia como historia de sufrimiento *(Leidensgeschichte)*, fallando asimismo en teorizar el concepto de la calavera *(Totenschädel)*, central para Benjamin. Sus alegorías utópicas carecen, pues, de esta dimensión agudamente disfórica, imprescindible para Benjamin y tan sutilmente reflexionada por Jameson. No se trata aquí de tachar a Sommer de ser excesivamente optimista. Queremos solamente intentar de integrar el aspecto disfórico en su modelo indudablemente válido. Esto nos remite una última vez a Benjamin y más concretamente al título de su obra: *Ursprung des deutschen Trauerspiels*. La traducción corriente de *Trauerspiel* sería "tragedia", pero la semántica de la palabra va más allá siendo posible traducirla como "teatro de luto" o "teatro de duelo". Es un "teatro de duelo" el *Trauerspiel* barroco por la calavera que encierra en su centro, es decir por la irremediable decrepitud de un mundo político que no puede ser otra cosa que historia de sufrimiento. En su función pragmática el *Trauerspiel* como "teatro de duelo" de un mundo inclinado a la muerte, se puede comparar, pues, con un rito colectivo que funciona como "trabajo de duelo" en el sentido de Freud: al participar en este "teatro de duelo" el espectador lamenta su propia mortalidad y la supera, quizá, al fijar su futuro en la inmortalidad.

Si miramos las alegorías nacionales bajo este enfoque podemos quizás discernir con más nitidez su función pragmática. Más que ser una mera "reconstrucción paranoica de la realidad" que distancia al sujeto frustrado de su patria todavía despedazada, la historia de sufrimiento inscrita en las *family romances* contiene un momento de identificación importante, ya que constituye también una comunidad de duelo que se sabe a unísono en su decepción del presente y en sus esperanzas para el futuro. De esta manera, la dimensión disfórica de las *familiy romances* se podría ver como la contrafactura del cronotopio de la nación establecida mediante la prensa y las otras prácticas que constituyen las específicas subjetividades nacionales. Pero esto no nos dispensa de preguntarnos ¿cuáles son las específicas estructuras semánticas mediante las cuales se establece el conflicto intrínseco de las *family romances*? Sommer hace hincapié en las fuerzas heterogéneas que operan dentro de las estructuras políticas, los diferentes *power groups*, el conflicto entre capital y provincia, los diferentes discursos que se emplean para definir una determinada república. Estos antagonismos nos conducen a preguntas de índole postcolonial en el sentido estricto que la teoría contemporánea da a esta palabra. La primera de estas preguntas sería por lo tanto averiguar aquel fenómeno que Bhabha ha llamado "the other question" (Bhabha 1994: 66-85). ¿Quién es, pues, el otro en estos *familiy romances*? ¿Quién es el antagonista que impide la unión feliz? Y más importante aún: ¿por cuales características se define este otro?

Responder a estas preguntas fundamentales, claro está, corresponde a los diferentes análisis que reúne el presente volumen. Pero queremos llamar la atención sobre la particularidad que distingue a las literaturas de la América decimonónica de las literaturas postcoloniales después de las grandes descolonizaciones del siglo XX. A saber, el hecho de que en América no se recupera un legado autóctono suprimido por el poder colonial, sino que se perpetúan generalmente las jerarquías coloniales – con la única diferencia de que los criollos ocupan ahora el lugar que antes ocupaban los españoles. Así que –también por regla general– lo propio *(the self)* no pueden ser el indio ni el esclavo negro, sino solamente el criollo blanco de asentadura burguesa y educación occidental. La importancia que tienen París y Londres en la imaginación criolla es prueba suficiente de esta orientación hacia la cultura europea. Pero aquí surge otra problemática ya que la cultura europea tal vez más cercana, la española, tampoco puede ser la propia – lo cual es aún más paradójico a causa del hecho de que entonces se habla y se escribe en la lengua del otro. En este sentido hay que entender el enorme esfuerzo de lingüistas americanos como Bello de establecer y formalizar un idioma auténticamente americano. La cuestión del otro es, por consiguiente, polifacética. El indio y el negro pueden ser el otro por no encajar en el paradigma étnico y social de la ideología criolla. El español puede ser el otro por representar una cultura absolutista y católica que no concuerda con los ideales de la Ilustración francesa tan caros a los escritores de la Independencia. Pero el pueblo, frecuentemente denominado como "la chusma", tampoco puede constituir lo propio – a no ser romantizándolo como una fuerza vital de la nación que aún queda por civilizar. Es sintomático en este sentido *El matadero* de Echeverría donde la plebe sangrienta asesina al inocente representante de los valores de la Ilustración europea: el unitario sin nombre que muere con los brazos abiertos como un segundo Cristo.

Todo esto, claro está, no se debe tomar por apodíctico y sólo sirve como un marco de referencia que los diferentes análisis de este libro tienen que desarrollar y ajustar. Lo que nos interesa de momento es solamente poner de relieve las problemáticas del *self-fashioning* ideológico de las nuevas naciones. El término, forjado como es sabido por Stephen Greenblatt, nos resulta apropiado aquí, ya que implica siempre un doble juego de delimitación e identificación. Para constituirse uno a sí mismo uno se delimita del otro que no quiere ser y se identifica con otra instancia que considera como propia (Greenblatt 1984: 9). Como hemos visto, en Latinoamérica el *self-fashioning* no puede funcionar de una manera simple y unívoca siendo lo propio –la cultura española, el indio, el negro y "la chusma"– a menudo el otro, mientras que el otro –la cultura francesa, anglosajona y, en el caso de Martí, también la estadounidense– es la instancia de identificación. Estamos, por lo tanto, ante dos fenómenos estudiados extensivamente en la teoría postcolonial: el *othering* (otreamiento) y la *mimicry* (mimetismo). El *othering*, es decir la producción semántica del otro está muy liada a otro concepto de índole postcolonial: a saber, la estereotipización de personas y grupos considerados como el otro. La estereotipización, a menudo con implicaciones racistas y sexistas, se fija en rasgos físicos que pueden servir para una delimitación semántica. Así la piel oscura del negro "comprueba" su "consabida" inferioridad y lascivia en tanto que los rasgos del indio no nos dejan dudar de su ociosidad y malignidad. Bhabha, muy acertadamente, habla al respecto de un fetichización de los rasgos físicos los cuales, por ser vacíos en sí desde un punto de vista ontológico, producen la agresión necesaria para mantener las jerarquías semánticas que les otorga la ideología vigente (Bhabha 1994: 66-69). Si el *othering* en Latinoamérica es, en cierto modo, la perpetuación de la ideología colonial, el mimetismo de las culturas francesa, anglosajona y estadounidense es el resultado de la imposible identificación con el colonizador. Se imita a las naciones más civilizadas de la Europa del momento por no ser españolas y, lo que no cuenta menos, por no ser horteras ultramarinas.

En la literatura del XIX latinoamericano los dos fenómenos son de suma importancia, y esto también por no funcionar siempre de una manera perfecta. El *othering* como enajenación de lo propio produce a menudo no tan a propósito efectos secundarios – como en el caso de la ya citada obra de Echeverría, donde "la chusma" por muy brutal y vil que sea, también incorpora una impresionante fuerza vital, mientras que el pasivo unitario sin nombre parece un fantoche que sólo sabe pronunciar discursos huecos. Este momento deconstructivista *malgré lui* no es siempre tan evidente como en *El matadero*, obra que no se publicó en su tiempo. Pero también en muchos de los otros textos aquí estudiados se pueden percibir rasgos de una contracorriente que dialogiza las preestablecidas jerarquías y oposiciones semánticas.

El caso del mimetismo literario no es menos interesante. Como ya hemos dicho, la literatura de la Independencia se sirve ampliamente de los eslabones del Romanticismo europeo, pero también del Rousseauismo, del paisajismo de Chateaubriand y de los héroes de Byron. Lo que fascina al lector de hoy, que será inevitablemente un lector postmoderno, no es tanto el fracaso previsible de estas importaciones, sino las nuevas, a menudo inauditas recombinaciones. Un texto como *Sab*, por ejemplo, que es en importantes aspectos una reescritura del *Werther* de Goethe no es únicamente un eco epigonal de una obra maestra europea sino una apropiación *sui generis*. Aunque de un *kitsch* flagrante, constituye también el intento muy respetable, aunque no menos *kitsch*, de concebir un mulato sentimental y heroico que podría ser prefiguración de un mestizaje cultural y étnico tal como lo favorecemos hoy. *María*, para citar otro ejemplo, es seguramente uno de los libros más sentimentales que jamás se hayan escrito y es entre otras cosas también una reescritura de *La Nouvelle Héloïse* de Rousseau. Pero al mismo tiempo contiene unos logros formales y estilísticos que hoy nos hacen pensar en Proust o Lezama Lima.

Podríamos seguir. Pero esto sería ya entrar en el análisis de textos. Se nos permitirán unas últimas palabras acerca de la estructura de este volumen, con el cual queremos no sólo conmemorar pero también, si hace falta, reivindicar el primer siglo de la Independencia desde el

bicentenario de la Revolución de Mayo. Los artículos que hemos reunido aquí son, en gran mayoría, análisis detenidos de textos que siguen todos el mismo rumbo: ¿cómo concebir y teorizar la literatura de
la descolonización en Latinoamérica bajo un enfoque postcolonial?
Hemos también intentado seguir un recorrido cronológico que nos
lleva de las *Memorias* de Fray Servando Teresa de Mier a José Martí.
Queríamos no solamente estudiar las obras canónicas cómo el ya citado *Sab* y la siempre fascinante *María*, sino también indagar en los
textos olvidados, la literatura menor, las pequeñas independencias. Así
el lector puede valorizar a su cuenta la diversidad, pero también la
coherencia de este proyecto precario y a menudo doloroso que fue el
nation-building literario en la América Latina del siglo XIX. El recorrido, claro está, no es completo ni mucho menos. Muchas de las
grandes obras faltan y de las pequeñas quedan todavía muchas por
descubrir. No obstante, esperamos que el entusiasmo que nos condujo
se contagie a través de las páginas que siguen y que se recluten así
nuevos lectores, que no serán los lectores-compatriotas de antaño, que
estudien a fondo esta literatura que vale el esfuerzo intelectual y teórico.

Bibliografía

Anderson, Benedict ([1983] 1991): *Imagined Communities. Reflections on the Origin
and Spread of Nationalism.* 2ª ed. revisada. London/New York: Verso.

Barthes, Roland (1984): *Le bruissement de la langue* (Essais critiques IV). Paris:
Seuil.

Benjamin, Walter ([1928] 1978): "Der Ursprung des deutschen Trauerspiels". En:
Gesammelte Schriften. Vol. 1.1 en colaboración con Theodor Adorno y Gershom
Scholem, ed. por Rolf Thiedmann y Hermann Schweppenhäuser. Frankfurt am
Main: Suhrkamp, pp. 203-430.

— ([1928] 2006): "El origen del Trauerspiel alemán". En: *Obras libro* I/vol. 1. Ed.
por Rolf Thiedmann y Hermann Schweppenhäuser, trad. de Alfredo Brotone
Muñoz. Madrid: Abada Editores, pp. 217-460.

Bhabha, Homi K. (1994): *The Location of Culture*. London/New York: Routledge.

Freud, Sigmund (1917): "Trauer und Melancholie". En: *Studienausgabe*, vol. III,
pp. 193-212.

Greenblatt, Stephen ([2]1984): *Renaissance Self-Fashioning. From More to Shakespeare*. Chicago/London: Chicago UP.

Jameson, Fredric (1986): "Third-World Literature in the Era of Multinational Capitalism". En: *Social Text*, 15, pp. 65-88.

Lacan, Jacques (1966): "Le stade du miroir comme formateur de la fonction du Je". En: *Écrits*. Paris: Seuil, pp. 93-100.

Sommer, Doris (1991): *Foundational Fictions. The National Romances of Latin America*. Berkeley et al.: University of California Press.

Robert Folger

"Mi historia ... una novela, y seguramente fingida": estereotipos (post)coloniales y alegoría nacional en las *Memorias* de Fray Servando

> El Padre Mier es lectura imprescindible para quien aspire a conocer a raíz el origen, los antecedentes y las soluciones de ese gran vuelco histórico que fue la independencia política de las posesiones españolas en América (O'Gorman 1960: 63).

1. Introducción

> [C]omo en otras ciudades se divisan columnas de mármol, yo ví dos elevadas y pregunté qué eran. Estiércol para hacer el pan. Sacaba la cabeza del coche, y en todas las esquinas leía a pares carteles con letras garrafales que decían: "D. Gregorio Sencsens y D. qué se yo, hacen bragueros para uno y otro sexo". Me figuré que aquél era un pueblo de potrosos, y no lo es sino de una raza degenerada, que hombres y mujeres hijos de Madrid parecen enanos, y me llevé grandes chascos jugueteando a veces con alguna niñita que yo creía ser de ocho o nueve años, y salíamos con que tenía sus dieciséis (Mier 1982, II: 159-160).[1]

El "viajero" que así resume sus impresiones de la metrópoli Madrid del año 1807 es Fray Servando Teresa de Mier Noriega y Guerra. Ese Mier se jacta de que sea imposible conocerle y no amarle, y que él mismo sea incapaz de odiar incluso a sus enemigos. Sin embargo, su descripción vitriólica de los reinos españoles está impregnada del más profundo desprecio, y no es sorprendente que Fray Servando no sólo haya hecho amigos en sus viajes. Pues el autor, un criollo novohispano, tenía razones para no adular a España y a los españoles. La causa

---

1. Gracias a una reciente edición (2006) en rústica, las *Memorias* de Mier son fácilmente adquiribles. Todas mis citas proceden de la edición de Antonio Castro Leal (1982). Manuel Ortuño Martínez facilita una bibliografía de monografías sobre las *Memorias* (2006: 12-15); véanse también la bibliografía selecta de la edición de Castro Leal (Mier 1982: xii-xiv) y las referencias bibliográficas en la introducción de Susana Rotker a la traducción inglesa del texto (1998: lvii-lxiii). Edmundo O'Gorman proporciona una visión gobal de los escritos e ideas políticas de Mier (1960).

de su "viaje" fue un sermón del año 1794 en el cual había refutado la versión oficial de la aparición de la Virgen de Guadalupe,[2] postulando el advenimiento del cristianismo al Nuevo Mundo ya en tiempos del apóstol Santo Tomás. Dado que esta interpretación minaba la legitimación del régimen colonial, se le condenó, a instigación del arzobispo de México, Alonso Núñez de Haro, a destierro y diez años de arresto en España. Fue el comienzo de una secuencia poco menos que infinita de encarcelamientos y fugas aventureras y de un viaje por grandes partes de Europa.[3]

Recientemente, los críticos han interpretado los escritos de Mier como textos "proto-postcoloniales", por así decirlo. "Fray Servando's discursive maneuvers are", sostiene Susana Rotker, "a model of the strategies employed by the colonized to oppose imperial power [...], invaluable material for the development of a postcolonial theory for Latin America" (Rotker 1998: xxxiv).[4] De hecho, se trata de una forma de *writing back* colonial que parece ilustrar algunos postulados fundamentales de la teoría postcolonial. Fray Servando evoca estereotipos en el sentido de Homi K. Bhabha. Puesto que los colonizados (en la persona de Mier) "re-miran" *(look back)* parece razonable interpretar su relación pseudo-etnográfica como documento del mimetismo colonial, o sea, la parodia de discursos y prácticas coloniales. Por fin, la dimensión imagológica (Leersen s. a.), a saber, tanto la imagen de la nación española colonizadora como la proyección de la futura nación mexicana, sugieren el efecto de la "ImagiNación" en el sentido de Bhabha en las *Memorias* de Mier.

Sin embargo, la mera aplicación de teorías postcoloniales al contexto americano y a los textos americanos entraña, por un lado, el peligro de pasar por alto la complejidad tanto de la situación colonial como de la transición a la postcolonialidad. Además, veremos que es necesario contrarrestar la tendencia a subestimar los factores de *gender* ("género") y clase social en las negociaciones coloniales y postco-

---

2 Véase la edición de las *Memorias* por Castro Leal (1982, I: 1-220), la cual incluye como primera parte la *Apología* de Mier. En cuanto a los antecedentes del "criollismo" de Fray Servando, en particular, Carlos de Sigüenza y Góngora, véanse Bénassy-Berling (1993) Jara (1979), y Gerbi (1983: 435-41).

3 Acerca de la biografía de Mier, véanse Castro Leal (1982: xi-xii), Rotker (1998: xiii-xix), y Ortuño Martínez (2006: 10-13).

4 Otro ejemplo es Linda Egan quien califica el texto de Mier rotundamente como "discurso postcolonial" (2004: 14).

loniales – achaque común de las teorías "clásicas" postcoloniales. Mantengo, pues, que Mier puede "revolver" el *colonial gaze* porque fue portavoz y representante de una élite criolla que reclamaba una pretendida herencia indígena. El criollo no es colonizador ni colonizado y, a la vez, lo es. El estatus liminar del criollo en cuanto a la oposición binaria fundamental del régimen colonial es la razón fundamental de que algunas premisas esenciales del mimetismo de Bhabha no sean aplicables. En sus *Memorias*, Mier se presenta como víctima de la opresión colonial y, a la vez, como observador superior de una metrópoli corrupta y degenerada. Yo interpreto esta "persona" ("máscara") como invitación ideológica (interpelación en el sentido dado al concepto por Luis Althusser) a los mexicanos a identificarse con el ferviente luchador por la independencia novohispana. Su biografía se convierte en una alegoría jamesoniana de la nación mexicana. Esta nación que hay que inventar y su grandeza se basan –como la grandeza personal de Mier– en el "otreamiento" *(othering)* de los europeos. Con ímpetu ilustrado y afán romántico, la alegoría nacional promete integrar el cuerpo nacional entero; se trata, no obstante, de la alegoría de una élite que se ve a sí misma, paradójicamente, como libertadora del yugo colonial y, al mismo tiempo, como heredera de los conquistadores y de sus prerrogativas.

2. Mier a través de su texto

El texto, que es el centro de mi ensayo, tiene el título descriptivo "Relación de lo que sucedió en Europa al Doctor Don Servando Teresa de Mier después que fue trasladado allá por resultas de lo actuado contra él en México, desde julio de 1795 hasta octubre de 1805". Es la parte esencial de las llamadas *Memorias* de Mier que son, de hecho, una construcción de los editores y estudiosos de su obra.[5] En la *Relación*,

---

5   Siguiendo la pauta de editores previos de las *Memorias* (Manuel Payno, 1865; José Eleuterio González, 1876), en la edición de Castro Leal una *Apología* suple la prehistoria de sus calamidades. En esta *Apología* Mier explica y justifica su escandalosa interpretación de la aparición de la Virgen de Guadalupe; véase Ortuño Martínez (2006: 13). En la edición de Ortuño Martínez el último tercio de las *Memorias* consiste en materiales biográficos tomados de una serie de textos de Mier, relatando la vida de Mier después de la fuga a Portugal. La negligencia de la complicada historia textual y de la naturaleza compuesta de *la obra* ha dado lugar a interpretaciones que sobrevaloran la importancia del discurso autobiográfico en la *Relación*.

escrita en 1818 en la cárcel de la Inquisición en San Juan de Ulúa, Mier relata sus aventuras en Europa después de su condena por las autoridades novohispanas hasta la fuga a Portugal. Comúnmente se asocia a la *Relación* como "parte" de las *Memorias* con los géneros libros de viajes y autobiografía.[6]

Ambas adscripciones tienen fundamento y, a la vez, distorsionan la pragmática y la lógica del texto. Volveré sobre ese aspecto en seguida. Refiriéndose a la *Relación*, el texto que me interesa en este estudio, Enrique Rodrigo ha llamado la atención sobre las implicaciones genéricas del término "relación" en el contexto colonial: "1) eran informes de testigos de los hechos narrados, 2) trataban de organizar de forma coherente lo presenciado, y 3) iban acompañadas de una solicitud" (Rodrigo 1997: 356).[7] No cabe duda de que el origen de la primera parte de la *Relación* es una auto-justificación, una documentación de un caso de injusticia e, implícitamente, una solicitud o demanda a rectificar esa injusticia. En palabras de Guadalupe Fernández Ariza, "los itinerarios llegaron a ser fragmentos biográficos que tenían en su origen móviles apologéticos o testimoniales" (1993: 61). Sin embargo, hay que tener en cuenta que "[l]a relación de Mier se dirige no tanto a una autoridad determinada de la colonia, sino a sus compatriotas de la Nueva España como jueces de los acontecimientos" (Rodrigo 1997: 357).[8] Aunque las relaciones necesariamente subrayan el yo como narrador y, en el caso de Fray Servando, como protagonista-víctima, la subjetividad maniática en la *Relación* de Mier es ciertamente excepcional. Tampoco es lícito explicarla como efecto de su objetivo de comprobar su inocencia.

Por un lado, Fray Servando destaca una y otra vez su inocencia y su integridad moral, presentándose como víctima de detestables persecuciones injustas. Por otro, Emir Rodríguez Monegal dice, con mucha razón, que un "deeply narcissistic need: to leave behind a record of his dashing, brilliant, beautiful self" (1977: 176) es el motivo fundamental de la labor de escritor de Fray Servando. El autor se define a sí mismo

---

6   Enrique Rodrigo habla de un "híbrido entre relato autobiográfico, novela, narración de viajes, relato picaresco, alegato jurídico y panfleto político" (1997: 355).

7   En mi artículo "Alfonso Borregán writes himself" (Folger 2005) reconstruyo la pragmática de las llamadas *relaciones de méritos y servicios*, analizando la imbricación entre *self-fashioning* y burocracia colonial.

8   Véase también Ette (1992: 181).

de manera muy tradicional como caballero y por ello situado muy por
encima de los viles burócratas y de sus sayones:

> Además de eso soy noble y caballero, no sólo por mi grado de doctor
> mexicano, conforme a la ley de Indias, no sólo por mi origen notorio la
> nobleza más realzada de España, pues los Duques de Granada y Altamira
> son de mi casa, y la de Mioño, con quien ahora está enlazada, disputa la
> grandeza, sino también porque en América soy descendiente de los pri-
> meros conquistadores del Nuevo Reino de León, como consta de las
> informaciones jurídicas presentadas y aprobadas en la Orden [...] (Mier
> 1982, I: 101).[9]

Vemos a un erudito de primera categoría, doctor en teología. Es un
sacerdote concienzudo y también un hombre que evoca los deseos de
las mujeres que encuentra; pensador ilustrado y cristiano devoto. Según Mier, estos aspectos son perfectamente compatibles; "me lucí
tanto en la disputa" teológica con los rabinos de Bayona, nos dice
Mier, "que me ofrecieron en matrimonio una jovencita bella y rica
llamada Raquel [...] y aun me ofrecían costearme el viaje a Holanda,
para casarme allí, si no quería hacerlo en Francia" (Mier 1982, I:
20).[10] Por un lado, insiste el autor, es su aspecto mexicano lo que lo
convierte en personaje sumamente atractivo:

> Tenía la fortuna de que mi figura, todavía en la flor de mi edad, atraía a
> mi favor los hombres y las mujeres; el ser de un país tan distante como
> México me daba una especie de ser mitológico, que excitaba la curiosi-
> dad y llamaba la atención (Mier 1982, II: 61).

Por otro, Fray Servando tiene un alma sensitiva, romántica:

> Yo nací para amar, y es tal mi sensibilidad, que he de amar algo para vi-
> vir. Así en mis prisiones, siempre he cuidado aunque no sea sino una

---

9   La cita es tomada de la *Apología*. Es un resumen de las alegaciones dispersas en
    la *Relación*. Según Rotker (1998: xl), Mier afirma en varios de sus escritos que
    podría reclamar, por su relación con la antigua dinastía azteca, el trono del impe-
    rio si éste se reestableciera.
10 Egan habla de "persecuciones por hembras medio desnudas. Pero, claro, es para
    decir a los racistas europeos: ¿quién dice que los mexicanos son una raza degene-
    rada? Mire no más cómo nos persiguen las mujeres y nos temen los hombres"
    (Egan 2004: 18). Veremos en seguida que el mismo texto de Mier está impregna-
    do del discurso racista y que el postulado de superioridad masculina tiene el do-
    ble objetivo de invertir el discurso colonial y de interpelar a sus compatriotas.

arañita, unas hormiguitas, algún ser viviente; y cuando no, de una planti-
ta siquiera (Mier 1982, II: 241).[11]

Ottmar Ette señala que Mier adopta aquí un patrón de la Ilustración
francesa: presentándose como *vertu persécutée*, el autor persuade a
sus lectores de que defiende abnegadamente sus ideas (Ette 1992:
185). En cambio, Egan interpreta esta auto-presentación como

> estrategia paródica para primero individualizarse, hombre culto y maltra-
> tado, destacándose de la colectividad de "indios bárbaros" que los euro-
> peos veían en los habitantes de América, para luego convertir esa *perso-
> na* singular en sinécdoque de todo México [...] (Egan 2004: 10).

"Individualizándose", Mier persigue, sin duda, una estrategia, más
bien táctica (Certeau 1990: 60-61), anti-colonialista. La observación
de que el "individuo" evocado por Mier tiene una relación tropológica
con la nación mexicana es importante, pero no se puede caracterizarla
como sinécdoque. Mier, como *vertu persécutée*, es un modelo identificador para sus compatriotas. Volveré sobre el asunto después de
discutir el otro parámetro de la táctica de Fray Servando: el "otreamiento" de los europeos (Egan 2004: 16).

3. Hotentotes españoles

La *Relación* es, principalmente, el vehículo para dos tipos de discurso.
En palabras de Kathleen Ross, "one concentrates on the self as subject: the second, still guided by the writer's *yo*, looks outward and
describes the surrounding world" (1989: 90). Empezando con la fuga
a Francia, Mier entreteje la relación de su caso con extensas descripciones de los países que visita en Europa. Hablando de un "inverse
process of discovery and conquest", Ross aclara que: "Fray Servando's history catalogues the inhabitants of Europe according to
physiognomy and moral character, comparing them to an American
standard by which all things are measured" (Ross 1989: 90). Hay que
tener en cuenta, no obstante, que la historiografía colonial quinientista
tenía el propósito de describir la realidad como una página blanca con
discursos europeos que afirmaban un sujeto escritor ya autorizado. Lo
específico del *writing back* de Mier era, por un lado, que era imposible
tratar a Europa como un "otro" en blanco, y, por otro lado, que el "es-

---

11 Guadalupe Fernández Ariza habla de una "Crónica de un romántico destierro"
(1993).

tándar americano" no era evidente. Ni mucho menos, era necesario definir ese estándar.

Así, en las *Memorias* observamos la construcción de la nación mexicana frente a los estereotipos de las naciones europeas, contradiciendo toda crítica dirigida a los americanos con algo peor sobre los europeos (Ross 1989: 91).[12] Las descripciones de Mier son poco favorables para los países y pueblos del Antiguo Mundo. Fray Servando expresa cierta simpatía distante hacia los franceses, aunque las mujeres le parezcan feas, "formadas sobre el tipo de las ranas" (Mier 1982, II: 21), y en el sur de Francia el color de la piel de la gente es semejante al de los indios mexicanos (Mier 1982: II, 62). En Italia reina la "perfidia"; es poblada de estafadores, ladrones y asesinos (Mier 1982, II: 62). En Roma observa que "las mujeres no llevan más que un tuniquillo sutil sobre la camisa, y dentro de las casas están en cueros o casi en cueros" (Mier 1982, I: 64). En Nápoles es testigo de cómo, después de unos ajusticiamientos públicos, "[s]e vendía en la plaza pública a cuatro granos (cuartos) de lonja de carne humana, ancha de cuatro dedos" (Mier 1982, II: 68). Según Rotker, "[w]ith this passage, the inversion of the question of who is the true savage is complete" (1998: xxx). No obstante, no cabe duda de que el blanco de Mier no son los italianos sino los españoles, y la mirada aparentemente sexualizada *(gaze)* de Mier, su obsesión por el "descubrimiento" del cuerpo europeo femenino indica que el objetivo principal no es la inversión de la dicotomía colonial de salvaje/hombre civilizado sino una construcción de superioridad en términos de *gender*. Así que no sorprende que la relación no solamente se vuelva más detallada y corrosiva en cuanto el autor regresa a la Península Ibérica, sino que preste atención obsesiva a los cuerpos de las españolas y a la masculinidad de los españoles, ambos aspectos englobados en la noción de "fertilidad".

Nos explica el auto-denominado filántropo que "no se puede decir la verdad de España, sin ofender a los españoles" (Mier 1982, II: 136). "El clima de España es insoportable; la mayor parte del país es estéril" (Mier 1982, II: 136). Incluso los caballos son incapaces de procrear naturalmente: "hay gente destinada a hacerlos procrear, alternándolos con la mano para que engendren" (Mier 1982, II: 137). La materia

---

12   Como Ottmar Ette observa, Mier se sirve de o reproduce estereotipos corrientes en la Europa contemporánea (Ette 1992: 184).

prima más importante es el estiércol, que se usa como combustible, y la primera destreza que aprenden los niños es la recolección de estiércol (Mier 1982, II: 137). Mier opina que la fisonomía de los catalanes es la más fea de todos los españoles (Mier 1982, II: 142). Son industriosos comerciantes, aunque su avaricia es excesiva. Aragón es la "tierra del coño" (Mier 1982, II: 155) y los aragoneses parecen ratas (Mier 1982, II: 155). "En Castilla", dice Mier por fin, "hay pan y vino, y nada más" (Mier 1982, II: 158). Es el "país del despotismo" por antonomasia (Mier 1982, II: 135). En toda Europa la palabra español, "[e]quivale –me dijo un judío que pasaba– a tonto, ignorante, supersticioso, fanático y puerco" (Mier 1982, II: 72).

Madrid, la capital, es una sinécdoque de la nación española. Servando observa "una raza degenerada", cuya fuerza vital no es suficiente para el crecimiento normal del cuerpo humano: viven enanos en Madrid (Mier 1982, II: 159-160). El énfasis en la esterilidad de España y de los españoles se debe, en parte, al deseo de descomponer la imagen denigradora evocada por eruditos europeos de la época. Hombres como Georges Louis Leclerc, el conde de Buffon en su *Histoire naturelle, générale et particulière* (1749-1778) y particularmente el holandés Cornelius de Pauw en sus *Recherches philosophiques sur les Américains* (1771) habían propagado la inferioridad de la naturaleza y de los habitantes americanos – incluyendo los nacidos en América, a quienes se tildaba de frígidos (Rotker 1998: xxix).[13] Otra vez se ve, sin embargo, que la táctica de Mier es más compleja al no ser una mera inversión del discurso colonial.

El autor recalca que la otra cara de la carencia de fuerza vital de los españoles es una sexualidad indomada e improductiva.[14] La corte es un "lupanar", cuerpos femeninos son la moneda corriente para el soborno de oficiales: "se dio orden, siendo él [sc. Godoy] ministro de Estado, para que nadie pretendiese sino por mujer" (Mier 1982, I: 254). En las calles de Madrid hay una

---

13 El estudio fundamental sobre el tema es de Gerbi (1983).
14 Una de los razones por las cuales Los Cortes de Cádiz negaron a los americanos una representación adecuada fue que en ellos "dominaba el humor indolente y sensual" (citado en Gerbi 1983: 440). Sabine Schlickers destaca una "carnavalización en forma de una 'sexualización'" (2003: 117) en *El mundo alucinante*. Reinaldo Arenas se demuestra como lector perspicaz de las *Memorias* en su reescritura del texto.

[...] infinidad de muchachas prostituídas [...] que no hacen sino pasar y repasar muy aprisa, como quien no a otra cosa que lo que realmente busca, y así están andando hasta las diez de la noche. Hecho el ajuste se despacha en los zaguanes y escaleras, y cuando yo entraba a mi casa por la noche no hallaba donde pisar por los diptongos que había en los descansos (Mier 1982, II: 163).

En todos los lugares Fray Servando divisa mujeres indecentes:

En ninguna parte de Europa tienen el empeño que las españolas por presentar a la vista los pechos, y las he llegado a ver en Madrid en el paseo público con ellos totalmente de fuera, y con anillos de oro en los pezones (Mier 1982, II: 162).

Es patente que Servando no sólo relata impresiones casuales –sean observaciones auténticas o exageraciones paródico-carnavalescas (Egan 2004: 14)– sino que lo mueve una verdadera obsesión por el descubrimiento del cuerpo femenino desnudo. Relata, por ejemplo, que las faldas de las valencianas son tan cortas que "[a]l menor movimiento se les ve todo" (Mier 1982, II: 159), y en pueblos de montaña las mujeres usan "[u]n clavo en la pared que por detrás engancha el vestido, les sirve de desnudador, y salen por debajo como su madre las parió" (Mier 1982, II: 159). Se podrían multiplicar los ejemplos. La mirada codiciosa de Fray Servando es el *gaze* del viajero-etnógrafo y colonizador que construye la superioridad civilizadora en términos de una masculinidad superior,[15] reduciendo el cuerpo del otro a rango de objeto sexual, o sea, lo convierte en un conjunto pasivo de fragmentos sexualmente caracterizados.

Modificando la tesis de Ross, puede decirse que observamos en la relación de Mier el "proceso inverso" a la formación de estereotipos coloniales. Según Homi K. Bhabha,

[t]he objective of colonial discourse is to construe the colonized as a population of degenerate types on the basis of racial origin, in order to justify conquest and to establish systems of administration and instruction (Bhabha 1994: 70).

Este objetivo se alcanza mediante estereotipos que se relacionan con el proceso psíquico de la formación del sujeto, afín al estadio del espejo lacaniano (Bhabha 1994: 77). Ya que este proceso involucra una *méconnaissance*, a saber, la identificación del yo con una imagen fuera del "yo" que es necesaria para crear la ilusión de plenitud, el sujeto

---

15   En cuanto al *colonial gaze* véase Pratt (1992).

es un *split subject*, siempre amenazado por este defecto originario.[16]
De ahí que fantasmas de superioridad y sentimientos de inferioridad
converjan en la constitución de estereotipos coloniales. El colonizador
se convierte en sujeto proyectando características negativas e inquie-
tantes en el otro. Ya que la pulsión visual desempeña un papel crucial,
el color de la piel se convierte en el fetiche del discurso colonial,
transformando la diferencia no-jerarquizada (análoga a la diferencia
entre hombre y mujer) en términos de superioridad (análogo a la interpretación de la mujer como "hombre mutilado" o "castrado").

En el caso de Mier la superioridad del sujeto está reflejada en la
degeneración, la deficiencia de productividad biológica e intelectual y
la ausencia de autodominio sexual del otro. La fijación en el cuerpo
femenino sexualizado demuestra que se trata de una estructura de
deseo, la cual se nutre de fantasmas de inferioridad difundidos por el
discurso colonial propio hace siglos. Desde los comienzos de la colonización de las Américas la filosofía natural sostenía que el clima del
Nuevo Mundo era la causa de la degeneración física e intelectual (Jara
1979: 146). Fray Servando proyecta esta presumida inferioridad en los
cuerpos de los colonizadores. El texto de Mier demuestra, pues, que
gender, aspecto marginal en la teoría de Bhabha, es un factor esencial
en la formación de estereotipos coloniales.

La fijación en el color de la piel como marcador de alteridad, tal
como la postula Bhabha, no tiene importancia en la obra de Mier – por
lo menos a primera vista. Perfectamente fiel a los ideales de la Ilustración, Mier expresa su repugnancia hacia la, como él dice, "división
imaginaria de castas" (Mier 1982, II: 27). Se refiere a la compleja
taxonomía de discriminación racial que se estableció en el siglo XVII
en las colonias españolas.[17] Sin embargo, es lícito tildarle de hipócrita.
Varias veces refuta la "necia persuasión", aparentemente popular en
Europa,[18] de que los mulatos formaran una gran parte de la población
novohispana; asevera que "Mayor número hay en España" (Mier

---

16 Véase el artículo clásico de Lacan con el título "Le stade du miroir comme for-
    mateur de la fonction du Je telle qu'elle nous et révélée dans l'expérience psy-
    chanalytique" (Lacan 1966).
17 En mi artículo "Swan Song and/or Othering?" analizo la relación entre sistemas
    de castas y la construcción de la identidad criolla de los descendientes de los
    conquistadores.
18 En Italia se enfrenta con el mismo prejuicio (Mier 1982, II: 112).

1982: II, 297). Aunque este sector de la población no tiene importancia en su descripción del país, asocia a los españoles con el "continente negro". Maliciosamente cita el dicho de un tal "obispo de Malinas",
tal vez refiriéndose a Dominique Dufour de Pradt (1759-1837):[19] "La
España [...] sólo pertenece a la Europa en razón de la religión; es de
África, y sólo por un error de geografía se coloca en Europa" (Mier
1982, II: 74). Es lógico que Fray Servando, el "filósofo" como se llama a sí mismo, piense encontrarse entre "hotentotes" cuando le ponen
cadenas en la cárcel de Los Toribios (Mier 1982, II: 225). Es el momento culminante de su denigración de la nación y cultura españolas.
El "viajero" mexicano convierte el poder colonial en el objeto del
discurso colonial: Mier no les concede a los colonizadores europeos
un rango superior y a los españoles incluso los excluye de esta categoría desvalorizada, asociándolos con lo que él percibe como el ínfimo
nivel de cultura y dignidad humanas, a saber, con África y los africanos. Así se construye a sí mismo como observador superior de un
pueblo feminizado expuesto a su *gaze* masculino.

   ¿Qué significa que el mexicano se apropie del discurso colonial, o
sea, que ocupe la posición del sujeto colonizador? ¿Es justo hablar,
como Bhabha, de mimetismo colonial? Según Bhabha, uno de los
efectos principales del discurso colonial es hacer a los colonizados
similares a los colonizadores, pero, de ningún modo, iguales.

> [C]olonial mimicry is the desire for a reformed, recognizable Other, as a
> subject of difference that is almost the same, but not quite. Which is to
> say, that the discourse of mimicry is constructed around an ambivalence:
> in order to be effective, mimicry must continually produce its slippage,
> its excess, its difference (Bhabha 1994: 86).

Mimetismo implica aceptar y asumir la cultura de los colonizadores,
sobre todo, la imitación exagerada del idioma, de la cultura, maneras e
ideas. Por un lado pues, el mimetismo es un proceso de auto-coloniza-
ción. Por otro, puede convertirse en una táctica de resistencia. Mimetismo no re-presenta sino que repite la cultura "original", y esta posibilidad de repetición implica y manifiesta la deficiencia original del
discurso colonial dominante y de los estereotipos que genera. El aspecto cómico del mimetismo subvierte la gravedad y el ímpetu educa-
cional del discurso colonial y hace circular, mediante la repetición, las

---

19 En cuanto a la influencia de Pradt sobre Mier véase O'Gorman (1960: 80-82).

metáforas "congeladas" de los estereotipos (Bhabha 1994: 75). Mimetismo "reverses 'in part' the colonial appropriation by now producing a partial vision of the colonizers presence" (Bhabha 1994: 88). Los colonizados miméticos, por tanto, "asumen" el *gaze* colonial.

Aparentemente hay diferencias esenciales entre la elusiva subversividad del mimetismo de Bhabha y la brutalidad de la crítica de Mier. La *Relación* de Mier no refleja de manera cómica el idioma de los colonizadores. Emprende un análisis lingüístico de las derivaciones dialectales del idioma, resumiendo que se codificó por "los sabios" en la corte del "siglo XVI" (Mier 1982, II: 69-70), curiosamente la época de la conquista y la exportación del castellano a las Indias, "y de allí se extendió [...], aunque muy mal, a las Andalucías, Extremadura y Murcia [...]" (Mier 1982, II: 70). Concluye que "[e]l pueblo verdaderamente gótico de Madrid habla así: *Ve a llamar al médicu que vengan a luna a curar a Manolo del estómago, y le daremos veinte maíz*, por decir maravedises", deslizándose el discurso otra vez hacia lo escatológico-sexual: "Hay calles en Madrid que se llaman Arrastraculos, de Tentetieso, de Majaderitos anchos, de Majaderitos angostos, etc." (Mier 1982, II: 70). Con su relación, insinúa y prueba de manera performativa que el idioma original y puro de los colonizadores es el idioma del doctor en teología mexicano. Lo "posee". Desposeyendo a la madre patria del idioma del poder, "compañera del imperio" desde los tiempos de Antonio de Nebrija (Nebrija 1984: 97), se postula a sí mismo como sujeto de enunciación colonial.

La posibilidad de no sólo imitar miméticamente la cultura de los colonizadores sino usurparla, no sólo volver el *gaze* sino erigirse a sí mismo como el sujeto superior al *gaze*, radica en el hecho de que Mier no es simplemente un colonizado. Su persona y su texto ponen de manifiesto las limitaciones culturales e históricas de los conceptos de Bhabha. Como señala Benita Parry (1987: 37), su concepto del discurso colonial y de los mecanismos del dominio colonial hacen caso omiso del papel, crucial en el caso de las Américas, de los criollos, quienes no son colonizados sino los señores del régimen colonial. A diferencia del Imperio Británico, en la América Latina no había una capa frágil de oficiales coloniales frente a una población indígena étnica y culturalmente esencialmente distinta. Tres siglos de dominio colonial español (que no se puede captar en términos del colonialismo británico del siglo XIX), la inmigración masiva, la importancia de los criollos y un proceso de mestizaje profundo son parámetros que hay que tener en cuenta.

Por un lado, Fray Servando "otrea" a los españoles, achacándoles las atrocidades de la conquista, la explotación colonial y la discriminación colonial. En un manifiesto escrito en Soto la Marina exclama: "¡Para siempre tributos como esclavos a los señores gachupines, sólo porque nosotros somos los dueños del país que injustamente invadieron!" (citado en Herzog 1967: 166). La curiosa disyuntiva entre ellos, los españoles invasores, y nosotros, los dueños del país, caracteriza también la *Relación*. Condena los

> puñados de aventureros, que engañando a los indios los hicieron batir unos contra otros, hasta que todos se destruyeron y entregaron la América a la España, han destruido su población (Mier 1982, II: 138).

En otra ocasión yuxtapone a los criollos y la nobleza indígena:

> En América, por tanto, no hay más nobleza que la de los antiguos naturales, la de los descendientes de los conquistadores y primeros pobladores, la de aquellos pocos cuyos padres ya eran nobles en España, y la de los ennoblecidos con títulos, togas o grados militares (Mier 1982, II: 132).

Finalmente, reclama el rango de nobles exclusivamente para los criollos, descendientes de los conquistadores: "[...] por las leyes de Indias son caballeros y nobles de casa y solar conocido los hijos de los conquistadores y primeros pobladores [...]" (Mier 1982, II: 150). Esta última, una posición que era la clave del régimen colonial y de la locación de recursos económicos. A partir del descubrimiento, la reclamación jurídica de los méritos adquiridos en la conquista, el poblamiento y la "pacificación" eran las bases del poder de las élites locales.[20] Era un sistema que se basaba, en última instancia, en la explotación de la población indígena y, más tarde, en la de los mestizos subalternos y otras castas. Como miembro de una familia que pertenecía a las élites económicas y sociales y como miembro de una casta parásita de religiosos, Fray Servando es una figura emblemática del régimen colonial. Pues él y su clase propagaban la disolución de la tutela por parte de la madre patria y su "despotismo" (Mier 1982, II: 135), sin renunciar a sus privilegios coloniales. En las palabras de Jara (1979: 144): "A principios del siglo XVII el español americano había creado de sí mismo la imagen del heredero desposeído", y a principios

---

20   En cuanto a "economía de mercedes" colonial véase Folger (2004; 2005).

del siglo XVIII la reclamación de esta presumida herencia contribuía al ímpetu independista criollo.

En el curso de la eliminación de los aspectos negativos de la herencia colonial de la imagen que los criollos proyectan de sí mismos es necesario, como puede observarse en la *Relación*, que lo negativo propio se proyecte en los "españoles", convirtiéndolos en "otros". Sin embargo, la constitución del "yo" no funciona meramente mediante el "otreamiento". En sus escritos, Mier apropia la herencia cultural azteca transfigurada románticamente. En su *Apología* y en su *Relación*, y particularmente en su *Historia de la revolución mexicana*, reclama el pasado azteca como elemento integral de la imaginación nacional – y eso por parte de un miembro de la clase que es responsable de la destrucción de esa cultura.[21] Desde luego, se trata de un truco de jugador, porque la proyección de la grandeza cultural hacia el pasado excluye a la población indígena contemporánea de la participación cultural, política y económica. Bénassy-Berling (1993: 115) clasifica con razón esta actitud de "l'explotation de l'indien vivant" y "l'exaltation de l'indien mort" como cínica, y Jara comenta que "la imagen del indio sólo era valiosa en cuanto, proyectada a la antigüedad azteca inteligente y culta, constituía una instancia de valoración nacional" (1979: 147). Sin embargo, la *Relación* presenta una oferta de integración, o sea, una construcción imaginaria que puede (o debe) integrar al pueblo entero y la nación naciente.

4. *Self-fashioning* e imaginación nacional

En su influyente estudio *Foundational Fictions. The National Romances of Latin America*, publicado por primera vez en 1991, Doris Sommer postula la imbricación entre literatura, alegoría e imaginación nacional en la América Latina del siglo XIX. El enfoque de Sommer son los *romances* escritos entre 1840 y 1870 en varios países americanos. "By *romance*", explica, "I mean a cross between our contemporary use of the word as a love story and a nineteenth-century use that distinguished the genre as more boldly allegorical than the novel" (Sommer 1991: 5). A pesar de que las obras que analiza están clara-

---

21 Con respeto a las ideas políticas expuestas en la *Historia* véanse Breña (2005: 78-93) y O'Gorman (1960: 64-78). O'Gorman traza también el trasfondo ideológico neoazteca de la nación mexicana decimonónica (1960: 85-88).

mente influenciadas por el romanticismo europeo, son fundamentalmente idiosincráticas en el sentido de que no narran el fracaso trágico
de unos protagonistas románticos, sino que modelan exitosas relaciones normativamente heterosexuales dentro del marco de la institución
del matrimonio. El amor apasionado desemboca en la reproducción.

Sommer ve la importancia de estas historias amorosas para la imaginación de la nación en el hecho de que los *romances* invitan a los
lectores a identificarse con una nueva especie de sujeto que es flexible
y productivo, promoviendo, pues, la transición de las sociedades es-
clavistas tradicionales a sociedades capitalistas o proto-capitalistas
que se imaginan como naciones. La chispa, por así decirlo, de la interpretación de Sommer es que el marco de referencia de los *romances* es
la nación, la única que es (o sería) capaz de hacer posibles estas relaciones apasionadas. Por tanto, tiene efecto una transferencia libidinosa
de la relación apasionada interpersonal a la nación: "after the creation
of the new nations, the domestic romance is an exhortation to be fruit-
ful and multiply" (Sommer 1991: 6).

Sommer se basa en el concepto dialéctico de la alegoría de Walter
Benjamin: las alegorías no solamente establecen niveles de significación jerarquizados sino que crean realidades. Son, por lo tanto, parte
de un *poetics of culture*. Las naciones que se imaginan en las ficciones
fundacionales decimonónicas son ni realidad ni ficción sino proyecciones, ya que es necesario entender estas proyecciones como esencialmente dialécticas. Según Sommer, las ficciones fundacionales eran
posibles y razonables en la época del *nation-building* y de la reconciliación después de la independencia de las naciones latinoamericanas
y después de un período de violentas luchas internas. Afirma que
"[n]ational romances would have been politically and socially prema-
ture before the mid-nineteenth century" (Sommer 1991: 12).

Parece lógico, sin embargo, que las luchas independentistas requi-
riesen imágenes nacionales o proto-nacionales también. La moviliza-
ción del pueblo, a saber, la creación de la disposición de luchar contra
"los españoles" y posiblemente morir[22] por "la patria" (futura), exigía
tanto proyecciones nacionales como la consolidación de la nación

---

22 Recuérdese que el punto de partida del estudio ya clásico de Benedict Anderson
    es la pregunta por lo qué incita "so many millions of people, not so much to kill,
    as willing to die" por la patria (Anderson 1991: 7).

descrita por Sommer. Parece lícito acercarse al tema mediante un artículo de Fredric Jameson explícitamente rechazado por Sommer, a
saber, el controvertido "Third-World Literature in the Era of Multinational Capitalism". Jameson propone que

> [a]ll third-world texts are necessarily [...] allegorical, and in a very spe-
> cific way: they are read as what I will call national allegories, even when,
> or perhaps I should say, particularly when their forms develop out of
> predominantly western machineries of representation, such as the novel
> (1986: 69).

En un análisis postcolonial *avant la lettre*,[23] Jameson mantiene que las
sociedades afectadas por el colonialismo y la pervivencia del colonialismo en la época postcolonial diferían fundamentalmente de las sociedades capitalistas desarrolladas, en las cuales la pérdida de poder
político del sujeto converge con la definición de un espacio privado
libidinosamente cargado que excluye lo político. En cambio,

> [t]hird-world texts, even those which are seemingly private and invested
> with a properly libidinal dynamic – necessarily project a political dimen-
> sion in the form of national allegory: *the story of the private individual
> destiny is always an allegory of the embattled situation of the public
> third-world culture and society* (Jameson 1986: 69; énfasis de Jameson).

Sommer critica que Jameson exagera cuando dice que todos los textos
del tercer mundo son alegóricos y rechaza "the assumption that these
allegories 'reveal' truth in an apparently transparent way" (Sommer
1991: 42). Sin embargo, no se trata de una suposición de Jameson; al
contrario, el mismo Jameson destaca que debemos revisar nuestras
ideas convencionales acerca de los "niveles simbólicos" de una narración: "the allegorical spirit is profoundly discontinuous, a matter of
breaks and heterogeneities, of the multiple polysemia of the dream
rather than the homogenous representation of the symbol" (Jameson
1986: 73). Mientras que Sommer desarrolla un modelo de la imaginación nacional limitado a una coyuntura histórica específica (la época
de la consolidación de las naciones) y ligada a una forma específica
del amor (el heterosexual reproductivo), Jameson nos proporciona una

---

23 Como señala Imre Szeman, particularmente críticos postcoloniales han acusado a
    Jameson de un "patronizing, theoretical orientalism, or as yet another example of
    a troubling appropriation of Otherness with the aim of exploring the West rather
    than the Other" (2001: 803). El mismo Szeman aboga una rehabilitación de la *to-
    talidad* jamesoniana porque implica "the possibility of metacommentary" (2001:
    805) de las teorías postcoloniales.

herramienta para trazar la concomitancia general entre la nación, "the private individual destiny" (1986: 69) y la inversión de la libido. Veremos que su concepto complejo de la alegoría nos permite describir el texto de Mier no como alegoría consciente que entraña una verdad transparente, sino como una alegoría discontinua y heterogénea.

No cabe duda de que el tono cáustico de la *Relación* de Fray Servando, la expulsión literaria de España de la comunidad de naciones civilizadas europeas, no contribuía a ablandar a sus acusadores y enemigos. No escribió para éstos: "La relación de Mier se dirige no tanto a una autoridad determinada de la colonia, sino a sus compatriotas de la Nueva España como jueces de los acontecimientos" (Rodrigo 1997: 357). Escribió en un momento en que el movimiento independentista padecía una crisis – así por lo menos debía de parecerle al autor en su cárcel en México. Por lo tanto, el autor pensaba que su destino personal era emblemático para el destino de su patria; escribir una relación de su destino significaba escribir una alegoría de la lucha por la independencia (Rodrigo 1997: 361). La inexorable persecución de la víctima inocente mexicana por parte de la burocracia española se presta a tal interpretación. Sobre todo la indomabilidad del perseguido es una llamada a la voluntad de los insurrectos. Es posible que el inexplicable carácter fragmentario de la *Relación*, lamentado por biógrafos e historiadores, sea una casualidad. Sin embargo, la fuga de la patria del despotismo a Portugal es un desenlace perfecto para una alegoría de la lucha independentista. Esta sería una lectura de la *Relación* como alegoría que revela la verdad inscrita en el texto. Aunque creo que esta lectura es justificada, hay otro nivel alegórico más complejo relacionado, como mantiene Jameson, con la imbricación entre lo político y la libido.

Aunque la *Relación* de Fray Servando sin duda no es un *romance* en el sentido de Sommer, este texto prefigura la imbricación de pasión y sexualidad reproductiva en el marco de una nación "amada". Como cura Fray Servando no relata aventuras amorosas, aunque nunca pierde, como hemos visto, la oportunidad de destacar la atracción que ejerce sobre varias mujeres a lo largo de su odisea. La mirada tasadora del etnógrafo, que convierte cuerpos femeninos en objetos disponibles,[24] construye una posición de sujeto masculino. El fondo de esta

---

24 Véase la nota 15.

construcción es la presumida esterilidad española. Por un lado se trata
de una inversión de la perspectiva colonial de los naturalistas europeos
que negaba a los americanos precisamente la fuerza vital y procreati-
va. Por otro, observamos una prefiguración del discurso nacional decimonónico en el cual confluían, como ha demostrado Sommer, amor
reproductivo, reconciliación política y la producción de sujetos capita-
lista-burgueses. Podemos pues postular, en analogía a la argumentación de Sommer, que la masculinidad y reproductividad impedida de
Fray Servando genera el deseo por una nación en la cual la fertilidad
natural de América pudiera desarrollarse y, por consiguiente, una llamada a liberarse del yugo colonial.

Incluso me parece más importante que el *self-fashioning* tiene
también una dimensión afectiva y que esta dimensión afectiva lleva en
sí un aspecto político. Fray Servando no solamente crea una imagen
atractiva de sí mismo en aras de su "egolatría" (O'Gorman 1960: 60).
Para el lector de hoy –y probablemente para muchos de los lectores
contemporáneos– no es un secreto por qué Fray Servando se hizo tantos enemigos a lo largo de su vida. Sorprende, pues, que el autor se
considere (o por lo menos pretenda considerarse) a sí mismo como
una persona fundamentalmente amable y simpática:

> Pero como hay otros que equivocan también, extrañamente, mi carácter,
> les ruego pregunten a cuantos me han tratado algo de cerca y sabrán que
> puntualmente el origen principal de una vida llena de desgracias es mi
> candor y la sencillez de un niño. En vano mis amigos me han exhortado a
> tener, decían, un poco de picardía cristiana.
> [...]
> Yo desafío a ser mi enemigo quien llegare a conocerme. Vería que la
> acrimonia misma de mis discursos proviene de la ingenuidad con que no
> acierto disfrazar la verdad y aún me sorprendo de haber ofendido con ella
> (Mier 1982, II: 293).

En esta afirmación de falta de "picardía" oímos los ecos de la voz del
pícaro.[25] No creo, sin embargo, que se trate simplemente de una presentación (paródica o no) de sí mismo como *vertu persécutée* (Ette
1992: 185), sino de un aspecto y efecto de interpelación ideológica.
Me refiero al artículo clásico del filósofo francés Luis Althusser. Según Althusser, "l'idéologie est une 'représentation' du rapport imagi-
naire des individus à leurs conditions réelles d'existence" (1995: 296;

---

25 Varios críticos han señalado elementos y estructuras picarescas en las *Memorias*,
    véanse p.ej. Rodrigo (1997: 355) y Pierini (1993: 813).

énfasis del autor), una representación que forma parte del proceso de reproducción de estas condiciones. La interpelación es un llamamiento ("hé, vous, là-bas!"; Althusser 1995: 305) que, en las palabras de John Mowitt,

> incites human beings to identify their self-experience with the image of that experience that comes for them in the discourses emanating from the ideological state apparatuses. [...] The identification with an image of one's self is constitutive of that self (Mowitt 1988: xiv).

El "deeply narcissistic need: to leave behind a record of his dashing, brilliant, beautiful self" (Rodríguez Monegal 1977: 176) es a la vez la evocación de un sujeto mexicano –"proto-postcolonial"– que interpela a sus compatriotas a identificarse con esta imagen, creando un vínculo nacional entre sí. De ahí que el *fashioning* de este yo que es bello pero perseguido despertara el deseo por una nación en la cual este sujeto "brillante" pueda entregarse a su creatividad.

Desde luego, Fray Servando no es un representante de un "aparato ideológico estatal" en el sentido de Althusser – simplemente porque aún no existía el estado mexicano. No obstante, las bases ideológicas de este estado iban formándose desde el siglo XVI y en la época de las luchas independentistas Fray Servando fue, sin duda, uno de los portavoces más importantes de esta ideología. Mier mismo, como portavoz-sujeto, estaba enredado en la ideología criolla y la *méconnaissance* implícita en la interpelación. Es decir, su convicción de que era irresistiblemente atractivo como modelo identificador para los mexicanos deriva del efecto fundamentalmente ideológico de confundir los intereses de una clase con los intereses del pueblo.

No hay duda de que Mier pensaba que la imagen de la nación que evocaba tenía una función integradora, proporcionando un abrigo para todos los sectores de la sociedad mexicana. ¿No había condenado la opresión de los indios y enfatizado la igualdad de todas las castas? A pesar de estas afirmaciones, Mier ciertamente no logra convertirse, como cree Egan, "en sinécdoque de todo México" (2004: 11). Como señala Margarita Pierini, Mier es "alguien adentro y afuera a la vez de esa sociedad a la que critica. Es un español americano, para usar el término con que en la época colonial se designa al criollo" (Pierini 1993: 808). Este "español americano" es beneficiario de la empresa explotadora de la metrópoli. La confianza en sí mismo de Mier como representante de la nación mexicana es más bien arrogancia y su texto revela las vanas presunciones de un miembro de las élites. Lectores críticos de Mier, como el novelista cubano José Lezama Lima,[26] han entendido que Mier no quería una revolución de las estructuras fundamentales del poder, sino una solidificación del status quo social y económico:

> Cree romper con la tradición, cuando la agranda. Así, cuando cree separarse de lo hispánico, lo reencuentra en él, agrandado. Reformar dentro del ordenamiento previo, no romper, sino retomar el hilo, eso que es hispánico, Fray Servando lo espuma y acrece, lo lleva a la temeridad (Lezama Lima 1993: 112).

Los mexicanos que pudiesen identificarse con él, o sea reflejarse en la imagen textual que evoca, eran sus congéneres: criollos blancos que tenían el poder en sus manos y los hombres instruidos, los "entendidos" que obedecían al poder de la razón ilustrada.[27] En su *Relación* no deja duda que éstos lo amarán, aceptando la imagen ideológica de mexicano superior; por los otros, los "plebeyos", los racialmente inferiores de cualquier nación, siente profundo desprecio. Desde luego, las mujeres, o sea lo femenino en general, únicamente tienen la función de reflejar el poder fálico masculino.[28]

5. A modo de conclusión: *Mundos alucinantes*

Fuera del círculo de unos pocos especialistas de la literatura e historia mexicanas la *Relación de lo que sucedió en Europa al Doctor Don Servando Teresa de Mier* es un texto olvidado. El hecho de que la persona de Fray Servando goce de cierta notoriedad se debe a una novela publicada en el año 1969:[29] *El mundo alucinante: una novela de aventuras* del escritor cubano y disidente Reinaldo Arenas. Se trata de una reescritura de las *Memorias* de Fray Servando, una relación de

---

26 Véase el capítulo "El romanticismo y el hecho americano" de su *La expresión americana* (Lezama Lima 1993: 91).

27 Egan cree que es lícito emparentar las *Memorias* de Mier "con el tipo de cuasi-novela documental que Esteban Echeverría escribía en Argentina" (2004: 20), insinuando que los dos autores fueron campeones de la lucha anti-colonial. Me parece que lo que vincula los textos de ambos autores es que revelan el potencial autoritario del *liberalismo* decimonónico en los nuevos estados americanos; véase Shumway (1993) y Folger (1999).

28 En cuanto al rol de la mujer como falo lacaniano en la constitución del sujeto de enunciación masculino véase Folger (2006).

29 La novela de Reinaldo Arenas se escribió en Cuba en 1965 (2005: 109).

infinitas fugas quijotescas en la cual el protagonista – "víctima infatigable" como lo llama Arenas en un prólogo añadido en 1980 (2005: 17) – es, en última instancia, prisionero de un mundo fantasmagórico inalterable por el individuo. Así por lo menos lee Adolfo Cacheiro el texto.

Cacheiro ve el "physical imprisonment", la serie interminable de encarcelamientos y fugas inútiles, como "metaphor for the subjection to a dominant ideology" (1996: 765). El Fray Servando de Arenas es prisionero del mundo alucinante de la ideología con sus espejismos interpelativos. Como demuestra Cacheiro, Arenas concibe la exitosa lucha independentista mexicana como una alegoría de la revolución cubana: "*El mundo alucinante* can be read as a symbolic structure that refers to the interrelationship between ideology, society, and the bourgeois revolutionary subject in Castro's Cuba" (1996: 769). Se derrumba el antiguo régimen, pero la revolución fracasa últimamente porque el sujeto queda enredado en el ubicuo aparato ideológico interpelativo.

Sin embargo, las *Memorias* de Mier son más que un "pretexto" para una alegoría del presente cubano, porque en el mismo texto de Mier observamos la perpetuación de una ideología colonial. Se trata, pues, de una *mise en abîme* ideológica y de la presencia de lo colonial en el presente. "Lo más útil fue", le dice Arenas a Fray Servando en su carta dedicatoria, "descubrir que tú y yo somos la misma persona" (2005: 23). El juego de identificaciones e interpelaciones continúa.[30]

Curiosamente la historia de Mier no termina con su muerte. En el año 1842 se exhumó el cuerpo de Mier en el monasterio de Santo Domingo (Rotker 1998: 18-19). Se descubrió que había sido momificado. Lo compró Bernabé de la Barra, un empresario de circo, con la intención de exhibirlo en Buenos Aires y Bruselas. Presumiblemente se exhibió la momia en Bruselas, como víctima de la Inquisición. Después se pierden las huellas de su cuerpo. No cabe duda de que la presencia/ausencia de este cuerpo fantasmático, que es un mapa cicatrizado de los efectos del colonialismo, es perfectamente emblemático para la *condition postcoloniale* latinoamericana.

---

30 "[P]odría concluirse", dice Schlickers, "que la rebeldía de Reinaldo Arenas en *El mundo alucinante* es una pseudo-rebelión no sólo narrativa, sino asimismo ideológica, porque el autor implícito presenta la trayectoria del fraile rebelde, a pesar de todos los desencantos y desengaños, con mucha ternura por la Revolución" (2003: 121).

Bibliografía

Althusser, Louis (1995): "Idéologie et appareils idéologiques d'état (notes pour une recherche)". En: *Sur la réproduction*. Paris: Presses Universitaires de France, pp. 269-314.

Anderson, Benedict ([1983] 1991): *Imagined Communities: Reflections on the Origin and Spread of Nationalism*. London: Verso Editions/NLB.

Arenas, Reinaldo (²2005): *El mundo alucinante: Una novela de aventuras*. Barcelona: Tusquets.

Bénassy-Berling, Marie-Cécile (1993): "De Sigüenza y Góngora (XVIIe s.) à Fray Servando Teresa de Mier (XVIIIe-XIXe s.): Vision de l'Indien par le Créole et enjeu politique". En: Redondo, Augustin (ed.): *Les Représentations de l'autre dans l'espace ibérique et ibéro-américain*, II: *Perspective diachronique*. Cahiers de l'U.F.R. d'Etudes Ibériques et Latino-Américaines 9. Paris: Presses de la Sorbonne Nouvelle, pp. 107-115.

Bhabha, Homi K. (1994): *The Location of Culture*. London/New York: Routledge.

Breña, Roberto (2005): "Pensamiento político e ideología en la emancipación americana: Fray Servando Teresa de Mier y la independencia absoluta de la Nueva España". En: Colom González, Francisco (ed.): *Relatos de nación. La construcción de las identidades nacionales en el mundo hispánico*. Vol. 1. Madrid: Iberoamericana/Frankfurt am Main: Vervuert, pp. 73-102.

Cacheiro, Adolfo (1996): "El mundo alucinante: History and Ideology". En: *Hispania*, 79, pp. 762-771.

Castro Leal, Antonio (³1982): "Introduccion". En: Mier, Fray Servando Teresa de: *Memorias*. Ed. de Antonio Castro Leal. Vol. 1. México, D.F.: Porrúa.

Certeau, Michel de (1990): *L'invention du quotidien*. Vol. 1: *Arts de faire*. Ed. de Luce Giard. Paris: Gallimard.

Egan, Linda (2004): "Servando Teresa de Mier y su sátira general de las cosas de la Vieja España". En: *Literatura Mexicana*, 15, pp. 7-22.

Ette, Ottmar (1992): "Transatlantic Perceptions: A Contrastive Reading of the Travels of Alexander von Humboldt and Fray Servando Teresa de Mier". En: *Dispositio*, 17, pp. 165-97.

Fernández Ariza, Guadalupe (1993): "Fray Servando en Madrid: crónica de un romántico destierro". En: *Anales de Literatura Hispanoamericana*, 22, pp. 59-69.

Folger, Robert (1999): "Fisuras del discurso liberal en *El matadero* de Esteban Echeverría". En: *Mester*, 28, pp. 37-57.

— (2004): "Swan Song and/or Othering?: Baltasar Dorantes de Carranza's tactics". En: *Iberoromania*, 60, pp. 17-41.

— (2005): "Alonso Borregán Writes Himself: the Colonial Subject and the Writing of History in *Relaciones de méritos y servicios*". En: Folger, Robert/Oesterreicher, Wulf (eds.): *Talleres de la memoria – reivindicaciones y autoridad en la historiografía indiana de los siglos XVI y XVII*. Münster: LIT, pp. 267-293.

— (2006): "*Cárceles de amor*: 'Gender Trouble' and Male Fantasies in 15th-century Castile". En: *Bulletin of Spanish Studies*, 83, pp. 617-635.

Gerbi, Antonello (1983). *La disputa del Nuovo Mondo: Storia di una polemica: 1750-1900*. Ed. de Sandro Gerbi. Milano/Napoli: Riccardo Riccardi.

Greenblatt, Stephen J. (1980): *Renaissance Self-Fashoning from More to Shakespeare*. Chicago: University of Chicago Press.

Herzog, Silvia (1967): "Frau Servando Teresa de Mier". En: *Cuadernos Americanos*, 154, pp. 162-169.

Jameson, Fredric (1986): "Third-World Literature in the Era of Multinational Capitalism". En: *Social Text*, 15, pp. 65-88.

Jara, René (1979): "El criollismo de Fray Servando Teresa de Mier". En: *Cuadernos Americanos*, 222, pp. 141-162.

Lacan, Jacques (1966): "Le stade du miroir comme formateur de la fonction du Je telle qu'elle nous est révélée dans l'expérience psychanalytique". En: *Écrits*. Paris: Seuil, pp. 93-100.

Leersen, Joep. "Imagology: History and Method". En: <http://cf.hum.uva.nl/images/info/historymethod.pdf> (10.11.2007).

Lezama Lima, José (1993): "El romanticismo y el hecho americano". En: *La expresión americana*. Ed. de Irlemar Chiampi. México, D.F.: Fondo de Cultura Económica, pp. 107-132.

Mier, Fray Servando Teresa de (^{3}1982): *Memorias*. Ed. de Antonio Castro Leal. 2 vols. México, D.F.: Porrúa.

— (2006): *Memorias: Un fraile mexicano en Europa*. Ed. de Manuel Ortuño Martínez. Madrid: Trama.

Mowitt, John (1988): "Foreword". En: Smith, Paul (ed.): *Discerning the Subject. Theory and History of Literature*, 55. Minneapolis: University of Minnesota Press.

Nebrija, Elio Antonio de (1984): *Gramática de la lengua castellana*. Ed. de Antonio Quilis. Madrid: Editoria Nacional.

O'Gorman, Edmundo (1960): "Fr. Servando Teresa de Mier". En: *Seis estudios históricos de tema mexicano*. Xalapa: Universidad Veracruzana, pp. 57-97.

Ortuño Martínez, Manuel (2006): "Presentación". En: Mier, Fray Servando Teresa de: *Memorias: un fraile mexicano en Europa*. Ed. de Manuel Ortuño Martínez. Madrid: Trama, pp. 7-15.

Parry, Benita (1987): "Problems in Current Theories of Colonial Discourse". En: *Oxford Literary Review*, 9, pp. 27-58.

Pierini, Margarita (1993): "Un fraile heterodoxo en la España de Carlos IV: *Las Memorias* de fray Servando Teresa de Mier". En: Martínez Cuitiño, Luis/Lois, Elida (eds.): *Actas del III Congreso Argentino de Hispanistas 'España en América y América en España'*. Buenos Aires: Universidad de Buenos Aires, Facultad de Filosofia y Letras/Instituto de Filología & Literaturas Hispánicas, pp. 806-815.

Pratt, Mary Louise (1992): *Imperial Eyes: Travel Writing and Transculturation*. London: Routledge.

Rodrigo, Enrique (1997): "Una 'anti-relación de Indias': La Relación de Fray Servando Teresa de Mier". En: Paolini, Claire J. (ed.): *La Chispa '97: Selected Proceedings*. New Orleans: Tulane University, pp. 355-363.

Rodríguez Monegal, Emir (1977): *The Borzoi Anthology of Latin American Literature*. Vol. 1. New York: Knopf.

Ross, Kathleen (1989.): "A Natural History of the Old World: The Memorias of Fray Servando Teresa de Mier". En: *Revista de Estudios Hispánicos*, 23, 3, pp. 87-99.

Rotker, Susana (1998): "Introduction". En: Mier, Fray Servando Teresa de: *The Memorias of Fray Servando Teresa de Mier*. Transl. Helen Lane. Ed. de Susana Rotker. New York/Oxford: Oxford University Press, pp. xxii-lxiv.

Schlickers, Sabine (2003): "La rebeldía narrativa de Reinaldo Arenas en El mundo alucinante". En: Paatz, Annette/Pohl, Burkhard (eds.): *Texto Social: Estudios pragmáticos sobre literatura y cine. Homenaje a Manfred Engelbert*. Berlin: tranvía, pp. 109-122.

Shumway, Nicolas (1993): *The Invention of Argentina*. Berkeley: University of California Press.

Silva Herzog, Jesús (1967): "Fray Servando Teresa de Mier". En: *Cuadernos Americanos*, 154, pp. 162-169.

Sommer, Doris (1991): *Foundational Fictions: The National Romances of Latin America*. Berkeley/Los Angeles/London: University of California Press.

Szeman, Imre (2001): "Who's Afraid of National Allegory? Jameson, Literary Criticism, Globalization". En: *The South Atlantic Quarterly*, 100, pp. 803-827.

Christopher F. Laferl

La homogeneización discursiva de la nación en la época de la Independencia: Bolívar – Olmedo – Bello

1. La problemática

Uno de los puntos más delicados de la teoría y crítica postcolonial – pero no exclusivamente suya – es sin duda el problema de la homogeneización del sujeto que ella quiere analizar y en nombre del cual quiere levantar la voz (Castro Varela/Dhawan 2005: 123-127). ¿Cómo hablar de los marginados de los marginados, de los oprimidos de los oprimidos y de los subalternos de los subalternos? ¿Cómo analizar adecuadamente las diferencias sociales presentes o históricas que fijan los modos de representación dentro del grupo de los colonizados sin evaporar todo compromiso social con éstos? Éstas son preguntas a las que la teoría postcolonial tiene que hacer frente si no quiere perderse en una vana discusión académica, por no llamarla escolástica.

Si a nosotros nos resulta difícil encontrar un modo analítico que evite la homogeneización del campo analizado y que no se distancie de la reflexión sobre las consecuencias políticas de la actividad intelectual propia (especialmente desde una perspectiva europea), para los líderes políticos y los intelectuales americanos de la época de la Independencia (no importa si les ponemos el prefijo "anglo-" o "latino-") el reto principal en el proceso de representar una nación uniforme fue exactamente de índole opuesta. Sus tareas principales consistían, por un lado, en homogeneizar la representación de la entidad política en nombre de la cual llamaban a las armas y, por otro, en poner de relieve las diferencias entre la propia entidad política y el enemigo contra el cual luchaban: España.

Aunque el concepto de la nación no haya sido el punto de partida para las diferencias entre los insurgentes en las colonias, es decir los criollos blancos, y el poder central en España, pronto se convirtió en uno de los elementos principales que mejor servían para justificar la separación de España y la lucha armada contra ella.[1] La idea de la nación era capaz de abarcar y comprender los diferentes antagonismos entre España y las colonias americanas, que en las mentes de los criollos se expresaban a través de varias oposiciones diferentes: amor a la libertad contra tiranía; autogestión contra dominación "extranjera"; república contra monarquía; luz contra oscuridad; vida sana y simple en el campo contra degeneración y falsedad de la ciudad; y juventud lozana contra vejez decrépita.[2]

A través de la lucha por la independencia la idea de la nación adquiría cada vez más fuerza e importancia, como se puede ver en muchos textos de la época de la Independencia. Si en el proceso de la construcción de las nuevas naciones hispanoamericanas las diferencias para con España tenían que ser subrayadas para justificar la lucha armada, la unidad nacional por el contrario no podía ser puesta en duda. Pero la nación –por más homogénea que sea representada– es una comunidad imaginada (Benedict Anderson) y se compone de individuos que en general tienen algo o mucho en común pero que también se diferencian por su sexo, su clase social, su edad, su orientación sexual, su religión y, en la mayoría de los casos de las naciones existentes, tanto históricas como presentes, también por su identidad étnica. Según mis conocimientos de la historia mundial nunca ha existido un cuerpo nacional que haya permitido que todos estos grupos tengan su representación simbólica en el discurso oficial, sino más bien todo lo contrario; de manera que en realidad la nación casi siempre se representa como un cuerpo homogéneo excluyendo buena parte de los que en realidad también pertenecen a ella, usando definiciones aparen-

---

1   Compárense en este contexto las explicaciones de Christopher Conway que se basa en la teoría de E. J. Hobsbawm: "Whereas postindependence nationalism attempted to theorize and demarcate a nation and a people, Republicans during the Wars of Independence struggled to define how the liberated territories should be apportioned as republics, and under what constitutional systems they should be ruled. In times of war, intellectual elites were more interested in protecting the revolution's gains and instituting a regime of law and order than in theorizing the social and cultural glue that made a national people one people. Consequently, the patriot construction of the cause of independence was not expressed in terms of separate nationalisms, but rather in the political sense of a common struggle against tyranny" (Conway 2003: 24).

2   Para el antagonismo entre el estado rústico de Hispanoamérica y el refinamiento cortesano y "falso" de Europa véanse las explicaciones de Lauterbach (2002: 183).

temente universales que, en realidad, sólo representan una parte del todo.

Lo que hace más complicado el proceso de la independencia hispanoamericana es el hecho de que sus propulsores, la clase media y alta criolla, eran descendientes de españoles (con el castellano como lengua materna) y en absoluto se consideraban indígenas. Analizando las naciones emergentes hispanoamericanas nos vemos enfrentados a un esquema tripartito – criollos, españoles e indígenas. Si la diferencia nacional entre criollos hispanoamericanos y españoles se convertía durante las luchas por la independencia en el eje central justificador, una de las cuestiones analíticas centrales debe ocuparse de la posición de la población indígena y de la línea demarcatoria entre los criollos y los indígenas en el discurso oficial contemporáneo, sobre todo si le damos importancia al carácter de la composición étnica desde un punto de vista cuantitativo y demográfico.[3]

En el presente ensayo nos proponemos examinar las relaciones entre los criollos blancos y los indígenas en tres textos fundamentales –y tal vez fundacionales– de la época de la Independencia: la *Carta de Jamaica* (1815) de Simón Bolívar (1783-1830), *La victoria de Junín: canto a Bolívar* (1825/26) de José Joaquín de Olmedo (1780-1847) y las llamadas *Silvas americanas* de Andrés Bello (1781-1865) que se componen de los fragmentos "Alocución a la poesía" (1823) y "La agricultura en la zona tórrida" (1826). Para no caer en la trampa de la homogeneización simplista del sujeto colonial y postcolonial, combinaremos esta línea divisoria étnica con la categoría identitaria central en todas las culturas occidentales (y también en muchas otras culturas): con la categoría *gender*.

2. La *Carta de Jamaica* (1815)

En 1815, entre la primera y la segunda fase de la lucha independentista, Simón Bolívar escribió la *Carta de Jamaica*, sin duda su texto más conocido. Ella es una respuesta a una carta del inglés Henry Cullen, pero al mismo tiempo está destinada a un público mucho mayor, cons-

---

3   Benedict Anderson nos da los siguientes números para las colonias españolas al comienzo del siglo XIX: 3.200.000 blancos, de los cuales menos del 5% había nacido en España, y 13.700.000 indígenas (Anderson [2]1991: 56-57).

tituyendo así el programa político futuro del Libertador.[4] Durante el auto-exilio en la isla de Jamaica, Bolívar encontró el tiempo para describir la situación actual desde una perspectiva histórica, para justificar su propia actitud político-militar y para pintar los rasgos generales del orden político futuro de la América hispana.

En uno de los pasajes más citados de la *Carta de Jamaica*[5] plantea el problema de la legitimación de la clase dirigente en la lucha contra España, reflexión que desemboca en la pregunta por la definición de la identidad de los hispanoamericanos:

> [...] mas nosotros, que apenas conservamos vestigios de lo que en otro tiempo fue, y que por otra parte no somos indios, ni europeos, sino una especie de mezcla entre los legítimos propietarios del país y los usurpadores españoles; en suma, siendo nosotros americanos por nacimiento, y nuestros derechos los de Europa, tenemos que disputar a éstos a los del país, y que mantenernos en él contra la invasión de los invasores; así nos hallamos en el caso más extraordinario y complicado (Bolívar 2005: 18).

Con una clarividencia asombrosa, Bolívar describe en estas líneas la situación precaria de los criollos en las Américas. Reconoce los derechos de la población indígena, "los legítimos propietarios del país", derechos que en realidad eran incompatibles con las aspiraciones criollas. Bolívar debió saber que éste era un punto complicado, por no decir débil, en su argumentación, y por este motivo no vuelve a hablar sobre él. Subrayar los derechos de los indígenas hubiera sido contraproducente para con sus seguidores y combatientes criollos e insistir en la heterogeneidad de la población colonial hubiera frustrado el deseo de presentar la nación, que divisaba como ideal para el futuro y en cuyo nombre pretendía hablar, como uniforme.[6]

---

4 Para el contexto histórico y biográfico en el cual la *Carta de Jamaica* fue escrita véase p.ej. Conway (2003: 21-23).

5 Cf. p.ej. Gunia/Meyer-Minnemann (1998: 225) o Rössner (1995: 124). El propio Bolívar retoma estas palabras casi literalmente en el *Discurso de Angostura* (Bolívar 1985: 49).

6 Repetidas veces Bolívar define a España como nación en la *Carta de Jamaica*, y también para el colectivo que ideaba para los hispanoamericanos usa el término "nación", sabiendo que la formación de una o varias naciones en el suelo de las colonias españolas era un proyecto todavía no realizado. La idea que la nación tenía que ser formada se ve claramente en las dos siguientes frases: "[y]o deseo más que otro alguno ver formar en América la más grande nación del mundo [...]" (24) y "[e]s una idea grandiosa pretender formar de todo el mundo nuevo una sola nación [...]" (Bolívar 2005: 28).

No es que Bolívar omite por completo las diferencias existentes en la población de las colonias españolas, pero prefiere subrayar su unidad. Por este motivo habla con frecuencia de la "patria", de "un país", de "América", del "Nuevo Mundo", de los "americanos", del "grande hemisferio de Colón", o simplemente de "nosotros" en la *Carta de Jamaica*. El sujeto colectivo que presenta es el resultado de la historia colonial que todos tienen en común, es decir, la opresión ejercida por la corona española. Por ejemplo, sobre las limitaciones políticas, administrativas, militares, eclesiásticas y económicas de los criollos dice que:

> Jamás éramos virreyes ni gobernadores sino por causas muy extraordinarias; arzobispos y obispos pocas veces; diplomáticos nunca; militares sólo en calidad de subalternos; nobles, sin privilegios reales; no éramos, en fin, magistrados ni financistas, y casi ni aun comerciantes; todo en contravención directa de nuestras instituciones (Bolívar 2005: 19/20).

Lo que en esta cita salta a la vista son las formas plurales "éramos" y "nuestras" – que presuponen un colectivo homogéneo. Haciendo caso omiso a las diferencias internas, lo define *ex negativo*, como resultado de la experiencia colonial que todos los moradores del Nuevo Mundo tienen en común.

Lo que une a los habitantes del Nuevo Mundo es, en consecuencia, la lucha contra España – una España presentada de una manera aún más homogénea que el Nuevo Mundo. Con una única excepción, el comentario de que España retiene "a su propio pueblo en una violenta obediencia" (Bolívar 2005: 15), Bolívar presenta a España siempre como una entidad absolutamente uniforme, y esto en general en términos bastante negativos, como, por ejemplo: "destructores españoles" (11); "desnaturalizada madrastra" (12); "vieja serpiente" (14); "los españoles con su furor acostumbrado" (22); "una nación como la española que sólo ha sobresalido en fiereza, ambición, venganza y codicia" (23) y, con una frecuencia asombrosa, "los tiranos".[7]

---

7   Es interesante observar que Bolívar (como también lo harán Olmedo y Bello) usa el término "tirano" para hablar de los conquistadores, exactamente tal como lo hizo Las Casas en la *Brevísima relación de la destrucción de las Indias*, subrayando así la brutalidad e ilegitimidad de los primeros españoles en las Américas. Por tanto, tampoco es de extrañar que el único español que se salve en este juicio general negativo sea el propio padre Las Casas, quien es efectivamente la tercera persona real – después de Humboldt y Colón – que menciona en la *Carta* y a quien llama "el filantrópico obispo de Chiapa [sic], el apóstol de la América"

A pesar del veredicto negativo sobre los españoles, Bolívar sabe que los criollos no serían lo que son sin la herencia española; incluso dice que "todo lo que formaba nuestra esperanza nos venía de España", pero "la conducta" de los españoles pervertía el "principio de adhesión" (12). Tal como lo haría ciento cuarenta años más tarde Aimé Césaire en su *Discours sur le colonialisme* (Césaire 1955: 8, 12), Bolívar desenmascara el discurso europeo como hipócrita en su *Carta de Jamaica*.

A pesar del intento de homogeneizar el sujeto colectivo en nombre del cual levanta la voz, Bolívar diferencia según regiones, que corresponden *grosso modo* a la administración colonial española con sus virreinatos y audiencias. Así habla del "belicoso estado de las provincias del Río de la Plata" (Bolívar 2005: 13), del "reino de Chile" (13), de "La Nueva Granada, [...] el corazón de la América" (13), "la heroica y desdichada Venezuela" (13), e incluso del "virreinato del Perú" (13). A pesar de las diferencias geográficas, los vínculos entre estas regiones, que son el resultado de la época colonial, son suficientemente fuertes para poder hablar de la unidad del Nuevo Mundo. Si el Libertador escribe que "todo el mundo nuevo" podría formar "una sola nación", "ya que tiene un origen, una lengua, unas costumbres y una religión" (28) es porque pasa por alto las diferencias regionales y todavía más las herencias de las culturas precolombinas.[8]

Con la excepción de la mención de los indígenas en el párrafo citado, relega su papel a un segundo plano. Bolívar toca el tema de las diferencias étnicas solamente cuando habla del pasado prehispánico, como cuando se refiere a la "raza primitiva" exterminada por los españoles (Bolívar 2005: 14), cuando describe las muertes de Moctezuma o de Atahualpa (16) o cuando enaltece la braveza de los araucanos,

---

(11). Olmedo le seguirá, describiendo a Las Casas con las palabras: "el mártir del amor americano,/ de paz, de caridad apóstol santo,/ divino Casas, de otra patria digno" (Olmedo [2]1992: 19, vv. 430-432). Para la recepción de la figura de Las Casas en la literatura hispanoamericana véase Lustig (2007).

8   Bolívar mismo intuye la importancia de la prensa, un elemento imprescindible para el proceso del *nation-building* según Anderson ([2]1991: 61-64), pero también ve los grandes obstáculos que impiden que las informaciones lleguen de una manera rápida y segura de una parte del continente a otro (20-21).

que se convirtieron para él en el vivo símbolo de la resistencia contra los españoles (13, 27).[9]

Si las diferencias étnicas juegan un papel secundario –a sabiendas de lo contrario– las diferencias sociales y de sexo reciben aún menos atención. Sólo dos veces menciona las diferentes maneras de vivir y de ganarse la vida (17, 27). Desde una perspectiva que pone de relieve la categoría identitaria *gender* hay que decir que Simón Bolívar habla casi exclusivamente en términos universales o seudo-universales, como ya hemos visto antes. A nivel concreto usa la palabra "mujer" en un único caso, cuando describe el furor de los españoles en Venezuela:

> Sus tiranos gobiernan un desierto, y sólo oprimen a tristes restos que, escapados de la muerte, alimentan una precaria existencia; algunas mujeres, niños y ancianos son los que quedan. Los más de los hombres han perecido por no ser esclavos, y los que viven, combaten con furor, en los campos y en los pueblos internos [...] (Bolívar 2005: 13/14).

A nivel metafórico encontramos la conocida pero paradójica sexuación femenina de países en la *Carta de Jamaica*; muchas veces mera consecuencia de la gramática, adquiere en el caso de Bolívar una importancia mayor, sobre todo cuando dice que España no era una madre, sino una "desnaturalizada madrastra" (12).[10] Este término, por más paradójico que sea, porque la imagen de la madrastra excluye exactamente todo sentimiento maternal "automático", también nos da un indicio de cómo Bolívar se imaginaba el ideal de la mujer – como madre que ama a sus hijos por instintos naturales.

3. *La victoria de Junín: Canto a Bolívar* (1825/26)

Diez años después de la *Carta de Jamaica*, Simón Bolívar pidió a su amigo y partidario, el político, diplomático y poeta ecuatoriano José Joaquín de Olmedo, que escribiese un poema sobre la última fase de las guerras de independencia, las victorias de Junín y Ayacucho en los

---

9 Si Bolívar no ve problemático usar la primera persona plural cuando se refiere al Nuevo Mundo en conjunto, tiene más escrúpulos cuando emplea términos generales para los moradores autóctonos, porque la palabra "indígena" aparece sólo una única vez en su texto (Bolívar 2005: 17).

10 Catherine Davies, Claire Brewster e Hilary Owen analizan extensamente las alegorías y metáforas empleadas por Bolívar, sobre todo la presentación de España como madrastra (2006: 40-45).

Andes peruanos, ambas conseguidas en el año 1824 (Conway 2001: 301).[11] Si Simón Bolívar[12] había llamado a las soldados de las guerras de independencia "amazonas" y "Belonas", José Joaquín de Olmedo le sigue en esta tendencia en su poema épico *La victoria de Junín: Canto a Bolívar* que consta alrededor de 900 versos. En esta obra, que es sin duda la más famosa de Olmedo, el yo articulado masculino del poema (véase p.ej. Olmedo [2]1992: 9, vv. 49-53) convierte a la musa de su inspiración en amazona (vv. 54-70). Al igual que las soldados de la independencia, se trata aquí de una musa rebelde. El yo del poema la describe como una "bacante en furor" (v. 55) que participó "ardiendo en ira" (v. 62) en la famosa batalla de Junín, en la que Bolívar consiguió una de sus más destacadas victorias. Como se puede ver en los siguientes versos, la musa inspiradora se convierte en una verdadera amazona:

> [...]
> cual amazona fiera,
> se mezcla entre las filas la primera
> de todos los guerreros,
> y a combatir con ellos se adelanta,
> triunfa con ellos y sus triunfos canta (Olmedo [2]1992: 9, vv. 66-70).

Si prescindimos de la musa bélica del comienzo del poema, que no pertenece al mundo de los hechos históricos, sino a un plano metafórico, no encontramos mujeres reales en esta obra de Olmedo. Al final del poema aparece un coro de Vestales que rodea al segundo protagonista de la obra, Huayna Cápac. Con la aparición de las sacerdotisas, Olmedo junta dos tradiciones diferentes, el culto al sol de los Incas y el oficio prestado a Vesta, la diosa romana del hogar y del fuego, como ya lo habían insinuado el Inca Garcilaso en el cuarto libro de los *Comentarios reales* (Inca Garcilaso de la Vega 1996: 168-170) o más tarde Calderón en su pieza teatral *La aurora en Copacabana* (Calderón 1994: 112). Si las sacerdotisas incas del dramaturgo barroco ya tenían rasgos bastante europeos (que por su parte pueden ser interpre-

---

11 Para las circunstancias del nacimiento del poema épico, que Olmedo escribió durante su misión como ministro plenipotenciario de Bolívar en Londres, y para sus diferentes versiones véase la introducción de Emilio Carilla (Carilla [2]1992: 5-6), Oviedo (2002: 350-351), Gunia/Meyer-Minnemann (1998: 219-220) y Conway (2003: 26).

12 Para la opinión no enteramente positiva de Bolívar sobre el poema de Olmedo véase Conway (2001: 300-301).

tados tanto desde una perspectiva antigua romana como cristiana), las que ideó el poeta ecuatoriano parecen aún menos indígenas, porque el yo articulado del poema asocia sus vírgenes exclusivamente con el color blanco: "y en sus pulidas manos levantando,/ *albos* y tersos como el seno de ellas,/ cien primorosos vasos de *alabastro*" (Olmedo [2]1992: 32, vv. 842-844; subrayado nuestro). En estos versos domina el color blanco: tanto los senos de las Vestales como los vasos de alabastro llevan este color. Al igual que todo el imaginario del poema corresponde casi exclusivamente a la tradición poética europea, también en el caso de las cándidas Vestales el ejemplo romano está mucho más presente que las Mamaconas de la religión incaica. Concluyendo se puede decir, que si un tipo de ser humano no está presente en el discurso de la independencia es la mujer indígena real. Pero tampoco los indígenas contemporáneos masculinos de Olmedo se hallan en ninguna parte del largo poema. Huayna Cápac tiene un lugar destacado en la composición, pero es una figura histórica. Y por más que esté representado como indio con "penacho, arco, carcaj, flechas y escudo" (18, v. 370), descripción que en realidad no es nada más que una enumeración de tópicos conocidos desde las primeras representaciones de indígenas en el arte europeo renacentista y barroco (Polleross 1992: 279-288), la presencia de un monarca del pasado pre-pizarriano no puede representar en absoluto al grupo de los indígenas contemporáneos de Olmedo.

Incluso aún más que Bolívar, Olmedo quiere representar un "pueblo americano" –término que usa repetidas veces (Olmedo [2]1992: 12, v. 170 y 26, v. 663)– homogéneo, haciendo caso omiso de las diferencias étnicas existentes. El único rasgo diferenciador importante dentro del colectivo americano es el elemento regional; cual Bolívar habla de peruanos o la juventud peruana, de colombianos o de Colombia, o del argentino. Pero todos estos grupos son hermanos, pertenecen a la misma familia en cuyo padre se convierte Huayna Cápac (18, v. 375 y 20, vv. 446-447).

Un factor que amenaza la unidad de la patria (y aún más su integridad masculina) es el peligro del refinamiento que trae consigo la urbanización y que fácilmente puede llevar a una feminización de la población masculina. La influencia perniciosa de la ciudad y del ocio, aunque no duradera, afecta según el yo articulado del poema sobre todo a la juventud peruana que antes de la guerra eran "garzones delicados/ entre seda y aromas arrullados" (Olmedo [2]1992: 13, vv. 212-213) e "hijos del placer" (v. 214) que no osaban desatar "los dulces lazos de jazmín y rosa/ con que amor y placer los enredaban" (vv. 216-217), pero que en la lucha por la libertad mostraron su carácter verdadero, es decir, masculino, convirtiéndose en "fieros" (v. 214) que supieron quebrantar la "cadena ponderosa" (v. 219) de la servidumbre. Para dar énfasis a la transformación de la juventud peruana, el yo del poema la compara con el joven Aquiles cuya madre, como se sabe, lo había disfrazado de mujer para que no tuviese que luchar en la guerra contra los troyanos. Cual el héroe griego se había librado de lo que Olmedo llama "galas femeniles" (14, v. 235) e "indignas tocas" (v. 243) para difundir "muerte, asolación, espanto" en Troya (14, v. 245), los jóvenes guerreros peruanos pelearon por la patria.

A la dicotomía entre relajamiento femenino y braveza masculina corresponden otras oposiciones que caracterizan la obra entera. Desde el comienzo, Olmedo construye su poema alrededor de los ejes cultura *versus* naturaleza, campo *versus* ciudad, tiranía *versus* libertad, oscuridad *versus* luz (Conway 2001: 312), Viejo *versus* Nuevo Mundo (Olmedo [2]1992: 8, vv. 14-39) y –como acabamos de ver– debilidad femenina *versus* fuerza masculina. Como Olmedo solamente nos dice cómo tienen que comportarse los hombres en una situación excepcional –tal como la presenta la guerra– pero no nos informa sobre sus expectativas acerca de las mujeres en la misma situación, es difícil relacionar la musa rebelde, la amazona del comienzo del poema con la caracterización negativa del relajamiento femenino de los hombres. Casi parece que, según Olmedo, la paz y la cultura urbanas –por lo menos dentro de un esquema colonial– convierten a los hombres en mujeres y la guerra a las mujeres en hombres. Olmedo no nos informa acerca de sus ideas de la vida en tiempos de paz y de independencia. Sin embargo, no hay duda de que la existencia subalterna en la colonia es más indigna para los hombres, o mejor dicho para los hombres blancos, que para las mujeres, dado que éstas no pueden caer en el peligro de convertirse en mujeres porque ya lo son.[13]

---

13 La representación de América como novia de Bolívar, como Conway la concibe en su interpretación siguiendo la línea trazada por Doris Sommer, es sólo una de las muchas imágenes y metáforas empleadas por Olmedo en su poema: "In effect, to cite Doris Sommer's well known formulation of 'foundational fictions' that reconcile ideological and regional conflict through romance (24), Bolívar takes

4. Las *Silvas americanas* (1823/26)

También Andrés Bello insiste en la dicotomía entre campo y ciudad en sus *Silvas americanas*, que el gran intelectual y político escribió –al igual que Olmedo– durante su estancia en Londres al comienzo de los años veinte del siglo XIX.[14] En la "Alocución a la poesía" corresponden a la ya conocida dicotomía campo *versus* ciudad las oposiciones poesía *versus* filosofía y Nuevo Mundo *versus* Europa (Bello [2]1992a: 40-41, vv. 24-41). Al concepto de la vida auténtica y natural en el campo en oposición a la decadencia y corrupción de las ciudades se abre, según Bello, un nuevo camino de realización con la independencia de las naciones americanas. Tanto en la "Alocución a la poesía" como en la "Agricultura de la zona tórrida", el erudito subraya el paralelismo entre cultura *versus* naturaleza y entre Viejo Mundo *versus* Nuevo Mundo.[15]

A diferencia de Olmedo y Bolívar, Bello no solamente sabe dar matices más variados a su descripción del enemigo, España, sino que también ilustra las virtudes americanas con una mayor variedad de manifestaciones. Bello reconoce que también en España hubo amantes de la libertad como Juan de Padilla, el líder de la rebelión de los comuneros en el siglo XVI. Tampoco echa la culpa de la maldad de los españoles a lo que en Olmedo y Bolívar parece ser su "carácter nacional", sino a factores negativos particulares como la Inquisición (Bello [2]1992a: 50, vv. 414, 53, vv. 546, vv. 579) y la iglesia en general, a la que describe como hipócrita y colaboradora con la tiranía (54, vv. 606-621). Para Bello, las consecuencias nefastas del gobierno colonial español se deben sobre todo a la forma de religiosidad que dominaba

---

America as his bride, and Olmedo suggests he will make her fecund" (Conway 2001: 313). Tengo mis dudas de que este concepto sea el elemento estructurante de *La victoria de Junín*.

14 Para las circunstancias y el proyecto de la obra véase Pagni (2003: 341-343).

15 Según una interpretación de Alan Trueblood, publicada por primera vez en el año 1942 y que no se debe pasar por alto, la idealización de la naturaleza y de los campos americanos también es consecuencia de la vida precaria que Bello tenía que llevar durante un buen tiempo en Londres: "La silva *A la agricultura* es, en gran parte, producto de la nostalgia del clima natal" (Trueblood 1991: 125).

en el Nuevo Mundo durante la época colonial y a la que tacha de su-
persticiosa (56, v. 693).[16]

También es menos excluyente que sus contemporáneos Bolívar y
Olmedo en sus estrategias para producir un cuerpo homogéneo en
nombre del cual pretende hablar, aunque no en lo que respecta a los
indígenas. Como en las obras de aquéllos, solamente los indígenas del
pasado merecen ser mencionados. Pero desde el enfoque género/ sexo,
Bello se muestra mucho más abierto que sus contemporáneos al mencionar la participación de las mujeres en las luchas de independencia
de una manera nueva y diferente. Bello les da un papel de más relieve
y sus mujeres también aparecen más activas que las que conocemos de
los textos de Bolívar y Olmedo.[17] Para Andrés Bello, las mujeres no
sufren solamente de manera pasiva por perder a sus maridos, padres,
hijos y hermanos (Bello [2]1992a: 48, v. 358 y 52, vv. 514-515), sino
que también saben entrar en acción. Por lo menos cuatro veces menciona a diferentes mujeres heroicas en la "Alocución": a Eulalia Ramos de Chamberlain (48-49, vv. 363-379), a Policarpa Salavarrieta
Ríos, a la esposa de Francisco Javier Ustáriz (55, vv. 622-628) y a las
"soldados" de la Margarita (49, vv. 380-383).[18]

---

16 Este argumento lo encontramos también en *La victoria de Junín* de Olmedo cuyo
    sujeto enunciativo interno se refiere a los españoles como "estúpidos, viciosos,/
    feroces y por fin *supersticiosos!*" (19, vv. 418-419, subrayado nuestro).
17 Para el uso de alegorías y metáforas sexuadas en la "Alocución" véase Da-
    vies/Brewster/Owen (2006: 64-69).
18 Para Eulalia Ramos de Chamberlain (1796-1817) que participaba ya desde el año
    1810 en la lucha contra las tropas realistas véase <http://www.venezuela.com/
    biografias/buroz.htm> (30.08.2007). Policarpa Salavarrieta, llamada "La Pola"
    (1795-1817), es una de las más conocidas insurgentes femeninas de las Guerras
    de Independencia (cf. Davies/Brewster/Owen 2006: 75, 151-152). Parece que
    la mujer de Francisco Javier Ustáriz, partidario íntimo de Bolívar, fue María Pau-
    la de Palacios y Blanco (1774-1826); véase <http://www.gilberto.bodu.net/web/
    sn_cc.htm#7> (30.08.2007). Con los versos en los que menciona el topónimo
    Margarita en cuya defensa también participaron mujeres, Bello debe referirse a
    las luchas del año 1815 en las cuales también se destacó Luisa Cáceres de Aris-
    mendi (1799-1866), esposa del general Juan Bautista Arismendi, que es con-
    siderada una de las mujeres más valientes de la historia venezolana (cf.
    Davies/Brewster/Owen (2006: 68) y <http://www.me.gov.ve/contenido.
    php?id_contenido=509&modo=2> (30.08.2007). Potthast considera la presen-
    tación de Luisa Cáceres de Arismendi como heroína un producto de la historio-
    grafía masculina, porque para la independencia no hizo nada más que quedar fiel
    a su marido, aceptando su suerte con resignación (Potthast 2003: 187).

De todas estas figuras, la heroína a la que describe con más detalle es Eulalia Ramos de Chamberlain:

Tú pintarás de Chamberlén el triste
pero glorioso fin. La tierna esposa
herido va a buscar; el débil cuerpo
sobre el acero ensangrentado apoya;
estréchala a su seno. "Libertarme
de un cadalso afrentoso puede sola
la muerte (dice); este postrero abrazo
me la hará dulce; ¡adiós!" Cuando con pronta
herida va a matarse, ella, atajando
el brazo, alzado ya, "¿tú a la deshonra,
tú a ignominiosa servidumbre, a insultos
más que la muerte horribles, me abandonas?
Para sufrir la afrenta, falta (dice)
valor en mí; para imitarte, sobra.
Muramos ambos". Hieren
a un tiempo dos aceros
entrambos pechos; abrazados mueren (Bello [2]1992a: 48-49, vv. 363-379).

La esposa de Chamberlain no solamente emula el heroísmo de sus varios predecesores literarios como los que encontramos en el *El amor constante* de Guillén de Castro o en la *Numancia* de Cervantes, sino que también supera a su marido con su actitud heroica. Por más literaria que esta descripción parezca, Bello no se limita a imitar a los antiguos para enaltecer la lucha real por la patria y los sacrificios que ésta puede exigir, sino que también quiere mostrar lo que él considera la verdad histórica, dándonos nombres de lugares y personas concretos. Los versos sobre las soldados de la Margarita y las otras heroínas de la guerra son más que una mera evocación de las amazonas, como lo vimos en Bolívar y Olmedo, sino una formulación que quiere mostrarse fiel a los hechos históricos. Sin embargo hay que decir que en la "Alocución" la máxima virtud que las mujeres pueden demostrar en la lucha contra los españoles es la fidelidad y el amor hacia sus maridos, que son los verdaderos protagonistas del proceso de la independencia.

5. Conclusiones

No cabe duda que la finalidad de los tres textos aquí analizados es una justificación de las guerras de independencia. Los tres autores siguen la misma estrategia de presentar al enemigo España de manera negati-

va, aunque con matices diferentes. Olmedo, que no sabe decir nada
positivo sobre los españoles, es sin duda el más radical. En Bolívar, y
aún más en Bello, vemos por lo menos brotar una reflexión sobre los
lazos culturales que unen a España y a la América Hispana. Sin embargo, también el Libertador de América llega a las mismas conclusiones que Olmedo en lo que toca a la perversidad del sistema colonial
español. Bello, quien en su trabajo intelectual y sobre todo lingüístico
maduro, irá subrayando la herencia española en las culturas hispanoamericanas, retiene también en las *Silvas americanas*, como dice
Frank Lauterbach, "sutilmente la españolidad de su americanidad española en su caracterización de América como 'el mundo de Colón'
[...]" y defiende incluso a Cortés y Pizarro (Lauterbach 2002: 185).
Más tarde "[...] esta adhesión a la cultura española encamina a Bello a
una exclusión explícita de las poblaciones indígenas (las cuales todavía figuraron, de manera vaga, en el trasfondo de 'Alocución a la poesía'" (Lauterbach 2002: 188-189). Pero también en las *Silvas americanas* encontramos la inclusión del mundo indígena casi exclusivamente del pasado, como también es el caso en *La victoria de Junín* y
en la *Carta de Jamaica*. La representación de los indígenas reducidos
a figuras históricas corresponde a una doble estrategia: por un lado,
borra la pluralidad étnica y el sistema racista existente y, por otro,
presenta a los criollos como los legítimos sucesores de los imperios
azteca e inca.[19]

En cuanto a la inclusión de las mujeres en la construcción de la
nación los tres autores también difieren ligeramente. Mientras que
Olmedo y Bolívar prefieren introducir el elemento femenino sólo en el
plano metafórico, omitiendo cualquier mención o alusión a mujeres
reales, Bello sí habla de la participación de mujeres en las luchas por
la libertad en la "Alocución a la poesía". A nivel no-real encontramos
en los textos analizados tanto mujeres activas, véase la musa rebelde o
la alegoría de la poesía, como pasivas, en el caso, por ejemplo, de las
sacerdotisas que rodean a Huayna Cápac. Estas últimas podrían tener
rasgos indígenas sin violar los principios de la verosimilitud y del
decorum de la poética clasicista, pero tampoco los tienen, dado que

---

19 Esta estrategia corresponde al concepto de la *translatio imperii*, en este caso de
los aztecas y mayas primero a la corona española y más tarde, durante las Guerras de Independencia, a las naciones hispanoamericanas emergentes (cf. en este
contexto también Lauterbach 2002: 181).

Olmedo prefiere asociar el color blanco a estas figuras imaginarias. Si las mujeres en general ya no tienen una representación adecuada en los textos aquí analizados, la mujer indígena es la ausente absoluta. A ella no la encontramos ni en el pasado ni en el presente, ni en el plano real ni en el metafórico.[20]

Bibliografía

Anderson, Benedict ([2]1991): *Imagined Communities. Reflections on the Origin and Spread of Nationalism*. London/New York: Verso.

Bello, Andrés ([2]1992a): "Alocución a la poesía. Fragmentos de un poema titulado 'América'". En: Carilla, Emilio (ed.): *Poesía de la Independencia*. Caracas: Biblioteca Ayacucho, pp. 34-60.

— ([2]1992b): "La agricultura de la zona tórrida". En: Carilla, Emilio (ed.): *Poesía de la Independencia*. Caracas: Biblioteca Ayacucho, pp. 60-69.

Bolívar, Simón (1985): *Reden und Schriften zu Politik, Wirtschaft und Gesellschaft*. Ed. de Hans-Joachim König. Hamburg: Institut für Iberoamerika-Kunde.

— (2005): *Carta de Jamaica*. Barcelona: Linkgua.

Brewster, Claire (2005): "Women and the Spanish-American Wars of Independence. An Overview". En: *Feminist Review*, 79, pp. 20-35.

Burkholder, Mark A./Johnson, Lyman L. ([4]2001): *Colonial Latin America*. New York/Oxford: Oxford University Press.

Calderón de la Barca, Pedro (1994): *La aurora en Copacabana*. Ed. de Ezra S. Engling. London/Madrid: Tamesis.

Carilla, Emilio ([2]1992): "José Joaquín de Olmedo (1780-1845)". En: Carilla, Emilio (ed.): *Poesía de la Independencia*. Caracas: Biblioteca Ayacucho, pp. 3-7.

Castro Varela, María do Mar/Dhawan, Nikita (2005): *Postkoloniale Theorie. Eine kritische Einführung* (Cultural Studies 12). Bielefeld: Transcript.

Césaire, Aimé (1955): *Discours sur le colonialisme*. Paris/Dakar: Présence Africaine.

Conway, Christopher B. (2001): "Gender, Empire and Revolution in *La Victoria de Junín*". En: *Hispanic Review*, 69, pp. 299-317.

— (2003): *The Cult of Bolívar in Latin American Literature*. Gainesville: University Press of Florida.

Davies, Catherine (2005): "Colonial Dependence and Sexual Difference: Reading for Gender in the Writings of Simón Bolívar (1783-1830)". En: *Feminist Review*, 79, pp. 5-19.

---

20 Si aceptamos la interpretación de la mención de la Virgen de Guadalupe en la *Carta de Jamaica* como alusión a la diosa azteca Coatlicue, como lo propone Davies (2005: 10-11), aparecería por lo menos una figura femenina indígena –aunque una diosa, y no una persona real– en los tres textos aquí analizados.

Davies, Catherine/Brewster, Claire/Owen, Hilary (2006): *South American Independence: Gender, Politics, Text*. Liverpool: Liverpool University Press.

Frenzel, Elisabeth ([2]1980): *Motive der Weltliteratur. Ein Lexikon dichtungsgeschichtlicher Längsschnitte*. Stuttgart: Kröner.

Gunia, Inke/Meyer-Minnemann, Klaus (1998): "José Joaquín de Olmedo: 'La Victoria de Junín. Canto a Bolívar' (1825). Legitimación política y legitimidad poética". En: Janik, Dieter (ed.): *La literatura en la formación de los Estados hispanoamericanos (1800-1860)*. Madrid: Iberoamericana/Frankfurt am Main: Vervuert, pp. 219-235.

Hobsbawm, Eric J. (1992): *Nations and Nationalism since 1780: Programme, Myth, Reality*. Cambridge: Cambridge University Press.

Laferl, Christopher F. (1992): "América en el teatro español del Siglo de Oro". En: Sommer-Mathis, Andrea et al.: *El teatro descubre América. Fiestas y teatro en la Casa de Austria*. Madrid: Mapfre, pp. 167-269.

— (2003): "Der Blick über den Atlantik. Zur gebrochenen Sicht Europas im kolonialen Hispanoamerika". En: *Wiener Zeitschrift zur Geschichte der Neuzeit (WZGN)*, 3, 2, pp. 10-23.

— (2004): "Sor Juanas Okzident. Bemerkungen zu kulturräumlichen Vorstellungen". En: Truchlar, Leo (ed.): *One America – Many Americas. Erkundungen und Verortungen aus historischer, kultureller und literarischer Sicht*. Münster: LIT, pp. 15-28.

Las Casas, Bartolomé de ([11]1999): *Brevísima Relación de la Destrucción de las Indias*. Ed. de André Saint-Lu. Madrid: Cátedra.

Lauterbach, Frank (2002): "Escribir al Oeste, mirar al Este: Andrés Bello y el curso de la poesía". En: Buchenau, Barbara/Paatz, Annette (eds.): *Do the Americas Have a Common Literary History?* Frankfurt am Main: Peter Lang, pp. 175-194.

Lustig, Wolf (2007): "Fray Bartolomé de las Casas. Zur dichterischen Aneignung des *Apóstol de las Indias* in der hispanoamerikanischen Literatur". En: <http://www.staff.uni-mainz.de/~lustig/texte/lascasa2.doc> (31.08.2007).

Olmedo, José Joaquín de ([2]1992): "La victoria de Junín: Canto a Bolívar". En: Carilla, Emilio (ed.): *Poesía de la Independencia*. Caracas: Biblioteca Ayacucho, pp. 3-33.

Osorio Tejeda, Nelson (2000): *Las letras hispanoamericanas en el siglo XIX*. Murcia: Universidad de Alicante/Universidad de Santiago de Chile.

Oviedo, José Miguel (2002): *Historia de la literatura hispanoamericana*. Vol. 1: *De los orígenes a la Emancipación*. Madrid: Alianza.

Pagni, Andrea (2003): "Traducción del espacio y espacios de la traducción: *Les Jardins* de Jacques Delille en la versión de Andrés Bello". En: Schmidt-Welle, Friedhelm (ed.): *Ficciones y silencios fundacionales. Literaturas y culturas poscoloniales en América Latina (siglo XIX)*. Madrid: Iberoamericana/Frankfurt am Main: Vervuert.

Polleross, Friedrich (1992): "América en las artes plásticas". En: Sommer-Mathis, Andrea et al.: *El teatro descubre América. Fiestas y teatro en la Casa de Austria*. Madrid: Mapfre, pp. 271-326.

Potthast, Barbara (2003): *Von Müttern und Machos. Eine Geschichte der Frauen Lateinamerikas.* Wuppertal: Peter Hammer.

Rössner, Michael (1995): "Die Vizekönigreiche Peru, Neu-Granada und Río de la Plata". En: Rössner, Michael (ed.): *Lateinamerikanische Literaturgeschichte.* Stuttgart: Metzler, pp. 116-124.

Sommer, Doris (1991): *Foundational Fictions: The National Romances of Latin America.* Berkeley: University of California Press.

Trueblood, Alan S. (1991): "Las Silvas americanas de Andrés Bello". En: Goic, Cedomil (ed.): *Historia y crítica de la literatura hispanoamericana.* Vol. II: *Del Romanticismo al Modernismo.* Barcelona: Editorial Crítica, pp. 121-129.

Vega, (Inca) Garcilaso de la, (1996): *Comentarios reales* (Selección). Ed. de Enrique Pupo-Walker. Madrid: Cátedra.

Vélez-Rodríguez, Ricardo (2001): "L'influence de Rousseau sur la formation et la vie de Simón Bolívar". En: Thiéry, Robert (ed.): *Jean-Jacques Rousseau, Politique et Nation.* Actes du IIe Colloque international de Montmorency (27 septembre - 4 octobre 1995). Paris: Honoré Champion Éditeur, pp. 1063-1072.

Zapata, Ramón (1997): *Libros que leyó el Libertador Simón Bolívar.* Bogotá: Instituto Caro y Cuervo.

Monika Wehrheim

El héroe sin voz: Xicoténcatl en una novela hispanoamericana del siglo XIX

1. Orientaciones generales

"Lo postcolonial o la postcolonialidad [...] es una expresión ambigua, algunas veces peligrosa, otras veces confusa, y generalmente limitada e inconscientemente empleada" ha planteado Mignolo (1997: 51) de manera provocativa. En vista de tal confusión, que gira alrededor de la noción de lo postcolonial, parece útil aclarar el uso del término en mi lectura de una novela sobre el general tlaxcalteca Xicoténcatl.[1]

La ambigüedad del concepto de lo postcolonial resulta, a mi modo de ver, del hecho que es usado a tres niveles que muchas veces están entremezclados.

Primero, a nivel histórico: el "post" sugiere una referencia a una época de la historia conectada con la expansión colonial y la descolonización a través de tiempos y espacios diferentes. De allí resulta que se asocien, como critica Mignolo, países como la Argelia del siglo XX con el Brasil del siglo XIX, creando analogías que desde un punto de vista histórico suelen ser discutibles (Mignolo 1997: 51).

Segundo, a nivel de una articulación discursiva o semiótica: el atributo postcolonial hace referencia a culturas que sufren de la situación colonial o todavía padecen sus consecuencias. Si hablamos de culturas postcoloniales nos referimos a un modo de articulación particular de los llamados subalternos frente al discurso dominante de la cultura occidental. En este sentido, el fenómeno de lo postcolonial puede ser descrito en términos de una hibridación, de ambivalencias o de un *writing back* que tiende a desestabilizar, si no a subvertir, el poder y la cultura occidentales. Ya que la posibilidad de crear un dis-

---

1 Utilizamos esta forma del nombre Xicoténcatl para designar a la figura histórica porque es la forma más conocida. Para designar al protagonista de la novela utilizamos Jicotencal porque es el nombre que le dio el autor anónimo. La forma histórica y fonéticamente más correcta es –según González Acosta– Xicohténcatl (González Acosta 2002: 20).

curso fuera del sistema discursivo dominante es, desde el punto de vista epistemológico, problemático y por eso descartado (Spivak 1988), se recurre al concepto de *postcolonial agency* para describir la fuerza que provoca cierta inseguridad discursiva articulándose por medio de una re-codificación en forma de una catacresis. Como explica D'Arcy:

> Post-colonial agency is seen as contingent, indeterminate, heterogeneous, and operating from within established structures (of Modernity, metaphysics, or imperialism). Both Bhabha and Spivak employ the notion of the catachrestic re-coding of value from within established apparatuses of meaning production, the idea of the rearticulation of the sign, in order to articulate a notion of Post-Colonial agency (D'Arcy 1995: 110-111).

Tercero, a nivel epistemológico: aquí el término postcolonial indica un modo de lectura, un cambio epistemológico para el examen de las culturas históricamente coloniales o postcoloniales, que focaliza las hibridaciones y las re-codificaciones en las formaciones discursivas. En este sentido define Mary Louise Pratt la tarea de los estudios postcoloniales:

> [...] el "post", [...], refiere no a la idea de que estaríamos viviendo un momento en que los efectos del colonialismo y el euroimperialismo se hubiesen terminado, sino a una idea muy diferente: la "postcolonialidad" refiere al hecho de que esos efectos ahora están al alcance de nuestra reflexión en una medida mucho mayor que antes (Pratt 2003: 27).

De ahí que los estudios postcoloniales se dediquen a fenómenos culturales que, por un lado, están relacionados con la condición colonial, pero que, por el otro lado, incluyen también a las culturas de la independencia y del presente, ya que en ellas se reflejan todavía estructuras coloniales.

Esto significa también que la independencia no inició una descolonización en cuanto a las estructuras sociales y mentales, con la consecuencia que en muchos casos los actores de la independencia no se dieron cuenta del problema de la descolonización parcial, manteniéndose todavía dentro del marco de estructuras coloniales, o como dice Pratt:

> Los proyectos de independencia, aunque se lleven a cabo dentro de ideologías de liberación, consisten en parte en relegitimar y refuncionalizar jerarquías y prácticas coloniales, desde la supremacía blanca hasta la esclavitud, el feudalismo y el genocidio (Pratt 2003: 29).

En este contexto sería –así mi primera hipótesis– bastante difícil descubrir en los discursos postcoloniales de América Latina del siglo XIX estrategias de un *writing back* comparables al *writing back* concebido por Ashcroft/Griffiths/Tiffin (1989) para el siglo XX. Sin embargo, la noción de *postcolonial agency*, entendida como fuerza que se manifiesta en los textos, nos parece un concepto provechoso para analizar los fenómenos culturales del siglo XIX, ya que se observa –así mi segunda hipótesis– una vacilación en torno al modo de concebir la cultura después de la colonia (postcolonial en el sentido histórico), una vacilación que se da a múltiples niveles.

Desde esta perspectiva de los estudios postcoloniales, me propongo entonces marcar las ambivalencias de los discursos de la independencia y buscar mediante esta lectura una fuerza postcolonial (*postcolonial agency*) que da (inconscientemente) una respuesta al discurso dominante. ¿Cuáles son las vacilaciones, contradicciones y rupturas de un discurso que muchas veces se presenta –o mejor dicho: fue leído– como un discurso fundacional, sin contradicciones ni disturbios?

2. El autor anónimo

La novela anónima y poco conocida sobre el general tlaxcalteca Xicoténcatl Axayacatl, personaje histórico que se enfrentó a los conquistadores españoles, parece pertenecer a primera vista al corpus del discurso fundacional sin contradicciones ni disturbios. En 1826, poco después de la independencia mexicana, se publicó en Filadelfia, Estados Unidos, esta novela titulada *Jicotencal*. Se trata de una novela histórica, probablemente de procedencia hispanoamericana, que narra los acontecimientos de la conquista de México y, más concretamente, la colaboración de los indígenas tlaxcaltecas con los conquistadores españoles, centrándose en la figura histórica del joven guerrero Xicoténcatl. En cuanto al posible autor circula una cantidad de nombres diferentes entre los cuales destacan sobre todo dos opciones:[2] durante mucho tiempo se supuso que el clérigo cubano Félix Varela (1787-1853), exiliado en Filadelfia, era el autor (Leal 1960).[3] Además se le

---

2   Otros nombres y posibles nacionalidades del autor se mencionan en Castillo-Feliú (1999) y González Acosta (1997).

3   Existe una edición de Luis Leal y Rodolfo J. Cortina de 1995 que menciona a Félix Varela como autor de *Jicoténcatl*, la traducción al inglés de Guillermo I.

atribuyó también la (posible) autoría al poeta cubano José María Heredia (1803-1839), exiliado en EE.UU. y en México, quien figura como autor de la última edición de *Jicotencal* que Alejandro González Acosta publicó en México en 2002.[4] Si bien hay argumentos a favor de la autoría de Varela, quien tenía –como sacerdote– motivos más urgentes para camuflar su identidad que Heredia, prefiero hablar de un autor anónimo para no entrar en el debate, puesto que para el propósito de mi análisis (más bien discursivo) la pregunta del autor no es central. Pero sí es central que el protagonista de la novela sea un héroe indígena, lo cual obviamente sirve para remodelar la historia de la conquista desde la perspectiva criolla-independentista. ¿Cuáles son las modalidades de la historia y de la construcción del héroe indígena?

3. Re-escritura de la historia e hibridación genérica

La novela está lejos de lo que suele llamarse literatura culta.[5] Lo interesante de ella reside más bien en el hecho de que se trata de una de las primeras novelas históricas en Latinoamérica (Márquez Rodríguez 1991: 36) y que esta escritura de la historia se refiere a una temática indianista, de modo que una de las primeras novelas históricas es al mismo tiempo una de las primeras novelas indianistas del mundo hispanohablante. Lo sorprendente es que la escritura de la historia lleva en sí el anhelo de una re-escritura a partir de la construcción de un héroe indígena en vez del héroe-conquistador Hernán Cortés, hasta entonces casi incuestionable. El intento de una re-escritura de la historia a partir de una versión aparentemente indígena provocó casi inmediatamente una fuerte reacción en España: en 1831 se publicó en Valencia la novela *Xicoténcal, príncipe americano* de Salvador García Maamonde, la cual tenía como objetivo salvar al Cortés heroico. Esta "disputa de la interpretación histórica" no es sólo una discusión entre criollos y la Madre Patria, sino que forma parte de las discusiones que

---

Castillo-Feliú publicada bajo el título *Xicoténcatl: an Anonymous Historical Novel about the Events Leading up to the Conquest of the Aztec Empire* no menciona a un autor en la portada, pero sí menciona a Félix Varela en el pie de imprenta.

4 Está edición de la Universidad Nacional Autónoma de México nos sirve como base textual sin que por eso adoptemos la posición del editor en la arriba resumida discusión sobre la autoría de la novela.

5 Me refiero a lo que en alemán se llama *Höhenkammliteratur*.

se llevaron a cabo en los mismos países independientes y nos remite al problema de cómo concebir el discurso historiográfico, problema decisivo para el primer período de la independencia que trataremos más tarde en este artículo.

Resumamos primero el contenido del texto. La novela narra la historia del joven general tlaxcalteca Jicotencal que es descrito como adversario a la alianza entre los habitantes de la ciudad de Tlaxcala y los españoles. Históricamente esta alianza fue fundamental para el éxito de los españoles en México, ya que permitió la conquista de la poderosa ciudad México-Tenochtitlán.

El texto se construye en base a un esquema antagónico con una dicotomía bastante nítida entre hombres malos y hombres buenos. La ciudad republicana de Tlaxcala es gobernada por hombres sabios, entre ellos el anciano Jicotencal, padre del joven héroe al que se refiere el título de la novela. Los éxitos de la familia de los Jicotencal provocan la envidia de un príncipe llamado Magiscatzin cuya oposición a la familia aristócrata adversaria lo impulsa a pronunciarse en favor de una alianza con los invasores europeos. A pesar de que la actitud de Magiscatzin representa una posición minoritaria y Jicotencal casi resulta victorioso, porque los españoles están al borde de un desastre militar, la acción de la novela se desarrolla hacia un destino nefasto, sin salida, siguiendo así un modelo romántico subyacente. El desastre para la república tlaxcala empieza cuando dos españoles, el soldado Diego de Ordaz y Fray Bartolomé de Olmedo –ambos personajes históricos que participaron en la conquista de México– caminan por el bosque cerca del campamento del ejército español y, sorprendidos por una tormenta, buscan amparo en una cueva donde se esconde nadie menos que Teutila,[6] la novia clandestina de nuestro héroe. Esta joven ingeniosa les habla de las disputas en Tlaxcala y se ofrece como mediadora entre la gente de Tlaxcala y los españoles. Ocurre lo inevitable: Cortés –instruido del encuentro con la india Teutila– la toma prisionera y ella –convencida de su papel central en un proceso de buen entendimiento– le revela todos los secretos del Estado de Tlaxcala. De tal modo bien informado sobre los conflictos internos de los indíge-

---

6   Este personaje recuerda mucho a *Atala*, novela muy conocida en Hispanoamérica en la época, que fue traducida por Simón Rodríguez en 1801 (Pagni 2002), y encontrará una sucesora en *Netzula* de Lacunza (1837) (Wehrheim 2003).

nas, Cortés –gran semiótico que era, como nos recuerda Todorov
(1982)– manipula las fuerzas de tal manera que el partido de Magiscatzin sale vencedor y se forma la alianza fatal contra los mexica.

Antes de llegar al acuerdo final de la alianza contra Tenochtitlán
hay una serie de enredos amorosos sin desenlace muy claro, de manera que parecen involuntariamente ridículos: Jicotencal se enamora de
Malinche, pero instruido de su mal carácter se desenamora enseguida
y se casa con Teutila, por fin liberada; el soldado Diego, que había
encontrado a Teutila en la cueva, se enamora de Teutila al mismo
tiempo que Malinche se enamora del soldado Diego, y, por fin, Cortés
se enamora de Teutila que se reniega y casi es víctima de una violación de la cual escapa saltando por la ventana y cayendo en los brazos
de Diego, quien la lleva a la madrugada a su casa – acción que provoca los celos de Jicotencal.[7]

Tal como las relaciones amorosas, involuntariamente burlescas,
las acciones militares no parecen menos caóticas. El senado de Tlaxcala cumple con las exigencias de Magiscatzin y ordena la ayuda militar a las tropas españolas. Como general leal a su gobierno, Jicotencal
acepta la decisión a pesar de sus convicciones contrarias y espera otra
oportunidad para sublevarse contra Cortés. Cortés, en cambio, lo
manda a la retaguardia, de modo que el general ya no está en contacto
con su tropa, perdiendo así su influencia. Así, no hay resistencia cuando Cortés ordena que lo maten. El libro termina con el intento (por
supuesto) fracasado de Teutila de asesinar a Cortés.

A los desvíos argumentativos de la novela deben añadirse problemas estructurales que nos remiten, en efecto, a las ambivalencias e
indeterminaciones que los estudios postcoloniales destacan. Es obvio
que la novela es muy redundante tanto a nivel lexical como argumen-
tativo: hay varios intentos de parar a Cortés que según el esquema
fatal que gobierna la novela nunca tienen éxito. Además, el modo de
narrar invoca la hibridación de géneros vacilando, por ejemplo, entre

---

7 Agradezco las contribuciones de los participantes en la sección del congreso de
  Hispanistas alemanes que relacionaron las historias de amor con la tesis de Doris
  Sommer (1993) sobre las ficciones fundacionales. A mi modo de ver estas relaciones caóticas no se pueden interpretar en el sentido de ficciones fundacionales;
  más bien indican profundas inseguridades discursivas, típicas para la primera mitad del siglo XIX. En este contexto hay que recordar que Sommer se refiere a novelas de la segunda mitad del siglo XIX.

el género de la novela filosófica del siglo XVII y una obra de teatro, puesto que se enfilan largos diálogos y casi faltan elementos diegéticos. El resultado de esta mezcla de diversos elementos narratológicos abre el análisis hacia conceptos postcoloniales tal como los encontramos en los estudios de Homi Bhabha:[8] las inconsistencias, ambivalencias, la falta de un estilo elaborado nos indican una discursividad en disturbios sin tener que recurrir al término de una subversión consciente. Así, el criollo como sujeto neo-colonial produce un texto en el cual destaca una inseguridad profunda acerca de los modos de representación simbólica.

Los problemas de una composición poco elaborada nos conducen por fin también a la cuestión de la construcción del héroe. ¿En qué medida es considerado el protagonista un héroe por el autor anónimo? Como general ha tenido la posibilidad de refutar al ejército español, pero –como hemos visto– dado las intrigas internas no podía proseguir su lucha. Aún así, la esperanza de poder salvar al pueblo le cae encima, como lo muestra la arenga bastante patética de su cuñado, un general mexica:

> Ese pérfido [Cortés], ese monstruo, entra entre nosotros como amigo y aliado; conoce que en los ricos habitantes de la ciudad no tiene ya que temer el valor rígido de los republicanos de Tlaxcala y so pretexto de un ejército de observación, que habíamos podido arrancar a la timidez de Moctezuma, fragua una intriga infernal, hace prender la patricia anciana [...] (Heredia 2002: 102).
> Nadie mejor que tú puede salvar a la generación presente y a las futuras de su inminente desolación. Tú tienes un ejército que te respeta y te ama por tus virtudes y por tu valor. Tu patria no es ya Tlaxcala: la humanidad reclama tus servicios y un mundo entero te señala como a su liberador. (Heredia 2002: 103).

Pero el reclamado liberador vacila indeciso – o mejor dicho se encuentra en el conflicto del héroe clásico entre el deber y la inclinación. Anderson Imbert lo explica de la siguiente manera:

> Como héroe clásico, Xicoténcatl no puede rebelarse contra las decisiones del Senado; pese a su hondo conflicto interior, cumple con sus deberes de militar. Pero es un héroe romántico por la exaltación juvenil de sus ideales republicanos, reflejo de una situación contemporánea e inconcebible cincuenta años antes (Anderson Imbert 1954: 407).

---

8   Las inconsistencias, ambivalencias, disturbios discursivos como índices de una articulación colonial específica del *in-between* son la temática por ejemplo de "Signs taken for Wonders" en Bhabha (1994: 102-122).

Aparentemente, este conflicto interno del héroe está enmarcado por
dos conflictivos modelos de heroísmo: el clásico y el romántico. De
allí que el (supuesto) heroísmo corresponda muy poco con nuestro
modo de concebir un héroe. Jicotencal es representado como patriota,
leal a las decisiones de su gobierno y, pese a conocer la amenaza de
los españoles, nunca se destaca como un hombre fuerte realmente
dispuesto a vencer al enemigo. Por el otro lado, aunque esté siempre
presente el proyecto de vencer a su enemigo, deja escapar las oportu-
nidades que se le ofrecen. Así –dentro del ámbito romántico– lo que
se evoca es la imagen de un hombre vacilante y titubeante, sin decisiones y acciones triunfantes o constantes. Casi se podría hablar de un
héroe sin carácter o un antihéroe.

A diferencia de Jicotencal, Teutila merece el atributo heroico con
mucho más derecho. En la prisión nunca duda de su amor por Jicotencal, tomando por fin la decisión de matar a Cortés con un puñal. Y
está mucho más cerca de cumplir su tarea que jamás estuvo Jicotencal.[9]

El conflicto entre los dos modelos de heroísmo reunidos en la figura del héroe desemboca en el problema de un heroísmo estoico sin
acción, problema que se debe –por supuesto– también al hecho de que
el Xicoténcatl histórico es derrotado por Cortés. Así la figura del guerrero tlaxcalteca se parece más bien a un ser indefinido, como si se
tratara de una especie de pantalla vacía, abierta a la proyección de
aspiraciones y distintos deseos– un objeto híbrido que recuerda a los
conceptos de hibridación desarrollados por Homi Bhabha para describir los desplazamientos dentro del orden simbólico. Y es justamente
este desplazamiento dentro de los símbolos culturales lo que encontramos en la apropiación de los supuestos héroes indígenas por parte
de las nuevas élites.

4. Vacilaciones historiográficas

A pesar de los distintos deseos y los dos conflictivos modelos de heroísmo, la construcción de un héroe tan vacilante tiene también que ver
con los discursos históricos y el intento de re-escribir la historia de un

---

9   Fracasa sólo por haber tomado veneno antes de encontrarse con Cortés y como
    éste está retrasado, el veneno le roba la fuerza a Teutila.

país "post"-colonial en el sentido histórico. Nuestro autor anónimo no es el único que se ve ante estos problemas.

Es importante remarcar que el proyecto de reclamar el pasado indígena como parte integral del pasado de la nueva nación –desde nuestro punto de vista un proyecto bastante paternalista y todavía arraigado en hegemonías coloniales– no fue indiscutido en los discursos emergentes del siglo XIX. Y más aún, nuestro héroe vacilante y titubeante, sin marcas de un heroísmo tradicional, casi puede considerarse como un emblema de una situación en la cual las pautas de la construcción historiográfica aún no se han establecido.

Betancourt resume los problemas de la historiografía naciente en la siguiente pregunta: "¿Cómo representar la realidad de este mundo a partir de las categorías claras y precisas en su conceptualización para realizar una adecuada comprensión?" (Betancourt 2003: 85). Identifica dos corrientes en la historiografía latinoamericana de la época, con dos posturas opuestas: "la ruptura absoluta con el pasado colonial y el rescate de esa herencia" (Betancourt 2003: 87). Quizás –al menos en el caso de México– habría que añadir una diferenciación más: la ruptura con el pasado colonial como herencia española y el rescate del pasado indígena, por un lado, y la revaloración del pasado español, por el otro.

Las vacilaciones acerca de cómo escribir "la" Historia de las nuevas naciones produjeron –en una primera etapa– en México un fenómeno fascinante: como se debatía todavía el origen de la nación, se compilaron, particularmente en las revistas culturales, todo tipo de textos relacionados con la historia.

En estas compilaciones se ofrecen biografías de muy diferentes personajes históricos: están incluidos tanto Colón, Malinche y Cortés, como los virreyes, algunos héroes indígenas y ciertos protagonistas de la independencia latinoamericana como Simón Bolívar.[10] A pesar de indicar el deseo de reconstruir diferentes etapas del pasado, esta mezcla casi espontánea refleja también el problema general de cómo concebir la Historia, al que se enfrenta el México independiente. ¿Cómo definir el principio de la patria? ¿Cuál es su origen? ¿Cuándo empieza la historia nacional? ¿En la época pre-hispánica? ¿Con la conquista?

---

10   Estos ejemplos han sido tomados al azar de la revista *El liceo mexicano*, t. 1 y t. 2, 1844-1845.

¿O con las guerras de la independencia? Estas preguntas dominaban las discusiones entre intelectuales como Andrés Bello y José Victorino Lastarria (Betancourt 2003), pero también entre historiadores mexicanos como Carlos María Bustamante y Lucas Alamán. La inseguridad y las vacilaciones son características de la historiografía de la época, que está en búsqueda no solamente de una definición de la Historia nacional, sino también de formas apropiadas para escribirla.

5. La figura histórica Xicoténcatl según las crónicas

Si el autor anónimo intenta re-escribir la historia de la conquista desde un punto de vista "indígena" o más bien anti-español, hay que echar una mirada al modelo discursivo del Xicoténcatl histórico y a las relaciones de poder prehispánicas tal como las transmiten las crónicas españolas. Leyendo estos textos ¿qué sabemos del personaje?[11]

Xicoténcatl Axayacatl, llamado también Xicoténcatl el joven, fue el valiente general de las tropas de Tlaxcala que mostraron la primera resistencia organizada contra el invasor europeo. Las tropas tlaxcaltecas estaban a punto de vencer a los europeos, cuando les llegó la orden de suspender las hostilidades, abriendo así el camino hacia la alianza entre españoles y tlaxcaltecas que acabó en el pacto tan fatal para los mexica. La novela sigue en este punto la narración de los acontecimientos históricos, también en la descripción del "fraccionalismo" (Hassig 2001) del gobierno de Tlaxcala por dos familias aristocráticas (los Xicoténcatl y los Maxixcatl – la familia de Magiscatzin en la novela). Como argumenta el antropólogo Ross Hassig, en tal situación era inevitable que un partido no se opusiera al otro para perfilarse y para ganar el poder o por lo menos consolidarlo. De esta manera, si una familia optaba por la guerra, la otra estaba obligada a optar –casi automáticamente– por la paz y viceversa. Es obvio que Xicoténcatl como general estaba a favor de la guerra, ya que su posición hubiera sido irrefutable en el momento de la victoria. No le fue posible a Xicoténcatl vencer a los españoles a causa de sus armas, las que además causaron muchas víctimas de guerra. En esta situación el senado se

---

11 La historia de Xicoténcatl nos fue transmitida entre otros por Bernal Díaz del Castillo, Francisco López de Gomára y Antonio Solís. Se encuentran en la novela largas citas de la *Historia de la conquista de Méjico* (1684) de Solís.

pronunció en contra de la guerra, y en oposición a los intentos de Xicoténcatl se proclamó la paz.

El segundo hecho histórico que se conoce de Xicoténcatl es que en 1521 Cortés ordenó ahorcarlo por haber desertado. Algunos cronistas cuentan, que las tropas de Xicoténcatl llegaron a Texcoco para apoyar a Cortés en la conquista de Tenochtitlán. Se dice que Xicoténcatl –en la misma noche de su llegada a Texcoco– huyó, dejando solas a sus tropas, e intentó volver a Tlaxcala.

Así, sus primeras acciones en contra de los españoles llevan el sello de lo heroico (o más bien de resistencia anti-española), pero su huida es una marca de cobardía.

6. Re-escritura: el héroe sin voz

En la versión oficial de su muerte, el héroe indígena no es nada más que un cobarde, pero justamente esta muerte poco gloriosa es de especial interés para nuestro análisis. Primero salta a la vista que la novela –casi obligadamente– presenta una versión diferente, aunque al principio del episodio que conduce a la muerte del protagonista la novela siga las narraciones históricas. De tal modo, el hecho de que Xicoténcatl no está en contacto directo con Cortés y está obligado a trasladarse a Texcoco coincide con lo relatado en las crónicas. En este contexto nos cuentan los cronistas que Xicoténcatl intentó escapar a la noche para huir a Tlaxcala, mientras que en la novela se sustituye este comportamiento indigno de un héroe por otra acción: aquí los soldados del general carecen de abastecimientos –porque Cortés no les envió lo prometido– y van a buscar alimentos en los bosques, de donde son arrastrados por los aliados de Cortés.

La relación de la supuesta deserción de Xicoténcatl en las crónicas es revelada en la novela como mentira, y el hecho de que Xicoténcatl dejó el campamento es transmitido como resultado de una intriga de Cortés. En efecto, aunque el héroe novelesco (como hemos dicho) no tiene mucho de heroico, nunca deja de pensar en una oportunidad para atacar. Eso explica su indiscutible perfil de anti-español que seguramente le interesaba subrayar al autor. En este sentido, la novela produce lo que podría llamarse un "discurso en contra del discurso oficial del poder colonial", es decir, en contra del discurso legado por los cronistas. Nos ofrece otra versión de la historia, en la cual Cortés es el

bribón y Xicoténcatl/Jicotencal el noble salvaje. Sin embargo, esto no
significa que la novela se haya despedido de las formaciones discursivas dominantes. También en su perspectiva crítica de narrar la historia, la novela recurre a un modelo del discurso colonial conocido: el
noble salvaje. Mantiene así la diferencia entre colonizado y colonizador, aunque invierta los valores siguiendo esta vez la tradición de la
leyenda negra. Por lo tanto, no evita las trampas y estructuras del discurso dominante, pero es interesante notar que trata de evitar el esquema del bipolarismo tradicional al crear, por un lado, un colonizador malo (Cortés) y un colonizador bueno (Diego) y, por el otro lado,
un indígena bueno (Jicotencal) y un indígena malo (Magiscatzin). Esto
da la impresión como si al escribir el autor hubiera luchado contra los
rasgos discursivos dominantes sin poder romperlos. De este modo, el
pensamiento bipolar (existiendo aún en una figura cuatropolar) se
mantiene estable dentro de la oposición entre el malo y el bueno que
se atribuye, según las necesidades, al indígena o al conquistador.

No obstante, destaca un elemento más en la narración de la muerte
de Jicotencal cuando se cuenta que Cortés en el momento de la captura "teme aún que se despierta el águila tlaxcalteca" (Heredia 2002:
161). Y de la misma manera nuestro héroe espera que su muerte pro-
voque una rebelión: "¡Feliz yo mil veces, si mi sacrificio os vuelve a
vuestro antiguo heroísmo!" (Heredia 2002: 162). Es como si con su
muerte injusta Jicotencal se ganara los méritos de héroe, acercando la
figura al concepto de mártir. Es también bastante revelador que en los
párrafos que tratan de la captura y la muerte encontramos una acumulación léxica de la palabra héroe.[12] Pero el martirio no sirve para nada,
es decir, no tendrá ningún efecto si no se cuenta su historia. Y precisamente en este punto interviene otra vez la pregunta de cómo narrar
la historia de los oprimidos, remitiéndonos de nuevo a nociones centrales de las teorías postcoloniales.

Recordemos que el general tlaxcalteca intenta narrar su historia a
su pueblo para provocar con esta narración una rebelión contra los
conquistadores. Así, para evitar una rebelión de los tlaxcaltecas, hay

---

12 Antes de la captura se utiliza rara vez la palabra héroe, la repetición de la palabra
    salta a la vista en el párrafo que sigue a la captura: "[l]a multitud cae por último
    sobre él y a fuerza de hombres se consigue atar al héroe que hacía, no obstante,
    temblar a sus guardias como el león impone aún encerrado por fuertes rejas de
    hierro" (Heredia 2002: 59-160).

que impedir que Jicotencal hable, recurriendo para ello a la práctica colonial, bastante brutal, de cerrar la boca de los indígenas con un hierro:

> La hora de la terrible ejecución se designa irrevocablemente y una mordaza en la boca del general tlaxcalteca previene el efecto que pudiera hacer su valiente y varonil elocuencia. Mas a la vista de esta atrocidad inaudita y desconocida, un texcocano que ve cerrada la boca del bravo joven con el hierro y que en lugar de palabras sólo sale de ella la sangre que delata al mundo tal extremo de barbarie, cayó desmayado al horror de semejante espectáculo. Este accidente hizo necesario suprimir el tormento de la mordaza, pero por lo mismo se hacía también indispensable evitar que el héroe dirigiese la palabra al público. El tirano es fecundo en recursos y poco delicado en la elección de éstos; nada le importa que sean bajos y viles, como lo conduzcan al logro de su fin. Se determinó, pues, abatir por el opio la sensibilidad del fuerte caudillo y conducirlo adormecido al altar de su gloria y al monumento de la deshonra de su opresor (Heredia 2002: 162).

Así termina la vida del glorioso guerrero en las tinieblas narcóticas, llevándose "un cadáver hacia el cadalso" (Heredia 2002: 163). El indígena opiado o con la boca cerrada con un hierro se lee casi como una metáfora de la sentencia de que los subalternos no pueden hablar (Spivak 1988). Este indígena no tiene la posibilidad de narrar su versión de la historia y nunca más tendrá la oportunidad de hacerlo. Desde entonces, los únicos que cuentan su historia son los miembros de la nueva élite que, como lo indica Spivak, siempre quedan en compromiso con el discurso occidental dominante – aún siendo críticos. Por ello, tampoco se refleja una versión indígena en la novela, sino una versión criolla de la historia indígena. Aún así queda claro que se trata de un silencio forzado que quizá alude al silencio forzado al cual está expuesto también el autor de la novela escondiéndose en el anonimato.[13]

De cierta manera, esta perspectiva del silencio forzado y de la imposibilidad de narrar la historia de los subalternos deja vislumbrar, detrás de la sorprendente vaguedad de la figura del protagonista, el silencio y la imposibilidad de recuperar la versión negada de la conquista; y la novela no puede recurrir al modelo de un héroe fuerte por el simple hecho de que tampoco el texto histórico nos transmitió uno.

---

13 Le agradezco a Beatriz González-Stephan su intervención acerca del paralelismo entre el silencio forzado del protagonista y aquel del autor anónimo.

Como dicho, el personaje literario de Jicotencal comparte con la
figura histórica de las crónicas la vaguedad característica. Históricamente quedan todavía por aclararse los motivos que tenía el supuesto
enemigo y adversario de Cortés para someterse al mando del español
y para trasladar sus tropas a Texcoco. ¿Qué motivos tendría un general
para llevar a su ejército a un campo de batalla y huir la misma noche
de su llegada?

Para aclarar esta pregunta volvamos nuevamente a la dudosa historia de su muerte. Si Xicoténcatl hubiera sido un rebelde, habría com-
batido a Cortés o por lo menos se habría contactado con los mexica, lo
cual explicaría también que Cortés quiso eliminarlo como enemigo.
¿Pero, fue Xicoténcatl verdaderamente un enemigo de Cortés? ¿Por
qué colaboró entonces con él? El antropólogo Hassig señala que en la
historia de Xicoténcatl hay un período de cuatro meses entre la muerte
del rival Maxixcatl y la orden de ayuda de Cortés en la batalla contra
Tenochtitlán. Siendo enemigo de Cortés, Xicoténcatl hubiera tenido
tiempo suficiente para actuar en contra de él. Pero no lo hizo. Hassig
nos ofrece una explicación sugestiva al respecto: para el Xicoténcatl
histórico el enemigo no era Cortés sino Maxixcatl. Una vez muerto el
rival, a Xicoténcatl ya no le interesaba el conflicto con Cortés, que
tenía su función solamente en relación con Maxixcatl. Es decir, lo que
le preocupaba a Xicoténcatl (y no solamente a él) eran los conflictos
internos de los indígenas, lo cual también le impidió entender los
cambios que iban afectando al mundo mesoamericano. Su (supuesto)
anti-españolismo sería entonces una construcción colonial que se tras-
ladó a los discursos de la independencia y se prosigue en la novela.
Quizá esta interpretación se acerca más a una versión indígena – pero,
además de los problemas de reconstruir una versión perdida, queda el
problema epistemológico de la imposibilidad de imaginar un *counter-
discourse* o, como explica D'Arcy este problema: "[...] the conscious-
ness/voice of the Other/subaltern is irreducibly non-recoverable. The
'cognitive failure' involved in efforts to represent or theorize the Other is irreducible" (D'Arcy 1995: 106).

¿Qué significa todo esto para el debate sobre lo postcolonial del
siglo XIX? Como hemos dicho, lo "postcolonial" se refiere a un concepto más radical que el mero hecho temporal en el sentido de un
"después de la colonia". Tiene ciertas implicaciones en relación con
los procesos de independencia o la resistencia cultural frente a la do-

minación occidental, una fuerza "subversiva" que un cierto modo de lectura revela en los textos.

En un primer momento, no se puede valorizar la novela sobre Xicoténcatl según las categorías de un *writing back* en el sentido de una subversión o una defensa de los subalternos. Es obvio que las élites del siglo XIX en América Latina celebraron de vez en cuando la historia pre-hispánica para diferenciarse de la Madre Patria, sin que les hubiera interesado el indígena real. Además, el texto recurre a estereotipos bastante conocidos del imaginario europeo, como es el buen salvaje remodelado por los románticos. En un segundo momento, nuestra lectura ha descubierto elementos típicos de una hibridación que indican una vacilación frente a los géneros dominantes y a los modos de narrar la historia. Y por fin, el texto alude a un problema epistemológico fundamental del debate postcolonial ya que modula el silencio del colonizado y al mismo tiempo quiere quebrarlo sin conseguirlo. El deseo de conocer al otro, de describirlo, conduce a la aniquilación del otro (Young 1990) presentada en el texto por el silencio forzado que provoca a su vez el deseo de reconstruir la historia del otro conduciendo a su aniquilación, etc., de manera que la narración engendra una *mise en abîme* de su propia posibilidad/imposibilidad. Así llegamos al problema fundamental del debate postcolonial de hoy en día, que D'Arcy resume de la manera siguiente: "[i]t is important to recognize the irreducibility of this effacement, that the Other will always be subject to the cathexis of the critic, and to work from there" (1995: 117).

7. Proyecciones fundacionales

Para los intelectuales criollos lo interesante de figuras indígenas como Xicoténcatl era su supuesto anti-españolismo, o más bien, su oposición frente a una colaboración con Cortés, símbolo de la colonización, puesto que su actitud no es estrictamente anti-española en un sentido absoluto. Jicotencal es amigo del soldado español Diego que articula una fuerte crítica interna a las acciones de Cortés, descritas como tiránicas.[14] Lo que une el soldado español al general tlaxcalteca es un

---

14 Xicoténcatl el viejo caracteriza a Cortés: "Esa benignidad que se nos pondera es una hipocresía atroz y abominable. Su lenguaje es éste: Yo vengo a esclavizaros a vosotros, vuestros pensamientos, vuestros hijos y vuestra descendencia; vengo

espíritu republicano y libertador. En este sentido, el gobierno de Tlaxcala constituye un modelo para la república que está por construirse:

> Al llegar la gente a la gran muralla de piedra que atravesaba un valle entre dos montes, señalando y fortificando los límites de la república de Tlaxcala, quedó Hernán Cortés admirado de la fortaleza y suntuosidad de la fábrica, que manifestaba el poder y prudencia de aquel estado. Tan cierto es que el espíritu verdaderamente republicano jamás ha sido conquistador (Heredia 2002: 50).

Pero esa república sufre el destino de muchos grandes imperios a causa de la discordia y la intriga. En esto la novela no solamente remite al discurso filosófico de las ruinas de Volney, sino también a la situación actual de las guerras de Independencia y a los problemas de las futuras repúblicas cuando advierte a sus lectores:

> Cuando las divisiones intestinas rompen la unión de un pueblo, éste es sin recurso la víctima de sus enemigos y más infaliblemente si la astucia y las artes de la política se saben aprovechar de las ventajas que les ofrece la discordia. ¡Pueblos! Si amáis vuestra libertad reunid vuestros intereses y vuestras fuerzas y aprended de una vez que si no hay poder que no se estrelle cuando choca contra la inmensa fuerza de vuestra unión, tampoco hay enemigo tan débil que no os venza y esclavice cuando os falta aquélla. Tlaxcala es un ejemplo palpable de esta verdad (Heredia 2002: 97).

En este contexto es obvio que el soldado Diego y el general tlaxcalteca no representan a las culturas negadas y suprimidas, sino a la cultura emergente de los criollos que procura, a su vez, eliminar la heterogeneidad cultural y social en América Latina. El interés por Xicoténcatl, por lo tanto, no equivale a un interés por la cultura de los tlaxcaltecas, sino a las ambiciones de los lugartenientes que aspiran a liberarse del yugo de la metrópoli. O dicho de otro modo: la elaboración literaria de un héroe indígena excluye a los indígenas reales e históricos que son – una vez más– víctimas de las omisiones que forman parte integral de las narraciones fundacionales, ya que sólo sirven para articular la identidad criolla (Schmidt-Welle 2003).

---

a destruir vuestro culto y a haceros apostatar de vuestra religión; vengo a violar vuestras mujeres y vuestras hijas; vengo a robaros cuanto poseéis: si os sometéis gustosos a tanto envilecimiento, MI SOBERANA BENIGNIDAD os reserva el alto honor que seáis mis aliados para que perezcáis peleando contra mis enemigos"(Heredia 2002: 31) – como indica González Acosta, las mayúsculas ya aparecen en el original (Heredia 2002: 31, nota 10).

Pero hay que recordar que esta novela, analizada desde una perspectiva postcolonial que busca las hibridaciones e incoherencias, ofrece también otros aspectos más allá de su inscripción en el discurso fundacional: aún cuando el héroe indígena sigue siendo un personaje pálido, sin vida, siguiendo estereotipos conocidos, son su palidez y vaguedad una referencia al silencio como condición de vida del vencido/subalterno y justamente a las omisiones discursivas.

La paradoja está en que será la omisión de la voz la que evoca la voz perdida del otro. Así, la imagen del indígena sin voz se convierte en una alegoría (en el sentido de Walter Benjamin como figura que reúne dos aspectos) que remite a la voz, a una historia perdida para siempre porque la "auténtica" historia del otro nunca se podrá contar. Por un momento trasluce así la alteridad extinguida en un discurso occidental/criollo que la había absorbido totalmente.[15]

Bibliografía

Anderson Imbert, Enrique (1954): *La novela hispanoamericana*. México, D.F.: Fondo de Cultura Económica.

Anónimo (1826): *Jicoténcal*. Philadelphia: Imprenta de Guillermo Stavelly.

Ashcroft, Hill/Griffiths, Gareth/Tiffin, Helen (eds.) (1989): *The Empire Writes Back, Theory and Practice in Post-Colonial Literatures*. London/New York: Routledge.

Betancourt Mendieta, Alexander (2003): "La nacionalización del pasado: los orígenes de las 'historias patrias' en América Latina". En: Schmidt-Welle, Friedhelm (ed.): *Ficciones y silencios fundacionales. Literaturas y culturas poscoloniales en América Latina (siglo XIX)*. Madrid: Iberoamericana/Frankfurt am Main: Vervuert, pp. 81-99.

Bhabha, Homi K. (1994): "Signs Taken for Wonder: Questions of Ambivalence and Authority Under a Tree Outside Delhi, May 1817". En: Bhabha, Homi K. (ed.): *The Location of Culture*. London/New York: Routledge, pp. 102-122.

Castillo-Feliú, Guillermo I. (1999): "Introduction". En: Varela Morales, Félix: *Xicoténcatl: an Anonymous Historical Novel about the Events Leading Up to the Conquest of the Aztec Empire*. Austin: Texas University Press, pp. 1-6.

D'Arcy, Michael (1995): "The Commitment to Complicity: the Cathexis of the Other and Post-Colonial Theory". En: Toro, Fernando de/Toro, Alfonso de/Quinn, Kathleen (eds.): *Border and Margins. Post-Colonialism and Post-Modernism*. Madrid: Iberoamericana/Frankfurt am Main: Vervuert, pp. 103-120.

---

15   Agradezco a Katja Carrillo Zeiter la revisión lingüística del presente texto.

González Acosta, Alejandro (1997): *El enigma de Jicotencal*. México, D.F.: Universidad Nacional Autónoma de México.

— (2002) "Una vida para la ficción: dos novelas sobre Xicoténcatl 'El Joven'". En: Heredia, José María: *Jicotencal*/García Maamonde, Salvador: *Xicoténcal, príncipe americano*. México, D.F.: Universidad Nacional Autónoma de México, pp. 7-20.

Hassig, Ross (2001): "Xicotencatl: Rethinking an Indigenous Mexican Hero". En: *Estudios de Cultura Nahuatl*. Vol. 32 (<http://www.ejournal.unam.mx/cultura_nahuatl/ecnahuatl32/ECN03204.pdf>, 1.10.2009).

Heredia, José María (2002): Jicotencal/García Maamonde, Salvador: *Xicoténcal, príncipe americano*. Estudio preliminar. Ed. y notas de Alejandro González Acosta. México, D.F.: Universidad Nacional Autónoma de México.

El liceo mexicano (1844 -1845). T. 1-t. 2. México, D.F.: Imprenta de J. M. Lara.

Leal, Luis (1960): "*Jicoténcal*, primera novela histórica en castellano". En: *Revista Iberoamericana*, 49, pp. 9-31.

Márquez Rodríguez, Alexis (1991): "Raíces de la novela histórica". En: *Cuadernos americanos*, IV, 28, pp. 32-49.

Mignolo, Walter (1997): "La razón postcolonial: herencias coloniales y teorías postcoloniales". En: Toro, Alfonso de (ed.): *Postmodernidad y Postcolonialidad. Breves reflexiones sobre Latinoamérica*. Madrid: Iberoamericana/Frankfurt am Main: Vervuert, pp. 51-70.

Pagni, Andrea (2002): "Übersetzungsräume in der kolonialen Situation und im Modernismo: Chateaubriands *Atala* und Heines *Buch der Lieder*". En: Scharlau, Birgit (ed.): *Übersetzen in Lateinamerika*. Tübingen: Narr, pp. 53-70.

Pratt, Mary Louise (2003): "La poética de la per-versión: Poetisa inubicable devora a su maestro. No se sabe si se trata de aprendizaje o de venganza". En: Schmidt-Welle, Friedhelm (ed.): *Ficciones y silencios fundacionales. Literaturas y culturas poscoloniales en América Latina (siglo XIX)*. Madrid: Iberoamericana/Frankfurt am Main: Vervuert, pp. 27-46.

Schmidt-Welle, Friedhelm (2003): "Introducción". En: Schmidt-Welle, Friedhelm (ed.): *Ficciones y silencios fundacionales. Literaturas y culturas poscoloniales en América Latina (siglo XIX)*. Madrid: Iberoamericana/Frankfurt am Main: Vervuert, pp. 9-23.

Sommer, Doris (1993): *Foundational Fictions. The National Romances of Latin America*. Berkeley: University of California Press.

Spivak, Gayatri Chakravorty (1988): "Can the Subaltern Speak?". En: Nelson, Cary/Grossberg, Larry (eds.): *Marxism and the Interpretation of Culture*. Chicago: University of Illinois Press, pp. 271-313.

Todorov, Tzvetan (1982): *La conquête de l'Amérique. La question de l'autre*. Paris: Seuil.

Varela Morales, Félix (1995): *Jicoténcatl*. Ed. de Luis Leal y Rodolfo J. Cortina. Houston: Arte Público Press.

— (1999): *Xicoténcatl: an Anonymous Historical Novel about the Events Leading Up to the Conquest of the Aztec Empire*. Trad. por Guillermo I. Castillo-Feliú. Austin: University of Texas Press.

Wehrheim, Monika (2003): "Mexikanisierung der Literatur? *Atala, Netzula* und die literarische Zeitschrift *El año nuevo* (1837-1840)". En: Peters, Michaela/Strosetzki, Christoph (eds.): *Interkultureller Austausch in der Romania im Zeichen der Romantik – Akten der Sektion 14 des Deutschen Romanistentages 2003 in Kiel*. Bonn: Romanistischer Verlag, pp. 97-110.

Young, Robert (1990): *White Mythologies. Writing History and the West*. London/New York: Routledge.

Michael Rössner

Luces picarescas en México:
el pícaro y la voz paterna de la razón
en el *Periquillo Sarniento*

La comparación de la novela picaresca con el *Bildungsroman* alemán tiene una larga y no siempre simpática tradición.[1] Sin identificarnos con los elementos euro- o germanocéntricos de tal tradición, se puede afirmar que la dualidad de voces es, en cierta manera, constitutiva de la picaresca – al menos a partir del *Guzmán de Alfarache*. Es la dualidad entre la voz del viejo narrador arrepentido que a veces se acerca al sermón eclesiástico y aquella del joven protagonista anárquico y despreocupado, pero lleno de ambiciones. Sin embargo, se puede aseverar con razón el hecho de que existe una verdadera continuidad en la sucesión temporal entre estas dos identidades y el desarrollo del carácter del protagonista. Un abismo parece separar al yo-protagonista de *Guzmán de Alfarache* del yo-narrador que acaba de sobrevivir un momento clave de su vida, parecido al milagro pascual: la casi-muerte simbólica por los azotes en las galeras y la resurrección de un "hombre nuevo", arrepentido y purificado. Este "hombre nuevo" tiene poco que ver con el joven al que critica y toma como ejemplo didáctico negativo para amonestar a sus lectores (Montori de Gutiérrez 1979: 511-519).

Aun más alejado del *Bildungsroman* aparece el *Buscón* de Quevedo. Pablos vive en una sociedad tan corrupta que la delincuencia no aparece como nada malo ni extraordinario. Además, el conocido odio de Quevedo contra los alguaciles hace aparecer, aquí como en los *Sueños*, a los representantes de la Ley como peores rufianes que los

---

1   En los estudios de literatura alemana, los dos conceptos se aplican con más frecuencia al *Felix Krull* de Thomas Mann. Normalmente, los germanistas ven una "suplantación" *(Verdrängen)* de la novela picaresca por la forma "de mayor valor" que sería el *Bildungsroman*. Un estudio que trata de mostrar ambos géneros como variantes de una misma forma literaria que corresponde a épocas de grandes cambios sociales es el ensayo *Picaresque continuities* de Robert Stone (Stone 1998: 1-15).

mismos pícaros.[2] En una sociedad en la que no hay más que criminales, la actitud picaresca aparece como un método legítimo de sobrevivencia, aunque no hay que olvidar que la técnica de Quevedo no tiene nada que ver con el realismo. Es una técnica altamente intertextual que logra efectos a través de intertextualidades marcadas y la hipérbole – tal como lo hará algunos siglos más tarde la nueva novela latinoamericana.

Pero al contrario, para lograr el efecto "positivo, edificador, didáctico" del *Bildungsroman* habría que esperar una fusión de los elementos estructurales descritos y realizados en su forma más lograda en el *Guzmán de Alfarache* con un programa educador basado en la ideología del Siglo de las Luces, tal como se encuentra en los fundamentos del fenómeno alemán mencionado.[3]

La literatura española peninsular no conoce una picaresca del Siglo de las Luces, pero la literatura hispanoamericana sí – al menos si extendemos un poco el Siglo de las Luces, lo cual es necesario tomando en cuenta los problemas de comunicación existentes entre Europa y América Latina en los últimos decenios de la época colonial, sobre todo después de la expulsión de los jesuitas, quienes habían constituido el elemento más progresivo de la intelectualidad en el contexto hispanoamericano. El siglo XVIII colonial tiene todavía una base barroca – con pocas excepciones, como es el caso del *Nuevo Luciano o Despertador de Ingenios* (1977) del ecuatoriano Francisco Javier Eugenio de Santa Cruz y Espejo, donde se lamenta precisamente que el destierro de los jesuitas había robado a la colonia este pobre reflejo de la luz de la razón que quedaba (Espejo 1981; Ontaneda Polit 1988).

Pero con las guerras napoleónicas, con el espíritu nuevo de la época de la independencia, con los nuevos medios de publicación llegan finalmente las tendencias, las ideas, los objetivos –y también los mitos– de la Ilustración europea. Esto ya había servido para construir la base ideológica de la primera independencia del continente – aquella de los Estados Unidos; y el modelo del Norte parecía mostrar también

---

2 Me estoy refiriendo, claro está, a "El alguacil endemoniado" (en *Sueños y discursos*) y a "El alguacil alguacilado" (en *Juguetes de la niñez*), cf. Riquelme Jiménez (2000).

3 En cierta manera, las *Confessions* de Jean-Jacques Rousseau se podrían leer como tal síntesis entre elementos de la picaresca y una actitud didáctica (además coincide con la picaresca en cuanto a la narración en primera persona).

que era posible decidirse por una ideología ilustrada "selectiva", la cual tomaba en cuenta las pocas simpatías de los "americanos" (hispánicos y anglosajones) por las culturas subalternas de indígenas o afroamericanos. No voy a enumerar todos los textos que se podrían citar aquí: de las cartas de Bolívar a las primeras obras dramáticas neoclásicas en la Argentina independiente vemos una múltiple elaboración del modelo de pensar ilustrado a la realidad americana. La exclusión más patente es aquella del mito del "buen salvaje", el cual no aparecerá en la literatura latinoamericana hasta antes de la mitad del siglo XIX, y entonces ya en la versión romántica de Chateaubriand. A un indio sabio que explique a los criollos cómo deben organizar un nuevo estado basado exclusivamente en principios racionales, no lo encontramos en ningún texto de la época de la Independencia.

Pero sí hay muchos textos que tratan de relacionar el nuevo discurso ilustrado con tradiciones barrocas, con la sátira de costumbres de la tradición quevediana: de una manera muy suave en un texto como el *Concolorcorvo* de Carrió de Vandera en el Sur, de una manera más agresiva en la obra de los primeros periodistas del nuevo siglo, como nuestro autor Fernández de Lizardi.

Al analizar en lo siguiente su larga novela "picaresca" *El Periquillo Sarniento*, de hecho veremos que ésta se basa en la tradición de la picaresca peninsular; pero desde el primer momento entra en un diálogo intertextual con aquella. Baste recordarnos que ya el *Lazarillo de Tormes*, primer ejemplar de lo que será más tarde el género picaresco, está concebido en forma de carta escrita por el yo-narrador a un mecenas; situaciones equivalentes las encontramos en la mayor parte de los prólogos de las novelas picarescas del siglo XVII. La práctica de comunicación literaria del barroco requiere la elección de un "padrino" de la obra que así –incluso en su forma impresa, que se acerca a la práctica de comunicación anónima del mercado– se incorpora a un sistema de cultura cortesana de comunicación personal.

En el "prólogo, dedicatoria y advertencia a los lectores" de su obra, Fernández de Lizardi discute esta práctica, y se presenta jocosamente como un autor que "quiere seguir sus maestros los dedicadores" (94)[4], pero no sabe por cual "mecenas o patrono" decidirse – hasta que

---

4 El texto de Lizardi se cita según la edición de Carmen Ruiz Barrionuevo (1997), indicando únicamente el número de la página.

sigue el buen consejo de un amigo (¿preludio simbólico a la situación comunicativa de la novela?) y se decide por "los lectores", pues si hay bastantes que compren su obra, esto equivaldrá a la "protección" financiera de un noble:

> Calla, me dijo mi amigo, que yo te voy a proponer unos Mecenas que seguramente te costearán la impresión.
> ¡Ay hombre!, ¿quiénes son?, dije yo lleno de gusto. Los lectores, me respondió el amigo. ¿A quiénes con más justicia debes dedicar tus tareas, sino a los que leen las obras a costa de su dinero? Pues ellos son los que costean la impresión, y por lo mismo sus Mecenas más seguros. Conque aliéntate, no seas bobo, dedícales a ellos tu trabajo y saldrás del cuidado. Le di las gracias a mi amigo; él se fue; yo tomé su consejo, y me propuse desde aquel momento dedicaros, Señores Lectores, la Vida de tan mentado Periquillo Sarniento, como lo hago (94).

No sin ironía menciona el "Pensador Mexicano" la baja calidad social de este grupo y podríamos calificarlo como preludio satírico ex ante del mito del mestizaje, si la enumeración se leyera así: "sé que seréis, algunos, plebeyos, indios, mulatos, negros, viciosos, tontos y majaderos" (94), mientras que la fusión cultural es obra del dinero: "esta pequeña obrita que os ofrezco como tributo dedicado a vuestros *reales* .... méritos" (95).

A este prólogo, por así decir, metaliterario que dialoga con la tradición para proclamar, aunque irónicamente, un nuevo modelo de comunicación, democrático y anónimo, se añade otro, firmado no por el "Pensador", sino por el yo-narrador que define su intención ya en la primera frase: "[c]uando escribo mi vida, es con la sana intención de que mis hijos se instruyan en las materias sobre que les hablo" (95). El contraste no podría ser mayor: por un lado, el periodista moderno que piensa en la multitud anónima de lectores, comparable al "vulgo" que obligaba a Lope de Vega a pecar contra las reglas de Aristóteles, por el otro, el viejo narrador que quiere instruir a un grupo bastante restringido, sus hijos: "no quiero que salieran estos cuadernos de sus manos" (95).

La actitud didáctica del viejo narrador corresponde a aquella de Guzmán; pero el grupo "exclusivo" al que se dirige lo conecta con otra tradición más tardía: nos encontramos con la presencia del buen *père de famille* de tradición diderotiana con intereses pedagógicos, que van mucho más allá de la mera instrucción por el mal ejemplo, presente en la picaresca clásica. De hecho, toda la primera parte de la novela se ocupa de la educación de los niños, y allí el autor contrapone el método "viril" del padre de Periquillo al método "blando" y "femenino" de su madre que es causa de sus malandanzas. Y el narrador se interesa también por detalles que recuerdan al *Emile* de Rousseau, como la manera de "fajar" al bebé "como cohete" o por el daño que se le hace al niño dejando que sea criado por nodrizas:

> Luego que nací, después de las lavadas y demás diligencias de aquella hora, mis tías, mis abuelas y otras viejas del antiguo cuño querían amarrarme las manos, y fajarme o liarme como un cohete, alegando que si me las dejaban sueltas, estaba yo propenso a ser muy manilargo de grande, y por último, y como la razón de más peso y el argumento más incontrastable, decían que éste era el modo con que a ellas las habían criado, y que por tanto, era el mejor y el que se debía seguir como más seguro, sin meterse a disputar para nada del asunto; porque los viejos eran en todo más sabios que los del día, y pues ellos amarraban las manos a sus hijos, se debía seguir su ejemplo a ojos cerrados (106s.).

Así, esta primera parte sirve para establecer un tipo de personaje que domina el discurso de la novela: el padre-modelo, viril, severo, prudente y bien intencionado, opuesto al principio femenino irracional, supersticioso, débil y excesivamente cariñoso: un antagonismo típico de ciertas tendencias del Siglo de las Luces que se aleja bastante de la imagen de los padres (si los hay) en la picaresca tradicional.

Ya que el padre natural de Periquillo muere temprano, no puede completar la educación de su hijo, y cuando éste ha terminado sus estudios de bachiller, se aproxima el verdadero antagonista del padre: el amigo-seductor en la persona de Januario, presentado no sin ironía por el viejo Periquillo a sus hijos:

> Este Januario era un joven de diez y ocho a diez y nueve años, sobrino de la señora, condiscípulo siempre y grande amigo mío. Tal salí yo, porque era demasiado burlón y gran bellaco, y no le perdí pisada ni dejé de aprovecharme de sus lecciones. Él se hizo mi íntimo amigo desde aquella primera escuela en que estuve, y fue [...] mi sombra inseparable en todas partes. [...] Era de un cuerpo gallardo, alto y bien formado; pero como en mi consabida escuela era constitución que nadie se quedara sin su mal nombre, se lo cascábamos a cualquiera aunque fuera un Narciso o un Adonis; y según esta regla le pusimos a don Januario Juan Largo, combinando de este modo el sonido de su nombre y la perfección que más se distinguía en su cuerpo. Pero después de todo, él fue mi maestro y mi más constante amigo; y cumpliendo con estos deberes tan sagrados, no se olvidó de dos cosas que me interesaron demasiado y me hicieron muy buen provecho en el discurso de mi vida, y fueron: inspirarme sus malas mañas, y publicar mis prendas, y mi sobrenombre de PERIQUILLO

SARNIENTO por todas partes; de manera que por su amorosa y activa diligencia lo conservé en gramática, en filosofía y en el público cuando se pudo. Ved, hijos míos, si no sería yo un ingrato si dejara de nombrar en la historia de mi vida con la mayor efusión de gratitud a un amigo tan útil, a un maestro tan eficaz, y al pregonero de mis glorias; pues todos estos títulos desempeñó a satisfacción el grande y benemérito Juan Largo (170s.).

Casi todo el resto de la larga novela representa una repetición de esta secuencia: alternativamente, las figuras paternas y las figuras seductoras (aunque ambas en forma masculina, las mujeres seductoras tienen un papel relativamente reducido y limitado a la última parte) dominan la escena y la débil voluntad del protagonista que tiene que pagar caro las hazañas picarescas a las que se deja convencer por sus amigos.

Ya que hemos mencionado el atraso relativo de la ideología ilustrada en América Latina, tal vez sea el caso señalar que esta postura didáctica post-ilustrada, que combina la imagen del padre ideal racional y los seductores-amigos, la encontraremos todavía más tarde en Europa: en el famoso personaje Pinocchio de Collodi (Fondazione nazionale Carlo Collodi di Pescia 1981) que, aunque de madera, tiene la misma debilidad como Periquillo y suele sucumbir siempre a la seducción de sus amigos; si atrasos hay, a veces pueden ser bastante fructíferos y lograr innovaciones, como vemos.

Pero volvamos a la secuencia de figuras paternas porque me parece bastante ilustrador – en doble sentido: el primer personaje que lo vitupera y le ayuda a liberarse de su vanidad delante de las chicas es un "padre vicario" (169ss.) cuya doctrina científica aparece libre de prejuicios y supersticiones, aproximándolo así al "vicaire savoyard" del mismo *Emile* de Rousseau (Markovits 2003: 215-235; Granderoute 1985).

Con esta resolución me levanté de la banca y me fui a buscar al vicario que ya había acabado de rezar, y redondamente le canté la palinodia. Padrecito, le dije, ¿qué habrá usted dicho de la nueva explicación del cometa que me ha oído? Vamos, que usted no se esperaba tan repentino entremés sobre mesa; pero la verdad, yo soy un majadero y lo conozco [...] no habrá ocho días que me he graduado de bachiller en filosofía, y me dijeron que estaba yo aprobado para todo; pensé que era yo filósofo de verdad, que el tal título probaba mi sabiduría, y que aquel pasaporte que me dieron para todo, me facultaba para disputar de todo cuanto hay, aunque fuera con el mismo Salomón; pero usted me ha dado ahora una lección de que deseo aprovecharme; porque me gusta la física, y quisiera saber los libros donde pueda aprender algo de ella; pero que la enseñen con la claridad que usted.

Ésa es una buena señal de que usted tiene un talento no vulgar, me dijo el padre, porque cuando un hombre conoce su error, lo confiesa y desea salir de él, da las mejores esperanzas, pues esto no es propio de entendimientos arrastrados que yerran y lo conocen, pero su soberbia no les permite confesarlos; y así ellos mismos se privan de la luz de la enseñanza, semejantes al enfermo imprudente que por no descubrir su llaga al médico, se priva de la medicina y se empeora (181s.).

Como vemos, Periquillo en este momento reconoce la superioridad y el carácter de modelo del vicario, pero la nueva figura paterna se le escapa, y sus maestros y superiores en la época del convento no se pueden parangonar con la sabiduría de aquél. Tras la muerte de su padre natural ya no existen riendas para Periquillo, y después de haber gastado la fortuna entera de sus padres –lo que coincide con la muerte de su madre– se junta definitivamente con los malos amigos y empieza una vida picaresca de ladrón y tahúr, lo cual lo lleva al hospital y finalmente al calabozo.

En este calabozo – una de las muchas ocasiones para una crítica vehemente a las prácticas administrativas del Virreinato en sus últimos años, Pedro encuentra a la figura paterna tal vez más importante del libro: a don Antonio, que en cierta manera es el doble del yo-narrador, pues le cuenta su propia historia de vida, yerros, arrepentimiento y purificación. En la celda se establece una especie de segunda –y mejor– escuela, un seminario privado de filosofía práctica que constituirá más tarde la base para las enseñanzas impartidas por el mismo Periquillo a sus hijos, pero que sobre todo parece duplicar otro "seminario en prisión", la instrucción del joven indio huron por parte del jansenista en el cuento L'Ingénu de Voltaire (McGhee 1946: 752-761). Tal como en el caso de Voltaire, la figura paterna de don Antonio convierte la situación del encarcelamiento en un período de perfección intelectual y moral, aunque el seminario de Voltaire es más dialógico, ya que el indio huron –representante de la razón natural del buen salvaje ilustrado– contesta a la filosofía de su maestro, y a veces con buenas razones.

Sin embargo, después de su liberación de la cárcel, Periquillo se convierte, siguiendo las huellas de la picaresca tradicional, por algún tiempo en criado de muchos amos (Tomo III) hasta salir de México en dirección al único sitio verdaderamente "oriental" del Imperio Hispánico: las Filipinas, lo que le ofrece la ocasión de entrar finalmente en la zona del "Mito del Buen Salvaje" en el estilo del Siglo de las Luces. Basta recordar que este mito en las letras francesas se basa en gran parte en la expedición de Bougainville a las islas del Pacífico y los comentarios de Diderot sobre el diario de viaje del capitán. Los tahitianos presentados por Diderot aparecen allí como portadores de una razón y sabiduría natural, opuestas a los prejuicios y los formalismos vanos de la tradición europea (Hinterhäuser 1957).

Lizardi utiliza exactamente la misma situación para criticar desde fuera la inmovilidad e ignorancia de la sociedad virreinal. El Buen Salvaje aquí obviamente no puede ser un indio como en el caso de Voltaire, y entonces el autor mexicano se decide por un "oriental" o "chino": el virrey de una de las islas del Pacífico, obviamente construida como utopía, donde no hay nobleza hereditaria y el trabajo manual no es visto como degradante. En su entrevista con Periquillo, a este "chino" le extrañan las costumbres mexicanas – y, una vez más, corrige las pretensiones del pícaro que se presenta como médico y no sabe preparar medicinas con ingredientes naturales (756ss.).

La aventura oriental ofrece una última posibilidad para introducir un subgénero más del ámbito "filosófico" francés: el modelo de las *Lettres persanes* o *Cartas marruecas*, o sea lo propio visto a través de ojos ajenos, ya que el hermano del virrey lo acompaña a su patria para conocer México, lo que ofrece una vez más la ocasión de exponer satíricamente las debilidades de la sociedad colonial.

Con esto llega el momento de la conversión, que se consume –según los principios hispánicos– en una confesión general bajo los auspicios de la iglesia, pero incluso esta confesión no sólo lleva al perdón religioso, sino a la perfección humana en el sentido del ideal pedagógico del Siglo de las Luces:

> Luego que entramos le dijo el capellán: - Aquí tiene usted a su antiguo amigo y dependiente Don Pedro Sarniento, de quien tantas veces hemos hecho memoria. Ya es digno de la amistad de usted, porque no es un joven vicioso ni atolondrado, sino un hombre de juicio y de una conducta arreglada a las leyes del honor y de la religión (898).

Como tal, él mismo puede ahora desempeñar el papel del padre-guía e incluso de confesor en relación con Anselmo (878); se casa, tiene una familia virtuosa – y saltamos en seguida al final de su vida, la situación desde la cual fue "narrada" la mayor parte del libro: Periquillo-

Pedro en su lecho de muerte, circundado por sus hijos, a los que amonesta en su última hora narrando los sucesos de su vida. Con eso, pasa como testamento el manuscrito a su amigo el "Pensador", quien concluye la novela que combina tantos y tan variados géneros literarios de la literatura ilustrada dentro del marco de la novela picaresca española del Siglo de Oro.

Desde una perspectiva postcolonial –o pre-postcolonial, ya que Fernández de Lizardi escribe su novela en los últimos años de la colonia– esta combinación tan peculiar lleva a nuevas dimensiones estéticas y discursivas. Primero, podríamos aplicar con un resultado muy rico las categorías clásicas de *gender, race* y *class*:

La perspectiva de *gender*, prefigurada en las discusiones entre padre y madre de Pedro y los comentarios del –viejo– narrador nos lleva a la impresión de la imagen clásica del Siglo de las Luces que está en la base de la *querelle des femmes*: el hombre siempre es maestro, dueño de la razón y por ende de la acción racional, la mujer es caprichosa, sentimental, incapaz de pensar y de actuar racionalmente:

> Muy bueno y muy justo es que los hombres amen a sus mujeres y que les den gusto en todo cuanto no se oponga a la razón; pero no que las contemplen tanto que por no disgustarlas, atropellen con la justicia, exponiéndose ellos, y exponiendo a sus hijos a recoger los frutos de su imprudente cariño como me sucedió a mí. [...] Las mujeres saben muy bien aprovecharse de esta loca pasión, y tratan de dominar a semejantes maridos de mantequilla. Cólera da ver a muchos de estos que no conociendo ni sabiendo sostener su carácter y superioridad, se abaten hasta ser los criados de sus mujeres. [...] No sin razón dijo un antiguo que las madres ayudan a sus hijos en las iniquidades, y estorban el que sus padres los corrijan (150ss.).

Hay que añadir que la imagen positiva de la mujer que se puede hallar también en el libro –la mujer de Antonio y la propia del viejo Periquillo– son concebidas según los esquemas del Siglo de Oro español de *La perfecta casada*; sobre todo la mujer de Antonio, que resiste hasta el último a la seducción e incluso a la violencia del Marqués, sería tal ejemplo. Lo que falta es la mujer heroica, tan frecuente en la literatura del Siglo de Oro (Lope de Vega: *Fuente Ovejuna*; Alonso de Ercilla: *La araucana*). Las mujeres de la novela mexicana son perfectas esposas, pero de manera burguesa, no se exponen, y si tienen que defenderse, utilizan un criado varón que las ayuda; por otro lado, no son devotas ni mucho menos devotas supersticiosas como las "viejas" que

Periquillo critica tan a menudo. Llegamos así a una especie de híbrido entre el código de honor del Siglo de Oro y el discurso de *gender* del Siglo de las Luces que parece establecer nuevos modelos de una sociedad nueva, presumiblemente post-colonial.

La perspectiva de *race* presenta una imagen parecida: por un lado, vemos un racismo –aunque a veces con auto-ironía– claramente expresado, y no sólo por Periquillo que desprecia sus compañeros de cárcel por ser indios, negros, mestizos y mulatos (quienes a su vez lo desprecian por ser blanco y haber acabado a pesar de ello en la cárcel), sino también por el "Pensador" en la cita de su Prólogo. Por el otro, hay el famoso capítulo de Manila, donde un negro le explica a un oficial inglés la igualdad fundamental de todas las razas (723ss.) y éste se da por vencido. ¿Cómo explicar tal discrepancia? Obviamente, se trata de un racismo de proximidad combinado con un antirracismo de lejanía. El "rico comerciante negro" de Manila puede profesar una humanidad ejemplar (y su discurso se parece peligrosamente al de los "padres" de la novela); pero los negros, indios, mulatos mexicanos son un poco "menos iguales". No sólo es una actitud bastante conocida incluso en el siglo en que vivimos, sino también la actitud de los "maestros ilustrados franceses" en el momento de la revolución – la historia del Caribe francés lo prueba de manera bastante clara. ¿Hay un concepto de identidad que se puede extraer de esta co-existencia de dos actitudes opuestas? Obviamente estamos cerca a una "ilustración particular" como lo fue la actitud de un Sarmiento en la Argentina. La igualdad de los hombres civilizados permite la exclusión de aquellos que se califican de bárbaros; así, la identidad mexicana proclamada por el *Periquillo* se definiría de manera parecida a la famosa alternativa de Sarmiento, formulada tres decenios más tarde: civilización o barbarie – esta alternativa permite eliminar el racismo en el momento de lograr la civilización, pero mientras estemos todavía en el camino, hay que conservarlo.

Esto nos hace llegar finalmente a la categoría social de *class*: desde la primera discusión entre madre y padre y hasta el último sermón de Periquillo moribundo, el mensaje está muy claro: hay que trabajar, y los oficios manuales no son razón de vergüenza para nadie, aunque la mayoría de los hombres de bien –Pedro, el negro de Manila, Antonio– son comerciantes, y por ende burgueses. Esta doctrina se dirige obviamente contra el mito de la hidalguía, tan criticado ya en el Siglo de Oro, contra los escuderos de Lazarillo, los muchos nobles que, aunque pobres, prefieren padecer hambre a trabajar por no perder su honor. Se trata de la misma situación que Montesquieu en sus *Lettres persanes* reprocha a los españoles:

> On conçoit aisément que des peuples graves et flegmatiques comme ceux-là peuvent avoir de l'orgueil: aussi en ont-ils. Ils la fondent ordinairement sur deux choses bien considérables. Ceux qui vivent dans le continent de l'Espagne et du Portugal se sentent le cœur extrêmement élevé, lorsqu'ils sont ce qu'ils appellent *des vieux Chrétiens*; c'est-à-dire, qu'ils ne sont pas originaires de ceux à qui l'Inquisition a persuadé dans ces derniers siècles d'embrasser la religion chrétienne. Ceux qui sont dans les Indes ne sont pas moins flattés lorsqu'ils considèrent qu'ils ont le sublime mérite d'être, comme ils le disent, *hommes de chair blanche*. Il n'y a jamais eu, dans le sérail du Grand Seigneur, de sultane si orgueilleuse de sa beauté que le plus vieux et le plus vilain mâtin ne l'est de la blancheur olivâtre de son teint, lorsqu'il est dans une ville du Mexique, assis sur sa porte, les bras croisés. Un homme de cette conséquence, une créature si parfaite, ne travaillerait pas pour tous les trésors du monde, et ne se résoudrait jamais, par une vile et mécanique industrie, de compromettre l'honneur et la dignité de sa peau. (LETTRE LXXVIII, copia oficial de una carta de un francés; Montesquieu 1956: 249).

Al contrario, la novela de *Periquillo* ya desde el primer momento de su formación proclama la dignidad de los oficios manuales:

> Mi madre, sin embargo de lo dicho, se opuso de pie firme a que se me diera oficio, insistiendo en que me pusiera mi padre en el colegio. Su merced le decía: no seas cándida, y si a Pedro no le inclinan los estudios, o no tiene disposición para ellos, ¿no será una barbaridad dirigirlo por donde no le gusta? [...].

> No todos los hombres han nacido útiles para todo. Unos son buenos para las letras, y no generalmente, pues el que es bueno para teólogo, no lo será para médico; y el que será un excelente físico, acaso será un abogado de a docena, si no se le examina el genio; y así de todos los letrados. Otros son buenos para las armas e ineptos para el comercio. Otros excelentes para el comercio y topos para las letras. Otros, por último, aptísimos para las artes liberales, y negados para las mecánicas, y así de cuantos hombres hay (145s.).

Así, podríamos deducir de la categoría de *class* incluso un elemento de identidad: los nuevos mexicanos tienen que distinguirse de los viejos "españoles americanos": tienen que trabajar y adaptarse a una sociedad burguesa y racional; la posible independencia sería como el último capítulo de un *Bildungsroman* colectivo que acabaría con una *Nationenbildung (nation-building)*.

Así se explican los cambios en el esquema tradicional de la novela picaresca: la perspectiva amonestadora de *Guzmán de Alfarache* ya no es tan religiosa, sino aquella de la razón ilustrada, la del "padre" o maestro (según el modelo de Voltaire en *L'Ingénu* o del *vicaire savoyard* de las *Confessions* de Rousseau); y por el otro, la perspectiva del pícaro ya no es tan sólo anárquica, sino aquella de un hombre que aprende, a través de una vida de muchos errores, a reconocer la voz de la razón y que se convierte al final en otro padre-encarnación de la razón. Obviamente aquí hay ciertos paralelos con el *Bildungsroman* alemán más o menos contemporáneo a esta composición, pero hay mucho más: en el contexto post-colonial, ¿no podríamos ver un paralelismo entre la ambición y despreocupación del pícaro y la "nueva nación" hispanoamericana por un lado y entre el padre-razón y las Luces europeas por el otro?

Tal vez sí: si estamos de acuerdo en definir a "Europa" como la cultura francesa – tal como lo hicieron un poco más tarde los mencionados románticos argentinos, el camino de formación y emancipación de Periquillo de las tradiciones barrocas y picarescas podría ser interpretado como emancipación de la tradición española. Pero eso es sólo "una" posibilidad de lectura. Por el otro lado hay que ver que aquí por primera vez en América tenemos una tentativa de combinar modelos franceses y españoles en un texto polifónico en el que coexisten no sólo barroco e Ilustración, sino también las varias –y no siempre homogéneas– voces de la Ilustración francesa: desde el culto a la "razón natural" del Buen Salvaje hasta la doctrina pedagógica de *Emile*, desde la enseñanza paternalista de Voltaire hasta el exotismo de las *Cartas persas*, y esto, además de producir efectos para la identidad colectiva de los mexicanos, produce también efectos estéticos interesantes por una alta carga de intertextualidad que logra hacer divertida incluso hoy en día la lectura de un libro tan largo como lo es el *Periquillo Sarniento*.

Bibliografía

Espejo, Francisco Javier Eugenio de Santa Cruz y (1981): *Obra educativa*. Ed. de Philip Astuto. Caracas: Biblioteca Ayacucho.

Fondazione nazionale Carlo Collodi di Pescia (1981): *C'era una vola un pezzo di legno. La simbologia di Pinocchio*. Atti del Congresso organizzato dalla Fondazione nazionale Carlo Collodi di Pescia. Milano: Emme.

Granderoute, Robert (1985): *Le roman pédagogique: de Fénélon à Rousseau*. Genève: Slatkine.

Hinterhäuser, Hans (1957): *Utopie und Wirklichkeit bei Diderot. Studien zum Supplément au voyage de Bougainville*. Heidelberg: C. Winter.

Lizardi, José Joaquín Fernández de ([1831] 1997): *El Periquillo Sarniento*. Ed. de Carmen Ruiz Barrionuevo. Madrid: Cátedra.

Markovits, Francine (2003): "La science du bon Vicaire". En: Bensaude-Vincent, Bernadette/Bernardi, Bruno (eds.): *Rousseau et les sciences*. Paris: L'Harmattan, pp. 215-235.

McGhee, Dorothy M. (1946): "The Conte Philosophique Evolves Its Solitaire". En: *PMLA*, 61, 3, pp. 752-761.

Montesquieu, Charles Louis de Secondat de (1956): *Œuvres complètes*. Ed. de Roger Caillois. Paris: Gallimard (La Pléiade).

Montori de Gutiérrez, Violeta (1979): "Sentido de la dualidad en el *Guzmán de Alfarache* de Mateo Alemán". En: Criado de Val, Manuel (ed.): *La picaresca. Orígenes, textos y estructuras*. Madrid: Fundación Universitaria Española, pp. 511-519.

Ontaneda Polit, Max (1988): *Eugenio de Santa Cruz y Espejo. Examen de su obra*. Quito: Abya-Yala.

Riquelme Jiménez, Carlos José (2000): *Quevedo: el hombre, la época y sus ideas ético-jurídicas y penales*. Ciudad Real: Diputación Provincial, D.L.

Stone, Robert S. (1998): *Picaresque Continuities: Transformations of the Genre from the Golden Age to the Goethezeit*. New Orleans: University Press of the South.

Xuan Jing

Sacrificio sublime, sacrificio obsceno.
La fundación del cuerpo nacional en *La cautiva* y
El matadero de Esteban Echeverría

1.

En su influyente estudio sobre el nacionalismo, *Imagined Communities*, Benedict Anderson ha definido la nación como "an imagined political community – and imagined as both inherently limited and sovereign" (Anderson 1991: 6).[1] Explica su concepto de la siguiente manera: primero, la nación es esencialmente imaginada, porque todas las comunidades son imaginadas.[2] Sus miembros, en vez de conocerse unos a otros, comparten más bien una imagen común de su conjunto social. En segundo lugar, una nación se imagina concretamente en una dimensión limitada, ya que ella, a diferencia del cristianismo que pretende ser universal, tiene siempre unas fronteras más o menos fijas que la separan de otras naciones. Finalmente, la nación se imagina como una entidad soberana, porque el concepto nace en una época de ruptura ideológica: la ilustración y la revolución (francesa) han destruido el poder divino como principio legitimador del orden dinástico, y la religión universal se ve enfrentada con el pluralismo de la vida religiosa. Como la idea de la nación es capaz de unir la fe con el territorio limitado, el estado soberano llega a ser el modelo y el emblema de la libertad nacional (Anderson 1991: 6-7).

En la historia de la nación y del nacionalismo de Anderson, América Latina tiene un rol de vanguardia. Los "nation-states of Spanish America" (Anderson 1991: 46) tienen su origen en una conciencia de nación que brotó en el Nuevo Mundo antes que en Europa. Este hecho

---

1   Para una introducción de la tesis de Anderson véase Loomba (1998: 186-192).
2   En el marco del estudio presente no conviene discutir en detalle la argumentación no siempre coherente de Anderson. Basta con señalar que su concepto de "nación" se basa en una presuposición errónea: no todas las comunidades tienen que ser imaginadas. La familia, la estirpe o el estado –a este último punto volveremos más tarde– son los ejemplos más evidentes.

se debe sobre todo a la situación social de los criollos. Ellos forman a
la vez una "colonial community and upper class" (Anderson 1991:
58). Como privilegiados de una sociedad colonial, los criollos se sienten vinculados a la cultura europea; no obstante, están excluidos del
aparato burocrático en la metrópoli. De esta situación paradójica de
"both dispossesion and privilege" (Loomba 1998: 187) resulta, según
Anderson, la aspiración de la clase criolla a la autonomía administrativa y de allí el germen de la idea de nación en América Latina. Aparte
de los funcionarios criollos, también los "provincial creole printmen"
(Anderson 1991: 65) han contribuido decisivamente a la divulgación
de la idea nacional. Estos últimos son los representantes del *print-
capitalism* quienes introducen la prensa en el Nuevo Mundo, o sea el
medio de comunicación determinante para que un territorio con partes
esparcidas pueda imaginarse como una unidad nacional (Anderson
1991: 61).

Siguiendo en cierto modo a estos pioneros que realza Anderson,
los novelistas y poetas serán los productores principales de imágenes
nacionales después de la independencia. Desde esta perspectiva, Doris
Sommer ha estudiado la novela latinoamericana del siglo XIX como
foundational fiction (Sommer 1991). Sommer encuentra en la literatura de ficción un medio importante para fundar la unidad cultural y la
identidad nacional. Para tal propósito, la alegoría sirve de modo retórico dominante. Sommer lee la trama novelesca de tal manera que la
historia amorosa forma el *improprium* que sustituye el *proprium* de la
historia nacional. Dependiendo de los desenlaces, la novela vale o
bien para celebrar la consolidación nacional con un *happy-ending*, o
bien para proyectar, aunque sea de modo trágico, soluciones utópicas.
Bajo el mismo enfoque de *nation-building* voy a examinar dos textos
que Sommer recorrió más bien rápidamente como el primer grado de
la narración nacional. Se trata de *La cautiva* (1837) y *El matadero*
(1871, redacción 1839-1940) de Esteban Echeverría. Mi objetivo no
consiste, sin embargo, en extraer figuras alegóricas, sino en averiguar
los modos productivos para construir las imágenes nacionales. El análisis del texto se concentrará en dos aspectos: ¿qué características tiene
la nación que Echeverría proyecta en su ficción literaria? y ¿con qué
estrategias textuales lo realiza? Estos temas, a mi modo de ver, no
pueden ser tratados adecuadamente sino en relación con la situación
histórica y social en que se producen los textos. Empezaré, por lo tan-

to, con un preliminar teórico, en el cual intentaré aclarar una cuestión fundamental al hablar de la ficción nacional: ¿qué significa "imaginar la nación" en América Latina después de la independencia? La cuestión se puede precisar en dos preguntas concretas: ¿cuál es el objeto imaginado? y ¿cuáles son los principios para construir tal objeto?

La pregunta por el objeto no es retórica y su respuesta depende del significado de la nación. La mencionada definición de Anderson puede servir aquí de punto de partida negativo. Según ella, una comunidad imaginada se califica como nación por dos criterios, que son el territorio limitado y la soberanía. Hay que notar que estos dos criterios son exactamente los distintivos del estado. Anderson parece concebir la nación como la imagen reflejada del estado, en el sentido de que ambos se distinguen uno del otro por una diferencia puramente ontológica: la nación tiene características idénticas al estado, sólo que es imaginada. Según tal definición, sólo los pueblos desposeídos de tierra y autonomía (o que se sienten en peligro de ello) pueden ser los sujetos lógicos de la nación y del nacionalismo, puesto que sólo ellos, por no ser una "political community" real, tienen que imaginarla y pueden formar así una "imagined political community". Sin mencionar su implicación ideológica,[3] el concepto de Anderson pone su propio límite práctico. Si con la nación se imaginan un territorio limitado y la soberanía, ¿qué es lo que imagina un pueblo que ya tiene ambos en forma de un estado independiente? Éste es precisamente el caso de América Latina del siglo XIX, cuando los estados independizados tienen de hecho un territorio limitado y nominalmente la soberanía. Sin necesidad de imaginar ni lo uno ni lo otro, ¿cuál será entonces el objeto de la imaginación nacional?

El problema se resuelve teniendo en cuenta la diferencia esencial entre el estado y la nación. Siendo los dos en principio modos de realización del poder político, el primero se refiere al aparato concreto, mientras que la segunda es un concepto abstracto de legitimación. Esta divergencia categórica se explica mejor en relación con la genealogía de las ideas políticas. A este punto alude Anderson cuando opina que la nación se imagina como soberana porque el poder divino está destruido. En cierto modo, la nación se deja concebir como la forma

---

3   Para una reflexión crítica sobre el carácter de "lo imaginado" en su concepto de nación véase Chatterjee (1993: 5).

secularizada del poder divino. Equivale como tal al concepto del cuerpo místico en la teoría de los dos cuerpos del rey.[4] Ésta proviene de la teología política medieval y es el núcleo del discurso legitimador de la monarquía. Al monarca se le atribuye un cuerpo místico, en el cual está inscrito el poder de Dios como origen de todo poder mundano. A diferencia del cuerpo natural, este cuerpo simbólico del rey es inmortal y perpetuo por la continuación dinástica. De modo análogo, se puede hablar en un sentido metafórico de los dos cuerpos del estado. Por un lado el pueblo, pero también el territorio y el aparato político, forman el cuerpo natural del estado. Por el otro, la nación como concepto tiene la función de atribuirles un significado simbólico a estas sustancias materiales y por lo tanto puede ser considerada como el cuerpo místico que representa el cuerpo natural del estado o una parte de él como una unidad íntegra y orgánica.

Definiendo así el objeto, imaginar una nación significaría construir un cuerpo simbólico para el cuerpo natural del estado. Esto puede efectuarse de un modo simple, por vía metonímica por ejemplo, dando cara y voz a la entidad política mediante bandera e himno. El modo más complejo sería por medio de la metáfora y la alegoría. Esto lo ha revelado Sommer en su *foundational fiction* latinoamericana, donde el cuerpo erótico de los amantes se convierte en el *secundum* del cuerpo político-cultual de la nación. La elaboración literaria de la nación no se realiza, sin embargo, sólo a base de figuras trópicas. De igual importancia es la organización textual, cuyos principios están estrechamente relacionados con la situación histórica concreta de la producción literaria. En el caso de la literatura latinoamericana del siglo XIX, quiero subrayar la historia colonial y argumentar que la estrategia doble del colonialismo aporta un principio fundamental a la ficción nacional. Con estrategia doble me refiero a una práctica material y una práctica discursiva. Se trata respectivamente del aspecto cubierto y encubierto del colonialismo, como lo ha señalado Abdul JanMohamed en su ensayo sobre la literatura colonialista inglesa:

> Distinguishing between material and discursive practices [...] allows us to understand more clearly the contradictions between the covert and overt aspect of colonialism. While the covert purpose is to exploit the colony's natural resources thoroughly and ruthlessly through the various imperialist material practices, the overt aim, as articulated by colonialist

---

4 Véase el estudio clásico de Kantorowicz ([1957] 1997).

discourse, is to "civilize" the savage, to introduce him to all the benefits of Western cultures (JanMohamed 1986: 81).

Estos dos aspectos se pueden describir también como una práctica material de apropiación y una práctica discursiva de desapropiación. La práctica colonial significa una apropiación, ya que consiste en hacer propia una tierra ajena para aprovecharse de ella. Este objetivo, aunque se consigue por una conquista violenta, requiere siempre de un discurso de legitimación. En él la apropiación material queda justificada por una retórica de desapropiación cuya función consiste en (des)calificar a los nativos como indignos de su posesión. Los dos clásicos modelos son la misión cristiana y el discurso civilizatorio. Aplicando el criterio religioso y/o cultural de los colonizadores, los nativos se vuelven seres defectuosos, o bien por falta del dios verdadero, o bien por falta de la civilización como cualidad humana, o bien por falta de ambos. La lógica entre una apropiación real y una desapropiación putativa es la de la inversión: la empresa colonial no significa que los colonizadores se llevan el lucro material, sino que ellos traen el beneficio del verdadero Dios o la civilización.

Esta doble estrategia se mantiene virulenta en la fase moderna del colonialismo, es decir, cuando el viejo método de una explotación manifiesta se adapta al nuevo modelo de una explotación encubierta (JanMohamed 1986: 80). En América Latina, la proclamación de la independencia marca la transición formal al neocolonialismo. Desde ese momento, como ya no hace falta administrar las colonias, la apropiación material se vuelve indirecta. En vez de ocupar el territorio se imponen formas de gobierno, estructuras económicas y modos de producción bajo la aparente autonomía de los respectivos países. Este cambio del modo de explotación va unido a la transición de los dos modelos de discurso de legitimación mencionados arriba: si el colonialismo clásico se basa en la diferencia cristiano/no cristiano, esta diferencia, como lo ha señalado Carl Schmitt hablando de los principios de legitimación del imperialismo moderno, se seculariza en el siglo XIX. La diferencia dominante ahora es la de civilizado y no civilizado (Schmitt 1994: 187). El discurso de civilización sirve mejor a un colonialismo encubierto, porque comparado a la misión cristiana, el proceso de la civilización no tiene ni principio claro ni fin cierto.

Notoriamente, la "civilización" llegó a ser uno de los lemas del discurso nacional en Argentina. Junto con la "libertad" y el "progreso" pertenece al vocabulario básico de la llamada Generación de 1837 y a la declarada ideología oficial del Partido Unitario.[5] Los antónimos – la barbarie, el despotismo y el retraso – son aplicados al enemigo político, el Partido Federal. Con la retórica de la civilización los liberales exploran la potencia legitimadora del término, el cual les permite describir la situación política y sus pretensiones al poder según la lógica de un maniqueísmo cultural. La obra representativa en este aspecto es sin duda *Facundo. Civilización y barbarie* (1845) de Sarmiento. Bajo la fórmula titular, Sarmiento interpreta el curso histórico y la actualidad de Argentina dividiéndola en "barbarie indígena" y "civilización europea" (Sarmiento 2003: 40). Esta dicotomía hace ver un dilema fundamental del discurso nacional de los liberales. Si la nación ideal se identifica con la civilización europea, el cuerpo simbólico de Argentina que imagina Sarmiento es europeo y queda por principio disociado del cuerpo natural – indígena – del pueblo. Más aún, debido al mecanismo elemental del discurso del cual procede, el discurso de la nación civilizada produce su "otro" necesario, construyendo el pueblo salvaje. De hecho, la Argentina contemporánea aparece en la figura híbrida de una "[e]sfinge, mitad mujer por lo cobarde, mitad tigre por lo sanguinario" (Sarmiento 2003: 39) al comienzo de *Facundo*. Vale mencionar que esta esfinge argentina, impresionante acaso más por lo fantástico que por lo bestial, forma la primera imagen figurativa en *Civilización y barbarie*. Indica en cierto modo el momento verdaderamente imaginario en la proyección de "la nación civilizada", la cual se halla, ante todo, en la invención del "otro" bárbaro.

No obstante, Sarmiento no concibe el pueblo campestre y primitivo que describe en oposición absoluta a la civilización. Más bien lo considera la materia prima del progreso, ya que para él la barbarie significa al mismo tiempo la fuerza. Análogo a los caudales naturales del país, el cuerpo natural del pueblo está dotado de una vitalidad indómita y forma la fuerza sustancial para construir una nación fuerte y próspera. Gracias a sus tendencias vitalistas, Sarmiento puede promulgar una renovación nacional que prevé la integración del "otro" salvaje en el proceso de civilización. Una tal dinámica de asimilación no existe, sin embargo, en la ficción fundacional de Esteban Echeve-

---

5   Para el fondo histórico, la formación y las ideas políticas de la "Generación 37" véase Shumway (1993: 112-167).

rría. Aquí, la oposición entre nación/civilización y pueblo/barbarie forma una antítesis radicalmente irreconciliable. Tanto en *La cautiva* como en *El matadero*, los personajes son divididos en dos grupos enemigos. Mientras el héroe unitario, blanco, cristiano y burgués incorpora la idea de la libertad y la civilización, los indios así como la clase baja, considerada por antonomasia la partidaria del régimen "dictatorial" rosista, se distinguen por su cuerpo natural, bárbaro hasta animal. Entre el individuo heroico y su contrario colectivo rige un antagonismo absoluto que sólo se resuelve a través de una negación absoluta. Ésta se realiza en la muerte del héroe, representada como acto simbólico de sacrificio que supera el acto natural de morir. En un acto de sacrificio – sublime en *La cautiva* y obsceno en *El matadero*– el cuerpo mortal del héroe gana el significado trascendental para transformarse en un cuerpo místico de la nación que triunfa sobre el cuerpo natural del pueblo.

2.

El fondo histórico de *La cautiva* es la colonización de la Pampa a costa del exterminio de los indios. En la obra de Echeverría, la guerra de los colonizadores blancos contra los aborígenes indianos es representada como el momento decisivo de la fundación de Argentina. No sorprende entonces que la estrategia textual muestre paralelos significativos con la doble estrategia del colonialismo. La apropiación tiene como objetivo al cuerpo místico de la nación, atribuido al héroe cristiano que personifica al mismo tiempo "la bandera azul" y "la patria" (201: 257, 260)[6] a través de su modelación como figura de Cristo. Su perecimiento está puesto en escena con imágenes que evocan la muerte propiciatoria de Cristo, de modo que su cuerpo inútil se convierte primero en un cuerpo mártir para ser trasformado finalmente en un símbolo –el árbol-cruz– enraizado en la Pampa. La desapropiación se dirige a los indios. Ellos representan el cuerpo natural que se deberá abnegar – agresivo, intoxicado, sexual y por ello sin acceso a la trascendencia. Estos y otros motivos narrativos, así como el lenguaje metafórico del texto forman un discurso de desapropiación a través del

---

6   Se cita de la edición: Esteban Echeverría (2004): *El matadero. La cautiva* (Madrid: Cátedra). Las indicaciones entre paréntesis se refieren a la página y el verso.

cual se niega implícitamente el derecho de los indios a la Pampa como su espacio vital.

El gesto de apropiación se puede reconocer ya en la *Advertencia* que precede el poema, donde Echeverría presenta a *La cautiva* como una explotación poética gemela a la explotación económica de la Pampa. Su "principal designio", dice, "ha sido pintar algunos rasgos de la fisonomía poética del desierto" (117). La tarea equivale en cierto modo a un acto de patriotismo, ya que "El Desierto" –dice Echeverría más adelante–

> es nuestro, es nuestro más pingüe patrimonio, y debemos poner nuestro conato en sacar de su seno, no sólo riqueza para nuestro engrandecimiento y bienestar, sino también poesías para nuestro deleite moral y fomento de nuestra literatura nacional (117).

La Pampa aparece aquí como un terreno vacío, al que sus propietarios deben explotar de dos maneras: práctica- y discursivamente. De modo semejante a una empresa colonial, Echeverría propone una explotación poética de la Pampa paralela a la explotación material. Una colonización poética es necesaria para la fundación de la literatura nacional. Explica Echeverría: "para no reducir su obra a una mera descripción, ha colocado en las vastas soledades de la Pampa, dos seres ideales, o dos almas unidas por el doble vínculo del amor y el infortunio" (117). Por lo visto, escribir sobre la Pampa significa poblarla y transformarla de un desierto cualquiera en "El Desierto nuestro"(117).

No obstante, una declaración de propiedad como "El Desierto es nuestro, es nuestro [...] patrimonio" (117) tiene un tono sospechosamente enfático. Si se me permite aquí una interpretación freudiana, la figura retórica de la anadiplosis –"es nuestro/es nuestro"– se puede leer en el sentido de una compulsión a la repetición *(Wiederholungszwang)*. La repetición forzosa es, según Freud, un momento de rebelión del inconsciente *(Widerstand des Unbewussten)* que señala la represión *(Verdrängung)*, es decir la expulsión de algo inaceptable para el individuo (Freud 1915: 248-261; 1926: 192). En el caso del texto de Echeverría, el síntoma lingüístico de la pulsión –el repetido "es nuestro"– revela justamente una apropiación precaria de la Pampa como "nuestra". La afirmación manifiesta a nivel semántico señala una negación latente, la cual, a su vez, se vuelve manifiesta por una "expulsión" significativa de modo performativo. Me refiero a la omisión de la existencia de los indios en todo el prólogo, lo cual llama sobre todo la atención, porque estos mismos aparecerán como los primeros personajes en la historia de *La cautiva*. La "expulsión" programática y la aparición ficcional de los indios contrastan de tal manera que no parece exagerado leer el proyecto literario de Echeverría paralelo a la guerra de exterminio. La política y la poesía tienen en este caso el mismo principio: una Pampa sin indios. Desde esta perspectiva, la repetida demanda de la propiedad indica el objetivo encubierto e "inaceptable" del texto: antes de explotar lo que ya es nuestro, se trata más bien de justificar que lo que debemos explotar sea también de verdad nuestro.

Tal interpretación parece a primera vista injusta, ya que en *La cautiva* una caracterización antitética de los buenos cristianos contra los malos indios es intencionadamente evitada. Aquí, los líderes indianos luchan con igual valentía que el héroe cristiano, y los cristianos no son menos sangrientos en sus venganzas que los indios. Es más: los cristianos emprenden una masacre a una tribu entera, aprovechándose de la noche y la borrachera de los guerreros indios. El narrador no oculta en ningún momento la brutalidad de la "horrible, horrible matanza/ que hizo el cristiano aquel día" (166: 83s.). Aparte de estos detalles, la guerra por la Pampa es definida varias veces por el narrador como una querella entre dos estirpes, lo cual parece rechazar una justificación parcial a favor de los cristianos. Sin embargo, solamente en lo que respecta al cuerpo natural violento, común a ambos, no se hace diferencia entre los indios y los cristianos. En cuanto se trata de la posesión de la tierra, la situación es bien distinta. Aquí, la lógica de la guerra de exterminio se invierte en un discurso de desapropiación: si en realidad los blancos persiguen a los indios hasta su extinción, en *La cautiva* estos últimos aparecen desde un inicio como unos intrusos que no tienen derecho de estar en la Pampa.

Para explicarlo basta observar con atención los dos cuadros poéticos al comienzo y al final de la obra. *La cautiva* inicia con una descripción del desierto en el crepúsculo. Se dibujan primero varios aspectos de su grandeza que "sólo el genio [...]/ puede sentir y admirar" (126: 49s.), y finalmente cae la calma nocturna que "con el silencio reinó" (128: 100). Esta última imagen de la Pampa no es nada casual, sobre todo cuando queda destruida por la llegada estrepitosa de los indios. A ellos se les percibe primero en forma del "ruido/ que suele hacer el tronido" (129: 101s.), pero "luego violento,/ como baladro espantoso/ de turba inmensa" (129: 106s.). Gracias a la metáfora acústica, la aparición de los indios en la Pampa es presentada como un cataclismo en el "reino del silencio", y los indios se convierten por consiguiente en los intrusos y destructores de un territorio ajeno a ellos, porque éste contiene grandezas que ellos desconocen. De forma opuesta al preludio, en el epílogo de *La cautiva* los indios ya no aparecen como transgresores, sino como fugitivos. Retroceden frente al árbol-cruz que adorna la tumba de Brian y María, como si huyesen "creyendo, se alza airado/ terrible espectro de Brian" (222: 83s.). Mediante una mezcla de superstición y milagro, en la salida de los indios se invierte el movimiento de su entrada: la invasión se convierte en huida, y los que fueron invasores al inicio, al final se arrojan ellos mismos del reino del silencio.

Las descripciones poéticas en el marco narrativo de *La cautiva* tienen evidentemente una función estratégica. Sirven para establecer una relación entre los indios y la Pampa como una invasión por parte de los primeros, y una defensa por parte de la última. Este significado construido por medio de la alusión metafórica corre a contrapelo del ostentativo gesto de conciliación que se halla en la superficie semántica del texto. Sobre todo, la imparcialidad sugerida por la caracterización de la guerra como venganza y querella parece falsa, una vez que tomamos en consideración el motivo de la intentada violación de María por el indio cacique. María está relacionada con la Pampa en un doble sentido. Ya en la *Advertencia* Echeverría compara la Pampa con un cuerpo femenino-materno, de cuyos senos propone sacar riquezas para el engrandecimiento de la nación. Este cuerpo lo atribuye a María en la primera estrofa del poema, a saber, por vía onomástica, ya que la Pampa es descrita como "el mar" (125: 8) y se convierte así en una parte "íntegra" de María. El acoso sexual del indio cacique pone en evidencia de qué parte se trata. Con el vínculo onomástico-metonímico entre el cuerpo de María y la Pampa, el motivo de la violación tiene una doble función. Primero se puede leer como una *mise en abyme* –o sea como una parte del texto que refleja por vía de sinécdoque el texto en total (Dällenbach 1977)– en la cual se repiten de modo explícito los "sucesos" implícitos en el marco poético de la acción. Cual el grupo de indios invade el reino de silencio de la Pampa, su líder intenta penetrar el cuerpo de María; la defensa efectiva de ella anuncia a la vez como prolepsis, o sea una insinuación anticipada, la

derrota de los indios por el árbol-cruz al final. Gracias a tal auto-
reflexividad textual se aclara también la cuestión de propiedad. María
es la esposa de Brian, y por metonimia tanto la agresión sexual del
cacique como la entrada de su tribu en la Pampa significan una amenaza a la propiedad ajena. El vocabulario religioso con el cual Brian
imagina la violación de María −"mancillado/ tu cuerpo santificado"
(155: 193s.)− pone finalmente en evidencia el significado encerrado
en el lenguaje poético y el conflicto erótico: la existencia de los indios
en la Pampa es en sí un acto de sacrilegio.

A fuerza de tal retórica de desapropiación, los indios son excluidos
como habitantes legítimos de su tierra, mientras que la guerra de exterminio gana la calidad metafórica de una cruzada. Sin el cuerpo
natural indígena que ya está desarraigado de ella figurativamente, la
Pampa queda libre para una apropiación simbólica. Su símbolo central
es la planta artificial del árbol-cruz, declarado como "el signo/ [...] de
la redención" (221: 66s.). Bajo tal enfoque religioso, la muerte de
Brian y María adquiere un sentido trascendental. Su viaje penoso se
vuelve un sacrificio propiciatorio, y sus cuerpos, por analogía al cuerpo del Redentor, obtienen el valor simbólico de un cuerpo místico que
legitima la nueva nación "plantada" en la Pampa. El cuerpo de María
juega aquí un papel importante, ya que el significado simbólico de la
Pampa-Nación se construye de modo metonímico por una doble negación del cuerpo natural femenino-materno de "la cautiva". La primera
negación inicia con un acto de inversión de *gender*, cuando María,
para defenderse, mata al agresor indio con un puñal. Apropiándose así
de un símbolo fálico, cumple más adelante con la función masculina
del protector y batallador. Mientras Brian pasa el viaje en delirios y
desmayos, María, como mujer varonil que supera la flaqueza femenina, vence la naturaleza salvaje de la Pampa. No sólo tiene el valor de
ahuyentar al tigre de igual manera como enfrentó al indio cacique, a
saber, con el puñal simbólico en la mano, sino también la fuerza de
cargar "el cuerpo amortecido" (187: 145) de Brian para salvarlo de la
quemazón.

Estos dos peligros −la quemazón y el tigre− no son escogidos arbi-
trariamente. Más bien se repite en la amenaza del gato hambriento la
imagen del "mar de fuego devorante" (186: 118) de la quemazón apo-
calíptica. Dos veces entonces, Brian es librado de ser tragado por la
tierra pampeana. Para María, el "incendio fatal que anuncia el día de

juicio" (184: 40ss.) significa ante todo un bautismo de fuego, del cual
sale como una figura alegórica de la fundación. La metamorfosis se
completa en dos pasos. Con el incendio se aniquila primero la esencia
femenina de María, ya que ésta, según un comentario del autor sobre
la "sensible y flaca mujer" (178: 45), es comparable con una "frágil
caña" (178: 42) o una "fina hebra" (178: 44), es decir con materias
vegetales que se queman fácilmente. Si un cuerpo natural de tal sustancia se vuelve ceniza en la quemazón, María se convierte en una
alegoría de fundación cargando el cuerpo de su marido. La dimensión
alegórica se expresa en la metáfora continua del fuego, substituido por
un *secundum* antitético, el agua. María se arroja, dice el texto, "en el
arroyo extendido./ Cruje el agua, [...] surca la mansa corriente/ con el
tesoro de amor/ semejante a Ondina bella,/ su cuerpo airoso descuella/
yace, nadando, rumor" (187: 147ss.). Desde luego, la metáfora marina
concuerda perfectamente con la comparación de la Pampa con el mar.
La manera en que María saca a Brian de la tierra en llamas, tiene su
origen en un mito de fundación clásico. Evoca nada menos que la fuga
de Eneas con su padre al hombro de la Troya encendida (Vergilius
2005), con lo cual María se vuelve en efecto en la imagen doble del
héroe fundador de Roma. No obstante, no sirve para más que de medio de transporte alegórico de la fundación. Puede apoderarse del símbolo fálico dándole muerte al indio, pero será la muerte de Brian la
que le dé el sentido simbólico a la nación.

Por ello, aun es necesario negar el cuerpo natural de María como
cuerpo maternal. El hijo de María muere degollado por el indio cacique. Aparte de su función ideológica obvia, la muerte del niño sirve
ante todo para anular a María como madre en el sentido físico, con el
fin de modelarla a continuación como una Madre simbólica según la
iconografía cristiana. Arrastrando al marido medio muerto, María
encarna el papel de la Madre Dolorosa en un espectáculo de Pietà con
el desierto como trasfondo dramático. Brian, mientras tanto, sustituye
a su propio hijo como el hijo simbólico de María y se convierte por
analogía iconográfica en una figura de Cristo. Como preparación para
esta sublimación sagrada, la suerte de Brian está meticulosamente
separada de la confrontación bélica. A pesar de ser el líder cristiano, él
no tiene nada que ver con la masacre efectuada por sus compañeros a
su socorro. Al contrario, en vez de vivir gracias a la "horrible matanza", muere en un martirio lento como consecuencia de las heridas

causadas por el tiro alevoso de un indio. De tal modo se consigue que el héroe no muera como combatiente, sino como víctima de la guerra. Su muerte, lejos de ser un proceso natural, sucede en un acto teatral. Brian no acaba de morir antes de recitar un discurso en delirio que dura más de cien octosílabos. En la tirada llena de vocablos típicos de un patriotismo romántico, Brian le da a su muerte el sentido de una consagración – "que a la patria y al honor/ joven consagre su vida" (200: 236s.) –por medio de la sangre– "también mi sangre corriera/ por su [la de la patria] gloria y libertad" (200: 243s.). La auto-sublimación teatral del héroe moribundo tiene el efecto de una doble transformación. Su cuerpo herido por un indio adquiere el valor de un cuerpo sacrificado por la patria, transformándose, como si fuese una transubstanciación teatral, en el "Verbo" sagrado del discurso nacional.

El deseo que expresó Brian antes de morir, que "al menos la azul bandera/ Sombra a mi cabeza diese" (201: 257s.), llega a cumplirse después de la muerte de María. Sobre la tumba común de ellos ocurre un milagro, ya que nos asegura el narrador, que "[n]adie sabe cuya mano/ plantó aquel árbol benigno/ ni quién a su sombra, el signo/ puso de la redención" (221: 65ss.). Para el lector, sin embargo, no es difícil identificar las manos que operan a escondidas. Son las del mismo Echeverría que en la *Advertencia* expulsa a los indios reales para colocar en su vez a dos seres ideales en el "Desierto nuestro". Para terminar su ficción lírica, el autor de *La cautiva* implanta, imitando el gesto de los conquistadores, un árbol-cruz simbólico, seña poética y sublime de la vida nueva de una Pampa-Nación cristiana y blanca.

3.

En *El matadero*, Echeverría descubre otra *terra incognita* para la literatura argentina de entonces. A pesar de las diferencias obvias, el matadero de Buenos Aires tiene una función semántico-topográfica[7] común con la Pampa en *La cautiva*. Ambos lugares valen para dividir los personajes, en sentido propio o figurativo, en unos "nativos" y otros "forasteros". Como la Pampa para los indios, el matadero es el espacio vital para los carniceros. En comparación a estos habitantes de

---

7   El término *Raumsemantik* es de Lotman ([3]1989).

origen, tanto los colonizadores blancos como el joven burgués unitario pueden considerarse unos forasteros intrusos en un espacio ajeno.

Esta topografía paralela nos permite afirmar un paralelo estructural en los dos textos. Me refiero a una dualidad de acción. Por un lado, la acción abierta narrada en la diégesis sigue la misma línea de argumento rumbo a la muerte del héroe "forastero" a causa de la violencia del los "nativos". Por el otro, el suceso que en efecto pone en marcha la acción abierta está omitido en la narración y permanece así encubierto. El suceso encubierto en ambos textos es la intrusión del forastero en el territorio ajeno – respectivamente, la entrada de los colonizadores a la Pampa y la entrada del joven unitario al matadero. Los dos actos de trasgresión se "tachan" de la narración en un semejante gesto doble de omisión e inversión. Como ya vimos, el movimiento de la colonización histórica no se menciona en absoluto en el paratexto de *La cautiva*; al contrario, la ocupación de la Pampa por los blancos será "invertida" en la ficción poética, cuando los indios son presentados como los invasores del "reino de silencio". De este modo, la diferencia definida por la topología –el indio nativo versus el forastero blanco– se suprime, y en vez de ello se establece la oposición entre el agresor indio versus el defensor (blanco) en el espacio de ficción. Un procedimiento parecido se repite en *El matadero*. La entrada del joven burgués al barrio de los carniceros queda discretamente omitida en la narración, lo cual llama la atención, porque tal "visita" no parece tan natural como para no requerir ninguna explicación. El mismo narrador evita introducir a su héroe en el discurso de autor. En vez de ello utiliza el discurso directo de un carnicero, el cual –aparentemente– ha visto al joven y exclama al instante "¡Allí viene un unitario!" (108). El foco de la narración se centra así en la mirada hostil de la gente del matadero, la cual se vuelve implícitamente el momento inicial de los sucesos posteriores. Tal focalización de la violencia visual tiene un efecto parecido al de la descripción de la invasión "acústica" de los indios en *La cautiva*. En el último caso, los colonizadores ocupan "lógicamente" la posición de defensa. En el primero, el héroe unitario no parece un sujeto "extraño" que está en un barrio ajeno por motivos poco claros, sino que aparece desde el primer momento como una víctima (potencial) de la agresión de los "nativos".

En *La cautiva*, la dualidad de acción puede explicarse por una necesidad narrativa. El suceso encubierto de la colonización está inseparablemente vinculado con el exterminio de los indios. En ello se manifiesta la verdadera *violence fondatrice*[8] de Argentina, cuya víctima no es, evidentemente, el héroe blanco en la ficción fundacional de Echeverría. Como aquí la nación se construye también por medio del sacrificio, pero con "otra" víctima, es necesario entonces que las víctimas históricas den lugar a la víctima fícticia. Como un doble inquietante del héroe, el indio sacrificado en realidad para la fundación de Argentina no puede ser visto en la ficción fundacional. Con la omisión del movimiento colonial se logra justamente hacer invisible al indio como víctima de la *violence fondatrice* histórica. Esta última parece por su parte repetirse en la ficción fundacional, ya que los indios son otra vez "sacrificados" para la creación del cuerpo místico de una nación cristiana y blanca. El encubrimiento de la colonización es por lo tanto fundamental para la narración fundacional de Echeverría, en la cual la repetición de la *violence fondatrice* real tiene que ser ocultada como la lógica inaceptable de su propia condición.

Si la misma dualidad de acción se encuentra en *El matadero*, ella se debe también a una necesidad narrativa relacionada con el mecanismo del sacrificio. En la acción abierta, el héroe encuentra en el matadero el escenario para su muerte espectacular. Esta última tiene, sin embargo, una función ambivalente. Por un lado, es constructiva para el cuerpo místico de la nación, apropiado por el héroe unitario que muere en una escena modelada con unas resonancias claras a la Pasión de Cristo. Por el otro, el desenlace trágico del relato no es el resultado de una lógica de acción, sino del programa ideológico del texto. La muerte del héroe no sirve sólo para denunciar, sino también para destruir la comunidad del matadero. La inexplicada entrada del héroe al matadero es el inicio de una dinámica de tal destrucción que culmina en un acto de sacrificio celebrado para un público "obsceno".

Empecemos con el aspecto constructivo que se refiere a la construcción literaria del cuerpo nacional. Para aclarar en un primer paso las características de la nación proyectada, hace falta precisar la figura simbólica del joven unitario. Este aparece en el matadero con la barba cortada en forma de "U", sentado sobre una silla inglesa y armado de

---

8 El concepto de la *violence fondatrice* como la fuerza constitutiva para la fundación y consolidación de una comunidad ha sido desarrollada sobre todo por Girard (1979).

una pistola. El valor simbólico del personaje es más bien obvio. Mientras la silla inglesa –en vez del apero criollo (Teltscher 2002: 66)– lo identifica con la civilización europea, la pistola, un arma de fuego en contraste con las armas blancas de los carniceros, acredita su estado de progreso. Aparte de estas marcas materiales, su leguaje refinado lo distingue de la plebe que sólo habla en frases sueltas y con una sintaxis más simple. La diferencia cultural se junta finalmente con la superioridad de "raza": en comparación a su "gallarda y bien apuesta persona" (109), la fealdad, la mezcla de razas (Folger 1999) y la vulgaridad de comportamiento de la "chusma" saltan a los ojos.

Por lo visto, el héroe anónimo incorpora la idea de una nación liberal bajo la primacía de la clase burguesa, sangre "limpia" criolla y el Partido Unitario. Para construir un cuerpo místico correspondiente a tal ideal, Echeverría recurre a la estrategia doble de apropiación y desapropiación, aprobada en su obra anterior. La desapropiación se realiza de nuevo con la ayuda del motivo de la violación. Indicativo para ello es el juramento repetido por el joven antes de morir: "primero degollarme que desnudarme" (113). En su caso, ser desnudado significa tanto exponer la parte íntima como perder la integridad del cuerpo. El sentido concreto de una violación se lee en la orden del juez del matadero: "[a]bajo los calzones a ese mentecato cajetilla y a nalga pelada denle verga" (113). La palabra "verga" se refiere al "pene", por lo cual la expresión "a nalga [...] denle verga" se entiende sin riesgo como una amenaza de penetración anal – la cual, por cierto, está ya "articulada" en la sinalefa de "*a-nal*ga". Al igual que en *La cautiva*, el motivo de la violación se usa para sugerir una ilegitimidad de posesión. Se trata de establecer una relación de propiedad para borrar la relación de origen definida por la topología – es decir, en vez de la oposición "nativo" versus "forastero", con el motivo de la confrontación sexual ha de marcarse la diferencia entre "el pretendiente ilegítimo" versus "el poseedor legítimo". Paralelo al cacique indio, el juez del matadero inicia como figura autoritativa de los "nativos" una agresión sexual; las respectivas víctimas previstas –María y el joven unitario– son dos caracteres totalmente simbólicos, de forma que una ofensa contra su cuerpo natural significa consecuentemente una posesión ilegítima de lo que simbolizan. El gesto de desapropiación es en los dos casos parecido. Con la (intentada) violación de María, como vimos, la Pampa se vuelve el objeto prohibido para los indios. En cuanto al joven unitario que encarna la nación ideal, con su (también intentada) violación se insinúa que la gente del matadero no tiene derecho al cuerpo nacional.

Paralelo al discurso de desapropiación, en *El matadero* se emplea también un discurso de apropiación para atribuirle al héroe el cuerpo místico de la nación. El mecanismo central es aquí – de un modo más explícito que en la obra anterior – la modelación del héroe como una *figura Christi*.[9] El marco religioso está preparado por el calendario. La historia tiene lugar en la "víspera del día de Dolores" (96), o sea en jueves santo. Más adelante, el propio narrador compara la suerte del héroe con el calvario, describiendo cómo los carniceros lo arrastran "al banco de tormento como los sayones al Cristo" (110). Finalmente, la escena de muerte está representada con unas referencias directas a la crucifixión. El joven es liado "en ángulo a los cuatro pies de la mesa volcando su cuerpo boca abajo" y se queda, después de un intento frenético de incorporarse, "atado en cruz" (113). Por la postura del joven, la mesa de tortura obtiene la connotación de la cruz. La hemorragia que mata al héroe a continuación cuadra también en la iconografía cristiana. El "torrente de sangre" que "brotó borbolloneando de la boca y las narices del joven, y extendiéndose empezó a caer a chorros por entrambos de la mesa" (113) evoca la bien conocida imagen de la crucifixión: la sangre de Cristo se derrama de diversas heridas, lo cual remite a la fundación del Nuevo Testamento anunciada en la Última Cena: "hic est sanguis meus novi testamenti qui pro multis effunditur" (Biblia Sacra. Marcos 14, 24).

Por esta serie de analogías a la Pasión de Cristo, la muerte del héroe gana el significado de un sacrificio propiciatorio y su cuerpo sangriento se transforma en un cuerpo místico de fundación. Siendo la sangre la señal clara de su sacrificio, el joven unitario parece cumplir en acción lo que Brian proclamaba en palabras al morir, que su sangre corriese por la gloria de la patria. Los dos objetos simbólicos que hacen visible la dimensión trascendental de la muerte de ambos héroes –el árbol-cruz y la mesa-cruz respectivamente– son también comparables. El árbol-cruz que crece de la unión de la pareja de colonizadores

---

9 El subtexto bíblico y la connotación cristológica del joven unitario han sido discutidos por Foster (1970: 257-263); Lojo (1991: 41-63); Briesemeister (1992: 44-51); Ramírez Caro (1995: 51-66).

con "su tierra" es un símbolo de la colonización y la cristianización de la Pampa. Del mismo modo, la mesa-cruz teñida con la sangre del héroe unitario es menos un "signo de redención" que un signo de fundación, ya que lleva la "inscripción" sangrienta que señala la presencia de la idea unitaria en el baluarte federal del matadero.

A pesar de su significado bíblico-simbólico, la sangre no deja de ser un signo ambivalente, por lo cual el momento de consagración en *El matadero* puede interpretarse como un momento de profanación. Lo profano se expresa en el lenguaje poético que se emplea para describir la "tortura" y la muerte del héroe. Destacan aquí las metáforas sexuales. El cuerpo del joven, mientras intenta resistir al ataque de los carniceros, toma forma femenina. Hace el "movimiento parecido al de la serpiente", mostrando "la flexibilidad del junco". Su cara se cubre de "sudor" y "espuma", y su "blanco cutis" se pone rojo a causa de las venas supuestamente "repletas de sangre" (113). Sobre el fondo de la amenaza de la penetración anal, la feminización del cuerpo se entiende sin dificultad. Con ella, el joven en peligro de la violación es comparado con el sexo débil. El cambio de color –del "blanco cutis" a rojo– recuerda a la típica imagen poética de la desfloración, lo cual significa en este caso la pérdida total de masculinidad. No obstante, la imagen física del joven cambia radicalmente cuando llega a ser atado sobre la mesa-cruz y se rebela por última vez: "[p]or un movimiento brusco en el cual pareció agotarse toda su fuerza y vitalidad, se incorporó primero sobre sus brazos, después sobre sus rodillas y se desplomó al momento" (113). De la cabeza a las rodillas en posición erguida, la figura del héroe evoca la imagen de un falo erecto. A consecuencia de tal metamorfosis figurativa, la sangre cambia también su significado metafórico. Si antes anunciaba el peligro de la pérdida de masculinidad, ahora llega a ser un signo de hombría: empieza a correr después de un acto enérgico de incorporación, durante el cual el cuerpo del joven se yergue y se tumba sucesivamente, representando en sentido figurativo la imagen del miembro viril al llegar al éxtasis sexual. La hemorragia que sucede a continuación toma, igualmente en sentido figurativo, una posición equivalente a la eyaculación. La sangre derramada sobre la mesa-cruz muestra aquí su significado doble. No corre sólo para consagrar a la patria, sino también para poner en evidencia la masculinidad del héroe unitario. El acto de sacrificio aparece al mismo tiempo como una demostración profana de la potencia sexual.

Este sentido profano se ve más claro en una lectura paralela entre la muerte del héroe y la matanza del toro. El toro, siendo "cosa muy rara, y aun vedada" (108) en el matadero como el joven burgués unitario, y como éste víctima de la violencia popular, puede considerarse el doble del héroe. No es por casualidad entonces, que la introducción del toro esté motivada por una cuestión de masculinidad. El animal tiene las "apariencias de toro y de novillo" (103) a la vez y su ambigüedad de sexo es discutida con gran interés por el público. Su identidad sexual se comprueba por una matanza espectacular que se realiza en dos actos. Primero, Matasiete se sobrepone al "soberbio animal" (107) y "con su enorme daga en mano, se la hundió al cabo hasta el puño en la garganta, mostrándola enseguida humeante y roja a los espectadores" (107). Como símbolo fálico, la daga manchada por la sangre del animal es la prueba de la masculinidad del matador. En el acto segundo, "una voz ruda exclamó –Aquí están los huevos– sacando de la barriga del animal y mostrando a los espectadores, dos enormes testículos, signo inequívoco de su dignidad de toro" (108). Si Matasiete es ahora sustituido por una "voz ruda", es porque el protagonista de la escena no es el actor humano, sino los genitales del toro. Estos en la mano de un anónimo corresponden simbólicamente a la daga sangrienta en la mano de Matasiete, ya que ambos se muestran públicamente como los testimonios irrefutables de la "dignidad" sexual de sus respectivos dueños.

Esta doble demostración de masculinidad vuelve en las imágenes eróticas que representan la muerte del héroe. La daga fálica de Matasiete se evoca en el cuerpo erguido del joven, mientras que la sangre –en su connotación sexual– tiene un sentido figurativo equivalente al de los testículos del toro. En efecto, la analogía entre estos últimos y el héroe unitario está establecida casi *expresi verbi* en los momentos de su aparición. Las dos exclamaciones –"[a]llí están los huevos" (108) y "[a]llí viene un unitario" (108)– se "reflejan" de modo casi especular. Ambas frases demostrativas comparten la misma estructura sintáctica, según la cual, "los huevos" y "el unitario" funcionan como dos elementos sustituibles que forman un paradigma lingüístico. La equivalencia en posición gramatical insinúa una equivalencia "semántica" entre los dos objetos demostrados, aunque para el héroe, el "signo inequívoco de su dignidad" de unitario no consiste en los genitales expuestos, sino en la erupción de sangre en el momento crítico, a saber, cuando "empezaron a desnudarlo" (113). Como un arma secreta de autodefensa, la sangre testimonia la masculinidad del unitario, la cual, semejante a la identidad sexual del toro, sólo puede ser mostrada públicamente con la muerte.

A parte de su función testimonial en común, los genitales del toro y la sangre del héroe se distinguen en su función social. La exposición de los primeros provoca una "risa y [...] charla [...] grande" (108) entre los espectadores. La misma gente que se veía en lucha por los restos de los novillos se unifica ahora en una comunidad de placer. A primera vista, la escena no ilustra la naturaleza primitiva de la gente del matadero. No obstante, el carácter comunitario no parece tan simple de resumir, si se tiene en cuenta la posición narrativa de la escena. Forma el punto culminante de la narración hasta ahora dedicada exclusivamente a la vida del matadero. En ella, el matadero es presentado como un cuerpo social grotesco que sigue su propio círculo vital. Los dos aspectos –lo grotesco y lo vital– se expresan sobre dos niveles textuales distintos. A nivel semántico, el matadero está descrito como un cuerpo colectivo grotesco y carnavalesco.[10] A nivel estructural, el mismo cuerpo colectivo es presentado en un círculo vital. La cronología narrativa juega aquí un papel decisivo. La vida en el matadero está contada en una serie de sucesos: la hambruna a causa de la larga temporada de lluvia, la llegada de los terneros por orden del "Restaurador" Rosas y la matanza del toro. De los tres acontecimientos se puede abstraer un orden narrativo que concuerda con un círculo vital: inicia con la necesidad física –la hambruna– para pasar a su satisfacción –la llegada de los terneros– hasta culminar en el exceso con la matanza del toro. En vista de ello, el matadero aparece como microcosmos social autónomo en el sentido de que está regido por sus propias reglas. De hecho, la prohibición (la cuaresma) y la trasgresión (la promiscuidad) no significan aquí dos fuerzas opuestas, sino forman dos movimientos complementarios en un ritmo propio de la vida popular.

---

10 "Lo grotesco" y "lo carnevalesco" son usados aquí según la terminología desarrollada por Bakhtine (1970). Folger (1999) ha estudiado ambos aspectos en *El matadero*.

Tanto lo vital como lo carnavalesco llegan a un clímax festivo con la matanza del toro. Este momento de exceso, que terminará en la descuartización del animal, significa a la vez el punto final y el nuevo comienzo para el círculo vital del matadero. El toro será "en dos por tres [...] desollado, descuartizado" (108) y su carne repartida entre la gente. La repartición de la carne de un animal normalmente no consumible y ciertamente declarado tabú en el matadero es un hecho tan excepcional como simbólico. No sólo se debe, como explica el narrador, a la larga hambruna. Más bien tiene un sentido simbólico comparable con el rito de la comunión, en el cual se reparte la ostia entre los creyentes como la alimentación simbólico-colectiva para la comunidad religiosa. Bajo esta perspectiva, el cuerpo descuartizado del toro muestra una función analógica al cuerpo de Cristo en la Eucaristía. La presencia del *Corpus Christi* en el acto ritual garantiza la función de la ostia como un medio unificador para la comunidad cristiana. De modo parecido, el toro trae una doble fuerza consolidativa para el matadero. Mientras sus testículos expuestos tienen el efecto de unificar a la gente en una comunidad de placer, su carne se convierte en la alimentación simbólica que asegura la regeneración del círculo vital del microcosmos social.

La comunidad de placer del matadero será destruida por la sangre del héroe. Ante ella, "[l]os sayones quedaron inmóviles y los espectadores estupefactos" (114). El juez intenta dar una justificación, haciendo un gesto de perplejidad: "[p]obre diablo: queríamos únicamente divertirnos con él y tomó la cosa demasiado a lo serio – exclamó el juez frunciendo el ceño de tigre" (114). La descripción de tal reacción parece insinuar una falta de juicio por parte de "la chusma". Como unos niños ignorantes, los carniceros han emprendido un juego sádico para quedarse luego horripilados frente al resultado. Comparados otra vez con los "sayones" de Cristo, su comportamiento parece explicarse con las palabras de Jesucristo, por el hecho de que no saben lo que hacen. En el contexto bíblico, Jesucristo pide con su lamento el perdón para los pecadores – "Pater dimitte illis non enim sciunt quid faciunt" (Biblia Sacra. Lucas 23, 34). En *El matadero*, sin embargo, la caracterización implícita de la "chusma" ignorante no parece estar motivada por la piedad, sino por el castigo. La salida de los carniceros es significativa para ello: "[v]erificaron la orden [del juez], echaron llave a la puerta y en un momento se escurrió la chusma en pos del caballo del juez cabizbajo y taciturno" (114). Las palabras claves son "la orden" y "taciturno", ambas vinculadas con la figura autoritativa del juez. Con él desaparece la comunidad de placer; lo que resta es una cuadrilla de culpables que huye del sitio del crimen. Si la matanza del toro termina en una "risa y charla" popular, la sangre del héroe deja al matadero de nuevo en orden y silencio.

Como punto final del relato, el efecto destructivo causado por la muerte del héroe puede considerarse el telos de la narración entera. De ahí se explica el programa ideológico del texto. Este sigue una lógica exactamente inversa a la causalidad sugerida por la acción trágica. Consiste básicamente –para resumirlo en unos términos más simples– en poner el principio y el final, es decir, la vida del matadero y la muerte del héroe unitario, en una relación lógica. Según el argumento trágico, el héroe muere a causa de la barbaridad de la gente del matadero. Hay que notar, sin embargo, que la acción trágica está insertada entre dos puntos: la formación y la desaparición de la comunidad del matadero. Viéndolo dentro de tal marco, el objetivo del texto está más bien en mostrar la destrucción de la comunidad del matadero gracias a la aparición y la muerte del héroe.

Bajo la luz de tal programa ideológico se revela la necesidad narrativa oculta en el suceso encubierto. La entrada del joven unitario no puede ser explicada en la narración, porque la figura es necesaria únicamente para cumplir un fin destructivo. Para comprender en qué sentido es la figura necesaria, hace falta primero aclarar por qué la introducción del personaje no ha sido posible antes. Recordemos que en la primera parte del texto, el mundo del matadero es presentado como un microcosmos social autónomo. En la conclusión se ha excluido un aspecto importante de la narración, que es la instancia del narrador como autor. Éste interrumpe continuamente la narración con sus comentarios irónicos. El uso del medio retórico de la ironía concuerda con el programa ideológico, porque sirve –como la preparación de la destrucción– para crear una de-solidarización y un distanciamiento del matadero por parte del lector. Un ejemplo que se encuentra al comienzo de la obra es suficiente para ilustrar este mecanismo característico de la comunicación irónica.[11] Refiriéndose a las costumbres de la cua-

---

11 Se emplea aquí el modelo de la comunicación irónica establecida por Warning (1999: 153-158).

resma, el narrador habla de "[l]os abastecedores, [...] buenos federales, y por lo mismo buenos católicos", y del "pueblo de Buenos Aires [que] atesora una docilidad singular para someterse a toda especie de mandamientos" (92). Aquí tenemos la típica comunicación doble en una elocución irónica. El adjetivo repetido de "buenos" vale como un signo de ironía que transmite un mensaje contrario a su semántica original. Con ello se establece primero una solidaridad aparente *(Scheinsolidarisierung)* con los "buenos" sujetos, en la cual se produce en efecto una de-solidarización *(Desolidarisierung)* hacia los objetos ironizados – en este caso, de los "*buenos* federales", los "*buenos* católicos" y, como no, del "pueblo de *Buenos* Aires". Como en este ejemplo particular, todo el resto de los comentarios irónicos sigue el principio de de-solidarización con el objetivo de marcar al matadero como "otro" cuerpo social digno de desprecio y desvalorización.

Mientras tanto, el narrador irónico permanece una instancia extradiegética que está fuera de lo narrado. La ironía acompaña como línea paralela la descripción del matadero, sin poder ejercer ninguna influencia sobre su vida interna y su círculo de regeneración. La situación cambia radicalmente en la segunda parte. Después de la aparición del joven unitario, la fiesta popular empieza a convertirse en una tragedia. Con la figura del joven unitario se introduce una instancia intradiegética de intervención – a saber, un héroe trágico-trasgresor que puede intervenir directamente en el matadero para disturbar su dinámica de vida. La acción trágica se emplea para mostrar la muerte violenta del héroe y cumplir con ello un doble objetivo de denuncia y destrucción. La muerte del joven unitario funciona en primer lugar como un espejo de "verdad" para denunciar el carácter esencial del matadero: ante el cuerpo maltratado y ensangrentado del joven, la vitalidad del cuerpo social grotesco se muestra como una violencia perversa y criminal. En segundo lugar, el hecho de que el joven consiga conservar la integridad de su cuerpo significa más que un acto heroico de resistencia. Con su muerte "voluntaria", el héroe logra no sólo frustrar el ímpetu sexual de sus adversarios, sino también paralizar el cuerpo social, activo hasta ahora durante toda la historia. El círculo vital del matadero cae así de su punto eufórico a su punto disfórico. El joven unitario se vuelve, aunque posteriormente, un héroe trasgresor en el sentido de Lotman (³1989: 338): ha sido capaz de penetrar en un espacio prohibido para destruir allí el orden regente.

Si la entrada del joven unitario en el matadero está omitida en el discurso de autor, con ello se logra ocultar no sólo la función narrativa de la figura como héroe de trasgresión, sino también su "misión" destructiva. La dinámica de destrucción es mostrada en la acción abierta desde una óptica inversa, cuando el héroe es introducido como una víctima de la violencia visual de la gente del matadero. El doble mecanismo de omisión e inversión sirve para hacer invisible el momento transgresivo de la presencia del héroe "forastero" en un territorio ajeno, porque aquello indica la destrucción del "otro" como la lógica inaceptable de la narración.

El programa ideológico de *El matadero* no se agota, sin embargo, en este punto destructivo. Un héroe trasgresor puede establecer un orden nuevo; y en efecto, la muerte del joven unitario hace posible la construcción de una nueva comunidad de placer. Su acto de morir –por su analogía con la matanza del toro– encierra también un momento eufórico. Se trata de la erupción de sangre que evoca metafóricamente un éxtasis sexual. En este sentido alusivo, la sangre del héroe parece provocar un exceso de afectos semejantes al júbilo público que siguió la demostración de los testículos del toro. Otra vez, el momento eufórico tiene el poder de unificar una comunidad de placer. Indicativo para ello es la última frase del cuento:

> Llamaban ellos [los carniceros degolladores del matadero] salvaje unitario, conforme a la jerga inventada por el Restaurador, patrón de la cofradía, a todo el que no era degollador, carnicero, ni salvaje, ni ladrón; a todo hombre decente y de corazón bien puesto, a todo patriota ilustrado amigo de las luces y de la libertad; y por el suceso anterior puede verse a las claras que el foco de la federación estaba en el matadero (114).

Dada la moraleja final, los espectadores a los que se refiere implícitamente la construcción impersonal de "verse" se identifican con los mismos sujetos enumerados anteriormente, es decir, "todo el que no era degollador, carnicero, ni salvaje, ni ladrón; [...] todo hombre decente y de corazón bien puesto, a todo patriota ilustrado amigo de las luces y de la libertad" (114).

Estos espectadores implícitos así definidos pueden caracterizarse de modo más preciso en tres aspectos según las tres dimensiones semióticas de la oración. A nivel semántico, el sujeto liberal unitario es introducido como el objeto de odio de los "carniceros degolladores del matadero". A nivel sintáctico, sin embargo, se ve que en la denuncia de la hostilidad ajena se expresa también la agresión propia –del hablante– contra el "otro". En la composición de la frase destacan una triple afirmación –"todo...todo...todo" y una triple negación– "no...ni...ni...". Entre las dos se establece una relación antitética que corresponde a la oposición unitario versus federal. Las figuras retóricas de repetición –la aliteración y la epanalepsis– no están ordenadas de manera arbitraria. Tanto la negación inicial de "no" como la aliteración "ni...ni" a continuación están enmarcadas por los primeros "todo". Mientras que en el segundo "todo" se afirma la superioridad moral de "todo hombre decente y de corazón bien puesto", en el tercer "todo" se declara el sujeto liberal como "patriota ilustrado amigo de las luces y de la libertad". La serie de repeticiones –"todo"-"no"-"ni"-"ni"-"todo"-"todo"– muestra una dinámica sintáctica, en la cual se puede ver un movimiento de cataclismo definido por Jurij Lotman, a saber, cuando una fuerza exterior invade un espacio interior y lo destruye (Lotman 1974). Para ilustrarlo con una metáfora militar: los sujetos afirmados forman primero un cerco "lexical" *(todo – no/ ni /ni – todo)* para encerrar los objetos negados, los cuales serán eliminados completamente en la afirmación auto reflexiva *(todo – todo)* final. El sujeto liberal, en resumen, muestra una doble cara a nivel de *enoncé* y el de la *enonciation* del texto. Por un lado se presenta como víctima de la injuria ajena; por el otro, su identidad se define y se confirma por la negación y la eliminación del "otro".

Finalmente, el marco pragmático es importante para reconocer la doble teatralidad del acto de sacrificio. La primera situación teatral se establece poco antes, cuando los carniceros atónitos ante la sangre del héroe son llamados "espectadores" (114). En la última frase, en cambio, el narrador se dirige con la expresión de "puede verse" a un público que es el destinatario verdadero del "suceso anterior", pero que está fuera del escenario ficcional. En vez de los espectadores directos, el espectáculo de sacrificio está puesto en escena para un público "obsceno" en el sentido etimológico de la palabra –*ob-scenere*–, es decir, "fuera de la escena". Este público obsceno forma al mismo tiempo una comunidad de placer. Sus miembros son convocados por el narrador en una afirmación que exalta al sujeto liberal: "todo patriota ilustrado amigo de las luces y de la libertad". El amontonamiento ininterrumpido de las palabras claves del liberalismo garantiza el efecto emotivo de la expresión hasta que llegue al clímax emotivo. Este

está reservado para la "libertad" como el signo lingüístico más sublime, en la que toda la comunidad liberal puede encontrar su identificación eufórica. Para esta misma comunidad se celebra el acto de sacrificio del joven unitario: sólo ella puede apreciar el valor de la sangre –
tanto en su sentido profano como en su sentido sagrado– como un
signo de la resistencia y del triunfo del individuo heroico, cuya masculinidad verdadera vence al final al cuerpo grotesco y al instinto per-
verso del pueblo.

El significado de este público "obsceno" parece más amplio, una
vez que se coloca *El matadero* en el contexto histórico. En la obra de
Echeverría, el espacio ficcional está proyectado como un espacio social dominado por el gobierno federal rosista. En ello se refleja *pars
pro toto* la realidad política de Argentina durante la época de Rosas.
Ahora, si el narrador se refiere a un público que está fuera del escenario ficcional, esto comprendería –por la relación metonímica– "todo"
sujeto liberal unitario que está fuera de la escena política del país. Uno
de esos sujetos es el mismo Echeverría, quien emigró –como muchos
de sus correligionarios liberales– en 1840 a Montevideo. Allí escribió
El matadero y con la última frase del relato parece dirigirse a la comunidad liberal en el exilio para dar cuenta de la causa de su fracaso
político: "que el foco de la federación estaba en el matadero", es decir,
la federación tiene su mayor apoyo en la clase baja y el proletario
metropolitano pobre.

Este público implícito de *El matadero* forma en cierto sentido una
comunidad política imaginada según el concepto de Anderson: es una
comunidad que se imagina una entidad política por falta de poder político real. A diferencia de la definición de Anderson, la nación que
imagina Echeverría no está relacionada ni con la soberanía ni con un
territorio fijo. Se construye por la muerte y el sacrificio, de donde
surge un cuerpo trascendental y potente a la vez.

La múltiple semántica de este cuerpo simbólico se deja ilustrar leyendo juntas las escenas finales de *La cautiva* y de *El matadero*. Ambas historias terminan con el espanto y la huida por parte de los nativos. Los indios huyen en pavor del árbol-cruz, y los carniceros, después del momento de estupor, se escapan de la casilla donde está la
mesa-cruz. El grito de los indios horrorizados –"[a]llí está la cruz"
(221: 80)– da la "versión" original de las exclamaciones repetidas por
la *vox populi* del matadero. En las tres oraciones demostrativas, "la

cruz", "los huevos" y "un unitario" ocupan la misma posición sintáctica para formar una cadena paradigmática que pasa por las dos obras. En ella se unen la misión colonial y la hegemonía política con la señal de hombría como las tres potencias esenciales de la fundación imaginaria de nación de Echeverría. Lejos de formular una idea políticosocial coherente, la serie de signos hace ver las contradicciones fundamentales de un autor cuyo auto-concepto como defensor y propagador de la ilustración, la civilización y la democracia no armoniza siempre con la ideología transmitida en sus textos: está marcada por la eliminación del "otro" – de un "otro" que es al mismo tiempo el objeto de deseo y (por ello) el objeto de resentimiento; un "otro", sobre todo, que forma parte de la propia nación, pero que es incompatible con las propias ideas políticas. La proyección literaria de nación tiene que fallar aquí como programa político; y ello no se debe por último a la condición postcolonial de la posición social del mismo escritor. Echeverría representa quizá mejor a los intelectuales que perpetúan el colonialismo después de la independencia, quienes intentan imaginar una nación argentina, pero, como el héroe de *El matadero*, sentados sobre una "silla inglesa". Como textos poéticos, por supuesto, las obras de Echeverría merecen otros criterios de valorización. Su ficción fundacional es el momento fundacional de la literatura nacional argentina, y, *si no è vera, è ben trovata*.

Bibliografía

Anderson, Benedict (1991): *Imagined Communities. Reflections on the Origin and Spread of Nationalism*. London/New York: Verson.

Bakhtine, Mikhail (1970): *L'œuvre de François Rabelais et la culture populaire au moyen âge et sous la renaissance*. Trad. A. Robel. Paris: Gallimard.

Biblia Sacra. Iuxta Vulgatam Versionem ([4]1994). Stuttgart: Deutsche Bibelgesellschaft.

Briesemeister, Dietrich (1992): "Esteban Echeverría: El matadero". En: Roloff, Volker/Wentzlaff-Eggebert, Harald (eds.): *Der hispanoamerikanische Roman I: Von den Anfängen bis Carpentier*. Darmstadt: Wissenschaftliche Buchgesellschaft, pp. 44-51.

Chatterjee, Partha (1993): *The Nations and Its Fragments: Colonial and Postcolonial Histories*. Princeton: Princeton University Press, p. 5.

Dällenbach, Lucien (1977): *Le récit speculaire. Essai sur la mise en abyme*. Paris: Seuil.

Echeverría, Esteban (2004): *El matadero. La cautiva.* Madrid: Cátedra.

Folger, Robert (1999): "Fisuras del discurso liberal en *El matadero* de Esteban Echeverría". En: *Mester*, xxviii, pp. 37-57.

Foster, David William (1970): "Paschal Symbology in Echeverría's *El Matadero*". En: *Studies in Short Fiction*, 7, pp. 257-263.

Freud, Sigmund (1999): *Gesammelte Werke.* 18 vols. Frankfurt am Main: Fischer.

— (1915): "Die Verdrängung". En: *Gesammelte Werke X. Werke aus den Jahren 1913-1917.* Frankfurt am Main: Fischer, pp. 248-261.

— (1926): "Hemmung, Sympton und Angst". En: *Gesammelte Werke XIV. Werke aus den Jahren 1925-1931.* Frankfurt am Main: Fischer, pp. 111-205.

Girard, René (1979): *La violence et le sacré.* Paris: Bernard Grasset.

JanMohamed, Abdul R. (1986): "The Economy of Manichean Allegory: The Function of Racial Difference in Colonialist Literature". En: Gates, Louis, Jr. (ed.): *"Race", Writing and Difference.* Chicago/London: University of Chicago Press, pp. 78-106.

Kantorowicz, Ernst H. ([1957] 1997): *The King's Two Bodies. Studies in Mediaeval Political Theology.* Princeton: Princeton University Press.

Lojo, María Rosa (1991): "*El matadero* de Esteban Echeverría: La sangre derramada y la estética de la *mezcla*". En: *Alba de América*, 9, 16-17, pp. 41-63.

Loomba, Ania (1998): *Colonialism/Postcolonialism.* London/New York: Routledge.

Lotman, Jurij M. (1974): "Zur Metasprache typologischer Kulturbeschreibung". En: Lotman, Jurij M.: *Aufsätze zur Theorie und Methodologie der Literatur und Kultur.* Kronberg: Scriptur, pp. 338-377.

— (³1989): *Die Struktur literarischer Texte.* Trad. R.-D. Keil. München: Fink.

Ramírez Caro, Jorge (1995): "Ritualización de la muerte en *El Matadero* de Esteban Echeverría: Estructura sacrificial". En: *Imprévue I*, 2, pp. 51-66.

Sarmiento, Domingo Faustino ([1845] ⁶2003): *Facundo, civilización y barbarie.* Madrid: Cátedra.

Schmitt, Carl ([1923] 1994): "Völkerrechtliche Formen des modernen Imperialismus". En: Schmitt, Carl ([1940] 1994): *Positionen und Begriffe im Kampf mit Weimar – Genf –Versaille 1923-1939.* Berlin: Dunker & Humblot, pp. 184-210.

Shumway, Nicolas (1993): *The Invention of Argentina.* Berkeley: University of California Press.

Sommer, Doris (1991): *Foundational Fictions: The National Romances of Latin America.* Berkeley: University of California Press.

Teltscher, Peter (2002): *Hombres con hombres con hombres. Männlichkeit im Spannungsfeld zwischen Macho und 'marica' in der argentinischen Erzählliteratur (1839-1999).* Berlin: tranvía Walter Frey.

Vergilius Maro, Publius (2005): *Aeneis.* Ed. de Gerhard Fink. Düsseldorf/Zürich: Artemis & Winkler.

Warning, Rainer (1999): "Der ironische Schein: Flaubert und die 'Ordnung der Diskurse'". En: Warning, Rainer: *Die Phantasie der Realisten.* München: Fink, pp. 150-184.

Gesine Müller

Entre la francofilia y las aspiraciones de autonomía. Una mirada desde el Caribe sobre las diferentes constelaciones (post)coloniales: Gertrudis Gómez de Avellaneda y Louis Maynard de Queilhe

1. Introducción

A lo largo del siglo XIX, el área del Caribe experimenta un auténtico caleidoscopio de dinámicas coloniales. Ya sabemos que durante el siglo XIX casi todas las islas caribeñas (excepto Haití y la República Dominicana) todavía dependen de una u otra forma de los países por los que fueron dominadas. Mientras que España se vio obligada a retirarse definitivamente de sus colonias en 1898, Francia logra mantener, hasta el día de hoy y a partir de 1946 en calidad de "departamentos de ultramar", las islas de Martinica y Guadalupe.

Las siguientes reflexiones pretenden dirigir la atención a las creaciones literarias de los escritores de una zona que ha quedado como reducto colonial, rodeada de naciones vecinas que ya han alcanzado la independencia. Nos encontramos en realidad ante un momento de profundos cambios que podríamos definir como una situación umbral del colonialismo. ¿Cómo se articula entonces bajo estas premisas el concepto de identidad propia?

En la medida que todo el subcontinente latinoamericano se encuentra sumergido al mismo tiempo en una era postcolonial, es necesario plantearse la pregunta hasta qué punto las teorías postcoloniales pueden servir para interpretar las obras literarias producidas en regiones vecinas todavía bajo poder colonial. ¿Debemos entonces hablar de una literatura colonial o podemos definir estos textos como postcoloniales, a pesar de que existe una dependencia político-colonial de facto?

Walter Mignolo propone diferenciar terminológicamente el concepto "postcolonial". El aboga por realizar una distinción entre la postcolonialidad "histórica" y "epistemológica". Esta última está unida a una razón postcolonial, a una cierta disposición que permite una mirada crítica a la herencia colonial (Mignolo 1997). Así, hay novelas que ya pueden incorporar discursos postcoloniales incluso antes de la independencia política, si por ejemplo minan jerarquías duales y postulan la pluralidad de valores.

Para realizar un estudio comparativo entre el colonialismo español y francés nos limitaremos a presentar dos autores representativos en cuanto a su posicionamiento político, uno cubano y otro de la isla de Martinica. Nuestra atención se centrará por tanto en dos novelas publicadas casi al mismo tiempo, *Sab* (1841) de la escritora cubana Gertrudis Gómez de Avellaneda y *Outre-Mer* (1838) de Louis de Maynard de Queilhe. Ambos autores abandonaron siendo jóvenes sus islas de origen, lo que les permitió mirar hacia sus respectivas patrias desde la lejana perspectiva de la metrópolis. De esta manera se plantean los siguientes interrogantes. ¿Cuál es la posición de ambos escritores hacia los temas candentes en el Caribe del siglo XIX, como son la Independencia y la abolición de la esclavitud? ¿Cuáles son los discursos europeos de los que se apropian estos dos autores? ¿Afirmarán la identidad cultural de sus islas de origen? ¿En qué medida reflejan la contradicción entre imitar los modelos europeos y por otro lado emanciparse de ellos? ¿Se han impuesto algunos textos concretos predeterminados? ¿En qué medida contribuye una recepción intensiva a la cimentación o derribo de diferentes constelaciones de hegemonía cultural? ¿Pueden ser leídos ambos textos como "ficciones" fundacionales en el sentido que otorga Doris Sommer?

2. Gómez de Avellaneda: *Sab* (1841)

En lo que concierne a *Sab*, Gómez de Avellaneda se inspira en *Bug-Jargal* (1826) de Victor Hugo. El esclavo Sab se enamora de su señora Carlota, pero el personaje no se convierte en el héroe romántico que se rebela en contra de la esclavitud rompiendo las barreras sociales y étnicas que lo separan de su amada. Por el contrario, él elegirá el camino del auto-sacrificio por el amor y la pasión que profesa a su señora. Este amor no es correspondido por Carlota debido a la superioridad de su clase social: en una sociedad como la que describe la escritora, este tipo de amor es inimaginable e irrealizable. De esta forma, Avellaneda se aleja de las ideas de Victor Hugo: mientras que Hugo escribe *post factum* sobre las guerras de liberación de Saint-Domingue, cuando se publica *Sab*, víctima de la censura colonialista por su aparente y leve crítica de la terrible realidad social, a Cuba todavía le queda medio siglo para alcanzar la independencia.

Si interpretamos la actitud de Sab bajo el trasfondo de las guerras de liberación en Latinoamérica en donde la abolición de la esclavitud, en la primera mitad del siglo XIX, es consecuencia del triunfo de la independencia política, entonces podemos ver en la actitud del esclavo un sacrificio voluntario por la independencia nacional. El deseo por la unidad nacional lleva al personaje a renunciar al conflicto social y étnico. Por lo tanto, aunque el conflicto es considerado como una opción, la solidaridad con la causa de los esclavos lo convence a prescindir de ello. Esto pone en evidencia el conocimiento de la situación política y social de su entorno:

> He pensado también en armar contra nuestros opresores, los brazos encadenados de sus víctimas; arrojar en medio de ellos el terrible grito de libertad y venganza; bañarme en sangre de blancos; hollar con mis pies cadáveres y sus leyes y perecer yo mismo entre sus ruinas (Gómez de Avellaneda 1997: 209).

Avellaneda toma extraordinariamente en serio la historia de amor (en aquel momento de su vida, ella pasa por una situación sentimental similar ya que su amor no es correspondido) y manifiesta la presión social y sus consecuencias étnicas y sexuales. Las relaciones asimétricas de poder no se deben meramente a influencias exteriores, sino que se asientan en lo más profundo de la conciencia de las personas y más aún en las oprimidas. Carlota no sólo no corresponde al amor mudo de Sab, sino para ella amar a un esclavo es algo completamente irracional. Cuando Carlota, en el día de su boda, sabe de la muerte de Sab por boca de su pariente Teresa, quien está profundamente conmovida, rechaza las sospechas de su prometido que insinúan que Teresa estuviera enamorada de Sab de la siguiente forma:

> ¡Amarle! –repitió Carlota– ¡A él! ¡A un esclavo! [...] sé que su corazón es noble, bueno, capaz de los más grandes sentimientos; pero el amor, Enrique, el amor es para los corazones tiernos, apasionados... como el tuyo, como el mío (Gómez de Avellaneda 1997: 251).

Bug-Jargal y sus compañeros de armas se muestran indiferentes ante el anhelo real por los sentimientos y la voluntad de las deseadas mujeres blancas; para ellos, en definitiva, las mujeres, al igual que para los hombres blancos, no son más que meros objetos.

Sab, en cambio, alcanza una profunda reflexión moral cargada de un contenido incomparable. Los comportamientos románticos tradicionalmente propios del "buen salvaje" y *bon nègre* quedan trastocados cuando Sab, con su renuncia, toma en serio a Carlota como sujeto, sin olvidar de qué manera su amada es dominada por las barreras de la sociedad que la llevan a interiorizar subjetivamente su condición de objeto. De esta forma, Sab compara su rol como esclavo con el destino de la mujer:

> ¡Oh! ¡las mujeres! ¡Pobres y ciegas víctimas! Como los esclavos, ellas arrastran pacientemente su cadena y bajan la cabeza bajo el yugo de las leyes humanas. Sin otra guía que su *corazón ignorante y crédulo*, eligen un dueño para toda la vida (Gómez de Avellaneda 1997: 270).

Es fácil darse cuenta del uso de la voz activa: las mujeres eligen, se dejan guiar por sus ignorantes y crédulos corazones, o dicho en el lenguaje de la Ilustración: su sino es consecuencia de su propia culpa.

> El esclavo, al menos, puede cambiar de amo, puede esperar que, juntando oro, comprará algún día su libertad, pero la mujer, cuando levanta sus manos enflaquecidas y su frente ultrajada para pedir libertad, oye al monstruo de voz sepulcral que le grita: "En la tumba" (Gómez de Avellaneda 1997: 271).

El dilema de Sab radica en la sensibilidad de sus percepciones, lo profundo de su reflexión y su autorreflexión sobre las relaciones de poder en la sociedad. Sab no entiende cómo una fuerza externa, así como su increíblemente alta consideración a sí mismo, lo llevan al autosacrificio. También constata la frágil personalidad de Otway, el prometido de Carlota, quien bajo la influencia de su padre, ávido de riquezas, intenta cancelar la boda al enterarse de que la situación económica de la familia de Carlota es menos boyante de lo esperado. Tras una intensa lucha interior y pese al presentimiento de un matrimonio desgraciado, Sab le da a escondidas a Carlota su premio de lotería permitiéndole así una libre elección.

No es hasta después de varios decepcionantes años de matrimonio y cuando su pariente Teresa muere en el convento, que Carlota tiene la posibilidad de leer la carta de despedida de Sab (Yáñez 1998: 148). Su lectura le revela por primera vez la historia del esclavo y también la suya propia. Sólo la tardía comprensión de la superioridad moral del

esclavo, capaz de algo que iba mucho más allá de la mera pasión amorosa, deja a la infelizmente casada Carlota reconocer lo absurdo de sus
prejuicios étnicos y sociales. La novela no clama tanto contra la represión exterior, sino que apunta hacia la superación de las relaciones de
poder internas, que son las que confieren a la desigualdad estructural,
social, étnica y sexual su contenido y estabilidad.

Sab no divide a la sociedad bajo el signo de la lucha de clases, sino que se convierte más bien en la figura que integra una nueva y
unificada identidad cubana. Prueba de ello es la imposibilidad de des-
cribirle con calificativos esencialistas claros: a pesar de ser mulato, la
gente tiene dificultad en definir de manera concreta el color de su piel,
y pese a ser hombre, se le describe con rasgos femeninos. Además,
elige de forma voluntaria el camino del sufrimiento que él adscribe a
la suerte de la mujer en una sociedad patriarcal: obsoleta y a superar.

La elección del sufrimiento me parece que se orienta en la historia
de la pasión bíblica: así como Jesús de Nazaret rechaza la resistencia
armada de los celotes contra la ocupación romana y se convierte en el
foco de una nueva perspectiva religiosa, Sab cristaliza en su persona
una naturaleza integradora en la que se basa la nueva identidad nacional. Su proyecto de identidad traza el camino hacia un futuro nacional
consensual y no basado en criterios de exclusividad, etnia o sexo. Al
margen, sólo quedan los Otway como representantes masculinos de
una moral especuladora colonial; para ellos, Cuba es sólo una etapa
más en su búsqueda de tesoros y no tienen ningún interés en integrarse
de manera verdadera y perdurable en su sociedad.

En la novela de Avellaneda, todas las líneas argumentativas coinciden en Sab quien avanza hacia el centro integral e irrenunciable del
proyecto de una identidad cubana.

3. Louis Maynard de Queilhe: *Outre-Mer* (1838)

Outre-Mer fue escrita en 1838. Nos encontramos en un ambiente en el
que las ideas de la revolución de julio de 1830 se están asentando poco a poco en las colonias francesas. Con las ideas de la revolución se
plantean también cuestiones como la abolición de la esclavitud, sobre
las que se abren en París intensos debates filosóficos y políticos. Inglaterra es el ejemplo, ya que en 1833 promulgó la abolición. Mientras
que en Francia tienen lugar los preparativos para la *Commission de*

Broglie (1840), cuyos resultados llevarán a la abolición definitiva en 1848.

Maynard de Queilhe es un *béké*, un representante de la blanca oligarquía criolla de Martinica, cuya preocupación principal en 1838 era el mantenimiento del orden establecido. Su poder se basaba principalmente en la eficiencia económica de las plantaciones obtenida gracias a los esclavos. Las buenas intenciones provenientes de Europa son vistas como un gran peligro por los *békés*: para ellos supone revivir la pesadilla de 1789. En su prólogo, Maynard de Queilhe pone de manifiesto las bases de sus opiniones literarias:

> El libro que tienen ante ustedes cuenta dos historias, una literaria y otra política, o si lo prefieren, social. He hecho un esfuerzo por mantenerme imparcial... He relatado... No niego que en la fábula y su final exista una moral escondida, yo incluso diría más, lo que se halla escondido es una opinión (Maynard de Queilhe 1838, I: II).[1]

La interpretación de *Outre-Mer* transmite una sociedad bloqueada: una casta criolla alimentada por el miedo de perder sus viejos privilegios. La novela tiene una rúbrica clara: está firmada por un "francés de América". Claramente, dos protagonistas gozan de la simpatía del autor: Mme. de Château quien trae la noticia del "Trois Glorieuses" y quien lleva un traje negro que nunca volverá a quitarse. El otro protagonista valorado positivamente es el Marqués de Longuefort quien dice: "Es un pueblo terrible, este pueblo de Francia" (Maynard de Queilhe 1838: 178, 183).

La novela tiene lugar en el año 1830 y se centra en el sufrimiento del mulato Marius por el amor de la blanca criolla, Julie de Longuefort. Según Maynard de Queilhe, esta relación es simplemente antinatural y sólo puede ser consecuencia de una mala educación. Marius acaba de regresar a Martinica. Su mala educación proviene de su padre adoptivo, Sir William Blackchester, filántropo y además inglés. (Bajo la perspectiva de los blancos de Martinica, los ingleses eran peores que los liberales franceses, ya que habían abolido la esclavitud en 1833.)

Julie se crió en la capital francesa y allí recibe la mala influencia de la corriente romántica. A su personaje le falta la claridad y la decisión de los jóvenes criollos "de los viejos tiempos". En medio de los

---

1   Traducción de todas las citas de *Outre-Mer*: G. M.

acontecimientos se encuentra el mulato Marius: cualquier mínimo pretexto será válido para recordar su origen negro, como su triste predisposición a la violencia, su barbarismo latente, etc. En una carta, le explica claramente a su padre que las Antillas se encuentran en una interesante y expectante situación política y que a nivel literario son mucho más que una simple fuente de inspiraciones exóticas en esos momentos:

> Padre, no me queda otra que desear que este libro sea de su agrado. Aunque sea muy sangriento, espero que no sea fruto de sus quejas. Usted, que veinte veces apagó los fuegos de la tierra y que presenció en el Grosse-Roche a las víctimas de la revuelta, en este *Clamart* de París en las Antillas. Los colonizadores de las colonias saben de sobra que hoy en día no es posible hacer bella literatura sobre la realidad política de sus islas con agua de rosas y naranjos en flor. Ojalá se creen cosas positivas, en ello concentro toda mi esperanza (Maynard de Queilhe 1838, I: VII).

Más adelante en la novela, Marius elimina uno tras otro a los pretendientes de Julie. Tras matar al hijo del Marqués de Longuefort, se aprovecha de la generosidad de este hombre ciego para convertirse en su hombre de confianza. El autor dota a Marius de una cierta inteligencia que llega casi a igualar la de los blancos. Comienza entonces a crecer en Marius el fuego de la política. Es fuertemente influido por la filosofía europea de la Ilustración y hace un llamado a la revolución. Según su opinión, al principio los esclavos viven en un estado de servidumbre aceptada:

> No entiendo nada. Se les regaña y ellos te besan los pies, se les azota, y se arrodillan humillantes ante uno, se les mata y se muestran agradecidos. Buen Dios, ¿qué les hace ser así? Pero yo vengo de una tierra donde los animales podrían aprender las labores de los hombres (Maynard de Queilhe 1838, I.: 41).

Sus palabras casi coinciden con las postreras posiciones de la *Négritude*, y llega tan lejos como para comprar una esclava negra y liberarla para casarse con ella. Pero rápidamente vuelve a poner los pies en la tierra y ve con claridad que los separa un mundo. Marius aprende que sólo puede amar a una "mujer de verdad": a una blanca. Con ello entra en plena contradicción con sus convicciones políticas. Las experiencias a su vuelta a Martinica lo llevan a revisar su juicio sobre la esclavitud. El blanco, Marqués de Longuefort, le explica al mulato que los prejuicios sobre los negros son justificados (Maynard de Queilhe 1838, I: 86). Y en efecto, Marius queda fascinado al visitar una *habi-*

tation, un modelo de la vieja aristocracia. Aquí se muestra qué tan bien son tratados los esclavos: casi pueden convertirse en amos y señores. Incluso obtienen de los colonos un pedacito de tierra. Tras visitar la *habitation*, Marius lanza sus ideas revolucionarias europeas:

> Le han dicho que los dejan indefensos y desnudos al capricho de las estaciones y se dio cuenta que estos hombres recibían dos sayos y dos calzones al año, al igual que las mujeres y si los veía correr alguna vez semidesnudos era porque lo preferían así. [...] Sus trabajos no eran ni dolorosos ni difíciles. Por supuesto, de vez en cuando se escuchaba el chasquido del látigo, pero en el aire y no contra las espaldas de los esclavos, y esto se hacía sólo para despertar el ímpetu de los adormilados o para reforzar el oído perdido. El suelo no estaba impregnado de su sudor pero tal vez del zumo que nunca se les negaba y que diluían con agua [...] Le habían anunciado muchos gritos y suspiros, pero sólo escuchó las risas y los murmullos (Maynard de Queilhe 1838, I: 105-106).[2]

La plantación no es la contraparte del paraíso, sino su prolongación; la época de cosecha está marcada por una actividad feliz en la que resuenan divertidas canciones. El cacique francés es descrito como un gran patriarca, amado por sus esclavos como si se tratase de un padre, y que se preocupa por ellos. Les construyen bellas casitas rodeadas de verde. Los esclavos trabajan su propio jardín y tienen acceso al hospital de la plantación (Wogatzke 2006: 164).

Esto en cuanto a la representación de los negros en *Outre-Mer*. Sin embargo, en la novela tiene mayor importancia la caracterización de los mulatos, representada por su protagonista central Marius. Maynard de Queilhe aborda a los mulatos de forma muy crítica, ya que son ellos los que transgreden las reglas del *Code Noir*. Después de que en 1831 los mulatos libres obtuvieran todos los derechos políticos y civiles, son precisamente ellos los que suponen el mayor peligro involucionista y por esta razón se vuelven cada vez más descarados:

> Eran sobre todo ridículos y avergonzantes. Su descaro les costaba azotes con cañas de azúcar. Al amparo de la noche cubrían las paredes de palabras infames y sin rubor alguno atacaban y calumniaban a las personas más honorables del país. Ni siquiera saludaban a las hijas y esposas de sus actuales o antiguos amos. Sus canciones proclamaban la consigna de la libertad, cosa que nunca fue buena señal (Maynard de Queilhe 1838, I: 161).

---

2   Véase la imagen de la esclavitud en Jean Jacques Rousseau: *La nouvelle Héloise*. (por ejemplo Rousseau [1761] 1967: 16, 441).

Los mulatos son los auténticos enemigos del orden aristocrático: gracias a sus nuevos derechos tienen la posibilidad de estudiar en París donde se contagian del ideario revolucionario (Corzani 1978: 341). Tras disfrutar de su educación europea, Marius no debería haber vuelto a la Martinica, pero es tozudo y quiere permanecer allí.

Entre su odio hacia los blancos y su amor por Julie, se une a un grupo de esclavos huidos, *Marrons*, y participa de algunas revueltas. Que Marius esté enamorado de una mujer blanca no es nada excepcional, pero que una mujer blanca muestre sentimientos hacia un mulato es un escándalo: en el momento de morir apaleada Julie grita: "¡mi Marius, te he amado!" (Maynard de Queilhe 1838, II: 376) Más adelante, cuando Longuefort se preocupa de que se haga justicia, y se decapite al asesino de su hija, se descubre la verdad: en el momento en que Marius descubre su nuca, una anciana negra advierte una cicatriz y reconoce al hijo que en su día tuvo con el mismo marqués. Aquello que Julie consideraba un amor apasionado no es sino el afecto de una hermana hacia su hermano bastardo.

Las virtudes de la raza blanca se confirman ampliamente: el mulato Marius es el asesino de su hermano, ha envenenado a su cuñado y ha sido amante y asesino de su hermana. Al final de la novela Marius esta estigmatizado en muchos aspectos: es el gran culpable que se atrevió a volver a su isla natal sin respetar sus reglas. Sólo le queda la representación melodramática de un suicidio. El mensaje conservador de la novela se confirma en la descripción del estado anímico de Julie, muy afectada por la mediocridad de los mulatos de Saint-Pierre.

Este descubrimiento arroja su sombra sobre el pasado en el que amó a Marius en contra de los usos y reglas de su país: Julie ha tenido la debilidad de juzgar acerca de las creencias de los demás y no vio hasta ahora el error que cometió. ¿Quién se empeñó siempre en pensar que Marius era una excepción? Y encima una excepción que osó contravenir las reglas (Maynard de Queilhe 1838, II: 163).

La novela describe una clase criolla superior abandonada por la metrópoli y traicionada por la monarquía de julio; tal y como reza en el decreto del *Conseil des colonies*, la abolición de la esclavitud no sería necesaria. El problema es sólo la "presión filantrópica" que ejerce Europa:

Si se contempla a las colonias por sí mismas y en su situación interna no hay nada que haga necesaria la abolición de la esclavitud. Así contestarán en 1838 los delegados de esas mismas colonias a una encuesta de M. de Rémusat. El régimen de las *Habitations* es suave y progresivo y hace innecesaria una transformación radical, fruto de la pasión o las opiniones individuales de los nativos. Pero la presión de la opinión pública europea, a su vez condicionada por las medidas que ya se han tomado, su discusión y sus consecuencias morales y económicas en las colonias, impide que perdure la esclavitud (Gisler 1981: 129).

El discurso de *Outre-Mer* es de naturaleza altamente política: los filántropos deben ser convencidos de renunciar a cualquier forma de abolición. Al mismo tiempo las colonias deben quedar libres de toda calumnia. La imagen estilizada del amo paternal debe salir al paso de la fama de cruel explotador de esclavos (Wogatzke 2006: 214).

Ellos serían los primeros que apoyarían toda medida a favor del bienestar de los esclavos y manumitidos, siempre y cuando éstos no utilizaran su buena voluntad para destruir sus propiedades y exponer su integridad personal a los machetes de los negros (Maynard de Queilhe 1838, II: 168-169).

4. Comparación entre Maynard de Queilhe y Gómez de Avellaneda

La contraposición de Maynard de Queilhe y Gómez de Avellaneda puede parecer arbitraria pero ambos son representativos para los círculos literarios de sus islas de origen. Gómez de Avellaneda pertenecía al círculo de Del Monte; y *Sab* entra en el "conjunto" de novelas abolicionistas. También pertenecían a dicho círculo Anselmo Suárez, Cirilo Villaverde y Francisco Manzano.

No existió en la Martinica un círculo intelectual semejante. En el resto de los escasos autores del ámbito colonial del caribe francés (salvo Haití, independiente desde 1804) se puede observar una actitud parecida a la de Maynard de Queilhe y se pronuncia a favor de conservar las condiciones reinantes. Con referencia al período mencionado cabe destacar a Jules Levilloux, Poirié Saint-Aurèle y J. H. J. Coussin.

Mientras *Outre-Mer* reafirma los discursos coloniales existentes, en *Sab* encontramos una postura anticolonial que también puede entenderse bajo el ya mencionado concepto del postcolonialismo epistemológico.

Las novelas de Gómez de Avellaneda y Maynard de Queilhe se inscriben sobre todo en el romanticismo francés. Los mulatos Marius y Sab son héroes románticos *par excellence*. Marius se encuentra en una dualidad existencial, atribuible a la influencia de Victor Hugo (amigo de Maynard de Queilhe) (Toumson 1979: 69). Por ejemplo, en su *Préface de Cromwell*, Victor Hugo alude a la genuina ambivalencia del género humano:

> Estás doblemente compuesto por dos seres: uno es pasajero y el otro eterno; uno de carne y hueso, otro etéreo; uno atado a sus pulsiones, necesidades y pasiones. El otro imbuido del entusiasmo y la ensoñación. Uno con la mirada puesta en la Tierra hacia su madre, el otro sólido y con la mirada en el cielo y la patria (Hugo 1985: 16).

Longuefort de *Outre-Mer* traslada, de manera racista, la naturaleza doble al mulato:

> El mulato, no lo olvidemos, no es un hombre como otro. Es una imagen de aquellas naturalezas fuertes, donde abundan los abismos con plantas venenosas y animales peligrosos y donde cabe buscar las más valoradas maravillas de este universo (Maynard de Queilhe 1838, II: 16).

> [...] Alguien extremo en todo, en lo bueno y en lo malo, después del crimen y antes del castigo, un dios y una bestia al mismo tiempo (Maynard de Queilhe 1838, II: 42, véase Maignan-Claverie 2005: 251).

De alguna manera, Marius corresponde a la imagen del *Mimikry-Man*, determinado por Homi Bhabha (Bhabha 1994: 92), ya que sólo puede representar, parcialmente, al amo colonial.

Marius y Sab representan rasgos básicos de la mitología romántica. Mientras Sab es el supra-héroe positivo, Marius es el "Satan révolté" (Maynard de Queilhe 1838, I: 350), el "fruto del amor entre el cielo y la Tierra" (Maynard de Queilhe 1838, I: 53). Esto demuestra como una recepción de modelos franceses puede tener efectos completamente distintos. En *Outre-Mer* se cimentan constelaciones de hegemonía cultural, en *Sab* se dinamitan.

En el caso de *Outre-Mer* la explicación de las estructuras coloniales se basa en un sistema de oposición binario. Se trabaja con atribuciones de identidad esencialistas: el mundo se divide en blancos buenos, negros malos y mulatos peligrosos. De esta manera se refuerza la separación entre colonizados y colonizadores (Castro Varela 2005: 85). Esto contribuye a la consolidación de las estructuras coloniales. En el caso de *Sab* también se producen estructuras binarias (sobre todo en relación con el origen étnico) y las atribuciones de identidad también son de naturaleza esencialista. Sin embargo, la figura del esclavo reviste un carácter tan positivo y tiene tal fuerza de cohesión que puede surgir algo realmente nuevo como, por ejemplo, en el caso de *Cecilia Valdés* de Cirilo Villaverde a través de un proceso de transculturación (Fernando Ortiz).

Sab se puede leer como una *foundational fiction* (en el sentido de Doris Sommer). Las novelas de las Antillas francesas del siglo XIX no pueden asumir una función semejante (incluso dejando de lado que la Martinica nunca se convirtió en una nación propia). Este objetivo no se manifestó hasta finales del siglo XX, en los escritos de la *Créolité* a partir de 1980.

Tanto *Outre-Mer* como *Sab* anticipan el desarrollo político. Con su llamado emocional y el impacto que provoca el auto-sacrificio en el lector, *Sab* tuvo un notable efecto histórico. La novela estuvo prohibida en Cuba durante 30 años y no se publicó hasta 1871 en una revista revolucionaria (Sommer 1991: 125). De esta forma se inscribió en la lucha por la independencia y la abolición de la esclavitud.

Es inútil buscar la figura del salvaje refinado en Maynard de Queilhe. Todo refinamiento se limita a la belleza de las mujeres blancas que, por supuesto, no son "salvajes". Las descripciones de la naturaleza resultan positivas aunque en el prólogo el autor ya manifiesta que la literatura antillana, a la vista de la tensa situación política, no puede ofrecer descripciones de paisajes exóticos como lugar de refugio.

Sab, por su parte, tiene algunos rasgos del "buen salvaje". Como arquetipo del héroe romántico corresponde a la percepción de Victor Hugo, pero en una dimensión romántico-social. En el caso de Gómez de Avellaneda, la percepción de ídolos franceses supone dar la espalda a los ídolos literarios de su patria española. De esta forma, reviste rasgos emancipatorios y esto tiene que ver con el papel dominante del romanticismo francés de ese entonces.

Ambos autores nacieron en las Antillas, pero escriben desde las metrópolis de sus respectivos países de origen, ubicándose así de alguna manera en un "tercer espacio". En el caso de *Outre-Mer* queda patente, a un nivel literario interno, que la "traducción" (traslación) de particulares ideas y teorías de la metrópoli a las colonias viene acompañada de un proceso híbrido al ser reformuladas en el marco de la administración imperial (Castro Varela 2005: 89). Las ideas revolucionarias del protagonista Marius se crean en el centro de la potencia colonial francesa, París, y no son realizables en la colonia.

Sintomáticamente, en Gómez de Avellaneda esta problemática no surge en un nivel interno del texto (la trama argumental), sino en su orientación hacia modelos literarios. La autora cubana está mucho más expuesta a la problemática del "tercer espacio": escribe y describe desde fuera, desde la distancia, inscribiéndose en la lucha por una emancipación política y en parte cultural.[3] En su caso el intento de justificar una identidad extra-europea crea a menudo una tensión que no siempre se puede mitigar por medio de una síntesis dialéctica, porque las categorías de identidad y su discurso proceden precisamente de los centros de los que busca distanciarse.

Ambos autores parten de la premisa que, sea como sea la motivación para una estancia fuera del país natal, independientemente de cuánto uno se identifique con la (antigua) potencia colonial se produce una dicotomía conceptual debido al discurso imperativo del país natal sobre las colonias. Eso respecto a toda postura postcolonial. Mientras que los autores de las ex colonias españolas se encuentran en un momento de transición de tensa complejidad, los autores francófonos no perciben esta situación como un momento de transición sino que lo plantean en términos de estar en uno u otro lado. Para ellos su relación con la madre patria tiene dos caras: o bien se aferran a la imagen del viejo régimen, para defender el *status quo*, o abanderan las ideas de igualdad de la revolución francesa, no para promover una soberanía nacional, sino para ser reconocidos como auténticos franceses (algo que conlleva intrínsecamente la petición de abolición de la esclavitud).

En resumen, podemos afirmar que la relación hacia las respectivas potencias coloniales, Francia y España, se trata de manera muy dife-

---

3 Después de 23 años en España Gómez de Avellaneda regresa a Cuba. "Su situación en Cuba es grata e ingrata a la vez, al homenaje se une el reproche, y su doble aspecto de cubana y española es equívoco. Su llegada como consorte de un representante del Gobierno Central puede resultar molesto a los ojos de los revolucionarios, que intentan la independencia de Cuba, aunque sea prematura. Ella, inteligente, se da cuenta de todo, y se debate en las alternativas que se le presenta. Políticamente ama al pueblo, y al mismo tiempo reverencia a su majestad; se siente hija de Cuba y de España a la vez y cuando intentan dejarla fuera de una antología de poetas cubanos se siente ofendida, aunque no renuncia tampoco a su gloria de pertenecer a la literatura española" (Bravo-Villasante 1967: 111).

rente, pero que hay similitudes relevantes a la problemática de la relación colonial: la repetición de modelos o ideas de la patria en la colonia nunca puede ser idéntica con el llamado "original". El proceso de traslación –la repetición en otro contexto– viene a abrir un hueco en el supuesto original: el propio colonialismo fragmenta la identidad y la autoridad de los colonizadores. El colonizador exige del colonizado que adopte sus formas externas y que interiorice las normas y los valores del poder dominante. En este sentido, el concepto de *mimikry* conforme a Bhabha es también la expresión de la misión civilizadora europea que se había propuesto transformar la cultura colonizada en su sentido; y Francia presentaba a mediados del siglo XIX un modelo más exitoso que España.

Bibliografía

Araujo, Nara (1989): *Visión romántica del otro: estudio comparativo de "Atala" y "Cumandá", "Bug Jargal" y "Sab"*. México, D.F.: Univ. Autónoma Metropolitana.

Bhabha, Homi (1990): "The Third Space". En: Rutherford, Jonathan (ed.): *Identity, Community, Culture and Difference*. London: Lawrence & Wishart, pp. 207-221.

— (1994): *The Location of Culture*. London/New York: Routledge.

Bravo-Villasante, Carmen (1967): *Una vida romántica: la Avellaneda*. Madrid: Edhasa.

Castro Varela, María do Mar (2005): *Postkoloniale Theorie. Eine kritische Einführung*. Bielefeld: Transcript.

Corzani, Jack (1978): *La littérature des Antilles-Guyane Françaises*. Vols. I-III. Fort-de-France: Desormeaux.

Fivel-Démoret, Sharon Romeo (1989): "The Production and Consumption of Propaganda Literature: The Cuban Anti-Slavery Novel". En: *Bulletin of Hispanic Studies*, 66, pp. 1-12.

Garfield, Evelyn Picon (1993): *Poder y sexualidad: el discurso de Gertrudis Gómez de Avellaneda*. Amsterdam/Atlanta, GA: Rodopi.

Gisler, Antoine (1981): *L'Esclavage aux Antilles françaises*. Paris: Karthala.

Gómez de Avellaneda, Gertrudis ([1841] 1997): *Sab*. Madrid: Cátedra.

Hugo, Victor ([1826] 1970): *Bug-Jargal*. Paris: Gallimard.

— ([1827] 1985): "Préface de Cromwell". En: Reynaud, Jean-Pierre (ed.): *Victor Hugo. Œuvres complètes. Critique*. Paris: Robert Laffont, pp. 3-40.

Kirkpatrick, Susan (1989): *Las Románticas: Women Writers and Subjectivity in Spain, 1835-1850*. Berkeley: University of California Press.

Maignan-Claverie, Chantal (2005): *Le métissage dans la littérature des Antilles françaises: le complexe d'Ariel*. Paris: Karthala.

Maynard de Queilhe, Louis de (1838): *Outre-Mer*. Paris: Renduel.

Mignolo, Walter D. (1997): "La razón postcolonial: herencias coloniales y teorías postcoloniales". En: De Toro, Alfonso (ed.): *Postmodernidad y postcolonialidad. Breves reflexiones sobre Latinoamérica*. Madrid: Iberoamericana/Frankfurt am Main: Vervuert, pp. 51-70.

Ortiz, Fernando (1978): *Contrapunteo cubano del tabaco y el azúcar*. Caracas: Biblioteca Ayacucho.

Reinstädler, Janett (2006): *Die Theatralisierung der Karibik: postkoloniale Inszenierungen auf den spanisch- und französischsprachigen Antillen im 19. Jahrhundert*. Habilitationsschrift Humboldt-Universität Berlin [Manuscrito].

Rousseau, Jean-Jacques ([1761] 1967): *La nouvelle Héloïse*. Ed. de Michel Launay. Paris: GF Flammarion.

Said, Edward (1993): *Culture and Imperialism*. London: Chatto & Windus.

Sommer, Doris (1991): "Sab, c'est moi". En: Sommer, Doris: *Foundational Fictions: The National Romances of Latin America*. Oxford/Berkeley/Los Angeles: University of California Press, pp. 114-137.

Toumson, Roger (1979): *Bug-Jargal ou la révolution haïtienne*. Fort-de-France: Désormeaux.

— (1989): *La transgression des couleurs. Littérature et langage des Antilles (XVIIIᵉ, XIXᵉ, XXᵉ siècles)*. Paris: Editions Caribéennes.

Wogatzke, Gudrun (2006): *Identitätsentwürfe. Selbst- und Fremdbilder in der spanisch- und französischsprachigen Prosa der Antillen im 19. Jahrhundert*. Frankfurt am Main: Vervuert.

Yáñez, María-Paz (1998): "Gertrudis Gómez de Avellaneda". En: Frackowiak, Ute: *Ein Raum zum Schreiben. Schreibende Frauen in Spanien vom 16. bis ins 20. Jahrhundert*. Berlin: tranvía, pp. 135-152.

Annette Paatz

La novela en Argentina y Chile como contradiscurso (post)colonial

1.

Si partimos de un concepto amplio de lo postcolonial en el sentido de "toda cultura afectada por el proceso imperial, a partir del momento de la colonización hasta el día de hoy" (Ashcroft et al. citado en Nünning 1998: 437, trad. A. P.), la literatura latinoamericana del siglo XIX pertenece sin duda a este registro. Dado el momento histórico de las independencias latinoamericanas en la primera mitad del siglo XIX, resalta en primer lugar la preponderancia del discurso de la nación, que ha sido destacado como uno de los rasgos característicos del mundo postcolonial (Brennan 1995: 170). El género de la novela, a su vez, se ha relacionado repetidamente con este paradigma, con el llamado proceso "fundacional" y con la necesidad de formar "comunidades imaginadas" (Anderson 1983; Brennan 1995; Sommer 1991). De hecho, la creación cultural decimonónica demuestra un sinfín de afirmaciones programáticas acerca de la necesidad de establecer una "novela nacional". Uno de los ejemplos más conocidos es el discurso de Alberto Blest Gana en su incorporación a la Facultad de Humanidades de la Universidad de Chile en 1861, en el que defiende la novela como el género más apropiado para la formación de una literatura específicamente chilena. Sostiene que "consultado el espíritu de la época, y la marcha de la Literatura europea durante los últimos treinta años, la novela que está llamada a conservar por mucho tiempo la palma de la supremacía es la de costumbres", y pronuncia su confianza en que "este género literario puede adquirir entre nosotros un carácter verdaderamente nacional" (Blest Gana 1977: 122-23).

En la novela de tema contemporáneo, la "costumbrista" o la "realista", se forman imaginarios colectivos, se desvelan mentalidades, vivencias, valores. Tiene, de esta manera, una marcada dimensión social, y puede llegar a ser un lugar donde reflexionar acerca de todo tipo de experiencias, incluida la postcolonial. Por otro lado, el paradigma nacionalista también incluye la necesidad de una literatura "nacional" como uno de los requisitos indispensables para la afirmación como estado-nación independiente: de allí que este concepto pertenezca a la formación discursiva postcolonial del siglo XIX y que la llamada a producir una "literatura nacional" ha tenido una persistencia marcada en la historiografía literaria (que, a su vez, tiene su punto de partida en el siglo XIX). Hasta hoy en día, este paradigma de "literatura nacional" sigue repercutiendo ocasionalmente en la crítica sobre la literatura latinoamericana, y sobre todo en su enseñanza, todavía bastante centrada en los textos "canónicos".

Ahora bien, últimamente se ha ampliado el panorama de investigaciones sobre el XIX hispanoamericano, acorde al ímpetu de contextualización inherente a los estudios culturales, y todas las posibilidades que estos brindan desde el cuestionamiento de las dicotomías preestablecidas, entre literatura "alta" y "popular", por ejemplo. La perspectiva se ha ido alejando de las novelas fundacionales para dirigir la atención hacia la creación de públicos lectores, la diversificación del material textual y la dimensión mediática de la novela.

Por un lado, está claro que el peso discursivo de la novela "nacional" no tiene relación alguna con su verdadera presencia en los hogares decimonónicos, dado que el desarrollo de las artes gráficas en Hispanoamérica tuvo que partir prácticamente de cero. Hasta finales del siglo, las condiciones de producción y distribución, a pesar de la importancia atribuida a la prensa en la formación nacional, todavía no llegaban a una verdadera massmediatización. Estas circunstancias son contrarrestadas por un inmenso afán de consumo cultural en los primeros tiempos independientes. En los círculos republicanos, se leía y se comentaba lo que se podía conseguir – muchas veces, por lo tanto, eran textos europeos que llegaban traducidos en los folletines de los primeros periódicos. Hubo un fuerte apoyo material transatlántico, se traían libros traducidos o en su idioma original, y también tuvo bastante continuidad el *Correo de Ultramar*, periódico que se imprimía en París. Los consiguientes hábitos de lectura han tenido su peso en la construcción del sujeto republicano, tanto masculino como femenino. Las investigaciones de Susana Zanetti (2003) y de Graciela Batticuore (2005) nos acercan este ambiente cultural con mucho detalle. El enfoque se ha desplazado hacia la construcción de públicos lectores y la creación de la sensibilidad republicana, lo que también implica que se amplíe el panorama, superando la reducción a la novela, y sobre todo la novela canonizada, hacia todo el campo discursivo de la prensa periódica y otras formas de distribución, p.ej. los almanaques, como lo hace el estudio de Juan Poblete (2003).

Ahora bien, estas nuevas y necesarias maneras de abordar el XIX hispanoamericano no debilitan la importancia atribuida a la novela en la cultura decimonónica. De allí que sí me parece importante volver a los textos, sumamente expresivos desde el punto de vista de las mentalidades criollas, e incluir también novelas que hasta ahora se han quedado fuera del canon novelístico hispanoamericano. Éste, para Chile, se centra en la producción de Alberto Blest Gana a partir de *Martín Rivas* (1862), y en el caso de Argentina, se posterga bastante más, hasta los años ochenta, fijando el punto de partida primordialmente en Eugenio Cambaceres. Anteriormente no hubo mucho, pero hubo algo. Son novelas hasta ahora muy escasamente discutidas y estéticamente muchas veces bastante deficitarias, pero que resultan interesantes en el contexto de la construcción de imaginarios colectivos. Precisamente estos primeros titubeos de la narrativa hispanoamericana enmarcados en tan fecundo ambiente literario como es el auge de la novela europea en estos momentos, brindan un campo para examinar la influencia de la hegemonía y la particular formación de ciudadanía cultural en los distintos ámbitos hispanoamericanos, sobre todo si no se parte de un concepto de dependencia, sino se tiene en cuenta la relación para con el desarrollo europeo, indagando en su transculturación. De este modo, la tímida eclosión del género en el subcontinente latinoamericano sirve de punto de partida para una serie de fenómenos apropiados a las condiciones regionales y que tienen un impacto cultural bastante considerable.

Con relación a la formación de un lectorado, no sorprende que el discurso se oriente destacadamente hacia la recepción, lo que implica una llevada y traída discusión acerca de la función educativa del género, sobre todo en vista de la integración de un público femenino. Este discurso se encuentra respaldado, a su vez, por las fuertes polémicas europeas acerca de la moralidad de la novela (que, aparte de su tradición centenaria, se ven reforzadas justamente hacia mediados del XIX por el éxito del folletín); de todas formas, la importancia atribuida a este aspecto en Hispanoamérica se explica por la general confianza de los criollos liberales en los valores educativos de la literatura.[1]

Tal convicción implica un determinado concepto de la producción literaria. La literatura está hecha para el pueblo (letrado y por ende reducido, pero, eso sí, creciendo cada vez más). Este pueblo tiene que entender los textos, de modo que hay que prescindir de un lenguaje excesivamente culto. Hay que entretener, o sea ofrecer historias que tengan suspense o que den la posibilidad de compartir los sentimientos de los personajes, de crear subjetividades. Tal funcionalización marca el camino hacia un tipo de literatura que prescinda de todo elitismo. La función del texto está por encima de su valor estético, nada más lejos de un concepto autónomo del arte. Desde este punto de vista, se justifica una vez más que se incluyan en la investigación de la novela hispanoamericana del siglo XIX precisamente algunos de estos textos "menores" que vale la pena desenterrar por su valor documental acerca de la integración del género en la práctica cultural cotidiana.

No hay que olvidar además que, con respecto a la condición post-colonial hispanoamericana, el asunto cobra un significado particular: frente a España, el simple hecho de escribir novela se presenta como acto contradiscursivo, puesto que tanto la producción como la importación de novelas estaban prohibidas durante el período colonial. Existe así un vacío que está por llenar, y los novelistas actúan en un ambiente cultural inundado por traducciones de novelas europeas. De este fondo se toma lo que se puede funcionalizar en el contexto propio. Esto, claro está, se refiere a la perspectiva de una élite criolla que se define a sí misma precisamente a través de la orientación europea y sobre todo la corriente del liberalismo romántico. Es interesante en este contexto que el discurso novelístico esté entrelazado en la mayoría de los casos con un compromiso cultural y político mucho más diversificado: no existen novelistas por oficio en este momento, sino que escriben diputados, diplomáticos, periodistas, hasta futuros presidentes de estado. A través de esta dedicación de parte de los estratos dirigentes, se deduce otra vez más que la novela se valora como un ingrediente básico del proyecto nacional. También está claro que la

---

1   Graciela Batticuore analiza por ejemplo la actividad periodística con respecto a la educación de las mujeres y la formación de un lectorado femenino por parte de Domingo Faustino Sarmiento en el periódico *El Progreso* durante su exilio chileno a lo largo de los años 40 (Batticuore 2005: 68-110).

hibridez del discurso novelístico hispanoamericano se efectúa con una relación bastante relajada respecto a la esfera hegemónica. No hace falta, pues, una contra-escritura ofensiva, tomando en cuenta que el antiguo colonizador no alcanza culturalmente el prestigio de Francia, Inglaterra o aún Italia en este momento.

En lo siguiente, se demostrará a través de dos ejemplos tomados de los ámbitos chileno y argentino cómo se adaptan los hábitos culturales franceses para contribuir al establecimiento de un espacio discursivo propio. Del contra-discurso colonial dirigido hacia España, de ponerse a escribir novelas porque antes no se debía, se puede observar en ambos ejemplos un paso hacia lo que Helen Tiffin ha llamado "canonical counter-discourse" (Tiffin 1995: 97), o sea la re-escritura de modelos hegemónicos (franceses) con el resultado de embocar en textos enfocados distintamente, hechos a la medida de las respectivas constelaciones regionales.

2.

El primer ejemplo es la novela *Los misterios de Santiago* del chileno José Antonio Torres. De Torres se sabe que en los años 60 bajo el régimen de José Joaquín Pérez fue redactor responsable del importante periódico *El Mercurio*. Se sabe además que anteriormente tuvo que pasar una época en el exilio peruano a causa de las medidas represivas del régimen de Montt durante la guerra civil a finales de los años 50. También es conocido que fue un ferviente anti-jesuita y que se oponía a las tendencias ultramontanas surgidas en Chile en los años 40. *Los misterios de Santiago*, su única novela, salió como libro en la prensa del *Mercurio* en 1858 y no se tiene noticia que también haya sido publicado como folletín. Esto sorprende en vista de la alusión que hace el título a la novela de folletín por antonomasia, *Les mystères de Paris* (1842/43) de Eugène Sue.

La novela de Sue fue un verdadero escándalo y un gran éxito en Francia: su publicación como folletín en *Le journal des débats* conllevó un inmenso auge de la tirada del periódico y llegó a ser el punto culminante de la euforia del folletín. A este incremento masivo del público lector, que equivale a la massmediatización del género novelesco, se une en Francia una polémica masiva en contra de lo que el crítico Sainte-Beuve había denunciado ya en 1839 como *littérature industrielle.* Sin embargo, *Les mystères de Paris* corrieron mundo, hubo multitud de traducciones a lo largo de todo el siglo, y desde luego Torres retoma el título muy conscientemente. En una nota al lector explica:

> Después de los *Misterios de Paris*, todo aquel que la echaba de escritor quiso hacer misterios, y hubo *Misterios de Londres*, *Misterios de Madrid*, *Misterios* de todas partes y hasta *Misterios de Valparaiso* hubo, que felizmente se quedaron en el misterio. Ahora me presento yo tambien con los *Misterios de Santiago*, y sin pretender atajar la crítica de nadie, diré simplemente; que habiéndome propuesto escribir obras de este jénero, he querido en mi primera presentarle al lector un cuadro estenso y variado de cuantas escenas he podido estudiar en la vida y que merezcan la pena de tenerlas en cuenta por la moral que enseñan, y que despues de pensar mucho y manosear algunos títulos, vine a decidirme por llamarla los *Misterios de Santiago*; y yo sé que por mui buena razon le viene mejor este nombre que ningun otro (Torres 1858: V).

Torres, por lo visto, quiere asegurarse del interés de un público con hábitos de lectura afrancesados, sirviéndole el título como garantía de que su texto se relacione con la novela folletinesca, cuyo consumo está arraigado en la práctica cotidiana. (Todo esto, en teoría, claro, porque se supone que este texto fue muy poco leído, y que su alcance se encuentra por lo tanto lejísimo de las condiciones de distribución del folletín francés.) ¿Pero en qué consisten los misterios a los que alude tan enigmáticamente el escritor?

En cuanto al tema, la historia se parece, pero no corre completamente paralela al argumento ramificado de la novela de Eugène Sue.[2] Se trata de personajes depravados y otros sumamente virtuosos, cuyos destinos y modos de vivir se pueden relacionar ocasionalmente con la realidad extraliteraria chilena. El argumento central gira alrededor del ascenso social; tema primordial en la novela de este siglo tan marcado por el cambio. Presenta a una mujer que intenta integrarse a la alta sociedad santiaguina por medio del matrimonio. Para llegar a este fin, necesita esconder su pasado poco honrado y deshacerse de un hijo ilegítimo. En sus hazañas malvadas cuenta con la ayuda de un cómplice completamente cínico y criminal. En comparación con la novela de Sue, la diferencia más destacada consiste en que Torres, aunque incluya una imagen relativamente completa de la sociedad chilena, mantie-

---

2 Véase para una comparación de las constelaciones de personajes Foresti/Löf-
   quist/Foresti (1999: 344).

ne básicamente un ambiente social acomodado, ajustado a lo que estaban acostumbrados sus lectores, mientras que Sue, como es sabido, explora los bajos fondos parisinos.

El aspecto temático preponderante de la novela –y bastante desligado del argumento central– representa una polémica anticlerical y anti-jesuita que se desprende de las experiencias de la heroína positiva, cuyo nombre es Auristella. Se trata de una chica joven, huérfana, que a pesar de las peores circunstancias ha logrado mantener su virtud intacta. Su ingreso en un colegio de monjas da el pretexto para una diatriba abierta sobre las consecuencias nefastas de tales establecimientos con respecto a la educación de las mujeres:

> Ya tenemos a Auristella encerrada en uno de esos colejios dirijidos por monjas mandadas ex-profeso de ultramar, para que entrañándose en el corazon de las sociedades sud-americanas, se apoderen del bello sexo desde sus mas tiernos años, lo eduquen en sus principios y formen sus costumbres y sentimientos (Torres 1858: 245).

Torres incluso llega a destruir la diégesis, incluyendo un "cuadro de costumbres" sobre la "[e]ducación e instrucción de la mujer" (Torres 1858: 246-250). Se trata de un artículo periodístico que comenta la readmisión de las órdenes religiosas en Chile. Considerando que Torres sitúa la acción de su novela en los años 40 del siglo XIX chileno, queda obvio el contexto de la "renovación católica" llevada a cabo sobre todo por el arzobispo ultramontano Valdivieso y la crítica de este desarrollo de parte de los jóvenes liberales como Torres o José Victorino Lastarria. Es un momento bastante conflictivo en la organización estatal chilena, en el que también las tendencias del socialismo utópico son estrictamente sancionadas. El incidente más conocido en este contexto es el escándalo que provocó el texto programático *Sociabilidad chilena* de Francisco Bilbao. En la novela de Torres leemos comentarios tan explícitos como el siguiente acerca de un colegio de monjas:

> Todos esos establecimientos que prosperan en el misterio y cuyos manejos son impenetrables a la sociedad, deben proscribirlos los pueblos civilizados retirándoles su confianza.
> La educación del bello sexo es la tarea más importante de las sociedades modernas, y para llevarla a cabo con feliz éxito, es necesario que desaparezcan esos obstáculos levantados en los tiempos de preocupacion y de ignorancia (Torres 1858: 252).

En función del momento en que se publica la novela, 1858, también
hay que tener en cuenta que unos años antes, en 1854, se había llevado
a cabo una disputa en el congreso acerca de la readmisión de la orden
jesuita en Chile (Collier 2005: 254). Se ve que Torres tiene una idea
bastante clara de los "misterios" de la sociedad santiaguina. Pero a
través de estos contenidos anticlericales se revela también que la relación intertextual con los *Mystères* sobrepasa el simple préstamo del
título: el francés y el chileno coinciden en su anti-jesuitismo, lo que,
en el caso de Sue, se demuestra de forma mucho más pronunciada en
su segundo éxito folletinesco, *Le juif errant* (1844/45). Esta novela, a
su vez, está basada en el famoso trabajo *Les jésuites* (1843) de Edgar
Quinet, sobradamente conocido en los círculos liberales chilenos. No
hay duda de que *El judío errante* tuvo en el país austral una acogida
parecida a la de los *Mystères de Paris*.[3] Esta coincidencia nace directamente de las circunstancias chilenas: sin los efervescentes debates
durante el gobierno de Montt, que finalmente llevaron a la fusión libe-
ral-conservadora, seguramente el texto de Torres no existiría en esta
forma.

Ahora bien, es muy dudoso que la novela haya llegado a tener un
lectorado que sobrepase el estrecho círculo directamente relacionado
con el autor. Me parece significativo que, a pesar de su adscripción
programática al folletín, apareció en forma de libro en la imprenta del
Mercurio, llevada por un librero amigo de Torres. En su tiempo debe
haber sido un texto completamente opositor que nunca habría sido
aceptado por el gobierno oficial. Cabe mencionar que la censura, en
estos momentos, en Chile todavía existía.[4] Como novela fundacional,
pues, no sirve tanto, a pesar del referente chileno obviamente marcado
en el título de los misterios de "Santiago". Este hecho demuestra la
necesidad de diferenciación: aún en un ámbito de construcción nacional tan estricto y "ordenado" por el que siempre se ha tomado el caso
chileno, existen discrepancias inherentes a la élite.

---

3 *Le juif errant* tuvo un gran impacto en toda Latinoamérica. Véase p.ej. Jaramillo
   Uribe (1977).
4 Susana Zanetti señala que en Chile la censura se suprimió en 1878 (Zanetti 2003:
   136). Para las vicisitudes de la lectura a lo largo del XIX véase el capítulo "Los
   difíciles marcos de circulación del impreso" en su libro *La dorada garra de la
   lectura* (Zanetti 2003: 132-138).

Lo que muy bien demuestra el texto de Torres es la estrategia del "disimulo" detectada por Aníbal González en la novela decimonónica hispanoamericana:

> [...] encontramos [...] en las novelas hispanoamericanas del siglo XIX [...] una serie de argucias, de estrategias de ofensa y defensa, las cuales les permitían a los autores inscribir crípticamente sus perspectivas ideológicas detrás de una fachada en apariencia inofensiva. Esta estrategia de disimulo, este ir y venir entre dos discursos con fines fundamentalmente distintos (como los de la literatura y el periodismo), es uno de los elementos clave que contribuye al carácter profundamente corrosivo y autocrítico de las principales novelas hispanoamericanas del siglo XIX (González 2006: 231).

La novela de Torres figura entonces como recipiente para su mensaje político y, sobre todo, presenta otra prueba de las relaciones estrechas entre periodismo y literatura que, según la tesis de González (1993), son el origen de la novela hispanoamericana. Esto, desde luego, se da siempre que el discurso oficial no coincide con las posiciones defendidas en los respectivos textos, lo que puede explicar el hecho de que muchos de los ejemplos de González sean tomados de la literatura antirrosista argentina. En el ejemplo de *Los misterios de Santiago* se demuestran los conflictos inherentes a la sociedad postcolonial chilena. De esta forma, la novela de Torres proporciona un escenario de rupturas en el discurso patriótico homogeneizador, demostrando desde su contemporaneidad que aún el "país modelo" de organización nacional, por el que siempre se tomó Chile, no fue exento de pronunciadas luchas internas.[5]

---

5   El diagnóstico corresponde a la posición historiográfica de Simon Collier: "La transición de Chile hacia la estabilidad republicana, sin embargo, estuvo mucho más llena de acontecimientos de lo que muchos textos de historia comúnmente sugieren, con una vida política durante la que podríamos denominar como 'república temprana' marcada por serios conflictos, al mismo tiempo que por un promisorio grado de continuidad institucional. La tradición política chilena fue forjada en torno a conflictivas y ocasionalmente sangrientas disputas entre el gobierno y sus adversarios liberales (posteriormente denominados liberal-conservadores) y no fue sino hasta comienzos de la década de 1860 que el orden (el ideal clave de los gobiernos del partido Conservador) y mayores libertades políticas (la principal demanda de sucesivas coaliciones opositoras) se reconciliaron para satisfacción de la mayoría de los políticos chilenos" (Collier 2005: 23).

3.

En el caso argentino, en cambio, la organización nacional resulta mucho más conflictiva. Durante el período del gobierno de Juan Manuel de Rosas que se prolongó hasta 1852, la élite liberal se encuentra prácticamente por completo en el exilio, de modo que también la mayor parte de la producción literaria se produce fuera del país. Así ocurre también con *Soledad*, una novela que se publicó primero en 1847 en el diario boliviano *La Época*, y un año más tarde en Valparaíso, Chile, donde el autor prosiguió su exilio. La novela fue escrita por Bartolomé Mitre, quien llegó a ser nada menos que un futuro presidente de la Argentina y uno de sus más destacados historiadores. De esta forma, da buena prueba de la importancia que le atribuían las élites criollas al género novelesco. Mitre, en su conocido prólogo a *Soledad*, no duda en afirmar:

> Empezamos hoy á publicar, el Folletín de nuestro diario esta novela que hemos escrito en los ratos de ocio que permite la redaccion laboriosa de un diario, y que ofrecemos al público como el primer ensayo que hacemos en un género de literatura tan difícil como poco cultivado entre nosotros.
> La América del Sud es la parte del mundo mas pobre de novelistas orijinales. Si tratasemos de investigar las causas de esta pobreza, diríamos que parece que la novela es la mas alta expresion de civilizacion de un pueblo, à (sic) semejanza de aquellos frutos que solo brotan cuando el arbol está en toda la plenitud de su desarrollo (Mitre 1928: [93]).

Aquí, el hincapié americanista (y no argentino) de Mitre se explica desde el hecho del exilio. Mitre fue redactor de *La Época* y muy íntimamente ligado a la clase dirigente boliviana alrededor del presidente liberal Ballivián. Así, resulta lógico el concepto inclusivo que adopta desde el exilio (aun cuando, en algunos detalles de su novela, cabe detectar alusiones escondidas a la situación específica de su país).

De hecho, se ha tomado a *Soledad* como punto de partida para la novela boliviana. En Argentina, no ha sido considerada digna para llenar este "tiempo vacío de la ficción" (Laera 2004), que se prolonga en el Río de la Plata hasta los años 80 del siglo XIX.

Posiblemente, este relativo menosprecio se deba en cierta medida al hecho de que *Soledad* es una reescritura de *Indiana* (1832), el primer éxito de la novelista francesa George Sand. Con su adscripción incondicional al romanticismo liberal e incluso presocialista, esta autora compagina perfectamente con el registro cultural de la *Joven Ar-*

gentina, este grupo de literatos eurocéntricos y opositores al régimen de Rosas integrado por Esteban Echeverría, Juan Bautista Alberdi y Domingo Faustino Sarmiento, entre otros. Mitre toma de la novela francesa los personajes y algunos elementos claves de la trama, adaptando un patrón exitoso del momento. Para llenar este molde, sin embargo, se permite unos ajustes temáticos que corresponden a la situación específica de su contorno, tanto boliviano como argentino.

George Sand cuenta la historia de una joven procedente de la Isla de Borbón (La Réunion) casada con un hombre mucho mayor. Tenemos aquí, obviamente, otro tema predilecto de la novela sentimental romántica: el (o la amenaza de un) casamiento desigual y la subsiguiente desesperación de la joven heroína. Indiana es perseguida por un seductor donjuanesco, pero protegida (y querida) por su primo, cuya confianza siempre ha tenido. Después de la muerte de su marido, Indiana se va con este primo a las Antillas francesas, donde llevan una vida retirada y dedicada a la beneficencia.

En la novela de Mitre, se encuentra de igual manera un triángulo amoroso entre la heroína Soledad (igualmente casada con un hombre conservador, afiliado a la colonia y mucho más viejo), un joven libertino, descendiente de una familia sumamente conservadora, y su primo Enrique, querido fraternalmente desde la infancia. Pero, al final de la novela no se repite la retirada del pre-texto francés, sino que, al contrario, los protagonistas se integran plenamente en el proceso constructor del nuevo orden social. Soledad también se casa con su primo después de la muerte de su esposo. Pero los dos llegan a formar parte de la élite liberal americana, siendo él un militar de la independencia que luchó en Junín y Ayacucho. Soledad y su esposo representan el progreso republicano y liberal: el argumento se sitúa en 1826, año de la independencia boliviana, y el conflicto entre realistas y republicanos se concibe ante todo como un conflicto generacional. En total, el desenlace de *Soledad* es socialmente mucho más constructivo que el de *Indiana*, que (a parte de tomarse también como un cuadro de la sociedad francesa de la Restauración), ha sido leído sobre todo como una crítica a la institución del matrimonio, lo que obviamente no tenía cabida en el discurso modelador de costumbres hispanoamericano que precisaba de modelos sociales constructivos. Al contrario, Mitre concluye incluso con dos matrimonios: aparte de Soledad y Enrique, se casa también el joven que había intentado seducir a la heroína y traicionado por este motivo a su novia. Al final, este personaje se convierte en un marido fiel y ejemplar.

También está claro que Mitre se centra en el ámbito reducido de la élite criolla: Soledad es una heroína "rubia y blanca" (Mitre 1928: 98), y aún en una región con un grado de población indígena tan alto como Bolivia, lo indígena se encuentra marginalizado. Se ha observado además que Mitre, en una postura idealizadora, pasa por alto los conflictos actuales del país, dando la imagen de Bolivia como una "nación homogénea, que no comprende ni puede comprender otro sistema que el representativo republicano" (Mitre 1928: 121; Unzueta 2006: 252). En un plano ulterior, este anhelo de unidad nacional también se puede relacionar con la situación contemporánea en el Río de la Plata, donde el régimen de Rosas, del que Mitre había huido, además se veía confrontado con un bloqueo marítimo prolongado de parte de Inglaterra y Francia.

Lo importante de la práctica cultural presente en *Soledad* consiste en el hecho de que un joven político, desde el exilio, escriba una novela y por lo tanto un texto destinado al entretenimiento, le atribuya al mismo tiempo un alto valor cultural, y lo publique como folletín en un periódico, cuyas finalidades políticas se ven subrayadas, como recientemente ha demostrado Fernando Unzueta, a través de algunas alusiones al libre comercio integradas en el texto (Unzueta 2006: 249-250). Evidentemente, Mitre retoma en esta novela, aunque situada en Bolivia, a su vez el debate contemporáneo sobre el proteccionismo económico y librecambismo capitalista, uno de los aspectos más discutidos en las Provincias Unidas del Río de la Plata.

Se desprende de este fenómeno una actitud que combina lo público con lo privado, el entretenimiento con la instrucción, y que sabe aprovechar la práctica de la lectura para un concepto de ciudadanía cultural. Mitre, como sus compañeros en el compromiso antirrosista, se sirve aquí de un modelo francés, contradiscursivo con relación al pasado colonial, y, a su vez, al régimen vigente en su país que, por razones tanto culturales como económicas, tiene a Francia como enemigo. En estas circunstancias, el "canonical counter-discourse" se demuestra particularmente multidimensional, y la visión armonizadora explayada en la novela está directamente relacionada con una realidad histórica que lo es mucho menos.

4.

Concluyendo, se pueden destacar algunos determinantes básicos del discurso novelístico en el XIX del Cono Sur.

Tanto *Los misterios de Santiago* como *Soledad*, y muchos otros textos de la época, tienen en común una serie de estrategias y reivindicaciones sociales. En primer lugar, se inscriben en la línea del liberalismo romántico francés. Esto supone que la perspectiva adoptada va hacia el futuro: toda la esperanza de los textos se funda en la capacidad de la joven generación de entrar en la modernidad, deseada tanto por los personajes como por los creadores. De ahí también la importancia atribuida a la educación y a las letras. En ambos ejemplos presentados, todos los personajes positivos, masculinos y femeninos, se relacionan con la lectura, y no falta algún poeta.

Queda patente, en segundo lugar, la importancia del lugar discursivo de estos textos: si bien no son grandes logros estéticos, precisamente por su horizonte de recepción forman parte del discurso cultural decimonónico: escribir novelas es nada más que un pretexto para formar un público, una "comunidad imaginada". Con respecto a la novela, el *mimikry* postcolonial (Bhabha) consiste en apropiarse de la novela como "institución europea" (Benítez-Rojo 1996), y asegurar de esta forma la constitución de un público republicano. Los dos ejemplos presentados demuestran muy bien en qué medida los autores encuentran su forma de incluir una perspectiva destacadamente transculturada. Es la dimensión mediática –pero todavía no la comercial– la que prevalece en este ímpetu constructivista: la novela no interesa sólo como género literario, sino por lo menos en igual medida como medio de comunicación. Este medio da lugar a la negociación del orden social y la materialización de la mentalidad postcolonial.

Resumiendo el tipo de postcolonialismo observable en estos textos y en la actitud de sus autores, diría que, dada la hegemonía cultural francesa, se debilita en cierta medida el grado de hostilidad dirigido al centro. Por otro lado, los autores practican el género a su vez desde una perspectiva hegemónica. En su totalidad forman parte de las élites portadoras del proceso social y, a pesar de todo proyecto de expandir y crear un lectorado, éste, aunque incluya más y más la población femenina, permanece reducido a los estratos sociales acomodados, criollos y mayoritariamente urbanos. La otredad para con Europa, para los criollos decimononónicos, no se planteaba como problema. Fiel al concepto genético herderiano, se confiaba en la integración de los estados jóvenes en el "concierto de las naciones civilizadas", para utilizar una metáfora emblemática de la época. El objetivo perseguido era la modernización, y bien sabemos que esta modernización tiene su precio. En este contexto, puede servir el concepto de Norbert Elias del proceso de civilización como proceso de disciplinamiento. Lo que me parece importante del planteamiento de Elias es que el concepto de civilización, desde la tradición francesa y al contrario del concepto de "cultura" alemán, es un sistema básicamente integrador, y por lo tanto extensible. Tiene su explicación histórica en el hecho de que en Francia los estratos burgueses se vieron incluidos en el proceso social, al contrario que en Alemania, donde la aristocracia lo seguía dominando de manera mucho más exclusiva (Elias 1997: 132), hecho que, a su vez, influyó en el modelo habermasiano de la esfera pública burguesa. De allí que la formación social hispanoamericana, que se llevaba a cabo con una pronunciada aversión hacia todo linaje nobiliario como acto de rechazo de la tradición colonial, llegara prácticamente a mitificar el lema de civilización. Tanto más cuanto que el concepto de "civilización", tal como ha sido analizado por Elias, prescinde de un nacionalismo exclusivo, lo que supone para las recientes naciones latinoamericanas la oportunidad de integración (Elias 1997: 91). Bajo estas luces, queda obvio que la tan famosa dicotomía de "civilización y barbarie" que ha sido introducida en el discurso cultural latinoamericano por Domingo Faustino Sarmiento en su *Facundo* de 1845 y que repercutió tan tajantemente en la discusión acerca de la condición cultural latinoamericana, se presenta como un concepto sumamente relacional que en cada caso requiere una ubicación de los respectivos polos.

Resulta, por lo tanto, bastante obvio que aquí los actores no son subalternos ni mucho menos. Tanto en Chile como en Argentina, la realidad indígena (que no equivale a la barbarie de Sarmiento), por ejemplo, no se integra como valor positivo al proceso fundacional. Por lo menos en las novelas de tema contemporáneo casi no existe –al contrario claro de la ficción histórica que, a su vez, idealiza un pasado heroico completamente desligado de la situación presente y retoma otra vez más el modelo del *bon sauvage* del registro exotista europeo.

Las novelas decimonónicas hispanoamericanas, y entre ellas los dos ejemplos presentados en el presente ensayo, forman un espacio contradiscursivo pluridimensional. Concebidas a medida del desarrollo novelístico europeo, sólo se pueden entender con sus respectivas contextualizaciones en las circunstancias regionales específicas. De este modo, pueden revelar aspectos que en el discurso historiográfico se han ido callando (los conflictos internos chilenos en el caso de Torres) o, al contrario, sirven como proyecciones futuras de una organización nacional (todavía) no existente (Mitre). En cualquier caso, son producciones culturales que reflejan el dinamismo de la condición postcolonial hispanoamericana.

Bibliografía

Anderson, Benedict (1983): *Imagined Communities: Reflections on the Origin and Spread of Nationalism*. London/New York: Verso.

Batticuore, Graciela (2005): *La mujer romántica. Lectoras, autoras y escritores en la Argentina: 1830-1870*. Buenos Aires: Edhasa.

Benítez-Rojo, Antonio (1996): "The Nineteenth-Century Spanish American Novel". En: González Echeverría, Roberto/Pupo-Walker, Enrique (eds.): *Cambridge History of Latin American Literature*. Vol. 1. Cambridge: Cambridge University Press, pp. 417-489.

Blest Gana, Alberto (1977): "Literatura chilena. Algunas consideraciones sobre ella. Discurso en su incorporación a la Facultad de Humanidades, leído en la sesión del 3 de enero de 1861". En: Promis, José (ed.): *Testimonios y documentos de la literatura chilena (1842-1975)*. Santiago de Chile: Nascimento, pp. 108-128.

Brennan, Timothy (1995): "The National Longing for Form". En: Ashcroft, Bill/Griffiths, Gareth/Tiffin, Helen: *The Post-Colonial Studies Reader*. London: Routledge, pp. 170-175.

Collier, Simon (2005): *Chile. La construcción de una república. 1830-1865. Política e ideas*. Santiago de Chile: Ediciones Universidad Católica de Chile.

Elias, Norbert (1997): *Über den Prozeß der Zivilisation. Soziologische und psychogenetische Untersuchungen*. Frankfurt am Main: Suhrkamp.

Foresti, Carlos/Löfquist, Eva/Foresti, Álvaro (1999): *La narrativa chilena desde la Independencia hasta la Guerra del Pacífico. I: 1810-1859*. Barcelona: Editorial Andrés Bello.

González, Aníbal (1993): *Journalism and the Development of Spanish American Narrative*. Cambridge: Cambridge University Press.

— (2006): "Periodismo y novela en Hispanoamérica: la ley del disimulo en Amalia de José Mármol y Tomochic de Heriberto Frías". En: *Revista Iberoamericana*, LXXII, 214, pp. 227-242.

Jaramillo Uribe, Jaime (1977): "Influencia de los románticos franceses y de la revolución de 1848 en el pensamiento político colombiano del siglo XIX". En: Horl, Sabine/Navarro de Adriaenesens, José M./Schneider, Hans-Karl (eds.): *Homenaje a Rodolfo Grossmann. Festschrift zu seinem 85.Geburtstag.* Frankfurt am Main/Bern/Las Vegas: Peter Lang, pp. 13-33.

Laera, Alejandra (2004): *El tiempo vacío de la ficción. Las novelas argentinas de Eduardo Gutiérrez y Eugenio Cambaceres.* Buenos Aires: FCE.

Mitre, Bartolomé (1928): *Soledad.* Buenos Aires: Imprenta de la Universidad. (Facultad de Filosofía y Letras de la Universidad de Buenos Aires. Instituto de Literatura Argentina. Sección de Documentos. Serie 4ª – Novela. Tomo I, N° 4).

Nünning, Ansgar (ed.) (1998): *Metzler Lexikon Literatur- und Kulturtheorie.* Stuttgart/Weimar: Metzler.

Poblete, Juan (2003): *Literatura chilena del siglo XIX: entre públicos lectores y figuras autoriales.* Santiago de Chile: Cuarto Propio.

Sommer, Doris (1991): *Foundational Fictions. The National Romances of Latin America.* Berkeley/Los Angeles/London: University of California Press.

Tiffin, Helen (1995): "Post-Colonial Literatures and Counter-Discourse". En: Ashcroft, Bill/Griffiths, Gareth/Tiffin, Helen: *The Post-Colonial Studies Reader.* London: Routledge, pp. 95-98.

Torres, José Antonio (1858): *Los misterios de Santiago.* Valparaíso: Imprenta y Librería del Mercurio de S. Tornero y Ca.

Unzueta, Fernando (2006): "*Soledad* o el romance nacional como folletín: proyectos nacionales y relaciones intertextuales". En: *Revista Iberoamericana*, LXXII, 214, pp. 243-254.

Zanetti, Susana (2003): *La dorada garra de la lectura. Lectoras y lectores de novela en América Latina.* Rosario: Beatriz Viterbo.

Javier G. Vilaltella

Comisión Corográfica: imágenes de Colombia y la emancipación de la mirada

1. El estado de la cuestión

El derrumbamiento del dominio español con las guerras de la Independencia abre las puertas para una nueva consideración del territorio americano en función de los nuevos núcleos de poder que van surgiendo.

En vísperas de los cambios políticos y todavía con beneplácito de la monarquía borbónica se produce la expedición de Humboldt. Los efectos de ese viaje serán considerables. Su ámbito es difícil de circunscribir. Si bien los conocimientos que proporcionaron las investigaciones en sus viajes a lo largo de varios países de América Central y del Sur iban dirigidos a la comunidad científica europea, sin embargo su estancia en América produjo un profundo impacto en los nuevos países que iban a surgir sólo un par de decenios tras su partida.

La utilización de todos los recursos que el desarrollo científico ponía a su disposición en ese momento para realizar su proyecto, fijó un horizonte y un nivel que sirvió de orientación y pauta en varios intentos posteriores, emprendidos ya desde las diversas realidades nacionales.

Si bien la monarquía borbónica desde Carlos III estaba muy interesada en ir asentando la práctica de su administración en base a un conocimiento cada vez más riguroso de sus territorios, ninguno de los proyectos realizados hasta entonces alcanzó las dimensiones del de Humboldt. El más cercano en el tiempo y en los métodos, aunque de dimensiones menores pues se limitaba a la región de Nueva Granada, lo constituyó la Expedición Botánica de Celestino Mutis (1783-1808). Lamentablemente sus efectos, más allá del círculo inmediato de actuación, fueron más bien limitados, puesto que su difusión se vio afectada por los cambios políticos.

Tanto las investigaciones de Humboldt en América (1799-1804) como las de Mutis iban acompañadas de numerosas ilustraciones que estaban enmarcadas dentro de un contexto científico (Diaz Piedrahita 2001).

Paralelamente y sin tener una conexión demasiado cercana a estos proyectos, una vez desaparecidas las trabas administrativas para la entrada a la América hispana de visitantes extranjeros, se produce a lo largo de casi todo el siglo XIX una gran presencia de artistas que recorren los diversos países de América, plasmando sus impresiones en imágenes que son consumidas ávidamente por un público europeo ansioso de novedades.

Una buena parte de ese interés surgió también como efecto del gran impacto que tuvieron en amplios sectores los escritos de Humboldt sobre América.

Estos visitantes, a los que en la Historia del Arte se les caracteriza como "artistas exploradores" o "artistas viajeros" elaboran un discurso visual híbrido: sus pinturas se alejan de las categorías desde las que había surgido la pintura de paisaje en Europa, aunque muchos de ellos hubieran sido educados dentro de las convenciones pictóricas que dominaban en ese momento. Esto no impide que esas imágenes se sigan agrupando bajo las mismas categorías de "paisaje" o "pintura costumbrista" que las europeas.

La realidad americana, sin embargo, obligó a replantearse muchas convenciones. De todas maneras se trataba de un género, en especial el del "paisaje", que era de reciente asentamiento en el esquema de enseñanzas de las Academias de Bellas Artes europeas, y en otros muchos casos era aún inexistente, al menos hasta mediados del siglo XIX. Esto daba por un lado mayor libertad a los artistas, pero al mismo tiempo con frecuencia se abordaban los temas con menor preparación técnica. Ello tiene como consecuencia que ese tipo de imágenes ocupen un puesto menor en las historias del arte, que siguen ordenando el discurso visual mayormente bajo criterios de calidad estética.[1]

---

1   Es poco frecuente encontrar en las historias de arte con un planteamiento general referencias al arte producido en Latinoamérica. Para ello es preciso consultar los estudios especializados en ese Continente. Pero aun en esos casos hay todavía bastantes lagunas, no todas las épocas han sido tratadas con la misma intensidad. Un capítulo especialmente difícil es el que corresponde al siglo XIX. El paso de la Independencia a la consolidación de los estados nacionales fue especialmente convulso. Ello se refleja también en el campo de la producción artística. Además, no siempre los criterios valorativos derivados del estudio del arte producido en

Las imágenes producidas dentro del proyecto de la Comisión Corográfica se sitúan en ese cruce de discursos y tienen también las limitaciones mencionadas anteriormente. En las historias del arte latinoamericano del siglo XIX forman parte de un conjunto amplio de imágenes realizadas por autores muy diversos, pero que en general están destinadas a un público europeo.

Si bien puede parecer plausible agruparlas junto a las imágenes que se producen para ese público, la tesis que se defiende en este ensayo es que la diferente circunstancia de las condiciones de producción y de recepción plantea una serie de cuestiones que diferencian a las imágenes de la Comisión Corográfica de otras en apariencia equivalentes. Su inclusión en un análisis más general, como es el generado en las historias del arte es legítimo, pero implica una cierta nivelación. El presente análisis no se centra precisamente en lo que tienen de equivalente, que es mucho, sino en lo que tienen de distinto.

La Comisión Corográfica fue un ambicioso proyecto surgido por un encargo estatal. Sus dimensiones y su amplitud lo sitúan entre los proyectos latinoamericanos más interesantes de todo el siglo XIX. El presente análisis se centra en las imágenes que fueron generadas en el seno de ese proyecto, unas 200.

El aspecto que se tendrá especialmente en cuenta es el de las formas de representación del paisaje, aunque es inevitable tocar también otros aspectos importantes.

El proyecto comportaba la participación de un equipo amplio de colaboradores diversos: cartógrafos, botánicos, ensayistas, etc. Una buena parte de los trabajos del proyecto lo constituyen las descripciones de los territorios recorridos. Estos escritos no están pensados como comentarios inmediatos de las imágenes, pero es evidente que los escritos son un complemento esencial de ellas.

Los avatares políticos de Colombia, posteriores a la realización del proyecto, impidieron una recepción adecuada del conjunto de los resultados. Entre otras la tarea de llevar a cabo la publicación de las imágenes no llegó a realizarse en su momento. Ha habido que esperar el siglo XX para que fueran rescatadas en publicaciones aisladas. El

Europa se pueden aplicar sin reservas al estudio del arte de América. Entre otros cabe destacar como un buen intento de síntesis de este período los trabajos de Gutiérrez Viñuales/Gutiérrez (1997) y Ades (1989).

desplazamiento temporal en lo que se refiere a su recepción ha hecho que no se tuvieran en cuenta aspectos centrales del proyecto, producto de un determinado momento histórico en el desarrollo de Colombia.

Su publicación posterior ha coincidido con otras series de imágenes de aparente parecido en su estructura pero que de antemano habían sido creadas para el mercado europeo, ávido de imágenes pintorescas o necesitado de visiones exóticas.

Esta nueva contextualización corre peligro de desdibujar o incluso ignorar un elemento fundamental de ellas, a saber, su contribución a un proyecto de construcción de la nación.

Con el esfuerzo y los recursos destinados al proyecto se quería conseguir la obtención de una nueva visualidad, o simplemente en muchos casos hacer visibles por primera vez amplias zonas de la realidad del país. Una realidad geográfica fuertemente fragmentada había tenido como resultado que después de varios siglos de dominación europea hubiera todavía un desconocimiento notable del país para muchos sectores de la sociedad colombiana.

2. El proyecto de la Comisión Corográfica

En el año 1845 sube al poder en Colombia Tomás Cipriano de Mosquera. Entre los proyectos que pretende abordar está el fortalecimiento económico del país, entre otros está el plan de construcción de nuevas vías de comunicación. Ello requiere de un conocimiento meticuloso de la geografía del país y la realización de nuevos mapas.

Para esta tarea se cuenta con la figura del militar Agustín Codazzi. Este militar había residido en Venezuela de 1826 a 1849 y en calidad de geógrafo y cartógrafo había realizado el *Atlas de Venezuela*. Esta obra editada en París en 1841 recibió el reconocimiento internacional y para su autor la Cruz de la Legión de Honor por parte del Rey Luis Felipe.

El encargo que recibe del gobierno colombiano es confirmado en 1850 por el presidente siguiente, el general José Hilario de Mosquera. Según la fórmula del contrato, Codazzi

> se compromete a formar una descripción completa de la Nueva Granada, y a levantar una carta general de dicha república y un mapa corográfico de cada una de sus provincias, con los correspondientes itinerarios y descripciones particulares (Restrepo 1999: 33).

Y en un pasaje posterior del contrato se especifican de modo muy minucioso cuáles son los elementos que deben incluir las correspondientes descripciones. Entre ellas se hace especial hincapié en el tema de los caminos, y el tiempo necesario para recorrerlos.

Este era uno de los aspectos centrales que condicionaban de un modo negativo el desarrollo del país colombiano y que a finales del siglo veinte todavía sigue siendo un problema sólo resuelto de una manera muy deficiente. De un modo general se marcan en esas instrucciones las pautas de lectura del paisaje.

Para los pintores que van a formar parte de la Comisión se fija que deben dibujar

> los tipos característicos de la población de cada provincia, no pudiendo ser menos de dos y los monumentos que se encuentren y determinen, los paisajes notables, curiosidades naturales y vistas y cortes geológicos que les pidan los comisionados (Restrepo 1999: 38).

El proyecto se inicia desde la perspectiva de una concepción federalista del país. Existía un interés específico en registrar y fijar la variedad de las diversas regiones. Esta visión federalista será una de las causas que contribuirán a que los trabajos de la Comisión queden posteriormente algo postergados: el cambio constitucional del año 1886 establece una organización estatal fuertemente centralista.

Dentro del proyecto ocupan un papel central las descripciones que van acompañando la expedición y de las que se encarga inicialmente el prestigioso ensayista Manuel Ancízar, cuyas crónicas se publican puntualmente en el periódico de Bogotá el *Neogranadino*. Posteriormente lo sustituye en ese papel Santiago Pérez.

El clima espiritual con el que se aborda la expedición se traduce en el tono de entusiasmo en el que están confeccionadas las descripciones del paisaje. Ancízar en una de sus crónicas escribe poniendo de relieve

> la opulencia que Dios tiene reservada a estas comarcas singulares, vasto recipiente de riquezas infinitas que se acumulan en silencio esperando a sus futuros señores. Tierra como ésta no ha sido creada sin grandes designios (Ancízar 1970).[2]

---

2 Las citas de los reportajes de Ancízar están tomadas de la recopilación publicada con el título de *Peregrinación de Alpha (1850-52)* y reproducidas en gran parte en Hernández de Alba (1986) de donde se toman.

La idea de que lo que ocurría en la expedición debía ser trasladado simultáneamente al conocimiento público a través de la prensa indica que había una conciencia clara de la relevancia y de la repercusión general que debía tener todo el proyecto, no sólo en su fase final sino también durante el transcurso de su realización.

El deseo de conectar con la realidad de la población del país se manifiesta también en la fase de preparación del proyecto. El país contaba apenas 3.000.000 de habitantes, una población muy dispersa, dadas sus dimensiones. Sobre muchas de sus partes se tenía escasísima información.

Hay constancia de que Codazzi recabó de las autoridades y otras instancias locales información sobre la zona que pensaba investigar en cada caso. Es especialmente relevante el hecho de que también formara parte del equipo un grupo de traductores para lenguas indígenas y lenguas de la población negra.[3]

Un proyecto de tal magnitud requería de cuantiosos recursos para su realización y a lo largo de sus nueve años de duración experimentó todo tipo de dificultades económicas que en varias ocasiones hicieron que el proyecto estuviera a punto de naufragar. Hay que destacar que una buena parte del éxito se debe al idealismo y la tenacidad de Codazzi, una figura realmente muy singular. Él participa hasta el año 1859, año de su fallecimiento, siendo luego finalizado el proyecto por varios de sus ingenieros.

Todavía en vida se publican en 1856 en forma de libro las descripciones geográficas compuestas por él bajo el título *Geografía física y política de las provincias de Nueva España por la Comisión Corográfica.*

El recorrido a realizar se distribuyó en las siguientes etapas:[4]

1850: Vélez–Socorro–Tundama–Tunja
1851: Soto–Ocaña–Santander–Pamplona
1852: Córdoba–Antioquia–Medellín–Mariquita

---

3   Lamentablemente, sobre esa fase previa todavía se dispone de pocas investigaciones. Sería interesante conocer los testimonios o las informaciones recibidas por Codazzi.
4   Los nombres responden a la división del país en provincias existente en esas fechas.

1853: Choco–Buenaventura–Barbacoas–Túquerres–Pasto–Popayán-
Cauca
1854: Panamá
1855: Tequendama
1855: Casanare
1856: Neiva–Caquetá
1858: Magdalena–Bolívar

Después de cada etapa se regresaba a Bogotá donde se reelaboraba el material reunido. La elección de los pintores que debían encargarse de las tareas de ilustración refleja una situación en la que se trasluce la escasez de personas especialmente calificadas. El bloque importante corre a cargo de tres pintores: Carmelo Fernández, Henry Price y Manuel María Paz. De ellos el más conocido era Carmelo Fernández, pues tenía ya una trayectoria como retratista en Venezuela, además de haber colaborado también con Codazzi en su proyecto venezolano. Es un excelente retratista y a él se deben las mejores acuarelas que se ocupan de presentar los diversos tipos de población que se encuentran en las regiones visitadas. A él le corresponden 29 acuarelas

De todas maneras, por desavenencias con Codazzi tiene que abandonar muy pronto su trabajo en la Expedición. Entra en su lugar Henry Price, un inglés afincado en Bogotá por motivo de negocios, pero que al parecer había adquirido conocimientos de pintura en Inglaterra. De cualquier modo, entre las diferentes actividades que realizaba en Colombia estaba la de profesor de dibujo. Codazzi tuvo ocasión de ver algunas de sus obras y llegó a la conclusión de que estaba bien capacitado para pintar paisajes, contratándolo para sustituir a Carmelo Fernández.

Su período de trabajo fue también breve, pues tuvo que retirarse por motivos de salud, y aunque hay algo de inseguridad sobre la fecha en la que abandonó el proyecto, lo más probable es que se mantuvo hasta la tercera expedición.

El tercero, el más importante, sobre todo porque es el que más tiempo trabaja en el proyecto, es Manuel María Paz, militar de profesión pero con algunos conocimientos de dibujo. Él permanece en la expedición hasta su etapa final. Desde un punto de vista técnico es el que presenta más deficiencias sobre todo en la representación de la figura humana, pero su representación del paisaje es suficientemente convincente.

Algunos investigadores señalan que intervinieron más dibujantes, pero de los cuales se desconocen los nombres. Ello introduce muchas dudas sobre la autoría real de las obras, todavía no resueltas.[5]

Cada uno de ellos realizó muchas más acuarelas de las exigidas para el proyecto. De ellas se iba efectuando la selección por el equipo director de la Expedición, el resto quedaba en propiedad de cada uno de los pintores.[6]

Las acuarelas tienen tamaños diversos, pero la mayoría oscila entre 15 y 24 cm de altura y entre 15 y 25 cm de ancho.

Las acuarelas seleccionadas quedaban en propiedad del estado y su objetivo era llevarlas a París para que, debidamente transformadas en litografías, formaran parte de un álbum destinado a su difusión masiva. Esta última fase del proyecto, que es la que hubiese posibilitado una amplia difusión, nunca llegó a realizarse. Y las imágenes seleccionadas para el álbum cayeron prácticamente en el olvido. De todas maneras, el trabajo realizado por los pintores en lo que respecta a las obras que quedaron en su poder tuvo una amplia repercusión en el ámbito local, influyendo en la obra de Torres Méndez y en la de muchos otros pintores.

2.1 El paisaje americano y las convenciones de representación

En este apartado sólo pueden darse algunas indicaciones sobre los problemas que plantea un adecuado análisis de la representación del paisaje.

Podría pensarse que el hecho de que los pintores de la Comisión Corográfica no partieran de ninguna escuela paisajística concreta los sitúe completamente al margen de las diversas tendencias que se apuntan en el siglo XIX.

De todas maneras, aun suponiendo que esas influencias existieran, para situar debidamente el trabajo de la Comisión, el camino no puede

---

5   Esta tesis la defiende de un modo especial Jaime Ardila y hay bastantes argumentos en su favor. A pesar de los pintores participantes en la expedición en general, se sigue considerando teniendo en cuenta los autores de los que se tiene constancia explícita (Ardila 1985).

6   No hay un estudio sistemático sobre las acuarelas que circularon al margen de las previstas para el *Álbum*.

ser la búsqueda de hipotéticas influencias concretas en cada uno de ellos.

Otro procedimiento quizás más productivo de abordar el tema puede consistir en tratar de establecer una relación sucinta de las diversas tendencias que en el siglo XIX estaban a disposición de un pintor para abordar este género, y de esta manera situarlos en un horizonte más general.

En lo que respecta al pasado colonial, dado el predominio de la pintura religiosa y la escasa tradición de pintura de paisaje en el arte español, hacen que este género sea prácticamente inexistente en Iberoamérica.

Hay una notable excepción constituida por la presencia holandesa en el siglo XVII en Brasil. Mauricio de Nassau llevó consigo a dos pintores, uno de ellos, Franz Post, estuvo en Brasil de 1638 a 1644 y realizó por encargo oficial numerosas pinturas del paisaje brasileño de una gran calidad. Significativamente, el objetivo de Nassau consistía también en crear un conocimiento mayor de la zona que le había tocado gobernar. El estilo de Prost, heredero de la mirada minuciosa de la pintura holandesa, hubiese significado un camino interesante si hubiese encontrado continuidad. Pero, por desgracia, no constituyó más que un episodio aislado y no tuvo mayor repercusión.

Por ello no es equivocado situar la figura de Alejandro de Humboldt como un momento fundacional en la construcción de la pintura del paisaje americano.

Ahora bien, su obra, aparte del hecho de que durante su estancia en América tuvo muchos contactos e intercambios con las figuras más representativas de la cultura local, estaba destinada a formar parte del discurso científico europeo, y sus textos e ilustraciones fueron publicados en Europa.

Es decir que el primer efecto conseguido, más que una influencia directa, fue el de despertar la curiosidad de numerosos estudiosos y artistas para dirigirse al nuevo y sobre todo desconocido continente y seguir estudiándolo por su cuenta.

Este hecho generó una red de intercambios bastante compleja. Los pintores que se dirigían a América para realizar su obra utilizaban con frecuencia el trabajo de pintores locales, y a su vez cabe pensar que los pintores locales eran influidos por la obra de los pintores europeos con los que entraban en contacto.

Otro aspecto no menos importante, y que hace la situación todavía más compleja, es el hecho de que las ilustraciones de las obras de Humboldt eran el resultado de una reinterpretación: en sus expediciones, Humboldt únicamente realizaba una serie de dibujos de los aspectos del paisaje que le parecían notables.

A su vez, en sus investigaciones americanas parte de una determinada concepción de la naturaleza, fruto entre otros de sus contactos con Goethe. A su regreso a Europa, para realizar sus ilustraciones, entró en contacto con una serie de pintores residentes en Roma, entre ellos Joseph Anton Koch, Wilhelm Friedrich Gmelin y Jean-Thomas Thibaut.

Estos fueron los que transformaron sus apuntes de dibujos en pinturas para obtener las ilustraciones de sus obras. Pero es importante señalar que en esos círculos la visión del paisaje estaba fuertemente mediatizada por la memoria de la antigüedad y la visión del paisaje se movía dentro del estilo llamado "paisaje heroico" (González Stephan 1996). Lo cual sin duda tenía fuertes implicaciones en el resultado final de las ilustraciones.

Sería erróneo interpretar estos datos en el sentido de que la mirada "auténtica" del científico experimentaba un "falseamiento" en el proceso de transformaciones hasta llegar a la ilustración de las publicaciones. Con estas precisiones se trata más bien de adquirir una noción de la complejidad del problema en lo que se refiere al tratamiento del paisaje americano.

Sin duda, esto requeriría un tratamiento más detallado. Se puede al respecto trabajar con la caracterización propuesta por Mitchell para tratar el problema del paisaje. Según él, hay que tener en cuenta que éste se constituye dentro de una "amplia red de códigos culturales" (Mitchell 2002). Un análisis adecuado sólo puede ir desvelando algunos de esos códigos.

De todas maneras, al parecer, el prolongado contacto de Humboldt con la naturaleza americana le proporcionó una noción bastante precisa de las características propias del continente. Esto se pone de manifiesto en los consejos que Humboldt dio a Rugendas, un pintor que pasó 20 años de su vida pintando paisajes y escenas costumbristas en varios países iberoamericanos y que él apreciaba de un modo especial por sus cualidades pictóricas. Le recomendaba que evitara las zonas templadas, que buscara zonas de vegetación intensa y, de un modo especial, el paisaje montañoso con las cumbres llenas de nieve y las montañas volcánicas de los Andes. Y estos consejos se resumían en la recomendación de que un pintor de sus cualidades debía buscar "lo monumental" (Ades 1989).

Curiosamente, un consejo que no siguió Rugendas, que se apuntó más bien a las fórmulas del costumbrismo.

La realización de las exigencias de Humboldt encontró su cumplimiento por una vía inesperada. En EEUU se inicia en los años 30 del siglo XIX una corriente de pintura paisajística en la figura de Cole, quien instauró una visión sacralizada de la naturaleza americana.

Para esta corriente los aspectos más insignificantes se convertían en símbolos de Dios. Se identificaba la naturaleza americana con el paraíso. Se proyectaba en la naturaleza un urgente sentimiento de Dios y de espiritualidad.

Para esta escuela cualquier territorio inexplorado de las Américas formaba parte del sueño americano del paraíso (Catálogo Thyssen-Bornemiza 2000), también la otra América. Frederic E. Church se interesó de un modo especial por los volcanes como el lugar adecuado para entender los orígenes del mundo. Esto le llevó a dirigir su mirada a la cordillera andina. En 1853 además tuvo la ocasión de realizar la lectura de la obra de Humboldt *Cosmos*, traducida al inglés en 1849 y que le produjo un profundo impacto. En sus viajes por América del Sur se propuso seguir los pasos de Humboldt y viajó hasta el Chimborazo. El resultado de esos viajes fueron una serie de pinturas de grandes dimensiones en que se recogían sus impresiones de sus recorridos por las montañas de los Andes.

Son paisajes de una gran monumentalidad y al mismo tiempo de un gran detallismo por ejemplo en la representación botánica. Los cuadros no eran concebidos como lugares concretos, sino como una suma de impresiones de los diversos lugares visitados y transmitían un fuerte carácter de sacralidad y monumentalidad; la presencia humana en ellos es prácticamente inexistente y toda la fuerza reside en la monumentalidad y la magia de la vegetación de ese paisaje.

Curiosamente, estos viajes se realizaron aproximadamente en las mismas fechas en las que se realizan las expediciones de la Comisión Corográfica. Aunque la meta era fundamentalmente el Ecuador, Church atravesó en ese viaje el país de Colombia. No consta que hubiera contactos de tipo artístico. Por otro lado, la versión definitiva de los cuadros se realizaba en su taller de EEUU e iban dirigidos a un público norteamericano.

Es una corriente que en la segunda mitad del XIX perdió importancia en los mismos EEUU y cayó en el olvido. Hasta el presente no consta que este planteamiento, que sigue las huellas y las ideas de Humboldt, tuviera alguna repercusión en el desarrollo de la pintura en Iberoamérica. Es una muestra llamativa de desencuentro cultural en un campo que hubiese podido tener probablemente resultados fructíferos de haber ocurrido de otra manera. Pero en cualquier caso representa una forma sumamente enriquecedora de abordar el paisaje americano.

En el terreno de los contactos reales la pauta venía más bien dada por los llamados "pintores viajeros". Estos se movían para la realización de su pintura entre una mirada inspirada en las exigencias del rigor procedente del conocimiento de la obra de Humboldt y otra guiada por las exigencias de las publicaciones de masas a las que iba dirigida una buena parte de su producción.

Aunque sólo fuera por el hecho de que son pinturas de formato más pequeño, este tipo de pinturas no se dirigía tanto a plasmar "lo monumental" sino más bien lo "pintoresco" o lo "exótico" (Andermann/Rowe 2005).

Hay que esperar a finales de siglo cuando con la generalización de las Academias se vuelva a un planteamiento más riguroso para que entren nuevos discursos visuales, no necesariamente renovadores. En consonancia con ellos o más bien en un nuevo tipo de enfrentamiento se va produciendo una nueva visión del paisaje, dirigida a un público local y con otras expectativas.

3. Los paisajes de la Comisión Corográfica[7]

En la situación de tener que caracterizar de un modo general la obra de los pintores de la Comisión Corográfica se percibe en la crítica cierta indecisión. Marta Traba habla de una pintura "a mitad del camino entre el estilo 'naif' y la simple Academia" (Barney Cabrera 1967:

---

7   Para la mención de las diversas acuarelas se utilizan los títulos dados a ellas en la edición de Guillermo Hernández de Alba (1986). Es la edición más accesible y por lo tanto de más fácil consulta. Existe también la colección publicada por Jaime Ardila y Camilo Lleras (1985). Esta colección es más completa y sistemática, pero la calidad de las reproducciones es inferior.

71-89).Aunque la caracterización pueda aceptarse como válida indica al mismo tiempo que estamos ante una obra de difícil clasificación.

Por su parte, Eugenio Barney Cabrera ha intentado enjuiciarla dentro de la categoría de la "autenticidad" destacando el uso de cierta "neutralidad" en el tratamiento de los temas. En parte sería una herencia de rigor derivada de la tradición de dibujantes creada por la Expedición Botánica (González Stephan 1996: 18).

Esta última observación es especialmente útil. Es cierto que entre una y otra había transcurrido casi medio siglo. Pero los requerimientos y exigencias de aquélla habían contribuido a formar un amplio equipo de dibujantes educados en el rigor y en la observación minuciosa. Es difícil conocer cuánto quedaba de esa tradición, pero no cabe excluir su posible influencia. Por otro lado, es cierto que la Expedición Botánica, aunque surgida todavía desde un planteamiento colonial, fue siempre vista como un horizonte válido por la amplitud y la seriedad de su planteamiento.

De todas maneras, las consideraciones de tipo estilístico, aunque tienen evidentemente su importancia, orientan la discusión hacia otro tipo de preguntas que no son prioritarias para el planteamiento del presente análisis.

La cuestión puede precisarse en el sentido de que para poder entender mejor qué tipo de pintura o de imagen se crea hay que conocer cómo entienden los miembros de la comisión, sobre todo los pintores, su encargo dentro de los términos establecidos en el contrato. Cómo esas premisas van orientando su pintura.

En la colección hay una acuarela que de modo sorprendente ofrece en términos visuales una respuesta muy precisa a algunos de los aspectos de la pregunta (vid. Fig. 1).

**Fig. 1: Mesa de Herve, Ruíz, Tolima, Santa Isabel y gran crater
(Enrique Price)[8]**

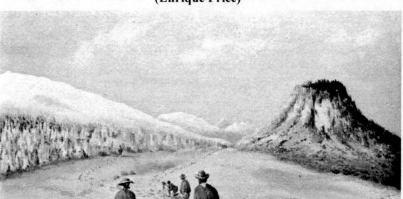

Fuente: Biblioteca Nacional de Colombia.

La acuarela es de Enrique Price y lleva el título de "Mesa de Herve, Ruíz, Tolima y Santa Isabel y gran crater". Las indicaciones geográficas, bien conocidas para un potencial cliente colombiano, indican que nos hallamos a la altura de 5.400 metros (Ruiz), 5.215 (Tolima) y 5.100 (Santa Isabel). La acuarela presenta un paisaje completamente nevado en el que se destacan los picos en cuestión. En una explanada y no a gran distancia de los picos, se ve una superficie marcada por las huellas de las pisadas de múltiples recorridos. Hay en el primer plano cinco figuras en actitud de observación, en el centro de ellas una figura medio arrodillada mirando el paisaje a través de un teodolito, es el mismo Codazzi en pleno trabajo. Otra figura destaca por su posición agachada, está observando muy atentamente unas plantas a su alcance, extendiendo el brazo en acción de cogerlas. Se trata del botánico de la expedición. Los demás están en actitud de observación o en actitud expectante en espera de instrucciones.

---

8   Todas las reproducciones aquí publicadas son del Fondo de la Comisión Corográfica de la Biblioteca Nacional de Colombia. Se utilizan los títulos originales.

La representación del paisaje no carece de grandeza. Sobre todo si se cuenta con el dato de la altura y lo que ello implica de esfuerzo para llegar hasta allí con todo el equipo científico.

De todas maneras lo que se pretende destacar en la acuarela es que se está recorriendo el país y se está realizando un examen minucioso y detenido. El examen es además un trabajo de equipo, del cual el artista o el acuarelista son un elemento más. Las consideraciones de tipo estético o religioso no se excluyen, pero no son lo que se busca. A lo sumo se deducen de las mismas cualidades del paisaje observado.

Otra acuarela también de Price en donde se puede observar una peña que sobresale con una forma muy peculiar del paisaje montañoso circundante lleva como título "Peñol de Guatapé. Altura 105m. Ancho 12m, circunferencia 640 metros medidas por Codazzi". Se trata de una indicación muy explícita señalando que en el registro pictórico del paisaje hay unas prioridades muy explícitas que vienen determinadas por los objetivos de la expedición.

Estas observaciones son importantes porque circunscriben el marco general de las condiciones de su producción.

De todas maneras, un análisis más detenido de muchas de ellas muestra que la descripción de los elementos visuales de las acuarelas no termina con mostrar que su contenido se agota en su función de ilustrar las observaciones de una expedición científica.

En la cita del texto de Ancízar, el primer cronista oficial de la expedición, se podían vislumbrar la sensación de plenitud y sobrecogimiento que provocaba la contemplación del paisaje colombiano en los partícipes de la expedición. Era un tono que en parte, aunque menos explícito, recordaba la evocación de la sacralidad en los paisajistas norteamericanos. En Ancízar se mezclaba también la visión desarrollista y sin duda mucho de orgullo nacional. Pero hay elementos comunes en esa consideración del paisaje.

Es posible constatar que aún en el marco de la limitación de recursos que entra en juego en la técnica de la acuarela y de las pequeñas dimensiones que tienen sus superficies se puede percibir en ellas la monumentalidad del paisaje que reclamaba Humboldt como una característica del paisaje de los Andes.

El empaque de la profundidad del paisaje andino se puede percibir en varias de ellas.[9] Sin duda, se percibe en la figura 1, que se acaba de analizar. Entre otros ejemplos se pueden citar también "Vista del nevado de Chita i del gran nevero que tiene hacia Guicán" (Fig. 2).

Fig. 2: Vista del nevado de Chita i del gran nevero que tiene hacia Guicán (Carmelo Fernández)

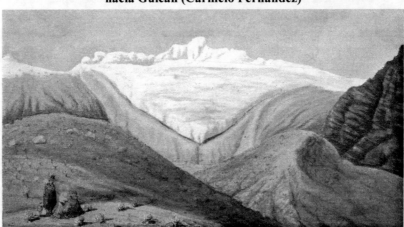

Fuente: Biblioteca Nacional de Colombia.

En la pequeña superficie se concibe dos figuras paradas en el primer plano, al parecer haciendo una pausa en su camino, flanqueadas por varios planos de montañas que se van abriendo hacia el horizonte cerrado como telón de fondo por la superficie de un inmenso glaciar.

Estas vistas panorámicas son frecuentes y se podrían considerar como portadoras del sentimiento de lo sublime ante la inmensidad del paisaje. Sin embargo, lo sublime consigue emparejarse con una impresión que no contradice lo anterior sino que convive con ella, la impresión de lo familiar. Nunca lo sublime se convierte en amenazante, más bien se presenta como un elemento del hábitat cotidiano para muchos grupos de la población. Es significativo que esos parajes casi siempre se presentan con algún tipo de actividad humana en sus contornos.

---

9   Véase entre otros muchos: "Vista de la capilla de la Laja", "Vista del pueblo de Puracé", "Vista de los volcanes activos de Cumbal y Chiles".

En algunos casos las peculiaridades de la orografía pueden también presentar un rostro sombrío cuando la naturaleza se presenta con formas caprichosas. En "Peñol de Entrerríos" (Fig. 3), estas formas constituyen algo así como un exceso de la naturaleza, como también en "El Estrecho de Furateua en el río Minero" (Fig. 4). En estos casos la naturaleza tiende a presentar un rostro independiente, como si se desentendiera de su tarea de proporcionar un hábitat cotidiano y tienda a presentarse como "sorprendente" e incluso "exótica".

Fig. 3: Peñol de Entrerríos (Henry Price)

Fuente: Biblioteca Nacional de Colombia.

Fig. 4: El Estrecho de Furateua en el río Minero (Carmelo Fernández)

Fuente: Biblioteca Nacional de Colombia.

La habilidad de los acuarelistas para representar grandes espacios se muestra también cuando se mueven en las regiones de la llanura como Casanare o Caquetá. La ausencia total de accidentes de terreno parece hacer imposible que la mirada pueda dar forma a ese paisaje y, sin embargo, en "Vista jeneral de los llanos" (Fig. 5), se consigue crear un asidero para la mirada en los diferentes grupos de palmeras y en las columnas de humo, signos de hábitat humano, que van punteando la inmensa llanura.[10]

---

10 Véase también "Plaza de Moreno, capital de Casanare", "Vista del río Meta tomada desde Orocué".

Fig. 5: Vista jeneral de los llanos (Manuel María Paz)

Fuente: Biblioteca Nacional de Colombia.

Los únicos casos en los que predomina totalmente la naturaleza sobre el hombre son los de las cascadas, que parecen transmitir su gran fuerza sólo mostrando las inmensas alturas desde las que se despeña el agua; a lo sumo, en algunos casos aparece una figurita insignificante en una esquina del paisaje para acentuar más la desproporción entre el hombre y su entorno, como en "Vista de la cascada del río Vinagre, llamada de las monjas" (Fig. 6).[11]

En ese caso estaríamos ante el paisaje como transmisión de lo sublime. En general, los pintores de la Comisión Corográfica no olvidan casi nunca el paisaje, pero suelen relegarlo con frecuencia a un papel de telón de fondo para alguna escena donde se presentan tipos que tienden a mostrarse como representantes de grupos étnicos realizando alguna actividad productiva que se supone característica del grupo.[12]

---

11 Véase también "Cascada cerca del origen del Magdalena", "Salto del Tequendama", "Vista de la Cascada del Excomulgado".

12 En el presente análisis se ha dejado de lado todo el problema de cómo se representan los diversos grupos étnicos, que también constituye uno de los principales objetivos de observación para el proyecto de la expedición pero que sobrepasaría los límites impuestos para un ensayo de este tipo. Para una buena introducción a

Véase por ejemplo "La Tejedora" (Fig. 7) donde la naturaleza circundante tiende a convertirse en un espacio que se presenta casi como
mera prolongación de la vivienda y lugar de trabajo.[13]

**Fig. 6: Vista de la cascada del río Vinagre, llamada de las monjas
(Manuel María Paz)**

Fuente: Biblioteca Nacional de Colombia.

este problema véase Restrepo (1999). Ese estudio, en cambio, deja fuera de su
análisis, todo lo relacionado con la presentación del paisaje.

13 Véase también "Tejedora de lana", "Indios que habitan las márgenes del río
Tapaje", "Indio e india macaguaje".

Fig. 7: La Tejedora (Manuel María Paz)

Fuente: Biblioteca Nacional de Colombia.

Si algún aspecto tiende a imponerse como el predominante es precisamente la visión de un país donde cada uno ha encontrado su actividad específica. Cuando ello se produce hay especial empeño en visualizar lo económico en su vertiente de elaboración industrial. Está claro que dado el nivel de desarrollo del país los ejemplos son sumamente modestos. Pero no por ello deja de ser un rasgo significativo de la actitud de la Comisión.

En "Separación i empaque de tabaco" (Fig. 8) se presenta con todo lujo de detalles la estructura de los aparatos necesarios para la elaboración del tabaco.[14]

Es llamativo el hecho que no se incluyan en el horizonte de visión de este mundo laboral y de la producción a las haciendas y las duras condiciones de trabajo que imperan en ellas. Se trata de una exclusión probablemente nada casual dado que lo económico es un punto importante en la lista de lo que debe ser consignado.

Fig. 8: Separación i empaque del tabaco (Manuel María Paz)

Fuente: Biblioteca Nacional de Colombia.

Partiendo sólo de los datos visuales resulta muy especulativo aventurar una explicación. A título de hipótesis cabe imaginar la solución en dos direcciones distintas. Una de ellas apunta a un intento consciente

---

14 Véase también "Pueblo y hacienda de Paco donde se explota una rica mina de hierro". Esta vista se presenta en dos acuarelas desde diversas perspectivas que permiten apreciar con detalle las edificaciones necesarias para esta industria.

de ocultación de un problema de explotación generalizada. De todas maneras, si se tiene en cuenta el planteamiento de las acuarelas en su conjunto, hay que pensar que se tiende más a priorizar una visión del desarrollo social y económico en que cada grupo puede ejercer su actividad sin intromisiones de fuerzas ajenas. De algún modo, se estaría esbozando una visión ideal del futuro del país y esto dejaría de lado la economía hacendística.

Las acuarelas donde se presentan escenas de trabajo casi siempre transcurren en un ámbito familiar.

Por otro lado, en alguno de los reportajes de Ancízar se aportan descripciones en tono de rechazo moral profundo, algunos de casos terribles de malos tratos a la población indígena en las haciendas.

Dadas la peculiar orografía del país con tres cadenas de cordilleras que atraviesan el país de norte a sur, uno de los problemas más difíciles de resolver ha sido y sigue siendo el de las comunicaciones.

Quizás ello explique que el aspecto de puentes y caminos ocupe un lugar tan destacado en el conjunto de las acuarelas. En este caso la abundancia y gran variedad permite registrar una sensación de sorpresa y admiración, constatando el ingenio y la creatividad popular para resolver el problema de un modo especial en cada una de las situaciones geográficas.

Véase en "Puente colgante de bejucos sobre el Zulia" (Fig. 9) una representación que por su plasticidad roza lo pintoresco.

Sin embargo, esta sensación se ve contrastada con la dureza de la realidad. De ella proporciona Ancízar una descripción precisa, justamente con referencia a este puente:

> El pueblo de Arboleda y adórnalo un puente colgante de bejucos para facilitar la comunicación de este distrito y el de Cucutilla, bien que sólo sirve para el paso de peatones, teniendo que arriesgar las bestias en la tumultuosa corriente, haladas con cables desde la ribera opuesta. Cuando lo atravesamos nos ayudaron a remolcar las mulas y conducir las sillas por el puente ocho labriegos vigorosos (Ancízar 1970: 202-2003).[15]

---

15 Véase también "Puente de guaduas sobre el río La Plata", "Puente de madera sobre el río Cuja cerca de Fusagasugá", "Cabuya de Simacota sobre el río Saravita".

**Fig. 9: Puente colgante de bejucos sobre el Zulia
(Carmelo Fernández)**

Fuente: Biblioteca Nacional de Colombia.

En lo que se refiere a los caminos está el ejemplo de "Callejones de Ocaña" (Fig. 10). En este caso tanto los datos visuales de la acuarela como la descripción de Ancízar coinciden en transmitir una impresión intensa del riesgo y las dificultades que conllevaban en muchos puntos del país:

> Muy de mañana comenzamos la subida al Alto de San Francisco, desfilando uno tras otro por la pendiente vereda y a poco andar entramos en los primeros callejones, que son verdaderas grietas abiertas en el recuesto, donde apenas cabe el jinete y la mula no encuentra espacio para las patas... son los callejones tan lóbregos que dentro revolotean los murciélagos y tan pendientes que las mulas no caminan sino ruedan sentadas sobre el colchón de arena extendido a propósito por los barretoneros. La marcha es muy lenta cuando se llevan cargas, pues frecuentemente se atora la mula contra las paredes. Baste saber que en pasar un callejón de media legua de largo gastamos dos horas (Ancízar 1970: 203).

Una de las acuarelas más impactantes en relación con el tema de las comunicaciones la constituye "Camino de Nóvita en la montaña de Tamaná" (Fig. 11). Está situada en la región del Chocó, pero es sólo un ejemplo de lo que ocurría también en otros puntos montañosos del país en que una variante posible o única consistía en utilizar el servicio de cargueros humanos. Estos eran los únicos capaces de andar por parajes cuyas dificultades de tránsito ni siquiera la habilidad de las mulas para los caminos difíciles podía superar.

Fig. 10: Callejones de Ocaña (Carmelo Fernández)

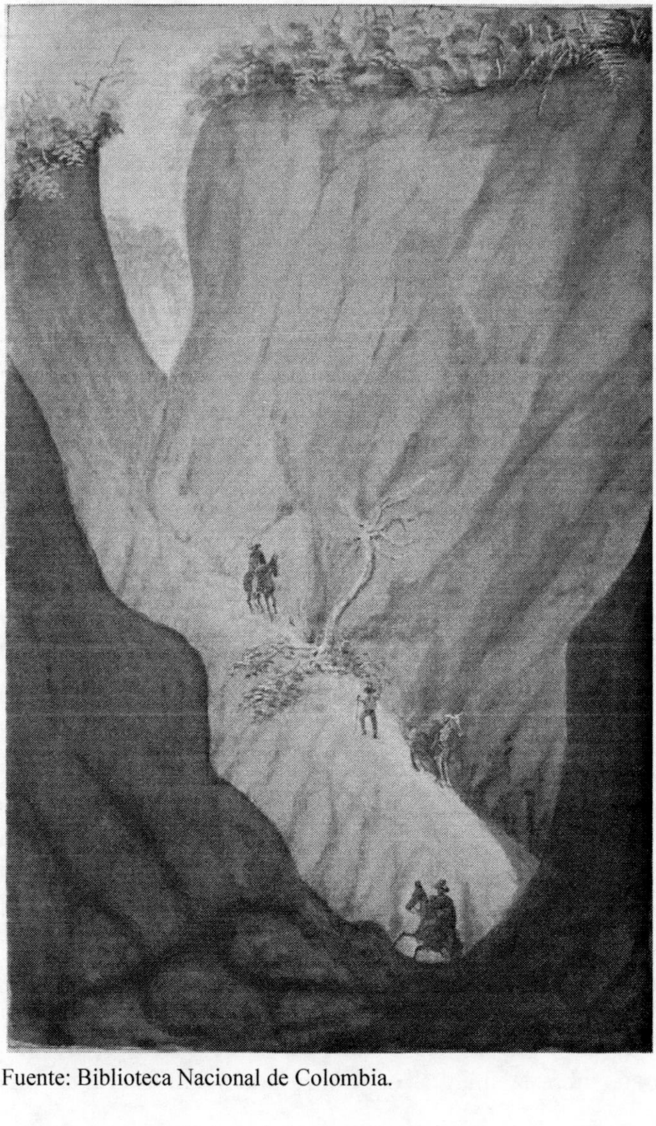

Fuente: Biblioteca Nacional de Colombia.

Fig. 11: Camino de Nóvita en la montaña de Tamaná
(Manuel María Paz)

Fuente: Biblioteca Nacional de Colombia.

En este caso, el artista ha conseguido plasmar una escena muy densa. Quizás desde su perspectiva se trataba sólo de un caso más de las posibles soluciones para superar las dificultades de la geografía. Pero debido a su poder de expresión ha sido reproducida en muchos contextos y constituye sin duda un "lugar de memoria" desde el cual se han originado múltiples reflexiones sobre la realidad del país: relaciones de poder entre grupos de población, sobre las condiciones de posibilidad del ejercicio de la cultura, de desencuentro de cultura y realidad, sobre la singular confianza que manifiesta el despreocupado lector a hombros del carguero, y al mismo tiempo el extraño potencial de subversión que determinadas situaciones posibilitan al aparentemente débil: es evidente que en ese puente el carguero puede deshacerse de la "carga" con bastante impunidad.

Si la lectura de las acuarelas ha ido perfilando en los diversos apartados analizados una serie de líneas maestras en la interpretación del paisaje en un sentido de construcción nacional, este aspecto se refuerza cuando se topa con lugares que fueron escenarios de hechos históricos. Es clara la voluntad de potenciar esos lugares con una visualidad destacada. Esto significa un claro proceso de selección sobre lo que se considera relevante de todo el pasado para conformar la nueva memoria nacional, partiendo de la nueva realidad republicana después de las Guerras de la Independencia.

De nuevo hay que constatar que son tan significativas las presencias como las ausencias. Es muy llamativo que en un país que está construyendo su identidad desde el dominio de la clase criolla de origen español, en las acuarelas se haya ocultado cualquier muestra de la presencia del pasado colonial.

Para el caso de Colombia este aspecto en el siglo XIX es un terreno altamente controvertido. Para calibrar las dimensiones de este ocultamiento se lo puede poner en relación con lo que ocurre unos decenios más tarde, en una época de dominio conservador. El periódico más prestigioso del siglo XIX, *El Papel periódico ilustrado*, crea una especie de emblema, símbolo del programa del periódico, en donde la tumba de Jiménez de Quesada se sitúa en la imagen-emblema en la base de una serie de motivos visuales representando momentos estelares del desarrollo nacional posterior desde la perspectiva ideológica del periódico. En ese caso, el silencio más llamativo es el de la ausencia total del pasado prehispánico, y, por otro lado, la preeminencia que se otorga a la herencia española.

Esto quiere decir que la selección de lugares hecha por la Comisión era altamente significativa de la visión de la historia que se quería transmitir y que no era necesariamente evidente para todos los círculos de la sociedad.

La selección se produce claramente con el objetivo de resaltar los lugares en los que ocurrió algún hecho relevante de las Guerras de la Independencia o los edificios en los que tuvieron lugar los primeros encuentros de políticos estableciendo las bases de la nueva república.

Tanto si se trata de paisajes como de edificios, están pintados todos ellos con una gran precisión. En cada caso, el planteamiento visual gracias al tipo de composición elegida consigue transmitir la idea de monumentalidad acorde con los acontecimientos que se evocan.

Véase "Vista del terreno en donde se dió la acción de Boyacá" (Fig. 12). Sin duda, el lugar más emblemático de esas guerras, donde se produce la primera derrota importante de las tropas españolas marcando el principio del fin del dominio español en América. Precisamente, los miembros de la Comisión recriminan a las autoridades colombianas en un escrito aparte que no hayan sido capaces de señalar ese lugar con el correspondiente monumento.[16] La acuarela transmite una fuerte sensación de monumentalidad y una atmósfera de gran solemnidad.

En ese proceso de selección de lugares para crear una memoria histórica, llama la atención la abundante presencia de acuarelas representando monumentos con huellas de las culturas prehispánicas.

El grupo más importante es el dedicado a la Cultura de San Agustín. De este lugar se hacen numerosas acuarelas, un total de 37, que documentan con mucho detalle las numerosas esculturas preservadas en el lugar.

Dentro de esos monumentos ocupan un lugar especial las numerosas rocas con inscripciones petroglíficas encontradas en diversos lugares.

Las acuarelas en sí mismas son bastante repetitivas, lo cual indica de una manera clara que el hecho de su selección para entrar a formar parte de la colección general es una muestra de un interés específico por documentar ese pasado prehispánico.

Partiendo de otros hechos de ese período histórico, al margen del trabajo de la Comisión, cabe destacar que se está produciendo una inflexión dentro del proceso de construcción nacional donde lo prehispánico está buscando un lugar propio.

---

16 Véase también "Capilla del Rosario de Cúcuta", "Iglesia de Ocaña donde se reunió la Convención Colombiana", "Casas de Boyacá, cuartel general de Barreiro en 1819", "Casa principal de Chaquerí". Esta última es notable en el sentido de que no es el recuerdo de una victoria sino de una derrota importante frente a los españoles.

**Fig. 12: Vista del terreno en donde se dió la acción de Boyacá
(Carmelo Fernández)**

Fuente: Biblioteca Nacional de Colombia.

Empiezan a existir las primeras colecciones privadas de objetos pre-hispánicos y varios eruditos han empezado a proponer interpretaciones del sentido posible del contenido de los petroglifos.

Véase "Piedra grabada de Gámeza" (Fig. 13), una de las numerosas acuarelas con ese tema. Entre otros elementos, se puede comprobar que se busca una forma de representación en la que los petroglifos consigan especial visibilidad, aumentando en muchos casos de una manera desproporcionada su tamaño.

Se acentúa el carácter caprichoso de la forma de las rocas para señalar casi de un modo simbólico que la naturaleza ha propiciado la existencia de esos petroglifos. En no pocos casos se representan figuras humanas que se han detenido a contemplar de forma atenta y quizás sorprendida tales testimonios del pasado.[17]

---

17 Véase también "Piedra pintada de Saboyá", "Piedra con jeroglíficos que se halla cerca de Aipe, en la orilla del Magdalena", "Laguna de Guatavita célebre por haber sido lugar de adoración de los indios", "Mucara de los indios", "Piedras con jeroglíficos de los indios de Facativá", "Grupo de piedras cerca de Pandi con jeroglíficos de los indios".

Fig. 13: Piedra grabada de Gámeza (Carmelo Fernández)

Fuente: Biblioteca Nacional de Colombia.

Esta voluntad de reinserción de lo indígena prehispánico es muy relevante, sobre todo si se tiene en cuenta que el proceso de formación
nacional desde las Guerras de la Independencia se ha visto sólo desde
la perspectiva de los grupos criollos herederos culturalmente de la
Colonia. Durante el siglo XIX todavía domina el silenciamiento de la
realidad indígena del país.

De nuevo los comentarios señalan el horizonte desde el cual puede
integrarse ese pasado y cuáles son los parámetros desde los cuales
resulta aceptable en el proceso de formación de la República nacional
en el siglo XIX. En uno de los comentarios de la Expedición con referencia a "La piedra de Gámeza", después de hacerse eco de algunos
intentos de interpretación de los jeroglíficos en cuestión, y que van en
la dirección de ver en ellos el testimonio de un cataclismo natural,
luego se añade: "[...] existía pues un pueblo testigo de aquellos acontecimientos y bastante civilizado para dejar un monumento que eterni-
zara su recuerdo [...]" (Codazzi, citado en Ardila 1985: 78).

Y en otro pasaje posterior se evoca una memoria truncada violentamente:

la relación de los pueblos barridos entonces de la faz de la tierra quedó sepultada en la destrucción de los archivos y tradiciones nacionales, quemados en el templo de Sugamuxi por los conquistadores castellanos (Codazzi, citado en Ardila 1985: 78).

Está claro que estos comentarios muestran algo más que una descripción puntual. Se habla de memorias, de testimonios producidos en el mismo lugar que se habita como criollo y se habla de procesos de civilización. Es una conceptualización peligrosa para una memoria como la existente en el momento de la expedición, hecha desde la exclusión total de ese pasado. El país en medio de un proceso laborioso de reconstrucción de su discurso histórico todavía no había encontrado el espacio adecuado para la inclusión de los indígenas en un proyecto de nación compartido. A mediados del siglo XIX sólo era posible leer esos testimonios como "restos arqueológicos", sin posibilidad de establecer algún tipo de relación con la realidad indígena existente en el presente. No se trata de buscar una relación de continuidad cultural, sino de integrar el hecho de la presencia ancestral de poblaciones autóctonas. El inventario de la expedición Codazzi constituía un esfuerzo notable de abarcar todo el país sin exclusiones. El registro minucioso de la existencia frecuente de muestras petroglíficas constituye una muestra de la voluntad de crear una mirada desprejuiciada a la realidad existente.

Aunque ello no lograra cambiar el planteamiento de los libros de historia, esos testimonios quedaban como un legado con sus exigencias propias para el futuro. En algún momento habría que iniciarse la tarea de crear el discurso de la nación desde la variedad, la geográfica, la sociológica y la étnica.

4. Reflexiones finales

"Imágenes de Colombia" era el punto de partida del análisis. Las acuarelas en ese sentido forman parte de un discurso visual que normalmente está incluido en la Historia del Arte. Desde esta perspectiva forman un apartado menor de esa historia. La calidad estética de las imágenes es muy desigual, en algunos casos, sobre todo en la representación corporal es incluso bastante deficiente. Marta Traba habla de "estilo naif". Cabe dudar de que sea la caracterización adecuada. Se puede hablar más bien de insuficiencias pictóricas. En este sentido se podría insistir en la falta de preparación técnica de por lo menos algunos de los artistas que participan en el proyecto. Probablemente sea una parte de la realidad. Aunque hay que añadir también que el cuadro de datos de que se dispone es todavía muy incompleto.

Sin que lo anterior deje de ser cierto, quizás sea más productivo señalar otra vertiente del problema: que la tarea emprendida desde el ángulo pictórico era muy superior a lo que la pintura como suma de tradiciones representativas era capaz de ofrecer, sobre todo partiendo de las clásicas divisiones por géneros.

La representación de tipos y situaciones se suele agrupar en la categoría "costumbrismo" y de ello había bastantes ejemplos. Pero esa tradición supone implícitamente una determinada mirada sobre la sociedad y una determinada concepción de ella. De alguna manera esa tradición era in-servible dado el planteamiento de la Expedición.

No podía servir la visión más o menos casual del "pintor viajero" o la visión de una sociedad armónica o exótica contemplada desde un continente lejano.

Las acuarelas tenían otra función, la sociedad a la que iban destinadas conocía, por lo menos en parte, esa realidad. Y en caso contrario podía sentirse incómoda o culpable de desconocerla, porque era parte de su propio país.

El indio no podía encajarse en la categoría del "buen salvaje" pues la realidad cotidiana lo hacía contemplar desde otras categorías...

Las convenciones pictóricas de las que se podía hacer uso no encajaban, pues, en lo que realmente necesitaban los acuarelistas para describir lo que estaban viendo. A ello hay que añadir que la sociedad en su conjunto no había encontrado la fórmula de integrar ciertas capas o grupos de la población en un proyecto nacional. Es decir que las insuficiencias de las acuarelas no hay que atribuirlas sólo y sobre todo a razones de incapacidad técnica, hay otras razones de más peso que ponían serias limitaciones a la tarea de representación.

Significativamente, las acuarelas más convincentes desde el punto de vista pictórico son las de Carmelo Fernández cuando pinta las "clases notables". En ellas puede apoyarse en la gran tradición de pintura retratística y consigue buenos resultados. Pero esas representaciones no presentan ningún reto especial, se podían equiparar a otras realidades conocidas.

Muy distinto, en cambio es el resultado obtenido en la representación del paisaje. Como han mostrado los análisis anteriores, se consigue un equilibrio entre la impresión de grandeza, esa cualidad que reclamaba Humboldt a Rugendas, y al mismo tiempo transmitir la sensación de cercanía de un paisaje que es el hábitat y fuente de riqueza cotidianos.

En este caso el no ser deudor de ninguna tradición pictórica pudo ser una ventaja, pues permitía una mirada más directa hacia una realidad realmente sentida después de varios años de recorrer físicamente todo el territorio nacional, un recorrido que aunque pudo ser bello estaba plagado de dificultades y peligros.

Tanto por la técnica como por sus limitadas dimensiones, las acuarelas no permitían transmitir una gran riqueza de detalles ni refinamientos en el colorido, ni sutilezas en la representación de la luz, pero dentro de su sencillez sí transportan una sensación de veracidad.

Por desgracia las acuarelas sólo han empezado a hacerse accesibles para un público más amplio a partir de las publicaciones del siglo XX. El impacto que se deseaba conseguir con ellas quedó en un intento frustrado.

Su contemplación desde la distancia temporal tiene un gran encanto y está rodeado del aura de la nostalgia. En ese sentido la impresión de "naif" es correcta, se trata de una técnica y unas herramientas de representación muy simples, lo obsoleto ejerce una atracción específica. En el horizonte inmediato ya apuntaba otro medio más poderoso de registrar la realidad: la fotografía.

Sin embargo, lo que de ningún modo es "naif" es la voluntad surgida en ese momento de hacer un "inventario" a fondo del país. Y para ello partiendo de la convicción de que la única manera de hacerlo es registrarlo y estudiarlo con toda su riqueza y variedad. Y esto realizado para partir de bases más sólidas para realizar un buen gobierno. Tampoco es "naif" la tenacidad del empeño, la cuantía de recursos, el idealismo del personal que compone la Expedición, la prolongación en el empeño.

Si se hace una proyección de las tareas de la Comisión al presente, muchas de las cuestiones que se plantean en ellas siguen siendo válidas. Grandes capas de la población siguen sin encontrar un reconocimiento adecuado en la construcción de la nación, el tema de las comunicaciones sigue siendo un problema no resuelto adecuadamente y la naturaleza aún tiene mucho de desconocido.

No deja de ser sorprendente que la acción del estado todavía encuentre sus límites ante unas fuerzas rebeldes que consiguen subsistir al amparo de una naturaleza impenetrable. O para mencionar otro tema no menos candente: el hecho de que una parte importante de la riqueza, la droga, pueda medrar y florecer, cobijado su cultivo en regiones todavía no controladas no deja de ser algo por lo menos digno de reflexión.

En cada uno de los apartados del análisis ha sido necesario dejar fuera muchos aspectos, pero es posible que a pesar de ello estas consideraciones se muevan en la línea de un replanteamiento del lugar que la Comisión Corográfica y sus imágenes merecen en la historia del país.

Fuentes iconográficas

Ardila, Jaime/Lleras, Camilo (eds.) (1985): *Batalla contra el olvido, acuarelas colombianas 1850*. Bogotá: Ardila y Lleras.

Hernández de Alba, Guillermo (ed.) (1986): *Acuarelas de la Comisión Corográfica, Colombia 1850-1859*. Bogotá: Litografía Arco.

Bibliografía

Ades, Dawn (1989): *Art in Latin America, the Modern Era*. Yale: Yale University Press.

Ancízar, Manuel (1970): *Peregrinación de Alpha (1850-1852)*. 2 vols. Bogotá: Imprenta Banco Popular.

Anderman, Jens/Rowe, William (eds.) (2005): *Images of power: Iconography, Culture and the State in Latin America*. Oxford: Berghahn Books.

Barney Cabrera, Eugenio (1967): "Reseña del arte en Colombia durante el siglo XIX". En: *Anuario colombiano de Historia social y de la Cultura*, 3, pp. 71-118.

Díaz Piedrahita, Santiago (2001): "La Botánica y el viaje de Humboldt y Bonpland". En: Holl, Frank (ed.): *El regreso de Humboldt: exposición en el Museo de la Ciudad de Quito. Junio-agosto del 2001*. Quito: Imprenta Mariscal, pp. 66-77.

Fernández Ruiz, Consuelo (1991): *El paisaje mexicano en la pintura del siglo XIX y principios del XX*. México, D.F.: Fundación Banamex.

González Stephan, Beatriz (1996): "Pintores, aprendices y alumnos de la expedición botánica". En: *Revista Credencial Historia*, 74, pp. 1-18.

Gutiérrez Viñuales, Rodrigo/Gutierrez, Ramón (eds.) (1997): *Pintura ,escultura y fotografía en Iberoamérica siglos XIX y XX*. Madrid: Cátedra.

Gutiérrez Zaldivar, Ignacio (1994): *El paisaje en el arte de los argentinos*. Buenos Aires: Zurbarán.

Jimenez, Trinidad: "Exoticism, Alterity and the Ecuadorean Elite, the Work of Camilo Egas". En: Anderman, Jens/Rowe, William (eds.) (2005): *Images of Power. Iconography, Culture and the State in Latin America*. Oxford: Berghahn Books, Cap. 5.

Manthorne, Katherine: 2000): "La nación de la naturaleza, estudio de la pintura norteamericana de paisaje". En: Catálogo Fundación Thyssen-Bornemiza (ed.): *Explorar el Eden*. Comisario Tomás Llorens. Madrid: Fundación Thyssen, pp. 25-45.

Mitchell, W. J. T. (2002): *Landscape and Power*. Chicago: University of Chicago Press.

Ortega Ricaurte, Carmen (1973): *Dibujantes y grabadores del Papel periódico ilustrado y Colombia ilustrada*. Bogotá: Ministerio de Educación Nacional/Instituto Colombiano de Cultura.

Restrepo, Olga (1999): "Un imaginario de la nación, lectura de láminas y descripciones de la Comisión Corográfica". En: *Anuario colombiano de Historia social y de la cultura*, 26, pp. 30-58.

Reyes, Carlos Jose (1988): "El costumbrismo en Colombia". En: Zea, Leopoldo: *Manual de literatura colombiana*. Bogotá: Procultura-Planeta, pp. 175-245.

Rugendas, Johann M. (1959): *Costumbres sudamericanas: Argentina, Chile, Uruguay*. Buenos Aires: Pardo.

Sánchez Cabra, Efraín (1987): *Ramón Torres Méndez, pintor de la Nueva Granada*. Bogotá: Fondo Cultural Cafetero.

Serrano, Eduardo (1990): *La escuela de la Sabana*. Bogotá: Museo de Arte Moderno de Bogotá.

Fernando Nina

"La letra con sangre entra": La Emancipada de Miguel Riofrío, primera novela ecuatoriana

> No hay letras, que son expresión, hasta que no haya esencias
> que expresar en ellas.
> José Martí (1881): *Ni será escritor inmortal en América.*

1. Antecedentes

En *Kafka. Für eine kleine Literatur*, Gilles Deleuze y Félix Guatarri indican que una de las características de una "literatura menor" es que "en ellas todo es político. [...] Su *espacio menor* produce que todo acontecimiento individual dentro de él, esté relacionado inmediatamente con la política" (Deleuze/Guatarri 1976: 25, trad. mía). A esto se podrían añadir las observaciones, decididamente marxistas, de Fredric Jameson según el cual

> [t]hird-world texts, even those which are seemingly private and invested with a properly libidinal dynamic-necessarily project a political dimension in the form of national allegory: the story of the private individual destiny is always an allegory of the embattled situation of the public third-world culture and society (Jameson 1986: 69).

En este trabajo se analizará en qué medida estas afirmaciones resultan aplicables a la literatura ecuatoriana.

La Emancipada del lojano Miguel Riofrío, fue publicada como folletín en 1863 y describe "con una fuerte capacidad mimética con la realidad circundante" (Rodríguez-Arenas 2005: xx) la historia individual de Rosaura, una joven mujer que desafía a su medio social en nombre de sus convicciones y su amor. A la vez, coincidente con las descripciones de Deleuze/Guatarri, esta *nouvelle/novela corta* relata una historia en la cual

> el acontecimiento individual se vuelve cada vez más indispensable e irrenunciable, y es agrandado bajo la lupa microscópica, mientras más se

esté contando en ella una historia completamente distinta (Deleuze/Gua-
tarri 1976: 25, trad. mía).

Según el crítico ecuatoriano Fernando Balseca,

> *La emancipada* muestra [como texto] las filiaciones que la literatura es-
> tablece obligatoriamente con otros discursos para posibilitar su propia
> "fundación" en cuanto registro nuevo, novelesco [y] [a]unque ha sido
> leída prioritariamente desde la perspectiva "positiva" de la liberación que
> alcanza de su personaje femenino –oprimida, primero, y emancipada,
> después– se pueden rastrear otros elementos que concurren en su forma-
> ción discursiva (Balseca 1996: 147).

Precisamente a estos "otros elementos" se dedica el presente texto. De
prolegómeno nos puede servir la pregunta: "¿qué debieron hacer los
intelectuales para sacar adelante sus proyectos de escritura y para
ofrecerle a la nación modelos de comportamiento ciudadano?" (Balseca 1996: 147).[1] Sin embargo, quisiera advertir que todo concepto de
inclusión que significa la frontera de un espacio imaginario supone su
contrario, la exclusión. Se trata de una noción binaria que corresponde
a la de interior/exterior: lo que está dentro opuesto a lo que está afuera. Partiendo de este punto de vista quisiera matizar la relación que
existe entre lo periférico-interior y lo periférico-exterior, visto como
auto-proyección, como una "observación de segundo orden", reto-
mando el vocabulario de Luhmann, según el cual se debe entender que

> [o]bservar es, como repetimos siempre, *generar una diferencia con la
> ayuda de una distinción, que no deja fuera con ello nada distinguible.* En
> el medio verdad el sistema comunicativo sociedad constituye el mundo
> como una totalidad, que incluye todo lo que es observable y hasta el ob-
> servador mismo. Con ese objetivo se establece en el mundo un sistema
> observador que se observa a sí mismo, que tiene disponibilidad sobre el
> valor reflexivo de la falsedad (y tiene disponibilidad también sobre lo ob-
> servable, lo empírico y lo fáctico, evidentemente) y de ese modo *puede
> marcar algo* cuyo correlato no puede ser atribuido al mundo. El refina-
> miento de esta distinción verdadero/falso consiste precisamente en que es
> utilizable *operativamente*, por tanto que funciona empíricamente (lin-
> güísticamente) *en el mundo*, pero que al mismo tiempo, en cuanto distin-
> ción, no se proyecta *sobre el mundo*. La distinción no presupone ningún
> mundo correlativo para la falsedad. El mundo excluye e incluye la false-
> dad, y esto es también válido en el uso de los códigos sobre sí mismos,
> en la investigación de la verdad y también en la observación de la propia
> paradoja.

---

1   La respuesta que Balseca encuentra en su excelente ensayo no la podemos com-
     partir. Según él "los escritores debieron pervertir a sus criaturas femeninas [...]"
     (Balseca 1996: 147).

Pues el observar no es otra cosa que un señalar diferenciante (Luhman 1990: 268).

Deleuze/Guatarri, Jameson y Luhmann sirven como formas de acercamiento hacia la comprensión de una sociedad meta-periférica, como lo es la ecuatoriana, pues se sitúa en la periferia de la periferia y es precisamente esta configuración como "literatura menor" ubicada en un "espacio menor" y su enunciación alegórica la que será objeto de análisis con respecto a la construcción de estructuras propias mediante operaciones literarias propias.

2. El argumento de *La Emancipada*

Rosaura Mendoza, una joven de 18 años, está enamorada de un joven estudiante de leyes llamado Eduardo Ramírez, con quien sostiene un noviazgo. Sin embargo su padre, un hombre viudo, para deshacerse de la joven, a quien considera "mal-educada" por la formación lancasteriana que ésta recibió de su madre, la obliga a casarse con Anselmo de Aguirre, un bien situado "propietario de terrenos" (Riofrío 2006: 109), esperando así también mejorar su precaria situación económica. Inicialmente, ella se niega, pero su padre, para obligarla a aceptar el matrimonio, golpea salvajemente a un indio de la hacienda e intenta matar a su pequeña hija de seis años. Para evitar esta injusticia, Rosaura acepta casarse. Los amigos de Eduardo planean liberar a Rosaura, pero una vez terminada la ceremonia de matrimonio ella, respaldándose con una pistola, se enfrenta al padre, al cura y a las autoridades, anunciándoles que gracias a la boda ante las leyes civiles y eclesiásticas ella ya se ha emancipado. Mientras todo esto sucede, Eduardo toma la decisión de entrar en un monasterio y convertirse en sacerdote.

> [A] raíz del enfrentamiento con las autoridades Rosaura se va degradando, se prostituye, se suicida y luego de muerta abren su cadáver, como en una profanación de ultratumba, a decir del narrador (Salazar Estrada 2006: 20).

Ésta es la historia que se lee en un primer plano, pero ¿cuál es la que se encuentra detrás de todos los mecanismos de enunciación narrativa que emplea Riofrío? La pregunta que me propongo desarrollar es sencilla: ¿Cómo se manifiesta el inicio de una literatura menor? (Como me parece ser la ecuatoriana.)

3. La idea de la "nación" como "aldea" y "La letra con sangre entra": *leitmotiv* fundacional de la literatura ecuatoriana

El "cuerpo de la nación" es representado en *La Emancipada* como una "parroquia". La parroquia constituye la división administrativa más pequeña del territorio del Estado: coincidía en muchos casos con las divisiones eclesiásticas. Es decir: el cuerpo del "país", de la "nación", era el de la parroquia estatal y clerical. La representación de una totalidad, aquí de la sociedad ecuatoriana, es propuesta en esta novela desde la periferia (aldea) que encierra también al centro (ciudad). Es en la ciudad donde, al final de la novela, se prostituye Rosaura y donde encuentra la muerte (y su mayor decadencia). ¿Qué significado se le puede dar al hecho de que la primera novela de una literatura nacional ajuste o achique el espacio, el "cuerpo topo-geográfico de la nación", donde ubica su enunciación? Según Benedict Anderson, una de las razones por las cuales fueron precisamente las comunidades criollas las que desarrollaron tempranamente una concepción de *nationness*, es que ya eran unidades administrativas, económicas y territoriales desde el siglo XVI. Por ello se tendría que fijar la mirada en "the ways in which administrative organizations create meaning" (Anderson 1991: 2). Observemos por ello con detenimiento las descripciones topográficas en el texto y sus valoraciones al respecto. El relato inicia así: "En la *parroquia de M...* de la República ecuatoriana se movía el pueblo en todas direcciones, celebrando la festividad de la *Circuncisión*, pues era primero de enero de 1841"[2] (Riofrío 2006: 101, cursivas mías).

La mención de "la República ecuatoriana" se centra en la alusión a la parroquia o a la aldea, como también se la llama. Ya en el primer cuadro se comenta que el relato se enfoca sobre un espacio específico:

> De qué hablaban, se puede adivinar fácilmente si se atiende a que el joven había estudiado las materias de enseñanza secundaria en la ciudad más cercana a la parroquia *de que nos ocupamos* [...] (Riofrío 2006: 102, cursivas mías).

Así no sorprende que el narrador mencione el gran amor que el joven estudiante le tiene a su pueblo natal al cual, como menciona, "había pintado muchas veces en los ensayos literarios que se le obligaba a

---

2   Podríamos decir que la existencia ficcional de la literatura ecuatoriana comenzó un primero de enero de 1841.

escribir en la clase de Retórica" (Riofrío 2006: 102). Leamos lo que el graduado escribe: "Quedaos vosotros, hijos de la corte, en la región de las Pandecetas, y el Digesto y las partidas. Yo de la jerarquía de doctor pasaré a la de aldeano, porque allí mora la felicidad" (Riofrío 2006: 102). La verdadera felicidad, como en la polis griega, mora en la aldea (en un espacio delimitado). ¿Qué significa este tipo de construcción de la topografía nacional, esta delimitación literaria? Aparentemente para el narrador el *topos* fundacional de la nación ecuatoriana es el de un espacio que permite una mirada sinóptica, fácil de abarcar con la vista. El Ecuador, incluyendo el Quito de ese entonces, seguía siendo una aldea grande, pues en el territorio ecuatoriano "las élites intentaron asumir una 'modernidad' y una 'cultura nacional', sin renunciar, por eso, a los 'privilegios coloniales'" (Bonilla 2006: 9). Sin duda, "ese sentimiento de pertenencia a la comunidad local era más intenso que el que vinculaba al Ecuador independiente de la Gran Colombia solo a partir de 1830" (Capel 2006: 32). Inclusive las ciudades son percibidas más en términos políticos, es decir como "comunidad o corporación de vecinos", que en términos demográficos. El sociólogo Eduardo Kingman resume que "se podría decir que ese tipo de ciudad respondía tanto a un orden social estructurado en la larga duración como a un orden imaginario" (Kingman 2006: 39). A la filología le queda la tarea de preguntarse: "¿Cómo es que la ficción novelesca ecuatoriana puede producir personajes que, como [Rosaura y Eduardo], se apropian [simbólicamente] de la tarea de enunciar la construcción nacional?" (Balseca 2001: 142).

Este "espacio pequeño" que hemos diferenciado es identificado en la novela con los dos personajes masculinos que abandonan, cada uno a su manera, a la heroína: Don Pedro, el padre, y Eduardo Ramírez, su amor frustrado. La preferencia de Eduardo por la aldea frente a la ciudad está manifestada en su ensayo. De distinta manera, es el mismo narrador quien presenta al padre de Rosaura como símbolo de lo que representan los valores de una "aldea":

> Bien se comprenderá que era Don Pedro uno de aquellos tipos que caracterizan a la vieja aristocracia de las aldeas, cuyos instintos tradicionalistas les hacían feroces para con sus inferiores, truhanescos con sus iguales y ridículamente humildes ante cualquier signo de superioridad (Riofrío 2006: 115).

Y es así que su padre sólo logra que su hija acceda y acepte el matrimonio arreglado por medio de la violencia simbólica que él ejerce sobre ella al emplear la violencia física sobre la niña indígena que intenta matar. Por ello Fernando Balseca afirma que

> [e]stos latigazos prueban cómo se hermanan, en cuanto sujetos subalternos, los indios y las mujeres en el siglo XIX, pues da lo mismo que los latigazos, originalmente destinados a Rosaura, sean recibidos por los indios (Balseca 2001: 150).

> [Don Pedro] [a]garró un bastón de chonta con casquillo de metal: salió jadeante y demudado dijo con voz de trueno a Rosaura:– Vas a ver los estragos que causa tu inobediencia. La joven presentó serenamente su cabeza para que su padre la matara a garrotazos. El pasó frotándose con su hija, llegó al tras patio y le dio de palos a un indígena sirviente.
> –¡Amo mío! ¡Perdón por Dios! Yo no he faltado en nada –dijo el indio–.
> –Sois una raza maldita y vais a ser exterminados, –replicó el tirano–, dirigiéndose enseguida con el palo levantado a descargarlo sobre la hija del indio que era una criatura de seis años.
> Rosaura partió como una flecha y paró el golpe diciendo:
> –Yo no quiero que haya mártires por causa mía. Seré yo la única mártir: Mande usted y yo estoy pronta a obedecer (Riofrío 2006: 116).

Esta escena es clave, a mi modo de ver, para el entendimiento de uno de los planteamientos principales de la novela: la conjunción de un discurso que denuncia la dominación y el control sobre sujetos subalternos (como lo son los indios y las mujeres) y la representación de un "sacrificio redentor" en favor de los desprotegidos como metáfora de un "sacrificio nacional" que se debe rendir para fundar culturalmente un nuevo territorio textual y nacional. Este argumento se torna más visible si consideramos el monólogo de Don Pedro que sigue a esta escena:

> Don Pedro volvió a su sala diciendo para sí solo: –¡Lo que vale la energía! Ya todo lo he conseguido en menos de dos horas: si me hubiera metido blando y generoso. ¿Qué habría sido de mí? La letra con sangre entra (Riofrío 2006: 117).

"La letra con sangre entra" no expresa únicamente que el conocimiento y la sabiduría se adquieren con esfuerzo y sacrificio, ni se reduce al significado que se le da coloquialmente, que para enseñar a los torpes (en este caso las mujeres) debe ser con palos (es decir con violencia y no con palabras), sino que es mucho más significativo y, a nivel metaficcional, un *leitmotiv* fundacional de la literatura ecuatoriana. Pues implica que el acceso de un determinado conglomerado humano (aquí la aldea de "sangre" ecuatoriana) hacia un espacio de conocimiento (espacio "letrado"), progreso (un espacio de cultura) y mayor igualdad (posiblemente el espacio de la ciudad) implica desistir en un principio de la voluntad propia y actuar de manera estratégica contra las tradiciones caducas y las costumbres generadoras de desigualdad, tal como lo hace Rosaura, inclusive considerando que su muerte al final de la novela puede ser interpretada como que "una mujer fue eliminada de la nación porque hablaba desde distintas estrategias; era una mujer que hablaba pluralmente, que sabía" (Balseca 2001: 151), como señala Balseca.

Después de que Rosaura termina de aceptar la voluntad impuesta por su padre, le pide a él que le permita escribir una última carta de despedida a Eduardo para comunicarle su matrimonio. El padre accede a su pedido pero es finalmente él mismo quien redacta la carta, privándola de expresar, una vez más, su opinión de manera escrita. El plan de Rosaura es, una vez finalizada la carta, escribir un mensaje secreto al reverso de la misma para fugar con Eduardo:

> Algunos minutos después Rosaura fue llamada a firmar, y firmó sin saber lo que su padre había escrito. Al tiempo de cerrar, puso al respaldo furtivamente estas palabras: "Han ocurrido cosas que me han despechado y he resuelto a dar una campanada. Te juro que no seré de Don Anselmo, vete a la ciudad antes del 6" (Riofrío 2006: 118).

¿Qué valor narrativo y simbólico le podemos dar al hecho de que Rosaura da la vuelta a la página de la carta, *la lettre*, para escribir en la parte posterior *(Rückseite)* de la hoja/página/carta/*lettre*? En primer lugar significa comenzar a escribir sobre una página blanca, y resulta significativo que esto sucede sin haber leído lo escrito por el padre al otro lado de la página. Es decir, como acto performativo significa dejar atrás lo "pre-escrito" *(das Vor-Geschriebene)* y "re-inscribir"/ realizar de esa manera un nuevo texto, un texto válido, un comienzo sobre la *page blanche*. Pero simultáneamente parece encontrarse en ese mecanismo de "re-escritura" también la razón del mal-entendido/ de la "mala lectura" de Eduardo: el mensaje "al revés" de la página/ carta resulta también en una "lectura al revés". ¿Qué significa esto para todo inicio literario postcolonial? En su seminario dedicado al cuento *La carta robada* de Edgar Allan Poe, Lacan plantea que la carta siempre llega al destino, aunque ella sufra un rodeo; significa que la carta, que la letra (carta y letra son homónimas en francés), tiene un destino propio. Esto dejaría abierta la posibilidad de un encuentro, en algún momento, del significante y del significado. Sin embargo, esto es precisamente lo que no acontece en *La Emancipada*. El término clan-destino es sinónimo de oculto. Dado que normalmente la clandestinidad se busca con respecto a la autoridad (la autoridad del padre), el texto de Rosaura (desprendimiento de la autoridad/establecimiento de una nueva autoridad propia) buscaría precisamente ese intersticio y espacio oculto, ese hueco y vacío *(Lücke)* para volver invisible la paradoja del inicio. ¿A quién pertenece la carta en sus dos versiones? La versión oficial y legítima (la carta redactada por el padre) y el texto ilegítimo e inoficial, por ello "clan-destino" (es decir el texto escrito por Rosaura al revés de la carta del padre que aparentemente tiene otro destino semántico y simbólico). Habría que preguntarse, como lo insinúa Lacan, si el autor de la carta (es decir, en nuestro caso el padre y Rosaura), mantiene algún derecho sobre la misma y si por ello nunca pasa a ser completamente posesión del destinatario (Eduardo). Si fuera así, significaría que la (simbólica y verdadera) destinataria de las palabras escritas al reverso de la carta, sería la misma Rosaura. En este caso, la exhortación "vete a la ciudad" es una auto-exhortación, una exigencia a sí misma, al igual que su resolución de "dar una campanada" (huir después del sí frente al altar). Otra lectura tendría que considerar el ámbito discursivo. Visto desde ese punto de vista, *La Emancipada* mostraría, por medio de esta magistral escena, que a pesar del intento de consolidar un nuevo texto, de generar una nueva inserción *(Einsetzung)*,[3] el discurso tradicional siempre está presente, no es posible separarse y anular ni borrar el texto que representa a la tradición, pues este siempre se encuentra al otro lado de la página (en blanco). Pensemos en que el intento de Rosaura de rebelarse contra las ideas que "inscribió" su padre. Es de esa "inscripción colonial/tradicional" de la cual la literatura ecuatoriana y latinoamericana no se puede despojar. Sin embargo, con la carta de Rosaura ocurre lo mismo que con *La carta robada* de Poe: "puesto que puede sufrir una desviación, es que tiene un trayecto que *le es propio* (da der

---

3   El término se apoya en la definición de las narrativas fundadoras de la nación como *Einsetzungsfiktionen*, que utiliza Albrecht Koschorke en su ensayo *Götterzeichen und Gründungsverbrechen. Die zwei Anfänge des Staates* (Koschorke 2004: 42-43).

Brief einen *Umweg* gehen kann, hat er einen Weg, *der ihm eigen ist*)"
(Lacan 1988: 78).

En este sentido me interesa comentar una, desde mi punto de vista,
valiosa intertextualidad. El refrán que marca la oración *La letra con
sangre entra* tiene su más famosa procedencia en el trigésimo sexto
capítulo de la segunda parte del *Don Quijote* de Cervantes. Innecesa-
rio aludir a la importancia de esta obra para toda la literatura hispanoamericana y del valor de toda conexión intertextual con ella. En este
capítulo, Sancho Panza y Don Quijote se encuentran ya en el castillo
del Duque y la Duquesa "cuyos títulos no se saben". Los Duques,
quienes reconocen a Don Quijote ya que han leído con anterioridad la
primera parte del Quijote, engañan a ambos y se burlan de ellos. Así,
Sancho es convencido que la única y exclusiva manera para que Dulcinea vuelva a tener la misma belleza que antes (pues les habían hecho
creer que ésta se encontraba convertida en una rústica aldeana), es que
él se dé tres mil trescientos azotes en las posaderas. Sancho, quien no
tiene ningún interés personal en Dulcinea, le comienza a explicar a la
Duquesa que ya se había dado unas cuantas palmadas en la espalda ya
que no creía que mereciese la pena el azotarse para que otros obtuvieran la recompensa.

> –Eso –replicó la duquesa– más es darse de palmadas que de azotes. Yo
> tengo para mí que el sabio Merlín no estará contento con tanta blandura:
> menester será que el buen Sancho haga sentir, porque la letra con sangre
> entra, y no se ha de dar tan barata la libertad de una tan gran señora como
> lo es Dulcinea, por tan poco precio; y advierta que las obras de caridad
> que se hacen tibia y flojamente no tienen mérito ni valen nada (Cervantes
> 2005: 830).

Y aquí también existe una *coincidentia*. Sancho le enseña a la Duquesa una carta que tenía pensado mandar a su mujer en la cual le contaba
que estaba a punto de irse a gobernar la ínsula que el Duque le había
prometido.

> –Sepa vuestra alteza, señora mía de mi ánima, que yo tengo escrita una
> carta a mi mujer Teresa Panza dándole cuenta de todo lo que me ha su-
> cedido después que me aparté de ella. Aquí la tengo en el seno, que no le
> falta más de ponerle el *sobreescrito*. Querría que vuestra discreción la le-
> yese, porque me parece que va conforme a lo de gobernador, digo, al
> modo que deben de escribir los gobernadores (Cervantes 2005: 831, cur-
> siva mía).

Sancho, al igual que Rosaura, debe añadir aún el "sobreescrito" a su carta: en su caso, se trata del "destinatario y la dirección que se ponían en la parte de la carta que al doblarla quedaba visible", es decir, se trata de una "visibilización" del destinatario y de su mensaje. En el caso de Rosaura, quien escribe su mensaje "al respaldo" de la carta, se trata de una "invisibilización" de su mensaje, de una "codificación" de sus palabras. Dicho de otra forma, el "sobreescrito" de Rosaura es textualmente un "sobre-escrito", un escribir sobre lo anteriormente ya escrito (de su padre). El consiguiente diálogo tampoco es insignificante, pues al oír lo dicho por Sancho la Duquesa le pregunta:

> –¿Y quién la notó? Sancho le responde: –Quién la había de notar sino yo, pecador de mí? –Y escribístesla vos? –dijo la duquesa. –Ni por lo pienso –respondió Sancho–, porque yo no sé leer ni escribir, puesto que sé firmar (Cervantes 2005: 831).

Esta última oración cobra mucho más sentido si la anteponemos a la situación de Rosaura, quien también, "no lee ni escribe" la carta que su padre redacta (por ella/en su nombre) y a quien únicamente se le permite firmarla, es decir, finalmente "sólo sabe firmarla", al igual que Sancho. La radical diferencia es que Sancho dicta su carta él mismo y por ello su "sólo sé firmar" se reduce a una práctica, a una falta de educación. Sin embargo, su "puesto que sé firmar" también alude a que es él quien autoriza y legitima su propio escrito con su firma. En el caso de Rosaura, su firma es paradójicamente una legitimación de un texto extraño, es decir, su firma, en vez de autorizar e identificar al firmante con el documento, es completamente todo lo contrario. La estrategia narrativa del texto fundacional de la literatura ecuatoriana desmitifica y desautoriza el tradicional método criptográfico que asegura la "identidad" del remitente, además de asegurar la "integridad" del documento o mensaje. Por ello, Rosaura tiene que escribir al revés de la carta, tiene que buscar su propia *page blanche*, porque los métodos tradicionales y antiguos de autentificación ya no son válidos para ella.

Todas las observaciones hechas con respecto a la representación del *topos* de la enunciación en la novela y de su significado para la construcción de la nación por medio de la literatura cobran aún más importancia si advertimos que es justamente la "malinterpretación" o la "equívoca" o "diferente" lectura y consiguiente confusión que surge a raíz de esta última oración en la carta de despedida, la que incide fundamentalmente en el desenlace de la historia. Eduardo, por su lado, no logra "descifrar" el mensaje de Rosaura porque se concentra únicamente en su propia perspectiva y se inculpa de la desgracia de su amada. La fijación en su persona lo vuelve ciego para los propósitos de pareja y las expectativas de Rosaura. Riofrío acusa aquí deliberadamente un tipo de comportamiento que excluye el intercambio con el "otro" y se reduce a fijar objetivos desde la propia perspectiva de manera unilateral y únicamente en función de los propios fines. Lo interesante en esta recepción de la carta de Rosaura radica en el potencial imaginario que suscita en Eduardo. La carta/las letras escritas al revés de la misma le otorgan una posición imaginaria a Eduardo, es decir, una posición que no puede "realizar" (comprender), por tratarse de una transformación del mensaje "original" (las palabras del padre) en un mensaje "originario" (las palabras al revés de Rosaura). En este caso se trata de entender lo que Rosaura le quiere transmitir subconscientemente, es decir, bajo la superficie de los significantes de la carta del padre. Y de esa manera continúa Eduardo:

> Luego me dice que va a dar una campanada: este anuncio me horroriza, ¿se habría resuelto a dar un no en la puerta de la Iglesia? Ese no le costaría tres años de tortura que es el tiempo que la Ley la obliga a permanecer a merced de su padre [...] Ella me jura que no será de Don Anselmo, y parece que nada ha valido ante sus ojos mi adoración de seis años, mi abnegación a todo encanto que no fuera el de sus gracias, y mi constante padecer durante una ausencia que me parecía de siglo: el término de mis esperanzas y de mi fe ¿ha de ser esa palabra: vete a la ciudad? (Riofrío 2006: 120).

Como podemos ver claramente, Eduardo se encapricha en su propia lástima o bien se podría emplear el término alemán *Selbstmitleid*. Mientras para Rosaura la fuga hacia la ciudad significa su salvación, movimiento hacia el único escape de su situación, de las autoridades del padre y del cura, para Eduardo es el "término de sus esperanzas y de su fe". En palabras de Deleuze: "[...] no se trata solamente de libertad como oposición a la opresión sino simplemente de una salida [...]" (Deleuze/Guatarri 1976: 11, trad. mía). ¿Y no está Eduardo observándose en el propio espejo y tratando de construirse y constituirse, para así completarse por medio de las palabras de su otro (en este caso Rosaura) quien invoca en él parte de sus deseos reprimidos? Así, todo culmina siendo fruto de la debilidad moral de Eduardo de, al igual que Rosaura, desafiar el "paradigma patriarcal dominante" (Andrade 2007:

39)[4] enfrentándose, una vez consumado el matrimonio forzado, al padre y al cura; y como consecuencia de la descomposición de su propio reflejo (pues la tragedia de Rosaura es también su tragedia):

> Cuando el párroco, con gran satisfacción hubo echado la bendición nupcial, y el cortejo se encaminaba hacia el altar, Rosaura volvió el rostro, bajó el vestíbulo y se encaminó resueltamente a la casa de donde había salido para ir al templo. Al advertirlo, salió su padre y le dijo sobresaltado:
> –Rosaura ¿a dónde vas?
> –Entiendo; señor, que ya no le cumple a Ud. tomarme cuenta de lo que yo, haga.
> –¿Cómo es eso?
> –Yo tenía que obedecerle a Ud. hasta el acto de casarme porque la ley me obliga a ello: me casé, quedé emancipada, soy mujer libre: ahora que Don Anselmo se vaya por su camino, pues yo me voy por el mío (Riofrío 2006: 124).

Una vez emancipada, Rosaura inicia su progresivo descenso personal y social. La segunda parte de la novela corta inicia el relato ya situado en la periferia de la "ciudad" de Loja, mientras que la primera parte de la *histoire* tuvo lugar principalmente en el pueblo natal de Rosaura. Este movimiento hacia la ciudad anticipa el trágico desenlace que, ya una vez ubicado el relato en la ciudad de Loja, ocurrirá con la figura principal.

Posteriormente, en una escena en el campo, Rosaura es agredida por un caballero al interceder nuevamente en favor de unos indígenas. Sin embargo, Rosaura exime de culpa a su agresor para lograr generar así un diálogo entre dominador y dominados. Los indios, sin embargo, insisten en vengarla y hacerla respetar y le refutan al igual que su padre: "La letra con sangre entra", pero Rosaura les pide que no pronuncien esa palabra. Una vez más se presenta el *leitmotiv* fundacional de la literatura ecuatoriana, pero esta vez pronunciado por el sujeto dominado. La dialéctica que surge entre sujeto dominador y sujeto dominado es evidente. Si la primera mención de esta frase estaba en boca de Don Pedro, símbolo del sistema patriarcal dominante, la segunda mención la pronuncian los indios, al igual que Rosaura en su condición de mujer, sujeto subalterno, subordinado. Para mí radica allí justamente la tensión que existe en el proceso fundacional de la nación ecuatoriana (sintetizado en esa oración): tanto el sujeto dominador

---

4   Agradezco al autor haberme proporcionado el texto inédito de su ponencia.

como el sujeto dominado se apoyan en la violencia y no en la "letra", en la palabra, en la lengua, es decir en el texto que se enuncia, para lograr sus propósitos: para Don Pedro es la obediencia de su hija, el mantenimiento de cierto orden patriarcal, para los indios el respeto hacia Rosaura y la defensa de sus derechos ante las injusticias sociales. Finalmente, sí existe una diferencia entre sujeto dominado y dominador, pues mientras Don Pedro hace uso deliberado de la violencia, los indios desisten de ella por intervención de Rosaura. Adicionalmente se debe observar que es Rosaura quien desafía la tradicional jerarquización de castas y traspasa los límites de su comunidad cultural, lo que permite que los indios desistan del empleo de violencia.

En los últimos capítulos de la novela, la narración se precipita textualmente hacia el final. Rosaura, quien ahora vive sola en la ciudad de Loja, vive una vida desenfrenada. El impulso destructivo que la empujó al destierro, la empuja ahora hacia la perdición y autodestrucción *(Selbstzerstörung)*. Sin embargo, la razón más plausible por la cual Rosaura finalmente sucumbe a la prostitución es otra. Llevada por el impulso de la venganza, Rosaura no logra, en una sociedad que no acepta ni permite que una mujer viva sola e independientemente, encontrar otra forma de sobrevivir que la de prostituirse. Es decir, el destino de Rosaura está sujeto a los condicionamientos laborales que tenían las mujeres en su época y por ende a todo un sistema socioeconómico que se estaba formando sobre la base de una domesticidad. La *Selbstzerstörung* (autodestrucción) de Rosaura es una cuestión de *Selbsterhaltung* (supervivencia).

En el siguiente capítulo Rosaura ya se encuentra muerta y el relato se traslada a la perspectiva del narrador-testigo de esta historia. Se trata de un joven estudiante de Óptica y Acústica quien acompaña a su catedrático asignado para la autopsia de Rosaura. Ya que el joven no soporta ver

> correr cruelmente las cuchillas y descubrirse las repugnantes interioridades escondidas en el seno de Rosaura [...] no pudo continuar mirando la profanación sarcástica del cuerpo de una mujer, pues había creído hasta entonces *obscura* y *vagamente* que la constitución fisiológica de este sexo debía ser durante la vida, un incógnito misterio, radiante de gracias y de hechizos [...] (Riofrío 2006: 139).

Evidentemente resulta fundamental considerar que el narrador-testigo es un estudiante de Óptica y Acústica. Como excelentemente analiza Carlos Burgos

> [e]l enigma representado por ese cuerpo de mujer es abierto por las cuchillas. El médico quiere volver legibles los signos de esa corporalidad que al narrador se le presenta misteriosa y esquiva. Se busca extraer los datos de ese cuerpo. El médico, a través de la vivisección, educa al narrador. El método científico como forma lícita y moderna de aproximarse a los cuerpos (Burgos 2008: 63).[5]

Rosaura, pues, se había embriagado en una orgía culinaria con "personas, casi todas de la plebe" y "casi delirante por la fiebre" había entrado a bañarse en el agua helada del río Zamora (Riofrío 2006: 148). Su cuerpo termina en el abandono y en la absoluta desintegración y desmembramiento pues cuando "el estudiante salió a buscar aire más respirable que el de ese cuarto, [...] se encontró con el espectáculo de los peones que estaban recogiendo en el ataúd trozos de carne humana engangrenada" (Riofrío 2006: 148).

4. Observaciones finales

Si para Anderson *narration is politics*, para Riofrío la narración debe alejarse de toda filiación política. La premisa de Deleuze parece ser invertida por Riofrío cuando afirma que:

> [...] las novelas filosóficas y de costumbres son un poderoso auxiliar para contener a los hombres en el deber, para estimularlos a la virtud y hacer temible y detestable el vicio; pero en el Ecuador no hemos visto todavía un sólo ensayo de este género [...] porque todo lo absorbe y esteriliza la política y muy especialmente la hidra de los partidos [...] (Riofrío, citado en Neira 1995: 151).

El mérito de Riofrío, a mi modo de ver, radica en que no vuelve invisible la paradoja constitutiva de su ficción fundacional. El no intenta "sobre-escribir" las costumbres ni la tradición, pues sabe que no es posible fundar una nación sin esos precedentes. Sin embargo, la verdadera emancipación de Rosaura radica justamente allí: como operación lingüística (el voltear la página y reescribirla) y táctica[6] (no hacer

---

5   Agradezco a Carlos Burgos haberme proporcionado su ensayo antes de su publicación.
6   Sobre el concepto de táctica como "un cálculo que no puede contar con un lugar propio" véase especialmente Certeau (2007).

invisible el pre-texto y a la vez establecer y componer semántica- y tipográficamente el nuevo texto) conteniendo y articulándose entre su espacio autónomo-fundacional (de la mujer, del indio y del subordinado) y el espacio hegemónico-tradicional (del padre, del cura y del teniente político). Un balance entre estas dos fuerzas constitutivas del estado latinoamericano: el espacio de apertura y el espacio de clausura. (Obsérvese que se podría discutir si el espacio de clausura es el espacio del progreso y si, por el contrario, el espacio de apertura representa una dimensión regresiva.)

La novela *La Emancipada* se mantiene por ello en el espacio de lo indistinguible *(den Raum des Unentscheidbaren bewahren)*, en el único intersticio textual en donde puede surgir la fundación textual y narrativa nacional (ecuatoriana): entre la carta/página pre-escrita y la *page blanche* re-escrita, al revés de la carta, entre el espacio preliminal y el espacio liminal, entre el revés y la palabra.

Bibliografía

Anderson, Benedict (1991): *Imagined Communities. Reflections on the Origin and Spread of Nationalism*, London/New York: Verso.

Andrade, Jorge O. (2007): "Entre la santidad y la prostitución: la mujer en la novela ecuatoriana en el cruce del siglo XIX y XX". En: *Iconos. Revista de Ciencias Sociales*, 28, pp. 35-45.

Balseca, Fernando (1996): "En busca de nuevas regiones: la nación y la narrativa ecuatoriana". En: Pólit Duñas, Gabriela (ed.): *Antología. Crítica literaria ecuatoriana. Hacia un nuevo siglo*. Quito: Corporación Editora Nacional, pp.141-155.

Bonilla, Adrián (2006): "Presentación". En: Kingman Garcés, Eduardo: *La ciudad y los otros: Quito, 1860-1940. Higienismo, ornato y policía*. Quito: FLACSO-Universidad Roviri e Virgili, pp. 9-10.

Burgos, Carlos (2008): *En tensión. Olmedo, Riofrío y Montalvo: cultura, literatura y política en el XIX ecuatoriano*. Guayaquil: Universidad de Guayaquil. Publicabitur.

Capel, Horacio (2006): "Prólogo". En: Kingman Garcés, Eduardo: *La ciudad y los otros: Quito, 1860-1940. Higienismo, ornato y policía*. Quito: FLACSO-Universidad Roviri e Virgili, pp. 17-33.

Certeau, Michel de (2007): *La invención de lo cotidiano. Artes de hacer*. Trad. Alejandro Pescador. México, D.F.: Universidad Iberoamericana.

Cervantes, Miguel ([1605] 2005): *El ingenioso hidalgo don Quijote de la Mancha*. Edición del IV Centenario. Bogotá: Real Academia Española.

Deleuze, Gilles/Guatarri, Félix (1976): *Kafka. Für eine kleine Literatur*. Frankfurt am Main: Suhrkamp.

Jameson, Fredric (1986): "Third-World Literature in the Era of Multinational Capitalism". En: *Social Text*, 15, pp. 65-88.

Kingman Garcés, Eduardo (2006): *La ciudad y los otros: Quito, 1860-1940. Higienismo, ornato y policía*. Quito: FLACSO-Universidad Roviri e Virgili.

Koschorke, Albrecht (2004): "Götterzeichen und Gründungsverbrechen. Die zwei Anfänge des Staates". En: *Die Neue Rundschau*, I, pp. 40-55.

Lacan, Jacques (1988): *Escritos 1*. México, D.F.: Siglo XXI.

Luhman, Niklas (1990): *Die Wissenschaft der Gesellschaft*. Frankfurt am Main: Suhrkamp.

Neira, Raúl (1995): "Construcción social de la 'domesticidad' de la mujer en la novelística ecuatoriana: La Emancipada (1863)". En: Bacarisse, Pamela (ed.): *Tradición y actualidad de la literatura iberoamericana. Actas del XXX Congreso del Instituto Internacional de Literatura Iberoamericana*. Pittsburgh: University of Pittsburgh, pp. 147-152.

Riofrío, Miguel ([1863] 1973): *La Emancipada*. Loja: Consejo Provincial de Loja.

— ([1863] 2005): *La Emancipada*. Ed. de Flor María Rodríguez Arenas. Buenos Aires: Stockcero.

— ([1863] 2006): *La Emancipada*. Quito: Libresa.

Rodríguez-Arenas, Flor María (2005): "La Emancipada". En: Riofrío, Miguel: *La Emancipada*. Buenos Aires: Stockcero, pp. xix-xlvi.

Salazar Estrada, Yovany (2006): *Microensayos de Crítica Literaria*. Loja: CCE Núcleo de Loja.

Stephan Leopold

Entre *nation-building* y *Trauerarbeit.*
Asimilación, melancolía y tiempo mesiánico en *María* de Jorge Isaacs

> Lo que os digo hermanos es esto: el tiempo es corto.
> [...] Porque la apariencia de este mundo pasa.
> 1 *Corintios* 7.29

1.

En un artículo muy discutido en su tiempo, "Third-World Literature in the Era of Multinational Capitalism", Fredric Jameson postula que la literatura de aquellos países que sufrieron una fase colonial es inevitablemente alegórica. Mientras que en la cultura capitalista de occidente se estableció una forma de la novela en la que la diferenciación entre lo público y lo privado se manifiesta tanto mediante una división de lo político y lo poético como de lo económico y lo erótico,[1] la literatura del denominado Tercer Mundo se caracteriza por una dinámica libidinosa que siempre atañe a lo político:

> Third World texts, even those which are seemingly private and invested with a properly libidinal dynamic – necessarily project a political dimension [...]: [thus,] the story of the private individual destiny is always an allegory of the embattled situation of the public third-world culture and society (Jameson 1986: 69).

No quiero defender aquí el maniqueísmo estratégico de Jameson, ni el concepto del Tercer Mundo como bloque monolítico. El argumento respecto a la literatura postcolonial, sin embargo, me parece muy válido como hipótesis de trabajo. Tenemos aquí una relación bipolar: por

---

1 Albrecht Koschorke (1999: 15-35) ha subrayado en este contexto, en qué medida el desarrollo de la novela moderna se debe a la transformación de un cortesano "erotismo del trato" *(Erotik des Umgangs)*, público y siempre político, a un ideal de amor y matrimonio burgués que se basa en la interioridad del sentimiento y en el mundo privado, apartado de la vida pública. La novela sicológica de la sensibilidad *(Empfindsamkeit)* se revela así como la expresión literaria de un alejamiento de lo político y de lo económico.

un lado, la expropiación de lo propio, es decir, la destrucción de la cultura y sociedad autóctona por parte de un poder extranjero, por el otro lado, la inversión libidinosa –"libidinal investment" (Jameson 1986: 70)– en lo político de la sociedad y literatura postcolonial. La inversión libidinosa en lo político se puede ver, pues, como el resultado de una carencia fundamental, ya que se desea y erotiza un *corpus politicum* que no –o por lo menos todavía no– existe. De ahí el carácter alegórico de la literatura postcolonial, tal como lo entiende Jameson: la experiencia individual allí descrita, con sus múltiples afectos libidinosos, siempre transmite un sentido colectivo, escurridizo y aplazado al mismo tiempo, que es el verdadero objeto del deseo.

En su estudio seminal *Foundational Fictions* (1991), Doris Sommer amplifica el concepto de Jameson y lo adapta al siglo XIX latinoamericano. No hace falta señalar en nuestro contexto que la situación en Latinoamérica difiere en calidad de los países postcoloniales que surgirán de la descolonización del siglo XX: a diferencia de la India, la China y los países africanos, en Latinoamérica no hubo una toma de poder de la población indígena, sino un traspaso de la administración colonial a las élites criollas. De ahí que las jerarquías étnicas y sociales se mantendrán, en mayor o menor medida, durante casi todo el siglo. A pesar de esto, la situación después de 1810 no difiere tanto de la de los países postcoloniales del siglo XX, puesto que las naciones –en el sentido moderno de la palabra– están todavía por nacer. Ahora bien: Sommer parte de la hipótesis de que en este proceso de consolidación nacional, la novela, y en concreto la trama romanesca, juega un papel importantísimo. Tal como Jameson –a quien acusa injustamente de simplificador– postula un entrecruzamiento entre lo erótico y lo político y lee las novelas romanescas como alegorías nacionales, en las cuales la feliz y fructífera unión de los amantes remite siempre a la constitución de las naciones postcoloniales. Sommer lee el caso contrario, o sea un final trágico e infeliz, como acto de enfocar un obstáculo –por ejemplo el dictador Rosas en *Amalia* de José Mármol– cuya eliminación hará posible un futuro ya libre de la lucha de fracciones. La muerte de los protagonistas significa, pues, una opción que pudo ser y, por consiguiente, tiene una función enfática y apelati-va.[2]

Según esta perspectiva, la literatura que contribuye al denominado *nation-building* sería "pedagógica" en el sentido de Homi Bhabha.[3] Esboza o proyecta una nación en su punto de culminación teleológica y ofrece así un modelo de identificación patriótica. De ahí que la literatura pedagógica sea también el medio de un "estado de espejo" en el sentido de Jacques Lacan (1966: 93-100): hace posible la identificación eufórica y colectiva con un doble imaginario (la *assomption jubilatoire* de Lacan) que compensa una realidad política frecuentemente disfórica, en la cual el *corpus politicum* queda todavía desintegrado (el *corps morcelé* de Lacan).[4] Este "estado de espejo" producido por lo pedagógico es, finalmente, el momento central para que las poblaciones reales y frecuentemente heterogéneas puedan contemplarse como "comunidades imaginadas", tal como las entiende Benedict Anderson (1991) en su estudio homónimo.[5]

En este último sentido Sommer, que se basa explícitamente en Anderson, entiende el concepto de la alegoría nacional. Jameson, sin embargo, ya hizo hincapié en un movimiento inverso que se da cuando un determinado autor cancela la inversión libidinosa. Así se produce un texto que reconstruye el mundo de un modo paranoico como un "terrifying objective real world" que rompe la superficie del espejismo patriótico y revela la inquietante desintegración de la comunidad na-

---

2 Véase la parte II de la introducción, "Love and the Country: An Allegorical Speculation", en Sommer (1991: 30-51).
3 Véase el capítulo "DissemiNation: Time, Narrative and the Margins of Modern Nation" en Bhabha (1994: 139-170).
4 Como se sabe, Lacan inicialmente desarrolló el concepto del "estado de espejo" con el niño de seis meses que tiene las facultades motrices aún muy limitadas y se percibe a sí mismo como "cuerpo despedazado" *(corps morcelé)*. La mirada al espejo le ofrece, en cambio, un yo entero y visualmente presente con el que puede superar la autopercepción problemática. El niño se identifica entonces con este imago –el yo ideal– de una manera narcisista e imaginaria. Esta "asunción con júbilo" *(assomption jubilatoire)* enajena, pues, el sujeto de tal manera que éste toma la imago ilusoria de entereza por la entereza misma.
5 Acerca de la situación en la América Latina postcolonial, véase el capítulo III, "Creole Pioneers" (Anderson 1991: 47-65), donde el autor propone la tesis de que la página impresa, en concreto los periódicos, jugaba un papel decisivo en el desarrollo de una conciencia comunitaria.

cional (Jameson 1986: 70s.).[6] Un buen ejemplo de este tipo de alegoría nacional es tal vez *El matadero* de Esteban Echeverría (1871). El
concepto que Bhabha de una cierta manera opone al concepto de lo
pedagógico va por allí, aunque en una medida mucho menos drástica:
lo que él denomina lo "performativo" es una realización individual de
lo pedagógico que en vez de cumplir del todo con el modelo propuesto, produce más bien una diseminación (Bhabha 1994: 143-145).
Sommer pasa por alto este último aspecto, aunque muchas de sus lecturas lo demuestran implícitamente. Así se le escapa un factor importante: la diseminación de lo pedagógico queda algo en caballo entre el
espejismo patriótico y la reconstrucción paranoico-disfórica – es un
exceso y, por lo tanto, algo inconmensurable.

Desde mi punto de vista, esta oscilación entre lo especular-eufó-
rico y lo paranóico-disfórico es, acaso, la característica más interesante de las ficciones fundacionales del siglo XIX latinoamericano. A
diferencia del esquema propuesto por Sommer, los textos concretos
diseminan lo pedagógico cuando, al lado o en vez del *happy ending*,
enfocan la pérdida dolorosa de un personaje principal inconmensurable con el proyecto homogenizador de la nación postcolonial. Este
fenómeno se puede estudiar en muchos de los textos: son los héroes
románticos en *La cautiva* (1837) de Echeverría y en *Amalia* (1855) de
Mármol que ya no tienen lugar en la nación burguesa, que proyectan
estos dos textos. Lo mismo se puede decir acerca de *Sab* (1841) de
Gertrudis Gómez de Avellaneda, que en vez de proyectar una unión
alegórica que pudo ser –la del noble esclavo mulato con la latifundista
blanca–, nos presenta la muerte patética de un personaje híbrido y
completamente ajeno al capitalismo de proveniencia inglesa que do-

---

6 Acerca de la "reconstrucción paranoica" véase el famoso caso del *Senatspräsi-*
dent Schreber que Freud describe y analiza en "Psychoanalytische Bemerkungen
über einen autobiographisch beschriebenen Fall von Paranoia" (Freud 1911).
Queda por añadir que Freud mismo hace alusión a la literatura en el "Nachtrag
von 1911", donde constata: "Dieser kleine Nachtrag zur Analyse eines Paranoi-
den mag dartun, [...] daß die mythenbildenden Kräfte der Menschheit nicht erlo-
schen sind, sondern heute noch in den Neurosen dieselben psychischen Produkte
erzeugen wie in den ältesten Zeiten" (Freud 1911: 203). En la *Traumdeutung*
(Freud 1900), Freud desarrolla su concepción alegórica de lo síquico frente al
sueño *(Trauminhalt)*, el cual entiende como un desciframiento metafórico *(Ver-*
dichtung) o metonímico *(Verschiebung)* del verdadero mensaje del sueño
(Traumgedanke).

mina la economía del Caribe. Esta significativa aniquilación de diferencia tiene su apogeo indudable en *María* (1867) de Jorge Isaacs, cuyo *degré zéro* es la diferencia racial y cultural de la heroína epónima, la cual, concebida como enfermedad hereditaria, causa un aplazamiento temporal y espacial que no se cumple nunca. Esta *différance* es la figura textual de la novela: el converso Efraín no se casará con su prima amada, la (crípto-)judía Ester/María, y este imposible *regressus ad fontes*, en vez de transformarse en un movimiento teleológico hacia un futuro ya lejos de la diferencia étnico-cultural, produce un discurso melancólico que abarca en sí esta misma diferencia. Aún antes de su muerte prematura, Ester/María es el "objeto perdido" por antonomasia, y el enorme éxito de la novela de Isaacs se debe, desde mi punto de vista, justamente a esta pérdida fundamental e irremediable que mucho mejor que las simples alegorías pedagógicas expresa una naciente subjetividad latinoamericana.

2.

María comienza con el regreso del joven Efraín al seno de su familia, unos latifundistas cañicultores en el Valle de Cauca, y consiste, en gran medida, en los pocos meses que trascurren entre esta vuelta y una nueva partida de Efraín para Europa. Desde niño Efraín ama a su prima María, y ya la primera partida a Bogotá emprendida a la edad de catorce años le es muy dolorosa. La frase inicial de la novela "[e]ra yo niño aún cuando me alejaron de la casa paterna [...]" (53)[7] documenta el desamparo sufrido por el narrador en aquel entonces e indica, por su construcción impersonal, que es una especie de fuerza superior que lo aleja del hogar paternal y así de la compañía de su amada. Por lo tanto, resulta muy interesante que el segundo capítulo, donde se narra la vuelta del joven después de seis años de ausencia, comience casi con las mismas palabras – pero esta vez con un desplazamiento semántico significativo: "al regresar al nativo valle [...] [m]i corazón rebosaba de amor patrio" (54). El adjetivo "patrio", claro está, se puede leer como perteneciente al padre y, por consiguiente, a la casa paterna. Esto no ofusca, sin embargo, el otro y más común significado de la voz como "relativo a la patria" (Real Academia 1992: 1099). Tenemos, por lo

---

7   Para evitar redundancias innecesarias cito de Isaacs (2004) sin nombre y año.

tanto, un *double-bind* altamente significativo del cual se pueden sacar al menos dos conclusiones: primero que Efraín considera la casa paternal como su patria, y, segundo, que Efraín aprendió, durante su estancia prolongada en la capital, amar tanto a la patria como a la casa paterna. En ambos casos el amor a la casa paterna y el amor a la patria se confunden y en esta confusión radica el conflicto mayor de la novela: el padre de Efraín le va a exigir a éste que ame más a la patria que a la casa paterna y que se vaya a Londres para estudiar allí durante otros cinco años una profesión de índole alegórico nacional por excelencia: la medicina. Mientras tanto morirá María.

Como se ve, la salud buscada en nombre de la patria en el extranjero no llega a la casa paterna, la cual, además, se derrumbará económicamente después de la muerte de María. Conforme a ello, la novela termina con un tono agudamente disfórico, partiendo Efraín "a galope por el medio de la pampa solitaria, cuyo vasto horizonte ennegrecía la noche" (329). Es más: desde el principio paratextual de la novela sabemos que Efraín "ya no existe" (51). El prólogo nos remite, pues, a un pasado cerrado hacia el futuro, y la indicación de lectura que nos da el editor ficticio es muy significativa al respecto. Dice: "[l]eedlas [sc. estas páginas] [...], y si suspendéis la lectura para llorar, ese llanto me probará que [...] he cumplido fielmente [con mi misión]" (51). Podemos deducir de esto que el editor ficticio prescribe un llanto catártico que lo ayuda al lector a superar la pérdida de "aquel a quien tanto amasteis" (51) – es decir de Efraín. La conjetura de que se trata aquí de una especie de "trabajo de duelo" *(Trauerarbeit)* en el sentido de Freud (1917: 193-212) queda corroborada por la dedicatoria que no se dirige a un lector cualquiera, sino "[a] los hermanos de Efraín". Ahora bien: si nos preguntamos ¿quiénes son estos hermanos? llegamos al mismo *double-bind* de antes, puesto que "hermanos" puede significar aquí o bien hermanos de sangre, o bien compatriotas. Según la primera interpretación, la dedicatoria remitiría al universo ficticio de la novela, según la segunda, se dirigiría a todos los colombianos. Si me inclino a una tercera interpretación, es porque no todos los colombianos son hermanos de Efraín: es decir, no todos los colombianos provienen de las mismas condiciones sociales que Efraín.

Efraín se caracteriza por tres aspectos fundamentales: pertenece a una familia de inmigrantes conversos, ama a su prima y obedece ciegamente a la voluntad de su padre. Para entender el nexo intricado entre estos tres aspectos hay que echar un vistazo al capítulo VII, donde se cuenta la historia de Jorge, el padre de Efraín, y Salomón, el padre de Ester. Los primos nacen en Kingston, Jamaica, como judíos. Pero mientras Jorge, para casarse con una española, renuncia al judaísmo y se convierte al catolicismo, Salomón, aunque supuestamente aficionado al catolicismo, se casa con una judía y mantiene su antigua fe. Muere la esposa de este último, Sara, y lo deja solo con una niña llamada Ester. Salomón, que se encuentra "desfigurado moral y físicamente por el dolor" (66), considera que "tal vez [...] haría desdichada" a su hija "dejándola judía" (66) y la lleva a vivir con Jorge para que éste la deje bautizar por el nombre de María y la eduque según el evangelio de Jesucristo. Al mismo tiempo le pide a Jorge: "[n]o lo digas a nuestros parientes" (66). Al haber llegado la "hija de Salomón" (67) a la familia de su padrino, poco a poco "sus labios empezaron a modular acentos castellanos" (67). Seis años más tarde, a la edad de nueve años, se queda también huérfana de padre. A partir de ese momento, pertenece para siempre a la familia de Jorge, donde la consideran "un tesoro sagrado" (66). Pero todavía se distingue por el "acento con algo melancólico que no tenían nuestras voces" (67).

El séptimo capítulo es de una alta densidad semántica. Me limito aquí a destacar algunos puntos claves: a causa de una desfiguración moral por parte de su padre, la judía Ester es forzada a convertirse a cristiana. Siendo este bautismo probablemente un escándalo para los parientes de Jamaica, tiene lugar en "la primera costa" de América (66), y en esta nueva patria Ester recibirá también un nuevo idioma. Hasta aquí la historia de Ester/María es la crónica de unas pérdidas sucesivas: pierde a su madre, a su padre, su tierra natal, su religión y su idioma.[8] Pero al mismo tiempo mantiene algo de su antiguo estado: Sus parientes de Jamaica siempre la considerarán judía, y para la familia de Jorge será la "hija de Salomón", a la cual —como se sabrá más tarde— Jorge la suele llamar cariñosamente "judía" (173). Igualmente su acento melancólico puede interpretarse como una reminiscencia del

---

8   Este aspecto del secuestro queda corroborado por la historia de la esclava africana Nay/Feliciana (cap. XL-XLIII) que es el doble de Ester/María. Además de compartir una historia análoga de pérdida y asimilación tanto la ex-princesa negra como la ex-judía mueren prematuramente. Acerca de las paralelas entre los dos personajes femeninos y la descendencia "aristocrática" de los judíos véase Sommer (1991: 191, 200s.).

hebreo, su verdadera lengua materna.[9] Su rasgos físicos, como se puede leer en el tercer capítulo, "son los de las mujeres de su raza" (56),
lo cual no sorprende, puesto que a diferencia de los hijos de Jorge,
María es de sangre pura. Tal vez sea por eso que los inmigrantes conversos la consideren "un tesoro sagrado". Efraín, de todas formas, la
idolatra, y cuando constata en el cuarto capítulo que "su paso ligero y
digno revelaba todo el orgullo, no abatido, de *nuestra* raza" (59. Énfasis mío.), reconoce en María su propia descendencia. Su padre Jorge
tampoco está libre de esta especie de crípto-judaísmo, porque temien-
do a los malos augurios tiene, como nos dice Efraín, "preocupaciones
de su raza" (127). Pero María no es solamente "un tesoro sagrado" de
un judaísmo perdido o suprimido: tiene también "el recato de la virgen
cristiana" (59). Este último aspecto queda reforzado por la "notable
semejanza" que tiene con "una bella Madonna" (167) que se encuentra
en el oratorio de la madre de Efraín. A lo largo de la novela María
desarrollará una devoción a esta Virgen, la cual, sin embargo, no la
salvará: María morirá prematuramente del "mismo mal que padeció su
madre" (80).[10]

Doris Sommer (1991: 197s.) ve detrás de la enfermedad de María
la histeria – el mal de madre. Puede que tenga razón. No obstante, me
gustaría destacar que esta histeria, si la entendemos con Slavoj Žižek
(1999: 248) como la oscilación irresuelta entre dos polos, es menos
una enfermedad del personaje que un síntoma del texto. Tal como la
polisemia de las voces "patrio" y "hermano", el personaje de Ma-
ría/Ester es un *double-bind* entre lo privado (lo judío) y lo público (lo
cristiano). Pero María no sólo oscila entre la genealogía y la nación,
sino también entra la salud y la enfermedad. Es el "tesoro sagrado" de

---

9 Dice Frantz Rosenzweig (1976: 335) en este contexto, que "la vida lingüística [de
   un judío] siente siempre estar en tierra extranjera y que su patria lingüística se
   sabe en otra parte, en el recinto de la lengua santa, inaccesible al habla cotidiano"
   ("daß sich sein Sprachleben stets in der Fremde fühlt und seine eigentliche
   Sprachheimat anderswo, in dem der alltäglichen Rede unzugänglichen Bezirk der
   heiligen Sprache, weiß"). Para una reflexión sobre Rosenzweig y el problema del
   "monolingüismo" de los judíos asimilados, véase también Derrida (1996: 92-
   100).
10 Véase también p. 186, donde María dice del doctor Mayn "[é]l cree que mi enfermedad es la misma de mi madre... y acaso tenga razón. [...] [M]uchas veces he
   pensado con horror en ese mal. Pero tengo fe en que Dios me ha oído; le he pedido con tanto fervor que no me lo vuelva a dar...".

la familia de Jorge y también su estigma. Lo primero queda subrayado también a nivel económico, ya que María, por parte de su difunto padre, tiene una dote "de alguna consideración" (89), la cual, en el caso de que se casara con Efraín, significaría la salud económica para la casa paterna. Queda por resolver ¿por qué impide Jorge este matrimonio tan saludable para la familia, forzándolo a Efraín a estudiar medicina en el extranjero? ¿Por qué, pues, es incompatible la salud privada con la salud pública?

La respuesta se halla, desde mi punto de vista, en el nombre de Ester y en el libro homónimo del Antiguo Testamento. Acordémonos de que el libro de *Ester* cuenta la diáspora de los judíos en Persia, y de que la protagonista "se había quedado huérfana de padre y madre" (*Ester* 2.7).[11] Como la heroína de la novela de Isaacs, la Ester de la Biblia fue adoptada por un pariente suyo, y también está prohibido revelar su estado. Pero mientras Salomón le pide a Jorge que no les cuente la conversión de Ester a los parientes judíos, la Ester bíblica, al casarse con el rey de Persia, "no había revelado ni su pueblo ni su orígen, porque así se lo había ordenado [su padre adoptivo] Mardoqueo" (2.10). En el libro de Ester, esta disimulación del estado, converge con la diáspora y los peligros que implica. Estos últimos quedan manifiestos, cuándo el ambicioso Amán quiere destruir a los judíos. Ahora Ester revela su estado y le dice al rey, su esposo: "[s]i gozo de tu favor [...] que se me conceda la vida según mi deseo, y la de mi pueblo según mi petición. Porque hemos sido vendidos, mi pueblo y yo, para ser exterminados, muertos y aniquilados" (7.3-4.). Esta revelación provoca un cambio radical, porque no sólo es causa de la salvación de los judíos, sino también del hecho que Mardoqueo, que había salvado al rey en otro momento, se haga "el segundo después del rey" (10.3). El libro de *Ester* termina, pues, con el triunfo del judaísmo en la diáspora; en *María*, que es la historia de una asimilación dolorosa, este apogeo de la genealogía no puede, no debe ser. De ahí el orden de disimulación contraria a la de la Ester bíblica. No obstante, María siempre es una Ester que "revelaba todo el orgullo, no abatido, de *nuestra* raza" (59. Énfasis mío). Temible y deseada, María es ante todo una amenaza para la fusión de lo público y lo privado. Es lo Otro de la asimilación que los inmigrantes conversos no pueden ni aceptar

---

11 Cito de la *Biblia* de Herder, trad. por el Padre Serafín de Ausejo.

ni suprimir.[12] Por eso Ester/María no puede ser Ester. Ester es la salvación de su pueblo. Ester/María es un *pharmakos*: o "tesoro sagrado" y salvación económica, o estigma y enfermedad.[13]

La ley del padre toma en cuenta esta inextricable *in-betweenness*: aplaza la unión entre María y Efraín. Así suspende lo unívoco y retrasa la decisión. Decreta: "dentro de cuatro años [...] María será tu esposa" (210). María "será" la esposa de Efraín, y justamente por eso no lo será nunca. Es esta la paradoja central de la novela, porque la enfermedad de María vuelve justamente cuando Efraín se aleja para ser médico. Ahora la frase que pronunció Jorge en favor de la partida de su hijo se convierte en amarga ironía: "la familia va a cosechar abundante fruto de la semilla que voy a sembrar" (209). Lo que cosecha es la muerte de María, perdiendo al mismo tiempo la dote. El galope de Efraín en dirección de un "vasto horizonte ennegrec[ido] [por] la noche" (329) con que termina la novela y su muerte, aparentemente prematura, que se cuenta en el prólogo, corroboran el desastre. Efraín, que pudo haber sido el médico de su prima, desaparece como ella. Ninguno de los dos jugará un papel en el futuro de la nación. Así se tiene que leer también la famosa frase que María le escribe a su prometido en su última carta: "[s]i no hubieran interrumpido esta felicidad, yo hubiera vivido para ti" (289). Lo problemático de esa felicidad reside en que sólo funciona como *in-between*. Es significativo al respecto que María no diga: "Si hubiéramos podido casarnos". María se refiere claramente al "aún no" del noviazgo. En esta felicidad, tanto el matrimonio como el viaje quedan aplazados. Es un estado de latencia entre la genealogía y la nación: el matrimonio significaría volver a "nuestra raza" (289), el convertirse en médico nacional implica –si se

---

12 En este sentido se puede interpretar la infausta ave negra que da un "un calofrío [sic.] de pavor" (249) a Efraín y se posa al final de la novela en uno de los brazos de la cruz sobre la tumba de María. Es *unheimlich* en el sentido de Freud, ya que con ella regresa lo suprimido de un modo inquietante. Esta relación del ave negra con el inconsciente queda subrayado por la misma María. Le cuenta a Efraín que era "un ave negra [que] dio un chillido que no había oído nunca; pareció encandilarse un momento con la luz que yo tenía en la mano y la apagó pasando sobre nuestras cabezas a tiempo que íbamos a huir espantadas. Esa noche me soñé..." (182). Parece ser algo inquietante que sueña María ya que le dice a Efraín con énfasis: "[n]o debo decírtelo." Acerca de lo inquietante véase Freud (1919: 242-274).

13 Acerca del *pharmakos* como remedio y veneno véase Derrida (1972a: 118ss.).

me permite aquí la palabra de Calderón– la "cura postrera" (Calderón 1989: v. 1711) para lo propio. Son éstas las dos opciones del libro de *Ester*: por un lado, el triunfo del judaísmo, por el otro, su aniquilación. El libro bíblico termina con la primera opción, *María* con la segunda. La felicidad de Ester/María se encuentra en el medio.

3.

Ester/María es la personificación de una diferencia que no tiene lugar en la nación asimilista. Es un "objeto perdido" – un objeto imposible. La novela, sin embargo, es capaz de abarcar este objeto imposible dentro de su discurso narrativo. En la novela, María muere, como novela, *María* persiste. Volvamos ahora a lo que hemos dicho antes acerca del prólogo y recordemos que para Freud la diferencia entre el "trabajo del duelo" y la melancolía consiste en las diferentes posturas frente a la pérdida del objeto amado: el que cumple con el trabajo de duelo acaba aceptando la pérdida, el melancólico, no pudiendo abandonar al objeto amado, lo conserva –en forma de libido– en su propio yo (Freud 1917: 210ss.). Según esta perspectiva, el discurso narrativo de *María* sería un discurso melancólico, ya que abarca el objeto perdido y, junto a ello, la imposible diferencia. Es la novela misma que aplaza el "trabajo del duelo" y conserva el imposible objeto. Para quienes se conserva el imposible objeto queda claramente dicho en el prólogo: para los hermanos de Efraín – para aquellos, pues, quienes aman como Efraín a un imposible objeto.

María, claro está, se puede leer como un libro sobre la inmigración y asimilación de los judíos en Latinoamérica. Pero esta interpretación no explica el enorme éxito de la novela. No olvidemos que *María* es *Nationalliteratur* en el sentido enfático de la palabra. Eso no quiere decir que se puede dejar a un lado el judaísmo, ni mucho menos. Creo, al contrario, que el judaísmo, y en concreto la doble entidad de Ester/María, es central para la comprensión de la obra y su recepción en Latinoamérica. Lo mismo vale para la figura del aplazamiento que produce una experiencia del tiempo fuera del tiempo: un tiempo entre la genealogía y la nación. Esta figura paradójica, y si queremos deconstructivista, tiene su modelo en las *Cartas* de San Pablo. Las cartas paulinas son los textos bíblicos donde se juntan judaísmo y (proto-)cristianismo y producen una suspensión de diferencia que tiene su equivalencia en el tiempo mesiánico. Le debemos a Jacob Taubes (2003: 23-75) la inteligencia de que los textos paulinos –ante todo la "Carta a los Romanos"– no son, como lo quiere la tradición cristiana, el traspaso de la *Sinagoga* a la *Ecclesia*. En las cartas paulinas el judaísmo queda aplazado en el sentido de la *différance* de Jacques Derrida (1972b: 8s.): sale de la Ley Antigua, se desplaza pero no se agota. Así se produce el tiempo verdaderamente mesiánico: un tiempo fuera del tiempo, pero antes del fin del tiempo. Es, como Giorgio Agamben lo ha dicho tan bien en su comentario a la "Carta a los Romanos": "il tempo che resta" – el tiempo que queda antes de que se agote el tiempo (Agamben 2000).

Si volvemos ahora a *María* comprendemos tal vez mejor por qué la felicidad de Ester/María consiste justamente en el aplazamiento. Igual que en Pablo, que fue Saulo, su programa onomástico contiene en sí ya la *différance*. Ester se desplaza hacia María, pero persiste y no se agota en ella. Así tampoco nunca será del todo María. Esta *inbetweenness* tiene su equivalente en el *cronotopos* de la novela.[14] Es un tiempo aplazado que ya no pertenece al tiempo de la genealogía ni se cumple en el tiempo de la nación. Tal como las cartas paulinas, *María* produce un tiempo mesiánico. Pero a diferencia de San Pablo, el mesianismo alegórico nacional de Isaacs es un mesianismo frustrado. Es justamente por eso que una novela sobre la asimilación de los judíos puede ser *Nationalliteratur*. La historia de Latinoamérica es constituida, según la fórmula perspicaz de Mariano Delgado (1994: 110), por un "exceso de mesianismo" que tiene su causa en una esperanza de salvación frustrada. La "tierra prometida" del Nuevo Mundo no cumple con su promesa (Delgado 1994: 43-59). Al mismo tiempo – y ahora nos acercamos a la realidad histórica concreta– el Viejo Mun-

---

14 El concepto de *cronotopos* proviene de Mijaíl M. Bajtín (1989: 12s.) que lo desarrolló originalmente en el contexto de la novela romanesca. Bajtín distingue dos formas de tiempo: un "tiempo de aventura" y un "tiempo biográfico". El primero consiste en el desplazamiento de los protagonistas a través de un mundo extraño, el segundo contiene en sí el enamoramiento inicial, el obstáculo y el casamiento al final de la acción. En el caso de *María* el esquema Bajtiniano queda deconstruido de tal manera, que el tiempo biográfico aplaza el tiempo de aventura y ocupa al mismo tiempo su lugar estructural. Así el tiempo biográfico se convierte en tiempo de aventura, y la figura del aplazamiento queda constitutiva para el *cronotopos* de la novela. En otras palabras: el *cronotopos* del camino y del desplazamiento se convierte así en el *cronotopos* del hogar y del aplazamiento.

do, el mundo de la dominación española, ya no es accesible. La palabra que utiliza Bolívar en la *Carta de Jamaica* (1815) al caracterizar la situación después de la independencia lo deja muy claro: es "orfandad" (Bolívar 1976: 68). Esta orfandad remite a su vez a *María*, donde la orfandad de la heroína es la causa de su estructura de *double-bind* paradójico. Si además tenemos en cuenta el remedio que Bolívar propone para "curar" la orfandad latinoamericana –los "gobiernos paternales" (Bolívar 1976: 68)–, el nexo con *María* queda aún más claro. La patria, que desde el principio es el horizonte ante el cual se desarrolla la novela, no es capaz de curar esta orfandad fundamental. Es el "horizonte ennegrecido", donde, al final de la novela, se pierde Efraín, el médico.

Ahora también se entiende el sentido de la escritura melancólica de Issacs. Es la expresión de una naciente subjetividad latinoamericana que se sitúa entre dos imposibilidades: es el fruto de un mesianismo que se sabe ya privado de su objeto, y, sin embargo, no cesa de auratizándolo. "Los hermanos de Efraín", a los que se dedica el prólogo, son, pues, en última instancia, los escritores que piensan y escriben la América independiente. Esta trayectoria no cesa con el siglo XX – ni mucho menos. La literatura del siglo XX se puede caracterizar más bien como la continuación y variación de la aporía temporal de Isaacs. La novela del dictador, que es la heredera legítima de las ficciones fundacionales decimonónicas, expresa –de una manera angustiada y a menudo grotesca– un mesianismo al revés, cuyo protagonista es el sempiterno *Señor Presidente*.[15] La preocupación por el tiempo de la nación deja su huella también en una concepción cíclica del tiempo que otro colombiano, Gabriel García Márquez, convirtió en *Cien años de soledad* en una espiral de fracasos que terminan en un apocalipsis del que ni siquiera el propio texto se salva.[16] La otra vertiente de esta temporalidad disfórica es el regreso a un imposible paraíso: son *Los pasos perdidos* de un tiempo mítico anhelado pero ya incompatible con el tiempo de la nación y sus ciudadanos.[17] Lo que tienen en común todas estas reflexiones literarias es una preocupación por un mal del tiempo que también es el mal de la nación. La salvación prometida

---

15 Acerca del mesianismo en la novela del dictador véase Wehr (2005).
16 Acerca del tiempo cíclico y la concepción disfórica de la historia en la novela de Márquez véase Wehr (2003).
17 Acerca de la búsqueda del paraíso perdido véase Rössner (1988: 23-30, 80-85).

siempre queda aplazada (Leopold 2003). Por muy "mágicos" que sean muchos de los textos del siglo XX, su máscara carnavalesca casi siempre deja traslucir esa pérdida irremediable que teoretizó tan bien Octavio Paz en *El laberinto de la soledad*: "[v]ivir es separarnos del que fuimos, para internarnos en el que vamos a ser, futuro extraño siempre" (Paz 1997: 341).[18] En este sentido, *María* de Jorge Isaacs es, sin duda, un libro fundacional.

Bibliografía

Agamben, Giorgio (2000): *Il tempo che resta. Un commentario alla* Lettera ai Romani. Torino: Bollati Boringhieri.

Anderson, Benedict ([1983] [2]1991): *Imagined Communities. Reflections on the Origin and Spread of Nationalism*. London/New York: Verso.

Bachtin, Michail M. (Bajtín, Mijaíl M.) (1989): *Formen der Zeit im Roman. Untersuchungen zur historischen Poetik*. Ed. de E. Kowalski y M. Wegner; trad. de M. Dewey. Frankfurt am Main: Suhrkamp.

Bhabha, Homi K. (1994): *The Location of Culture*. London/NewYork: Routledge.

Bolívar, Simón (1976): *Doctrina del liberador*. Ed. de Manuel Pérez Vila. Caracas: Ayacucho.

Calderón de la Barca, Pedro (1989): *El médico de su honra*. Ed. de D. W. Cruishank. Madrid: Castalia.

Delgado, Mariano (1994): *Die Metamorphosen des Messianismus in den iberischen Kulturen. Eine religionsgeschichtliche Studie*. Immensee: Neue Zeitschrift für Missionswissenschaft.

Derrida, Jacques (1972a): "La pharmacie de Platon". En: *Dissemination*. Paris: Seuil, pp. 77-213.

— (1972b): "La différance". En: *Marges de la philosophie*. Paris: Minuit, pp. 1-30.

— (1996): *Le monoliguisme de l'autre*. Paris: Galilée.

Freud, Sigmund ([1900] 1969-1975): *Traumdeutung*. En: *Studienausgabe*, tomo II. Ed. de Alexander Mitscherlich et al. Frankfurt am Main: Fischer.

— ([1911] 1969-1975): "Psychoanalytische Bemerkungen über einen autobiographisch beschriebenen Fall von Paranoia". En: *Studienausgabe*, tomo VII, pp. 133-204.

— ([1917] 1969-1975): "Trauer und Melancholie". En: *Studienausgabe*, tomo III, pp. 193-212.

— ([1919] 1969-1975): "Das Unheimliche". En: *Studienausgabe*, tomo IV, pp. 242-274.

Isaacs, Jorge (2004): *María*. Ed. de Donald McGrady. Madrid: Cátedra.

---

18 Acerca de la ensayística latinoamericana véase también Matzat (1996).

Jameson, Fredric (1986): "Third-World Literature in the Era of Multinational Capitalism". En: *Social Text*, 15, pp. 65-88.

Koschorke, Albrecht (1999): *Körperströme und Schriftverkehr. Mediologie des 18. Jahrhunderts*. München: Wilhelm Fink.

La Biblia (2005). Trad. del Padre Serafín de Ausejo. Barcelona: Herder.

Lacan, Jacques (1966): "Le stade du miroir comme formateur de la fonction du Je". En: *Écrits*. Paris: Seuil, pp. 93-100.

Leopold, Stephan (2003): *Der Roman als Verschiebung. Studien zu Mythos, Intertextualität und Narratologie in* Terra Nostra *von Carlos Fuentes*. Tübingen: Narr.

Matzat, Wolfgang (1996): *Lateinamerikanische Identitätsentwürfe. Essayistische Reflexion und narrative Inszenierung*. Tübingen: Narr.

Paz, Octavio (³1997): *El laberinto de la soledad*. Ed. de Enrico Mario Santí. Madrid: Cátedra.

Real Académia Española (1992): *Diccionario de la lengua española*. Madrid: Espasa-Calpe.

Rössner, Michael (1988): *Auf der Suche nach dem verlorenen Paradies. Zum mythischen Bewußtsein in der Literatur des 20. Jahrhunderts*. Frankfurt am Main: Athenäum.

Rosenzweig, Frantz (1976): "Der Stern der Erlösung". En: *Gesammelte Schriften*, tomo II. Den Haag: Martinus Nijhoff.

Sommer, Doris (1991): *Foundational Fictions. The National Romances of Latin America*. Berkeley: University of California Press.

Taubes, Jacob (³2003): *Die politische Theologie des Paulus*. Vorträge gehalten an der Forschungsstätte der evangelischen Studiengemeinschaft in Heidelberg, 23.-27. Februar 1987. Ed. revisada por Aleida y Jan Assmann. München: Wilhelm Fink.

Wehr, Christian (2003): "Mythisches Erzählen und historische Erfahrung. Verfahren der Geschichtsbewältigung in Gabriel García Márquez' *Cien años de soledad*". En: *Romanistisches Jahrbuch*, 54, pp. 358-404.

— (2005): "Allegorie – Groteske – Legende. Stationen des Diktatorenromans". En: *Romanische Forschungen*, 117, pp. 310-343.

Žižek, Slavoj (1999): *The Ticklish Subject. The Absent Centre of Political Ontology*. London/New York: Verso.

Vittoria Borsò

Paradojas del *nation-building* en la genealogía de la "literatura nacional" mexicana: Ignacio M. Altamirano y Juan A. Mateos

Ganaron en apariencia los partidarios de la federación; no obstante, en realidad, México siguió siendo un Estado centralista y patrimonialista: no tuvimos reyes sino caudillos y dictadores constitucionales que llamamos presidentes. Así, la guerra de Independencia y sus secuelas –las guerras civiles, los caudillos militares, la invasión norteamericana, la intervención francesa y el fusilamiento de Maximiliano– acabaron para siempre con los sueños criollos de un Imperio mexicano pero no cambiaron la realidad profunda de nuestro país (Paz 1987a: 167).

1. Preliminares

En las crisis genealógicas que acompañan la constitución del Estado mexicano, las interferencias foráneas en el campo político y la presión que ejercen tanto los Estados Unidos como las potencias europeas refuerzan la desintegración de la unidad criolla, ya frágil si atendemos a las personalidades heterogéneas que la componían. Líderes militares y caudillos surgidos de las guerras de la Independencia van poco a poco construyendo la nación (König 1998: 25). Dicha desintegración abarca, por tanto, los ideales liberales aportados a menudo por los propios próceres de la Independencia y la Reforma: Antonio López de Santa Anna y Benito Juárez. Muy pronto el enfrentamiento entre tradicionalistas europeizantes y liberales americanistas desembocará en la guerra civil de 1858 a 1861, a la que siguen las guerras contra la intervención francesa de 1862, el llamamiento para la regencia de Maximiliano de Habsburgo el 3 octubre de 1863, su fusilamiento en el Cerro de las Campanas en 1867 y finalmente la victoria de la República de Juárez.

En este escenario se evidencian las aporías intrínsecas a la nación emergente. De hecho, los liberales que celebran el "triunfo de la República" y la exaltación romántica de la nación son, en sus fundamentos ideológicos, extremadamente ambivalentes, pese a su política liberal (Cosío Villegas 1973: 301).[1] México es, pues, un laboratorio que permite reflexionar de manera más general sobre los problemas que plantean conceptos como los de "identidad", "nación" y "comunidad", conceptos clave del *nation-building*.

2. *Nation-building* en México

Las ciencias políticas entienden por *nation-building* los procesos históricos que fundan las unidades nacionales. En clave política, dicho concepto se aplicó a la política del "desarrollo" formulada por el "Primer Mundo" en la búsqueda de herramientas pragmáticas para la constitución de unidades sinergéticas, supranacionales (Deutsch/Foltz 1963). El telón de fondo de dicho concepto es, pues, la teoría de la modernización. Ahora bien, el *nation-building* tiene que ver con: a) la fundación y establecimiento de una unidad territorial excluyente, a la que corresponde b) una identidad, es decir, un ideario simbólico que distingue lo propio de lo ajeno, c) un grupo cultural homogéneo, fundado en una historia y una memoria comunes, d) la tarea general de modernización política (hacia la democracia), económica y social (desarrollo urbano e industrialización). En fin, el *nation-building* es un proyecto de *national development*, el plan arquitectónico, eurocéntrico, que en política se sigue aplicando al llamado "Tercer Mundo".[2]

La crítica postcolonial –obviamente necesaria– llevada a cabo por Eric J. Hobsbawm (1991) y Benedict Anderson (2005) con respecto a la invención de comunidades nacionales nos permite poner en tela de juicio las prácticas materiales del *nation-building* y las demandas a las

---

1 Con la "República Restaurada" parecen cumplirse los ideales de la Independencia. De hecho, el triunfo de la República, consumado en 1867, ocurrido por tanto 46 años después del nacimiento del Estado libre en 1821, fue denominado por Benito Juárez como "la segunda Independencia" (Juárez [1867] 1973: 531-534).

2 El concepto de *nation-building* se aplica a "Estados en vías de desarrollo" (Nohlen 1980: 258-259). A ellos se les requiere, por parte de las Naciones Unidas, la tarea de acompasarse con las naciones occidentales (de acuerdo, p.ej., con Hosiner 2003: 15). En base a la teoría de la dependencia, tanto los estudios culturales como los políticos en América Latina rechazan dicha posición. Cardoso/Faletto (1968) proponen no solamente el concepto de heterogeneidad, sino también el de interdependencia, abandonando así la argumentación monocausal, habitual en las teorías sociopolíticas de la modernización, que ven la causa del subdesarrollo unilateralmente en factores o bien endógenos, o bien en la explotación por parte de los países industriales.

que se enfrentaron los arquitectos de las naciones en el siglo XIX. El incipiente Estado mexicano en 1867 con la nueva República de Juárez es un caso peculiar. Los escritores de la Reforma liberal tuvieron la tarea de fundar el edificio, buscar la definición del territorio, de sus símbolos históricos y de sus comunidades sociales en medio de profundos antagonismos y acerbas disyuntivas. "A los liberales urge unificar versiones" (Monsiváis 2000a: 22). La unificación de lo heterogéneo fue, pues, tarea de la historia escrita y de la Historia visualmente imborrable, hecha por "la proliferación de estatuas y monumentos que a diario le ratifican a los vencidos [...] la estatura mítica de los vencedores" (Monsiváis 2000a: 22-23).[3] Ahora bien, el dispositivo de musealización, cuya función de invención de comunidades fue explorado por Anderson con respecto a las colonias asiáticas de Europa (Anderson 2005: 163ss.), se enfrenta en el contexto mexicano a profundas contradicciones.[4] De modo que en los afanes por construir una República "casi de la nada" (Monsiváis 2000a: 25) descubrimos las aporías del proyecto mismo de *nation-building* a escala más general.

2.1 Construir la unidad: ordenar y liberalizar

"Ordenar y liberalizar", el objetivo de los liberales, está deliberadamente en contra del principio imperial adoptado por los tradicionalistas, cuya fórmula, "ordenar y subordinar", corresponde a la proyección del régimen de la Colonia, lúcidamente explorado por Ángel Rama en *La ciudad letrada* (1984), en el México independiente. Sin embargo, la tarea de los intelectuales es inmensa: justamente porque con el triunfo de la República se ansía poner en práctica, de golpe, todo lo soñado y pensado, se intenta un salto cultural notable (Monsiváis 2000a: 29), haciendo funcionar las herramientas imaginarias de la invención de la comunidad. Así, el Estado libre encuentra las mismas urgencias y adopta estrategias análogas a la construcción de naciones colonizadas, ya exploradas por Anderson. Análogamente, también se importan los confines de la comunidad. Los intelectuales liberales intentan identificar la patria para ubicar a los ciudadanos libres dentro

---

3 Carlos Monsiváis subraya las polaridades entre conservadores y liberales: "los conservadores ven en la Historia [hecha y escrita por los liberales] el intento malvado de resistir a las ordenanzas de Dios" (Monsiváis 2000a: 23).

4 Remito a Margo Glantz acerca de las contradicciones existentes en los escritos de los próceres liberales, con referencias a Altamirano (Glantz 2003).

de sus fronteras. Para el territorio mexicano urge, pues, fundar una unidad psíquica, la patria, que pueda asegurar la lealtad de los ciudadanos. Debido a la heterogeneidad de su población, la invención de la unidad es una tarea difícil. Para su solución, los esfuerzos de los próceres se concentran en el fomento de la literatura como medio de unificación y civilización. Se debe constituir un público (Monsiváis 2000a: 44), definir al mexicano y educarlo, fomentar el saber y la cultura en las capas populares, propagar la igualdad de todos y la libertad de prensa. El tema de la nación atraviesa, por tanto, la literatura, impactando en la historiografía y musealizando las artes visuales. Cómo construir el país, qué elementos conforman la identidad mexicana, cuál es el significado de la independencia nacional, cómo acabar con la discordia y conflictos internos, qué hacer para formar a los ciudadanos, cuáles son los instrumentos para que arraiguen los valores republicanos, fueron las preguntas corrientes del "nacionalismo literario". El Romanticismo fue el telón de fondo sobre el que se forjó la producción de un imaginario que, como en el caso de las naciones europeas, contribuyó a la invención de la nación mexicana.

El objetivo de ordenar y liberalizar es aporético y adolece de las siguientes contradicciones:

Disyuntiva n° 1: laicización y espíritu misionero del nation-building en México

A pesar de su definición laica, para asegurar la lealtad de los ciudadanos hacia la concepción abstracta del Estado, la nación debe adquirir un sentido religioso. La sacralización del "altar de la patria" sirve justamente para esa tarea de unificar. Varios escritos de los próceres mexicanos ritualizan la religión de la nación, tal como demuestra la siguiente cita, tomada a modo de ejemplo. Se trata de un artículo de Ignacio M. Altamirano, publicado el 19 de septiembre de 1870, escrito con ocasión del "Grito de Independencia" y dedicado a "Las fiestas patrióticas":

> [La] fiesta patriótica es la fiesta íntima de un pueblo, es el cumpleaños de toda una familia a quien dividen tal vez, en los otros días, disturbios domésticos [...]. Allí la presencia de un gobierno nacional, simpático para unos y odioso para otros, desaparece completamente ante una figura más grande. [...] ¡Sagrados y hermosos días estos, en que una nación no tiene más culto que el del patriotismo, y en que los lazos de la fraternidad unen

a todos los hombres en derredor de la divinidad nacional! (Altamirano 1987: 430).

Disyuntiva n° 2: educación de los lectores y construcción de "lectores niños"

La divulgación del ideario nacional se llevó a cabo por medio del género de la novela, privilegiado en la tarea de proporcionar "el medio en que la conciencia de una nación toma plena posesión de sí misma" (Justo Sierra, citado por Monsiváis (2000a: 31). Las preguntas a las que las novelas tienen que contestar son: a) cómo construir los lectores; b) cómo definir la cultura y la lengua mexicana tras las diferencias culturales; y c) dónde localizar el origen histórico de la nación. Después de la Reforma, el género de la novela parece haberse consolidado, teniendo como destinatario a un público relativamente amplio: la primera edición de *Calvario y Tabor* (1868) de Vicente Riva Palacio, por ejemplo, constaba de seis mil ejemplares y se agotó en un mes. Este hecho, complementado con el previsible préstamo de los cuadernillos a otras personas y con la práctica corriente de la lectura en voz alta, permite estimar que durante el primer año de circulación el libro fue conocido por más de treinta mil personas (Ortiz Monasterio 1994). Con el crecimiento de la industria de la imprenta, que de 1794 a 1865 aumenta en la Ciudad de México del 1 al 3%, si bien sería excesivo hablar de una masificación de la lectura, sí se puede pensar al menos en una diversificación de la cultura escrita, mujeres incluidas. En su artículo sobre "Ignacio M. Altamirano: los géneros de la nación", Margo Glantz (2003) rastrea las contradicciones en las que se encuentra Altamirano, quien privilegia la novela como un género apropiado para la constitución de una "cultura nacional" en favor del "progreso intelectual y moral de los pueblos modernos" (Altamirano 1949: 29). Pues Altamirano favorece la novela para diseminar ideas y ofrecer lecturas al pueblo. La novela es, según él, el libro de las masas, destinada a abrir camino a las clases pobres. Tal como la canción popular, el periodismo y la tribuna, también la novela será un vínculo de unión con las masas, y acaso el más fuerte (Altamirano 1949: 39-40). El amor por el pueblo se transforma en paternalismo, y por ende en desprecio por la masa: siendo un arma de cohesión nacional y de educación, la novela es considerada un género menor y, como tal, tiene que ser amena, apta para "deleitar". Es el medio para transmitir la pedagogía, mientras que la filosofía y otras disciplinas humanísticas más rigurosas se dirigen a los letrados, a los cultos. La novela hoy, sostiene Altamirano, "suele ocultar la biblia de un nuevo apóstol o el programa de una audaz revolución" (Altamirano 1949: 18). Es una escuela portátil, cuyo contenido laico es de espíritu misionero y religioso (Glantz 2003: 97). El paternalismo de Altamirano, evidente también en sus artículos costumbristas, que denuncian ya la marginación social de la población indígena en los barrios periféricos de la ciudad, es, al fin y al cabo, un desprecio hacia la capa social popular e indígena.[5]

Disyuntiva n° 3: creación de un "fondo común" de los mexicanos y diferencias étnicas, culturales y lingüísticas.

La mayor preocupación auroral del Estado incipiente consiste, pues, en unificar la nación, es decir, en superar las diferencias ideológicas que acabamos de mencionar, así como las sociales, económicas y étnico-culturales. Las diferencias son un inmenso peligro para la formación del Estado, un diagnóstico que con respecto a toda América Latina, recién independizada, fue llevado a cabo lúcidamente por Bolívar en el "Discurso de Angostura" el 15 de febrero de 1819. Surge, así, una nueva pregunta: ¿en qué medida desintegraban las diferencias étnicas y culturales la igualdad que reunía a los miembros del Estado en una nación? (König 1998: 21).[6] Ahora bien, es de sumo interés

---

5   Véanse a este propósito, por ejemplo, las crónicas de Altamirano. A pesar del intento, necesario, de llamar la atención de las instituciones modernizadoras hacia el "círculo negro" de los barrios pobres que rodean la ciudad ("Nosotros rogamos a todos, a economistas, a ediles, a médicos, a sociedades, a escritores, que piensen en la mejora", Altamirano 1981a: 108), Altamirano relaciona de manera directa "los miserables de entonces" (los aztecas) con los indígenas de hoy: "los infelices que viven en aquellos lugares cenagosos" (Altamirano 1981b: 104). Es una articulación paternalista del discurso que según Monsiváis persiste también en la novela mexicana hasta los años cincuenta, cuando el mexicano Juan Rulfo o el cubano Cabrera Infante acaban con el ventrilocuismo paternalista de la voz "del pueblo", visto como masa informe, no emancipada (Monsiváis 2000b: 32).

6   El discurso de la nación emerge con la proclamación del 6 de diciembre de 1810 por parte de Hidalgo, en Guadalajara, de los "Decretos en favor de indios y castas" (Hidalgo [1810] 1973). La paradoja en la que se encuentra la independencia política y la emancipación ideológica de América Latina es la continuidad cultural con España. El inventario hecho por España, que debía impulsar un mayor desarrollo económico de las colonias, puede ser considerado como punto de partida de la separación con la madre patria (König 1998: 16).

considerar la manera como los próceres liberales abordan las diferencias. En lo que concierne a las etnias, en la construcción nacional de
Juárez, que logra establecer una conciencia nacional aglutinando a las
fuerzas liberales contra el extranjero, la parte indígena de la población
no está incluida. Para el constituyente de 1857, el indio es salvaje y
tiene que integrarse a la civilización (Aguilar Camín 1993: 28). La
integración del México regional y rural quiere decir desindianización.
El compromiso entre el rechazo de la Colonia por parte de los ideólogos de la nación y el criollismo intrínseco del discurso nacional[7] facilita una nueva infiltración subrepticia de métodos estatales colonialis-
tas, enemigos de las culturas indígenas, consideradas como retrasadas.
Altamirano, prócer político y literario de la República, ideólogo liberal y demócrata que con su nacionalismo extremo impuso su sello a la
política cultural de la República, es un indio, como Juárez. Sin embargo, paradójicamente, su interés por las diferencias culturales es prácticamente inexistente. Con respecto al asunto de las diferencias, los
liberales mexicanos retroceden ideológicamente cuando más difícil es,
si bien más necesaria, la consolidación de la nación republicana, tras
las luchas internas antes de fracasar la presidencia de Juárez en 1874.
Si se comparan, pues, la posición de Altamirano y la de Francisco
Pimentel acerca de la pluralidad de las tradiciones y las lenguas indígenas, salta a la vista la forma de proceder colonizadora de Altamirano, que desconoce el valor de las antiguas culturas precolombinas para
la construcción de la nación y ve en ellas únicamente huellas arcaicas
y objeto de interés sólo para la arqueología. Contrariamente al valor
que Francisco Pimentel le otorga a las lenguas americanas,[8] Altamirano lamenta que la extensión del idioma español no haya logrado que la
raza indígena hable preferentemente el castellano, pues "la civilización habría ganado inmensamente, dando a la pobre raza indígena, con
la lengua española, una clave mejor para penetrar los secretos de la

---

7   El criollismo es el compromiso entre el colonialismo abierto de los tradicionalis-
    tas y el antagonismo del liberalismo, es decir, la reforma liberal, modernizadora,
    que quería descolonizar y desindigenizar a las comunidades indígenas (Borsò
    1998). El constituyente de 1822 había pedido que no se mencionara más a la raza
    indígena en los actos públicos.

8   En su *Cuadro descriptivo y comparativo de las lenguas indígenas de México, o
    tratado de filología mexicana* (1874), en el que Pimentel trata las literaturas en
    lenguas indígenas, se combinan un discurso eurocéntrico y el reconocimiento del
    valor de la pluralidad de las lenguas indígenas.

cultura europea".[9] Mientras que Pimentel reconoce la existencia de
una literatura indohispana, Altamirano, prócer del nacionalismo, funda
una literatura nacional, supuestamente auténtica,[10] sin los aportes de
las lenguas nacionales.[11] Afirma Monsiváis a este respecto:

> En su programa, los liberales no le hallan mayor sentido a la supervivencia de las culturas indígenas, propias, se declara, de mexicanos conquistados por las supersticiones y es conveniente que ejerzan, a través de la enseñanza, su condición civil (Monsiváis 2000a: 212).

Ahora bien, los liberales comparten el desinterés por las diferencias
culturales con el imperialismo económico y cultural europeo de la
segunda mitad del XIX, cuyo sustento es, a ambas orillas del océano,
un positivismo realista y popular, como lo define Pedro Henríquez
Ureña.[12] El positivismo popular y su incapacidad de reflexionar sobre
el eurocentrismo de sus herramientas imperialistas acompaña también
al liberalismo de los ideólogos de la nación.[13] La imaginería del imperialismo, el sistema simbólico de la colonización con pretensiones de

---

9   Altamirano, "Generalización del idioma castellano" (1981b: 77-78), cit. por
    Garza Cuarón (1992: 625). Dice Monsiváis: "Y en materia educativa, el gran
    problema, así Ramírez no lo ubique muy explícitamente, es la integración del in-
    dígena. En su programa los liberales no le hallan mayor sentido a la supervivencia de las culturas indígenas, propias" (Monsiváis 2000a: 212). Ignacio Ramírez
    también lamenta, de manera totalmente paternalista, la "niñez" intelectual de los
    indígenas: "para contar con ellos [los indígenas] como ciudadanos, hemos de
    comenzar por hacerlos hombres", cit. por Monsiváis (2000a: 212).
10 A pesar de su obsesión por que se creara en México una literatura verdaderamen-
    te nacional, con una épica propia, no menciona las lenguas indígenas, ni toma en
    cuenta los textos indígenas, las crónicas de la conquista, ni otras literaturas poste-
    riores escritas en lenguas indígenas, que podrían haberle dado un carácter singu-
    lar a la literatura mexicana (Garza Cuarón 1989: 624).
11 Pimentel y Altamirano coinciden en el afán por la originalidad de la cultura en
    contra de la imitación. Mientras que la estética de Pimentel se basa en Hegel y
    Schlegel, la de Altamirano se apoya más bien en Herder.
12 Véase "El positivismo independiente", discurso de Henríquez Ureña pronunciado
    en 1909 en honor de Antonio Caso (Henríquez Ureña 1984b). Véase también su
    crítica del positivismo mexicano (1984b).
13 Roger Bartra ve en la *Weltanschauung* de las universidades alemanas la legitima-
    ción del sojuzgamiento imperial de la periferia y la justificación del trabajo for-
    zado de las razas subalternas (Bartra 1999: 3): "Negros, amarillos y cobrizos fue-
    ron el 'combustible biológico' de ultramar, que alimentó a distancia la segunda
    revolución industrial [...]. Las 'razas de color' fueron también las 'máquinas ani-
    madas' que hicieron posibles los lujos metropolitanos", opina Bartra (1999: 4)
    con una cita de René Depestre (1985: 72). Es evidente que la sociología empírica
    del imperialismo legitima la buena conciencia de Europa.

cientificidad que somatiza las relaciones sociales[14] es también la posición discursiva de los padres de la nación. El "imperialismo" cultural se manifiesta también en la novela de los liberales republicanos. Es un positivismo idealista, menos abierto y mitigado por una visión humanística y religiosa de los derechos humanos que corresponde a las necesidades ideológicas de los liberales mexicanos. Se establece en la novela una mezcla de exaltación romántica y positivismo liberal, una síntesis que Roger Bartra observa en gran parte de los rasgos del carácter nacional, descrito y exaltado por los intelectuales positivistas (Bartra 1987: 18). Las descripciones atribuyen rasgos típicamente étnicos a los personajes, y revelan además tratamientos racistas. En *El Zarco* de Altamirano, el monstruo más despreciable entre los bandidos infernales que constituyen el contexto de la historia es un mulato llamado El Tigre. El animalismo de su fisionomía y lo bárbaro de su apostura,[15] así como la desindianización del herrero "bueno", "el indio Nicolás", hombre culto y criollo a pesar del color oscuro de su piel,[16] no dejan dudas del colonialismo ideológico del narrador.

Disyuntiva n° 4: construcción de una identidad común e incertidumbre acerca del sentido de la historia

Como mostraron Benedict Anderson y Raymond Williams, la novela forja la formación de la identidad nacional, extrayendo de la historia

---

14 "El fetichismo de la epidermis es un hijo político del capital" (Depestre 1985: 72). Véanse además los trabajos de Brigida von Menz (1982), Roger Bartra (1987), así como los de Guillermo Bonfil Batalla (1990a; 1990b) y Agustín Basave Benítez (1992), por mencionar sólo algunos.

15 "Traía todavía su venda, que le cubría parte de la cara; pero dejaba ver su enorme boca, armada de dientes agudos y blancos, de los que sobresalían los dos colmillos superiores que parecían hendirle el labio inferior (Altamirano [16]1984: 73).

16 La descripción empieza con rasgos étnicos indígenas y acaba desindianizando progresivamente a Nicolás: "Los ojos negros y dulces, su nariz aguileña, su boca grande, provista de una dentadura blanca y brillante, sus labios gruesos [...] daban un aspecto de algo melancólico, pero de fuerte y varonil al mismo tiempo. Se conocía que era un indio, pero no un indio abyecto y servil, sino un hombre culto, ennoblecido por el trabajo y que tenía conciencia de su fuerza y de su valor" (Altamirano [16]1984: 11). Acerca del criollismo del "indio Nicolás", véase también Monsiváis (2000a: 236). Martín Sánchez Chagollán, el campesino al que se "debió principalmente la extinción de esa plaga espantosa de bandidos que por años enteros asoló aquellas fértiles y ricas comarcas" (Altamirano [16]1984: 78), se "purifica" igualmente de sus rasgos "indios" (p.ej., la nariz aguileña) por su elegancia de "leopardo" (Altamirano [16]1984: 78).

eventos, fechas emblemáticas y ejemplos que transformen "la historia subyacente de la identidad que se quiere imprimir" (Williams 1984: 211). Después de la intervención francesa, invocada por los tradicionalistas, tras los antagonismos que siguen a la "reconquista" de la Independencia y con el salto a la República de 1867, el escenario histórico es heterogéneo. Encontrar el fondo histórico común es tan imposible como necesario para el establecimiento de la nación. De hecho, un florilegio de novelas históricas aparece inmediatamente después del "triunfo de la República" buscando una elaboración de la historia en favor de la constitución de la identidad nacional. Son historias maniqueas, como *El cerro de las campanas* (1868)[17] de Juan A. Mateos. Mateos recorrerá todo un siglo de la historia de la nación, construyendo una continuidad entre la primera revolución (*Los insurgentes*, 1869) y la segunda (*El cerro de las campanas*, 1868), reservando para los insurgentes, los republicanos y la guerrilla popular, la categoría de héroes. En la ya mencionada *El cerro de las campanas*, las ambigüedades históricas quedan borradas por el maniqueísmo de los héroes de la nación republicana: el pueblo pagó con creces los costos de la invasión francesa; la Asamblea de los Notables, el clero católico y Napoleón III tienen la culpa de la invasión. Como en un juego de espejos, la novela de Mateos agranda la imagen de los Estados Unidos al presentarlos como la nación de la libertad y como celosa vigilante de la independencia latinoamericana. La costosa aventura napoleónica y el indispensable contrapeso de la potencia norteamericana cauterizaron temporalmente la herida de 1847. El expansionismo territorial de los Estados Unidos, su fe protestante y su ideología utilitarista no contaron ahora, porque los liberales mexicanos admiraban el sistema político estadounidense. La novela pasa por alto prácticamente todas las virtudes con las que antes se había vestido a Francia como nación católica, patria de la Ilustración, fiel a la balanza europea, alternativa civilizada al expansionismo bárbaro de los anglosajones. Francia es presentada ahora como una fuerza retardataria, que trata de obrar en un espacio geográfico que no le pertenece: en territorio ame-

---

17 Señalo, además, las novelas *El sol de mayo* (1868) y *Sacerdote y caudillo* (1868) de Juan A. Mateos, un escritor que, a pesar de ser un apasionado liberal, colaboró con el Imperio de Maximiliano, ocupando en 1865 el puesto de Secretario General del Ayuntamiento (cargo que ostentó, sin embargo, sólo pocos meses, pues al mismo tiempo defendía a la República en la prensa).

ricano. A Napoleón III le espera una condena moral e histórica: "él vivirá, pero su corazón atormentado, con su conciencia llena de remordimientos, sintiendo que aquellas víctimas [Maximiliano y Carlota] lo rodearán hasta su fin" (Mateos 1976: 423). El estribillo de "Adiós mamá Carlota", el romance de Vicente Riva Palacio que estuvo en boca de los combatientes, se cita como himno al heroísmo de la resistencia. Sólo en la pareja imperial se muestra el lado humano, la precariedad de su situación y los claroscuros de su conducta: ellos también ocupan un sitio del lado de las víctimas.[18]

3. La paradoja de la escritura: crítica del nacionalismo y rescate de la cultura

La crítica que acabamos de presentar concierne a: a) la reducción melodramática y la pedagogía maniquea entre un mundo de buenos y malos, b) al colonialismo y hasta racismo de las definiciones, c) a la aporía y los conceptos de autenticidad de la nación mexicana. Ahora bien, a pesar de que la deconstrucción de la nación como invención de una comunidad imaginada sea necesaria y también sea conveniente verter luz sobre las aporías del proyecto histórico de la nación, el tema del *nation-building* requiere asimismo otra línea argumental. Pues la crítica llevada a cabo en lo anterior representa sólo una cara de la medalla. Quedarnos sólo con ésta sería desconocer el potencial cultural y las fuerzas transversales que, pese al imaginario nacionalista, abren camino a una productividad que hace que las diferencias sobrevivan. Pues, como práctica cultural en un momento de crisis, la novela abre "otros" espacios, espacios que permiten recuperar un impacto de "emancipación" a un nivel distinto de los principios eurocéntricos de modernización y *nation-building*. De hecho, en *Las herencias ocultas* Carlos Monsiváis explora, además de la forma de proceder mitificado-

---

18 Lo mismo se observa en *Calvario y Tabor* (1868-1869), la novela del general-escritor Riva Palacio. La trama histórica glorifica la lucha contra la intervención francesa. Mientras que los buenos se concentran exclusivamente en el bando republicano, utilizando metafóricamente la pasión de Cristo, se ve en el martirio del "pueblo" un paso obligado en la ruta de la resurrección. Después de penurias y sacrificios, finaliza una guerra en que se llega al éxtasis patriótico, avizorándose un futuro promisorio para los hijos de la República: "Aquel supremo instante de felicidad compensaba cinco años de penalidades, de sufrimientos, de dolores. Aquel era el momento sublime del Tabor; allí la patria bella, radiante, transfigurada, contemplaba su triunfo" (Riva Palacio [3]1997: 522).

ra y socialmente excluyente del nacionalismo, también los elementos productivos de la utopía liberal. Me refiero, por ejemplo, al sentimiento religioso sin las deformaciones de la Iglesia, la redención de la mujer al humanizarse las tareas domésticas; la regeneración campesina "por el trabajo y la virtud" (Monsiváis 2000a: 238), y también a gérmenes críticos, con respecto por ejemplo al gran problema de la integración del indígena. Se debe, por tanto, buscar otro tipo de emancipación, más allá del concepto eurocéntrico de modernización, y a través de otras metodologías. Pero ¿cuáles? Analizando la *mise en parole*, esto es, el aspecto figurativo de los signos, el material denso y específico, la potencialidad del imaginario, sus modalidades de comunicación y representación. Con su movilidad y transculturación, la *mise en parole* pone en juego el colonialismo implícito de los discursos eurocéntricos y nos muestra los límites del fenómeno mismo de la emancipación.[19] Regresemos, pues, a las novelas para examinarlas desde esta óptica.

En *El Zarco*, el nivel figurativo muestra rupturas y resistencias frente a la colonización del imaginario. Si bien el héroe bueno, el indio Nicolás, corresponde al ideal culto criollo, con el Zarco, bandido y personaje principal, y con su mundo "infernal" ingresa en la novela –tal como ocurre en las novelas de Zola– la expresión del erotismo y de las intensidades,[20] que emancipan al lector, porque lo distraen de la tarea de sacrificar sus deseos personales ante el altar de la patria y del

---

19 Serge Gruzinski refiere este principio al Barroco colonial. De hecho, con respecto al imaginario de la cultura novohispana, los padres misioneros, especialmente los franciscanos del siglo XVI, al fomentar el uso de los frescos religiosos y el culto cristológico y mariano en México, quisieron canalizar su percepción abstracta como procedimiento didáctico de rememoración de la redención por Cristo, sin lograrlo totalmente (Gruzinski 1992: 39). Pues, en la densidad de la representación, otras voces atraviesan el discurso del poder de manera transversal, no ortodoxa, abriendo el camino a resistencias subrepticias. Con un planteamiento análogo, desde los años noventa del siglo XX, los estudios sobre el Barroco revolucionaron considerablemente la visión de la cultura novohispana (cf. Borsò 2004a).

20 A modo de ejemplo: "Eran los goces del amor, pero no esos goces venales que le habían ofrecido las condescendencias pasajeras de las mujeres perdidas, sino lo que podía prometerle la pasión de una mujer hermosa, joven; de una clase social superior a la suya, y que lo amara sin reserva y sin condición" (Altamirano 1984: 26); "era un deseo sensual y salvaje, excitado hasta el frenesí por el encanto de la hermosura física y por los incentivos de la soberbia vencedora y de la vanidad vulgar" (Altamirano 1984: 27).

interés nacional. En lo que se refiere a la vulgarización de la narración en los temas melodramáticos de la novela de folletín cabe abandonar conceptos elitistas de "literatura" y poner en tela de juicio teorías relativas a los *mass media*. Monsiváis adopta dicha posición teórica y metodológica en varios ensayos. No solamente en *Aires de familia* (Monsiváis 2000b), en que escribe una historia de la literatura del siglo XX desde el punto de vista de la mediación popular, sino también en su estudio, ya citado, sobre la literatura que acompaña la fundación de la nación en el siglo XIX.[21] La pretensión de Monsiváis es, sí, criticar las articulaciones paternalistas y nacionalistas del discurso de la nación, pero para posibilitar otros matices y otra mirada hacia la cultura decimonónica. Tenemos, pues, que desplazar nuestro punto de arranque: de Europa a América, de una visión a vista de pájaro a la del transeúnte en el medio de la *performance* material de las culturas.[22] Afirma Monsiváis:

> El desempeño de la novela de folletín es triple: rodear de atractivos inesperados a la alfabetización, ser ocasión de reuniones familiares, gremiales, vecinales; entretener mientras se politiza (y viceversa) (Monsiváis 2000a: 37).

Tal como en el caso de la telenovela de hoy en día, no importa tanto el tema cuanto el acto de comunicar, pues éste moviliza las energías personales y suscita una distracción en detrimento de la concentración en lo nacional.[23]

Consideremos el último punto: la inautenticidad de lo individual y los elementos extranjerizantes que fundamentan la identidad nacional. Si se renuncia a la categoría, romántica y aporética, de la autenticidad, descubrimos que, aunque el individuo independiente y emancipado fracase en su anhelo de autenticidad, la demanda de una individualidad moderna es, no obstante, un factor de desconcierto para el poder absoluto de la tradición, eje del nacionalismo. Monsiváis demuestra la rentabilidad de semejante planteamiento paradójico que tiene en cuen-

---

21 Acerca *Aires de familia*, véase Borsò (2004c).
22 Véase mi análisis de la focalización en las *Crónicas* de Monsiváis (Borsò 2004b; 2004c), así como las propuestas teóricas de Michel de Certeau (1999) y Iain Chambers (1999).
23 El concepto de distracción y de producción cultural por medio de la diseminación de los sentidos expresa uno de los aspectos del concepto de *Zerstreuung* postulado por Walter Benjamin en su ensayo sobre "La obra de arte en la época de su reproductibilidad técnica" (Benjamin 1978); véase Borsò (2004b).

ta la ambivalencia, es decir, tanto el colonialismo como las aperturas transversales del proyecto del *nation-building*.[24]

Como sabemos, este proyecto no termina en el siglo XIX. Una metodología que implica, por un lado, la crítica del nacionalismo y de sus concepciones paternalistas y eurocéntricas de la emancipación y, por otro, el rescate de los recursos de la cultura popular, es decir, de conceptos performativos, no elitistas de la cultura, sigue siendo un planteamiento importante también para la exploración de épocas posteriores. Monsiváis adopta dicha metodología con respecto a la relación entre Altamirano y Mariano Azuela, prócer de la nueva fase de la emancipación mexicana, la Revolución. La postura de Azuela frente a Altamirano es, de hecho, interesante. Azuela hace de Altamirano el representante del *establishment* literario y del orden estatal nacionalista. El destino del Zarco, su ejecución final en favor de la reconstrucción del orden nacional, demuestra, según Azuela, la incapacidad de los intelectuales decimonónicos de concebir la rebelión radical como elemento revolucionario. Sin embargo, el problema es el idealismo revolucionario de Azuela, no la solución narrativa de Altamirano, sostiene Monsiváis. Por su idealismo, que retorna ahora en forma revolucionaria, Azuela no consigue reconocer en la solución literaria las huellas del imaginario de una época, un imaginario marcado por temores profundos que impulsan a la destrucción del enemigo (Monsiváis 2000a: 246). La crítica, en fin, de la "falta de lo 'auténticamente nacional' no demuestra la postura extranjerizante o la carencia de autonomía de Altamirano, sino más bien la persistencia de ideales nacionalistas en Azuela" (Monsiváis 2000a: 246).

Además del intelectual liberal que se consagra a la nación, cabe resaltar que Altamirano es sensible a la crítica del protagonismo y del culto a la personalidad, así como de la consecuente fe en las apariencias inmediatas. En la República Restaurada y también en el porfiriato, Altamirano ve crecer el amor por las apariencias y el culto a las

---

24 La doble mirada de Monsiváis, es decir, la crítica del poder y el rescate de la potencialidad de la cultura, obedece a la teoría postmarxista del poder (Antonio Gramsci, Guy Debord, así como Raymond Williams son las referencias de Monsiváis). La formulación más influyente de la paradoja del poder se encuentra en los últimos escritos de Michel Foucault. Acerca del concepto de "cultura popular" de Monsiváis y las resistencias transversales de Michel Foucault, véase Borsò (2004c).

personalidades, casi siempre falsas y pomposas (Monsiváis 2002a: 235). Y aquí llegamos al último punto: el indudable alcance de los textos en la densidad de la escritura. Ya en el nivel figurativo de *Clemencia* (1869), la primera novela de Altamirano y, según varios comentaristas, acaso la mejor, se denuncian la ceguera y las ilusiones "culturales" y "morales" de los republicanos durante la guerra contra la intervención francesa – el mito fundador de la nación republicana. Mientras que separa el mundo en buenos (republicanos) y malos (franceses), tal como hemos observado en las otras novelas, *Clemencia* pone también en escena el engaño de la "buena" apariencia republicana. En esta novela corta, Altamirano se aprovecha del impacto crítico de la ironía romántica, mostrándose buen lector del primer Romanticismo alemán. De hecho, el marco de la novela recoge dos citas de E. T. A. Hoffmann,[25] cuya crítica de la exaltación romántica y cuyo humorismo denuncian la discrepancia entre ser y aparecer, entre lo visionario y lo real. En *Clemencia*, la referencia al engaño y al desengaño enmarca la trama del relato acerca de la guerra fratricida durante la intervención francesa: "Estabamos a fines del año 1863, año desgraciado en que, como ustedes recordarán, ocupó el ejército francés a México" (Altamirano [13]1986: 4). El desengaño frente a la fácil dicotomía entre amigos y enemigos, la ceguera frente a las apariencias de amigos y enemigos, de fieles y traidores, es el aspecto clave de la peripecia del relato. Altamirano muestra asimismo la fragilidad y la ambigüedad del realismo o costumbrismo utópico y maniqueísta de la "independencia repristinada" – un escepticismo encubierto por el éxtasis patriótico de los demás relatos. Y serán los ensayos y el periodismo de los liberales de la República Restaurada, a la que Cosío Villegas denomina "una dictadura", si bien mejor que la tiranía del porfiriato (período con el que, sin embargo, comparte tendencias), los que darán voz al desencanto. Cosío Villegas menciona a modo de ejemplo el pesimismo, aunque transitorio, de hombres como Vigil y Payno y sobre todo Vicente Riva Palacio en sus ensayos *Los ceros* (1996). Riva Palacio, literato de la República, lamenta los rencores personales y sobre todo traza una pintura sombría de la situación:

---

25 Altamirano es un admirador de la filosofía y literatura alemanas. En 1870 publica en *El Siglo XIX* "Servicio de Alemania a la humanidad", intercalando algunas traducciones para ilustrar sus ideas (véase Millán 1984: XVI).

Y el comercio, y la industria, y la agricultura resienten el mal, y la miseria y la desmoralización cunden, y la política es todo y la administración nada, y cada día que pasa trae un nuevo desengaño, y borra una flor del cuadro que se pintaba la República en julio de 1872 (citado en Cosío Villegas 1973: 309).

La exaltación de la patria libre no es más que la compensación de la experiencia de su deterioro.

A pesar de las voces críticas liberales que acabamos de rescatar, el mito de la República instaurada con la Constitución de 1857 y restaurada en 1867 siguió siendo el punto de arranque de la conciencia histórica de México. Porfiristas y revolucionarios se consideraron ambos herederos y continuadores de la Constitución y de las Leyes de la Reforma, como postula Octavio Paz en referencia a Cosío Villegas:

La razón salta a la vista: los tres proyectos –el liberal, el positivista y el revolucionario– son variantes de la misma idea. Los une el mismo propósito y los anima la misma voluntad: convertir a México en una nación moderna (Paz 1987c: 352).[26]

A la vista de los discursos oficiales de la nación mexicana, el enfoque acerca de la escritura del *nation-building*, que busca tanto la deconstrucción del nacionalismo como el rescate de la cultura, todavía está esperando una labor de sistematización.

4. Edmundo O'Gorman y la genealogía aporética de la nación mexicana

Si el proyecto liberal pareció desembocar en el "triunfo de la República" es porque la intervención extranjera, tras la guerra civil endémica entre republicanos y monárquicos, logró acabar con el Partido Conservador y con la herencia colonial. La monarquía concluyó; sin embargo, su espectro perduró, bajo la máscara de la dictadura de Porfirio Díaz o del monopolio del poder por parte del PRI (Paz 1987d: 385-386).[27] El discurso histórico oficial de la nación mexicana hizo del Segundo Imperio el mito de una fase imperialista que interrumpe la

---

26 Según la lectura que Paz hace de Cosío Villegas, la disparidad o contradicción entre las estructuras económicas, sociales y políticas que todavía perdura a lo largo del siglo XX se debe no solamente al fracaso de los "científicos" porfiristas o de los tecnócratas del régimen postrevolucionario sino también a la bancarrota del proyecto liberal (Paz 1987c: 352).

27 "La segunda mitad del siglo [XIX] inauguró una situación que, *mutato nomine*, es la nuestra" (Paz 1987d: 385).

historia gloriosa del devenir de la nación. Edmundo O'Gorman demuestra, en cambio, que esta fase de la historia no es la desviación extranjerizante de la historia nacional, y menos aún "el torvo producto de una infame minoría de dementes" (O'Gorman 1969: 75), sino que es más bien el fantasma de la conciencia histórica de México, cuya realidad tiene que ser tomada en serio (O'Gorman 1969: 76).[28] Desmontado el heroísmo, lo único que queda del "triunfo de la República" de Juárez es una admirable memoria de anhelos y el documento de la derrota política del partido monárquico-conservador, que llamó a los franceses para fundar el México Independiente sobre las huellas de la herencia novohispana. En este sentido, y solamente en esto, opina O'Gorman, tuvo razón Juárez con la frase central pronunciada en el manifiesto de "El triunfo de la República" con motivo de su entrada triunfal en la Ciudad de México el 15 de julio de 1867, es decir, la independencia nacional fue consumada "por segunda vez" (O'Gorman 1969: 84-85).[29] Sin embargo, lo que pone también de relieve la glorificación del triunfo de la República es que esta segunda independencia no fue ganada contra el extranjero sino contra el poder de un régimen y un gobierno mexicanos. La génesis de la nación mexicana como república triunfante es la génesis traumática sobre un enemigo interno, que quedará vivo como el fantasma amenazante del colonialismo interior. De hecho, la fase de compensación del trauma de una unidad nacional inexistente ha sido persistente también en el siglo XX y requiere por lo tanto una seria crítica.[30]

---

28 En contra de los mitos nacionales, O'Gorman pone de relieve el hecho de que la resistencia del gobierno constitucional queda reducida a la miseria de una oposición sin oponente, y "el mayor timbre de gloria de don Benito Juárez a la de un caballero vencedor de un rebaño. El Segundo Imperio, lo acabamos de afirmar, no es parte ya de la solución del tradicionalismo conservador, aunque derivó de ella; es, en cambio, nada menos que la condición de posibilidad de la victoria republicana [...]. Sin la primera, la segunda queda vacía de su razón misma de ser" (O'Gorman 1969: 77).

29 Con respecto al Primer Imperio de Iturbide, O'Gorman señala que demostró el fracaso del ensayo laboral del monarquismo mexicano, "mientras que en el otro se revela el fracaso de su última posibilidad" (O'Gorman 1969: 86).

30 Menciono a modo de ejemplo el artículo "México 1995: la cultura en crisis" de Jorge Hernández Campos (1996). Refiriéndose en particular a Chiapas, al subcomandante Marcos y al obispo Samuel Ruiz, Hernández Campos vio en la raíz histórica del indigenismo al responsable de haber destruido la herencia "civilizadora" en la que se reconoce el modelo de Juárez: "Cuando por fin triunfan los liberales sobre los conservadores y [sobre] el imperio de Maximiliano de Habsbur-

Si bien el nacionalismo mexicano está todavía encerrado en las aporías del proyecto del *nation-building* decimonónico, cabe igualmente observar, como hemos podido comprobar, que un discurso crítico que está hoy en la vanguardia de las teorías culturales acompaña a la nación desde el comienzo.[31]

Bibliografía

Aguilar Camín, Héctor (1993): *Subversiones silenciosas*. México, D.F.: Aguilar.

Altamirano, Ignacio Manuel (1949): *La literatura nacional*. México, D.F.: Porrúa.

— (1981a): "Una visita a la Candelaria de los Patos". En: Monsiváis, Carlos: *A ustedes les consta*. México, D.F.: Era, pp. 104-108.

— (1981b): "Generalización del idioma castellano". En: *Antología*. Selección y prólogo de Nicole Giron. México, D.F.: UNAM, pp. 77-79.

— ([16]1984): *El Zarco y La Navidad en las Montañas*. Introducción de María del Carmen Millán. México, D.F.: Porrúa.

— ([13]1986): *Clemencia. Cuentos de invierno*. México, D.F.: Porrúa.

— ([2]1987): "Crónicas". En: *Obras completas*, VIII. Prólogo y notas de Carlos Monsiváis. México, D.F.: Secretaría de Educación Pública.

Anderson, Benedict (1993): *Comunidades imaginadas. Reflexiones sobre el origen y difusión del nacionalismo*. México, D.F.: Fondo de Cultura Económica.

— (2005): *Die Erfindung der Nation. Zur Karriere eines folgenreichen Konzepts*. Frankfurt am Main/New York: Campus.

---

go y restauran la república, los mestizos se han metamorfoseado. Su victoria es más que la afirmación de un sujeto histórico nuevo; es la aparición de un ser humano, el mexicano, ansioso de incrustarse en el horizonte de lo universal" (10-11). El mestizaje resuelve las contradicciones, se distingue por la fuerza "integradora" de "la inteligencia mestiza", encarnada en la nación, obra del intelecto ilustrado. El argumento implícito de Hernández Campos es la evaluación histórica de los acontecimientos del 1° de enero de 1994 en Chiapas. Las revueltas de Chiapas son, a su entender, el resultado de la fórmula del *México profundo* de Bonfil Batalla (1987), que, dejando los límites del libro, fue adoptada y usada demagógicamente por el Ejército Zapatista de Liberación Nacional y por un obispo "militante y ambicioso" que no quiere integrar a los indios sino "indianizar a México" (Hernández Campos 1996: 25). Este programa significa una "embestida contra la cultura", la destrucción de la República, de la herencia ilustrada (Hernández Campos 1996: 28). Para una crítica de este tipo de posiciones, vease Borsò (1999).

31 Me refiero, entre otros, también al número de *Fractal*, coordinado por Ilán Semo (2006), que con el título *La memoria dividida* enfoca la paradoja de la memoria nacional, un concepto que dicha publicación deconstruye en favor de las experiencias múltiples de la nación.

Bartra, Roger (1987): *La jaula de la melancolía: identidad y metamorfosis del mexicano.* México, D.F.: Grijalbo.

— (1999): *La sangre y la tinta. Ensayos sobre la condición postmexicana.* México, D.F.: Océano.

Basave Benítez, Agustín (1992): *México mestizo. Análisis del nacionalismo mexicano en torno a la mestizofilia de Andrés Molina Enríquez.* México, D.F.: Fondo de Cultura Económica.

Benjamin, Walter (1978): "Das Kunstwerk im Zeitalter seiner technischen Reproduzierbarkeit". En: Benjamin, Walter: *Gesammelte Schriften,* I, 2. Ed. de Rolf Tiedemann y Hermann Schweppenhäuser, en colaboración con Theodor W. Adorno y Gershom Scholem. Frankfurt am Main: Suhrkamp, pp. 471-508.

Bonfil Batalla, Guillermo (1987): *México profundo. Una civilización negada.* México, D.F.: Secretaría de Educación Pública-CIESAS.

Bonfil Batalla, Guillermo (1990a): "Desde el indigenismo de la revolución a la antropología crítica". En: *Latinoamérica,* 37-38, pp. 97-100.

— (1990b): "Aculturación e indigenismo". En: Alcina Franch, José (ed.): *Indianismo e indigenismo en América.* Madrid: Alianza Editorial.

Borsò, Vittoria (1998): "Barroco, *criollismo* y la formación de la conciencia nacional. Reflexiones sobre el Perú y México". En: Janik, Dieter (ed.): *La literatura en la formación de los Estados hispanoamericanos (1800 -1860).* Madrid: Iberoamericana/Frankfurt am Main: Vervuert, pp. 143-177.

— (1999): "Mexiko jenseits der Einsamkeit – Perspektiven vor und nach Tlatelolco (1. Teil)". En: *Matices. Zeitschrift zu Lateinamerika, Spanien und Portugal,* 6, 21, pp. 70-74.

— (2004a): "Del barroco colonial al neobarroco". En: Aullón de Haro, Pedro (ed.): *Barroco.* Madrid: Editorial Verbum, pp. 1003-1060.

— (2004b): "La 'performance' del espacio como perspectiva de futuro: topografías culturales 'entre' América Latina y Europa". En: Steckbauer, Sonja M./Maihold, Günther (eds.): *Literatura – Historia – Política. Articulando las relaciones entre Europa y América Latina.* Madrid: Iberoamericana/Frankfurt am Main: Vervuert, pp. 303-322.

— (2004c): "Fronteras del poder y umbrales corporales. Sobre el poder performativo de lo popular en la literatura y la cultura de masas de México (Rulfo, Monsiváis, Poniatowska)". En: *Iberoamericana. América Latina – España – Portugal,* 16, pp. 87-106.

Cardoso, Fernando Henrique/Faletto, Enzo (1968): *Dependencia y desarrollo en América Latina. Ensayo de interpretación sociológica.* México, D.F.: Siglo XXI.

Certeau, Michel de (1999): "Die Kunst des Handelns: Gehen in der Stadt". En: Hörning, Karl H. (ed.): *Widerspenstige Kulturen: Cultural Studies als Herausforderung.* Frankfurt am Main: Suhrkamp, pp. 264-291.

Chambers, Iain (1999): "Städte ohne Stadtplan". En: Hörning, Karl H. (ed.): *Widerspenstige Kulturen: Cultural Studies als Herausforderung.* Frankfurt am Main: Suhrkamp, pp. 514-543.

Cosío Villegas, Daniel (1973): "Cavilación sobre la paz". En: Matute, Álvaro (ed.): *México en el siglo XIX. Antología de fuentes e interpretaciones históricas.* México, D.F.: Universidad Nacional Autónoma de México-Instituto de Investigaciones Históricas, pp. 300-316.

Depestre, René (1985): *Buenos días y adiós a la negritud*. La Habana: Casa de las Américas.

Deutsch, Karl W./Foltz, William J. (1963): *Nation-Building*. New York: Atherton.

Garza Cuarón, Beatriz (1992). "Francisco Pimentel, precursor de las historias de la literatura mexicana". En: Vilanda, Antonio (ed.): *Actas del X Congreso de la Asociación Internacional de Hispanistas (Barcelona, 21-26 de agosto de 1989)*, IV. Barcelona: Promociones y Publicaciones Universitarias, pp. 617-626.

Glantz, Margo (2003): "Ignacio M. Altamirano: los géneros de la nación". En: *Fractal*, 31, pp. 95-105.

Gruzinski, Serge (1992): "Colonisation et guerre des images dans le Méxique colonial (XVIᵉ – XVIIIᵉ siècle)". En: *Regards Sociologiques*, 4, pp. 37-53.

Henríquez Ureña, Pedro (1984a): "Barreda". En: Henríquez Ureña, Pedro: *Estudios mexicanos*. México, D.F.: Fondo de Cultura Económica, pp. 221-223.

— (1984b): "El positivismo independiente". En: Henríquez Ureña, Pedro: *Estudios mexicanos*. México, D.F.: Fondo de Cultura Económica, pp. 238-248.

Hernández Campos, Jorge (1996): "México 1995: la cultura en crisis". En: Gutiérrez Vega, Hugo (ed.): *Cuadernos Hispanoamericanos*, 549-550, pp. 7-32. Monográfico sobre *La cultura mexicana actual*.

Hidalgo, Miguel ([1810] 1973): "Decretos en favor de indios y castas". En: Matute, Álvaro (ed.): *México en el siglo XIX. Antología de fuentes e interpretaciones históricas*. México, D.F.: Universidad Nacional Autónoma de México-Instituto de Investigaciones Históricas, pp. 78-79.

Hobsbawm, Eric J. (1991): *Naciones y nacionalismo desde 1780*. Barcelona: Crítica.

Hosiner, Christian (2003): *Erfolgbestimmende Faktoren für das Nation-Building durch die UNO nach dem Kalten Krieg*. Wien: Tesina.

Juárez, Benito ([1867] 1973): "El triunfo de la República". En: Matute, Álvaro (ed.): *México en el siglo XIX. Antología de fuentes e interpretaciones históricas*. México, D.F.: UNAM-Instituto de Investigaciones Históricas, pp. 531-534.

König, Hans-Joachim (1998): "Los movimientos de la Independencia hispanoamericanos. Actores y programas". En: Janik, Dieter (ed.): *La literatura en la formación de los Estados hispanoamericanos (1800-1860)*. Madrid: Iberoamericana/ Frankfurt am Main: Vervuert, pp. 9-34.

Mateos, Juan A. (1976): *El cerro de las campanas. Memorias de un guerrillero*. Prólogo de Clementina Díaz y de Ovando. México, D.F.: Conaculta.

Menz, Brigida von (1982): *Los pioneros del imperialismo alemán en México*. México, D.F.: Casa Chata.

Millán, María del Carmen (1984): "Introducción. Las novelas de Altamirano". En: Altamirano, Ignacio M.: *El Zarco y La Navidad en las Montañas*. México, D.F.: Porrúa, pp. IX-XXV.

Monsiváis, Carlos (2000a): *Las herencias ocultas del pensamiento liberal del siglo XIX*. México, D.F.: Instituto de Estudios Educativos y Sindicales de América.

— (2000b): *Aires de familia. Cultura y sociedad en América Latina.* Barcelona: Anagrama.

Nohlen, Dieter (1980): *Lexikon Dritte Welt.* Baden-Baden: Signal.

O'Gorman, Edmundo (1969): *La supervivencia política novohispana.* México, D.F.: Centro de Estudios de Historia de México-Fundación Cultural de Condumex.

Ortiz Monasterio, José (1994): *Historia y ficción. Los dramas y novelas de Vicente Riva Palacio.* México, D.F.: Universidad Iberoamericana-Instituto de Investigaciones José María Luis Mora.

Paz, Octavio (1987a): "El reino de Nueva España". En: Paz, Octavio/Schneider, Luis Mario (eds.): *México en la obra de Octavio Paz*, I: *el peregrino en su patria. Historia y política de México.* México, D.F.: Fondo de Cultura Económica, pp. 119-175.

— (1987b): "De la Independencia a la Revolución". En: Paz, Octavio/Schneider, Luis Mario (eds.): *México en la obra de Octavio Paz*, I: *el peregrino en su patria. Historia y política de México.* México, D.F.: Fondo de Cultura Económica, pp. 189-223.

— (1987c): "Las ilusiones y las convicciones (Daniel Cosío Villegas)". En: Paz, Octavio/Schneider, Luis Mario (eds.): *México en la obra de Octavio Paz*, I: *el peregrino en su patria. Historia y política de México.* México, D.F.: Fondo de Cultura Económica, pp. 339-359.

— (1987d): "Hora cumplida (1929-1985)". En: Paz, Octavio/Schneider, Luis Mario (eds.): *México en la obra de Octavio Paz*, I: *el peregrino en su patria. Historia y política de México.* México, D.F.: Fondo de Cultura Económica, pp. 384-402.

Rama, Ángel (1984): *La ciudad letrada.* Hanover: Ediciones del Norte.

Riva Palacio, Vicente (1996): *Los ceros.* Ed. de José Ortiz Monasterio. México, D.F.: Universidad Nacional Autónoma de México/Conaculta/Instituto Mexiquense de Cultura/Instituto de Investigaciones José María Luis Mora.

— ([3]1997): *Calvario y Tabor (novela histórica y de costumbres).* Coordinación de José Ortiz Monasterio, prólogo de Vicente Quirarte. México, D.F.: Universidad Nacional Autónoma de México/Conaculta/Instituto Mexiquense de Cultura/Instituto de Investigaciones José María Luis Mora.

Semo, Ilán (ed.) (2006): *La memoria dividida.* México, D.F.: Fractal-Conaculta.

Williams, Raymond (1984): *Hacia el año 2000.* Barcelona: Crítica.

Katja Carrillo Zeiter

La historiografía literaria del siglo XIX en Argentina y Chile – entre el pasado y el futuro

1. Introducción

A partir de la segunda mitad del siglo XIX empiezan a publicarse en Latinoamérica historias literarias nacionales.[1] A primera vista resalta la intención con la que se acomete esta labor: lo que se trata es de subrayar la cultura nacional como tal. Y esto sucede porque después de que los nuevos estados se han consolidado políticamente el interés se concentra en pintar dentro del marco político el cuadro cultural como representación de la nación, tanto hacia el interior como hacia el exterior. Lo que me propongo en este trabajo –luego– es analizar la construcción de la cultura nacional latinoamericana partiendo de las historias literarias.

Subrayar el carácter nacional de la cultura teniendo en cuenta su desarrollo histórico implica –para cualquier nación con historia colonial– un desafío. La causa de este desafío está en la situación postindependentista cuya primera consecuencia sería, por un lado, rechazar todo el pasado colonial, mientras, por el otro lado, se ve la obligación de demostrar la existencia de una tradición nacional como prueba de que la independencia nacional es el resultado 'natural' o 'lógico' de aquella tradición. Por lo tanto, la tarea de comprobar la tradición está en manos de los historiadores, ya que en el siglo XIX –tanto en Europa como en Hispanoamérica– tradición equivale a historia y sobre todo a raíces históricas.

De allí resultan las siguientes preguntas: ¿qué se hace con las raíces históricas coloniales? ¿No significa la independencia política y el rechazo del poder colonial también haber superado la historia colonial? o ¿es posible lograr la independencia política incorporando la herencia cultural del período colonial? Los estados postcoloniales –en

---

1 Una bibliografía de las producciones historiográficas de los diferentes países latinoamericanos se encuentra en González Stephan (1987).

el sentido cronológico-histórico de la palabra– responden a estas preguntas de diferentes maneras dependiendo de la época en la que les toca vivir.

En el siglo XIX en América Latina los constructores de la historia nacional –los historiadores– entienden su labor como una forma de entrar al mundo civilizado, civilización que está claramente relacionada con Europa, o más bien, con la visión que de Europa tienen los letrados latinoamericanos. Por otro lado, el adjetivo 'libre' (o independiente) se refiere al momento histórico del cual los propios historiadores se consideran parte integrante y que los separa de la época precedente, la época de la colonia. Sin embargo, la separación entre la época independiente y la colonial no es absoluta, ya que mediante la escritura historiográfica, son los mismos historiadores los que construyen ciertos enlaces entre el pasado y el futuro. Y será justamente la relación entre las dos épocas la que les posibilitará a los historiadores la construcción de una literatura nacional en tanto que desarrollo histórico en la que ellos ocuparán el lugar de intermediarios.

En sus trabajos sobre la historiografía del siglo XIX, Hayden White subrayó el carácter narrativo de los textos, consistente en la selección y distribución de los datos (White 1973). De la misma manera, los autores argentinos y chilenos de las historias literarias –a quienes los guía el proyecto de 'construcción de una nación', lo cual ellos mismos declaran– escriben sus textos seleccionando y distribuyendo según una perspectiva nacional[2] sobre el corpus escrito.[3]

Es por esta razón que una de las pistas que quisiera seguir en este trabajo sea el carácter de 'lo argentino' y de 'lo chileno' en algunos de los textos seleccionados por los historiadores. Más específicamente, analizaré la argumentación que estos esgrimen al incluir dentro de las historias literarias nacionales textos escritos durante la época colonial, redefiniéndolos como 'argentinos' o como 'chilenos'.

Mary Louise Pratt ha indicado que la época de la independencia en América Latina tendrá que calificarse como una descolonización que

---

2   Siguiendo a Eric J. Hobsbawm podríamos incluso decir 'nacionalista' (Hobsbawm 1990).

3   Lo que no aparece en las historias literarias es por lo tanto uno de los silencios fundacionales a los cuales se refiere el título *Ficciones y silencios fundacionales. Literaturas y culturas poscoloniales en América Latina (siglo XIX)*, editado por Friedhelm Schmidt-Welle (2003).

sólo abarca ciertos sectores sociales, mientras que otros mantienen su carácter colonial. Siguiendo a McClintock, Pratt habla, con respecto a América Latina, de un colonialismo de ocupación, lo que quiere decir que "la descolonización (o independencia) consiste en que la clase ocupante (criollo) asuma el poder, sustituyendo a las autoridades coloniales" (Pratt 2003: 28). Respecto del rol que ocupan los letrados en esta descolonización esto significa que "tanto en América del Norte como la del Sur, la descolonización de los imaginarios criollos es un proceso lento, tal vez interminable" (Pratt 2003: 28). Esto explicaría por qué aparentemente no les causa grandes dificultades a los historiadores literarios incluir en sus historiografías literarias aquellos textos escritos durante la época de la ocupación española.

A mi ver, las historias literarias argentinas y chilenas se ubican dentro de las discusiones historiográficas del siglo XIX lo que obliga a sus historiadores a buscar soluciones dentro de un marco que impide el rechazo absoluto de "lo español", pues equivaldría –desde la perspectiva decimonónica– al rechazo del propio pasado. De allí resulta, que la época que desde lo postcolonial crea la mayoría de los problemas sea el período colonial y sus manifestaciones culturales. Cómo intentan responder los historiadores argentinos y chilenos tanto a la necesidad de construir una tradición histórica para las nuevas naciones como al reclamo de demostrar "lo propio" en contra de "lo ajeno español" será el tema de mi conferencia.[4] La hipótesis es que, debido al carácter mismo de estas obras, dentro de los trabajos historiográficos predomina la intención de construir una tradición nacional: una tradición nacional siempre dominada por la herencia cultural española.

Antes de empezar el análisis quisiera trazar en grandes rasgos el corpus aquí mencionado. La escritura de la historiografía literaria empieza en América Latina después de la consolidación política de los estados independientes, es decir a partir de la segunda mitad del siglo XIX.[5] En cuanto a los datos de publicación existen diferencias entre la

---

4   Las discusiones historiográficas giran casi exclusivamente alrededor de la dicotomía entre "lo español" y "lo nacional", mientras que no aparece la dicotomía entre, p.ej., "lo argentino" y "lo chileno".

5   Beatriz González Stephan muestra en su trabajo *La historiografía literaria del liberalismo hispanoamericano del siglo XIX* que la historiografía literaria no surge de la nada en América Latina. Pero sí se pueden destacar ciertos rasgos peculiares bien distintivos de los textos historiográficos decimonónicos (González Stephan 1987).

historiografía argentina y la chilena que tienen que ver con la situación política de ambos estados.[6] La primera historia literaria chilena, *Bosquejo histórico de la poesía chilena*, se publica en 1866 y su autor, Adolfo Valderrama, es miembro de la Facultad de Medicina, tal como lo indica la primera página de su obra. Dentro de la historiografía literaria chilena, el trabajo ocupa un lugar excepcional –como aclararé al final– que se deberá al hecho de ser la primera historia literaria nacional en Chile. Veremos al final cómo Valderrama lucha discursivamente con la tarea de establecer una tradición donde supuestamente existe sólo una separación.

Será la *Historia de la literatura colonial de Chile* de José Toribio Medina, publicada en 1878, la que se convertirá en el modelo principal de la historiografía literaria chilena. José Toribio Medina destacará así entre los historiadores chilenos por su labor bibliográfica, que lo llevará a viajar por América y Europa en busca de documentos no sólo de la historia colonial de Chile sino de la de toda América Latina.[7] El tercer historiador chileno que mencionaré aquí es Pedro Pablo Figueroa, quien publicó en 1900 su *Reseña histórica de la literatura chilena*. Se trata en este caso de un resumen de la historia literaria de Chile que apareció incluida por primera vez en la obra de Francisco Laggomagiore *América poética*, una antología comentada cuyo objetivo era dar a conocer la literatura latinoamericana en toda su amplitud.

Las tres historias de la literatura argentina tratadas en este artículo llegan a publicarse recién a comienzos del siglo XX, o sea recién al finalizar el primer siglo de independencia latinoamericana. *La literatura argentina desde la conquista hasta nuestros días* de Felipe Martínez y la *Historia de la literatura argentina* de Enrique García Velloso tienen rasgos en común y son las primeras historias de la literatura argentina sin fines didácticos, en contraposición con varios manuales de la historia literaria que ya se habían publicado antes en Argentina.[8]

---

6 Mientras que el estado chileno se consolida ya en la primera década después de las guerras de la independencia, el estado argentino con sus fronteras hasta hoy establecidas empieza a existir recién a partir de los años 60 del siglo XIX.

7 Con su labor Medina cumple al pie de la letra con la llamada de Andrés Bello en su artículo "Modo de escribir la historia" de 1848 de leer primero los documentos originales antes de escribir sobre la historia latinoamericana (Bello 1957).

8 En su estudio sobre la historia de la historiografía, Pedro Luis Barcia presenta muy detalladamente manuales y historias literarias argentinas desde, como indica el título, los orígenes hasta 1917 (Barcia 1999). Uno de los rasgos en común de

Pero la ruptura fundamental, como el mismo autor declara en su introducción, dentro de la historia de la historiografía literaria argentina está marcada por la obra *Historia de la literatura argentina* de Ricardo Rojas, publicada a partir de 1917. Según Rojas, uno de los rasgos específicos de su trabajo es la perspectiva sistemática que le permite seguir el camino del desarrollo de la "argentinidad" (Rojas 1960).[9]

Las historias literarias escogidas –tan diferentes entre sí– incorporan de un modo u otro sin mayores dificultades aquellos textos que fueron publicados en la época colonial. Aún más, el legado español se transforma en ellas en marco distintivo de lo "nacional".

2.   El caso chileno: la época colonial y el encuentro entre españoles e indígenas

La *Historia de la literatura colonial de Chile* de José Toribio Medina, publicada en 1878, empieza con la pregunta fundamental de cualquier historia literaria: "¿Qué debe entenderse por literatura colonial chilena?" (Medina 1878: VII) Esta pregunta le da a Medina la oportunidad de ubicar su trabajo dentro de las discusiones historiográficas europeas, mientras marca, al mismo tiempo, la diferencia distintiva entre las investigaciones europeas y las americanas:

> Es natural i corriente en todos los que han encaminado sus labores al estudio del desarrollo del pensamiento en un país determinado, comenzar por investigar la formacion del idioma i aún los oríjenes del pueblo de cuyos monumentos literarios se trata. [...] Mas, estas investigaciones quedan manifiestamente fuera de la órbita de nuestros estudios. El idioma castellano, empleado por los escritores chilenos, estaba ya formado cuando los primeros conquistadores pisaron los valles del sur del desierto (Medina 1878: VII-VIII.)[10]

Y luego subraya el punto de partida de su trabajo:

> Las palabras *literatura chilena* no se refieren, pues, como fácilmente se deja entender, sino al cultivo que el pensamiento en todas sus formas al-

---

los trabajos de García Velloso y Martínez son los varios párrafos copiados de la *Historia de la poesía hispano-americana* de Marcelino Menéndez Pelayo (1911), obra dedicada a rememorar el "glorioso" pasado colonial español.

9   Como prueba de que la tarea historiográfica no consiste solamente en nombrar textos y autores según su orden cronológico, Rojas dedica su primer tomo a la literatura gauchesca y recién el segundo trata de la literatura colonial.

10   La ortografía y la acentuación de los textos aquí citados difiere de las normas establecidas por la Real Academia Española.

canzó en Chile durante el tiempo de la dominación española (Medina 1878: VIII).

Lo que ya indicaba el título recibe con las frases introductorias su explicación. Además, Medina no sólo subraya la relación entre los términos "colonial" y "chileno", sino que manifiesta su interés en analizar solamente aquellos textos que fueron escritos en español. A pesar de la claridad de la respuesta –que parece acallar cualquier otra opinión–, Medina se ve obligado a referirse a la cultura indígena en Chile, aclarando que los mapuches[11] –los indígenas del sur de Chile– no tenían una cultura literaria y terminando su razonamiento con estas palabras: "[n]ada, pues, tuvieron los invasores que aprender del pueblo que venían a conquistar" (Medina 1878: XI). Así pues, queda abierto el camino para poder concentrarse exclusivamente en la literatura en lengua española.[12]

Un rechazo tan decidido de la cultura indígena no se encuentra en ninguna de las demás historias literarias chilenas pero sí su reducción a textos escritos en español. Tal reducción se debe, claro está, a un concepto de literatura que incluye solamente lo escrito y deja a un lado –con sólo una excepción– toda la tradición oral. Este concepto se aplica también a los textos coloniales con el ya mencionado resultado de considerar solamente lo escrito en español durante esa época. Pero el elemento indígena entra por otro lado en las historias literarias chilenas para ser uso de él como parte de lo nacional, como demostraré a continuación.

Todas las historias de la literatura nacional chilena nombran como primer texto chileno a *La Araucana* de Alonso de Ercilla y Zúñiga, escrito entre 1569 y 1589. Tanto para Medina como para los demás historiadores lo que narra Ercilla y Zúñiga en su texto es el relato del nacimiento de la nación chilena.[13] Este contenido temático vale más que el hecho de que Ercilla y Zúñiga fuera español y que haya escrito

---

11　En los textos decimonónicos se habla siempre de araucanos, término que denomina a los diferentes pueblos indígenas del sur de Chile.

12　Cabe destacar que Medina no discute en las frases citadas el por qué de su marco de investigación sino que explica la falta de un estudio preliminar sobre los orígenes de la lengua española en su obra.

13　Es interesante que Beatriz Pastor trate en su estudio sobre los discursos narrativos de la conquista a *La Araucana* como ejemplo de lo que ella denomina "discurso de emergencia" al contrario de los discursos de mitificación que serían las primeras relaciones sobre América (Pastor 1988).

y publicado *La Araucana* en España. Que la historiografía chilena se centre en el tema del texto de Ercilla y Zúñiga está relacionado directamente a la tarea de mostrar "lo chileno" de *La Araucana* y deslindándolo así de "lo español". En *La Araucana* Ercilla y Zúñiga describe los sucesos de la conquista del sur de Chile y el enfrentamiento entre los conquistadores españoles y los mapuches. Lo interesante de este texto es la perspectiva que toma el autor al escribir desde la perspectiva de los toquis mapuches; de este modo logra transmitirles a los lectores una supuesta visión mapuche sobre el primer encuentro entre el viejo y el nuevo mundo. En el análisis historiográfico se hace hincapié justamente en la descripción del valor de los mapuches y en la descripción de cómo se defendieron ante los invasores españoles. Parece contradictorio: Medina, al mismo tiempo que rechaza rotundamente toda influencia o herencia cultural que pueda venir de los mapuches, realza la ferviente defensa de ellos ante los portadores de las primeras semillas de lo que será la literatura chilena.

La explicación de esta actitud se encuentra en la *Reseña histórica de la literatura chilena* de Pedro Pablo Figueroa, publicada en 1900. Como Figueroa da una visión panorámica de la literatura chilena, en pocas páginas pasa de la época colonial a la época de la independencia. Su interés es trazar la línea general del desarrollo cultural en Chile y no detenerse en detallados análisis de ciertas obras o autores. Este procedimiento le permite juntar las dos épocas centrales de la historia chilena –la colonia y la independencia– en una sola frase al empezar a tratar la literatura de la independencia: "[e]l movimiento revolucionario de 1810, lleno de nobles aspiraciones, inspirado por patrióticos y elevados propósitos, reflejo del heroísmo araucano, origen puro del indomable valor chileno [...]" (Figueroa 1900: 24). La lucha de los mapuches –o como él escribe de los araucanos– figura aquí como el anuncio de lo que será el movimiento de la independencia, porque "[l]a lucha que los naturales del territorio sostuvieron contra los conquistadores, no fué hija de la barbarie sino del genial espíritu de libertad que los caracterizaba" (Figueroa 1900: 13). Es interesante cómo Figueroa prepara con estas frases el giro que posibilita por un lado justificar las guerras de independencia y por el otro marcar la diferencia entre "lo español" y "lo chileno". Al mismo tiempo, no deja ninguna duda de que la cultura –o civilización– pisó por primera vez la tierra americana junto con los conquistadores españoles:

> Con los primeros sacerdotes que arribaron á las playas del hemisferio, vino la cultura del Viejo Mundo á destellar sus resplandores sobre el obscuro cerebro de los primitivos hijos de este girón del Universo (Figueroa 1900: 12).

Figueroa logra juntar las dos perspectivas opuestas mediante la idea de la mezcla entre los invasores españoles y los mapuches. Pero no se trata de una mezcla de razas sino más bien de una mezcla de caracteres en la cual lo español domina:

> Mas, cuando este pueblo heroico recibió el bautismo de la civilización, de indómito que era en la guerra se tornó dócil en la paz, perseverante en el trabajo, afanoso en el estudio y efusivo en la unidad nacional (Figueroa 1900: 13).

La civilización española es el motor del cambio que logra incorporar a los mapuches en la nueva nación chilena.

Para que no haya malos entendidos: la incorporación de lo indígena está dirigida hacia el pasado y no repercute ni en el trato ni en la situación real de los mapuches en el siglo XIX. Es más, lo que ningún historiador chileno menciona es la guerra del estado chileno contra la población indígena en su frontera sureña durante la Pacificación de la Araucanía. Lo que tanto Medina como Figueroa construyen es una síntesis ideal de "lo español" con "lo araucano" a partir de la cual les es posible hablar de "lo chileno", siempre y cuando se tenga como punto de partida a "lo español". A primera vista pudiera parecer que al destacar la otra perspectiva de los acontecimientos de la colonia en Chile, los historiadores de la literatura chilena estuvieran subvirtiendo la perspectiva de los invasores. Y en cierto modo lo están haciendo, pero no con la intención de darle al indígena la palabra sino más bien con la intención de deslindar la sociedad postcolonial del dominio español. Ellos, los criollos se construyen como los otros respecto de España pero no consideran al otro en los estados independientes.

3. El caso Argentino: las raíces españolas de la literatura gauchesca

La situación en Argentina se nos presenta en cierto grado diferente. Recién en la *Historia de la literatura argentina* de Ricardo Rojas, publicada entre 1917 y 1922 en cuatro tomos, aparece una relación colonial del siglo XVI como posible texto fundacional de la literatura argentina. Los demás historiadores –como Felipe Martínez o Enrique García Velloso– empiezan sus historias literarias con textos de Labardén, es decir en el siglo XVIII a finales de la época colonial. La incorporación de las últimas décadas de la dominación española dentro de la literatura y cultura argentinas se debe a una redefinición del final de la época colonial.

Así Felipe Martínez, al principio de su obra *La literatura argentina desde la conquista hasta nuestros días*, publicada en 1905, escribe en contra de aquella opinión que niega la existencia de una historia literaria argentina. Él relaciona esta negación a los ataques al imperio español cuando resume:

> Por otra parte: las declamaciones contra España y su régimen colonial han llegado a sostener que los americanos no podían ser civilizados *"cuando sus gobernantes, ó no lo eran, ó imitando los bárbaros procedimientos de los frailes de tiempos atrás, se oponían á la marcha de la corriente civilizadora"*; pero, nosotros preguntamos: ¿dónde hallaron los Varelas, Moreno, Rivadavia, Lopez y Planes, Luca, Lafinur, etc., su primera educación literaria, sino en las universidades y demás institutos establecidos durante el período colonial? (Martínez 1905: 5).

La pregunta lo indica, se trata de buscar las raíces históricas de los próceres de la independencia argentina. Esto obliga a una reinterpretación y revaloración de los sucesos durante la dominación española. Ahora, para Martínez es importante comprobar que ya durante el período colonial hubo una vida intelectual y cultural que merece tal nombre. Aunque la revaloración de los hechos coloniales está limitada al virreinato de Juan José Vértiz (1776-1810), que así se nos presenta como una época excepcional, Martínez no se olvida de aclarar que "no pudo menos de existir una literatura allí donde se había implantado un idioma que tan rica la tenía" (Martínez 1905: 6). También aquí, en esta frase de Martínez, nos encontramos ante un elogio a la cultura española cuya herencia en América administran los historiadores. Una situación parecida ya habíamos visto en las primeras palabras de Medina que declaraban rotundamente a la literatura chilena como una rama de la literatura española. De la misma manera Martínez relaciona la literatura argentina con la española: "[l]a literatura, pues, reflejo más ó menos fiel de la española, existió siempre en el virreinato del Río de la Plata" (Martínez 1905: 7).

Cuán estrecha es la construcción de la relación entre "lo argentino" y "lo español" lo demuestran –además– las explicaciones que se

dan sobre el origen de la literatura gauchesca, el género argentino por
excelencia.

En la *Historia de la literatura argentina* de Ricardo Rojas, el historiador utiliza la literatura gauchesca como el elemento fundacional
de su concepto de la argentinidad.[14] La argentinidad, como expresa
Rojas, está constituida por un territorio, un pueblo, un idioma y un
ideal. El término argentinidad sirve para "[d]efinir la extensión de
nuestro dominio literario dentro de los vastos dominios internacionales del idioma patrio [...]" (Rojas 1960: 31, t. 1 y 2). Por lo tanto, también aquí, en esta obra de comienzos del siglo XX aparece la necesidad
de ubicar la cultura nacional argentina dentro de una cultura hispánica,
pero ya no se reduce esta cultura hispánica a "lo español" como lo
vimos en las obras de Medina o Martínez. No obstante esta redimen-
sionalización del concepto de cultura hispánica, la raíz española de la
literatura argentina emerge cuando Rojas trata los orígenes de la literatura gauchesca que para él son los orígenes de la literatura argentina:
"[b]ajo sus toscas apariencias, la obra de tales poetas [Ascasubi, del
Campo y Hernández] encierra los gérmenes originales de una fuerte y
sana literatura nacional" (Rojas 1960: 54, t. 1 y 2). Para Rojas la
literatura gauchesca representa la síntesis de todos los estados históricos de la nación argentina; él mismo habla de "el reflejo de la honda
fermentación racial" (Rojas 1960: 56, t. 1 y 2). Pero aún así emerge,
por debajo de este fondo argentino, si uno quiere, la base española.

Lo importante en la argumentación de Rojas es, a mi ver, la oscilación entre un arraigamiento en el suelo americano y –casi sin darse
cuenta– uno en la cultura española, cuando intenta establecer para la
historia de la literatura argentina el sistema de las tres formas épicas
de Hegel.[15] Me centraré en las explicaciones de Rojas sobre lo que él
llama "poesía lírica de nuestros campos". Cabe destacar que al apoyarse en las teorías hegelianas, Rojas traslada conceptos basados en
las historias literarias europeas a una historia literaria americana. Él no

---

14　En *ScriptOralität in der argentinischen Literatur* Schäffauer menciona las discu-
　　siones entre Rojas y Unamuno acerca del término argentinidad y las diferencias
　　que existen sobre su uso en el siglo XIX y el XX (Schäffauer 1998).
15　En su introducción, Rojas subraya la importancia de un fundamento teórico para
　　cualquier historia literaria y critica la falta de aquello en la mayoría de los traba-
　　jos historiográficos (Rojas 1960: Introducción, t. 1 y 2). Al comparar su obra con
　　las demás, se puede constatar que en ellas destaca más bien un interés bibliográ-
　　fico-cronológico.

es el único, también el debate sobre el carácter épico de *La Araucana* en la *Historia de la literatura colonial de Chile* de Medina es un ejemplo de la orientación de los historiadores americanos a fenómenos europeos.[16] Pero volvamos a la poesía lírica. En este capítulo, Rojas menciona también a algunos pueblos indígenas que viven en el territorio argentino como por ejemplo los onas –o sel'kam–, los tobas y los mocovíes. Pero los ejemplos de sus cantos los utiliza Rojas para delimitar su objeto de investigación. Según las categorías hegelianas, la diferencia entre la poesía épica y la poesía lírica está en el carácter colectivo de la épica y el individual de la lírica (Hegel 1970). Los ejemplos de los cantos de algunos pueblos indígenas reflejan, según Rojas, la conciencia de una tribu, por lo cual no es lícito tratar esos cantos dentro de la poesía lírica: "[t]ales ejemplos de procedencia africana o indígena, llévannos al dominio social de la danza, de la religión, de la magia; y nos aleja del ámbito subjetivo donde florece la verdadera poesía lírica" (Rojas 1960: 226, t. 1 y 2).

Aunque también haya ejemplos del carácter individual de algunos cantos de ciertos pueblos indígenas, como el mismo Rojas admite, el interés del capítulo sobre la poesía lírica reside en buscar las raíces folklóricas de los poemas gauchescos o, como lo explica Rojas:

> En éste [capítulo] hablaremos de la poesía lírica escrita en lengua castellana, así sea arcaica o vulgar, para ir mostrando las raíces folklóricas de nuestros poemas gauchescos, cuya musa lírica de romance y guitarra, se personificó en el legendario tipo de los payadores (Rojas 1960: 227, t. 1 y 2).

Lo interesante de esta cita es la mención del romance español como uno de los elementos de la literatura gauchesca. No se trata aquí de debatir sobre la cuestión de si lo gauchesco procede o no del romance español sino más bien de ver cómo Rojas y otros construyen el género argentino por excelencia recurriendo a un género español.

Rojas aclara que: "[e]n todos los tipos de cuarteta argentina, metro y asunto traen el recuerdo de los cantares españoles" (Rojas 1960: 255, t. 1 y 2). Y aunque admite que se encontraron coincidencias folklóricas parecidas, comparando la cultura popular de otros pueblos, subraya que el parentesco entre el caso argentino y el español es más

---

16 En el capítulo "Ercilla", Medina cita las opiniones de críticos europeos acerca del valor estético de *La Araucana* (Medina 1878: 27-30).

profundo. Lo que él quiere demostrar es que la cultura española fue trasplantada a América y vivió en el Nuevo Mundo ciertos cambios. Estos cambios se deben al contacto con otras culturas pero la cultura que abrió tal camino es la española:

> Digo todo esto [las transformaciones que tomaron las coplas españolas en Argentina], no para negar la influencia española, sino para explicarla. Lo que España nos dio, según mi doctrina, no fueron influencias más o menos adventicias, sino algo más importante: gérmenes de cultura. Producido el trasplante de su idioma, nada más lógico que con él vinieran ciertas formas elementales –proverbios, acertijos, coplas, cantos–, propias del arte oral, y que viven adheridas a la vida misma del lenguaje. (Rojas 1960: 258, t. 1 y 2).

Gracias a la influencia española –sería la conclusión de Rojas– se elevó la poesía gauchesca por encima de los pocos ejemplos indígenas o africanos: "[y]a habrá notado mi lector cuán grande es la diferencia entre el rudimentario canto lírico de los tobas o los negros y el cantar de los gauchos" (Rojas 1960: 245, t. 1 y 2). Rojas "necesita" la procedencia española de algo tan argentino como la literatura gauchesca, primero, para delimitarla de otras pruebas culturales en América y, segundo, para demostrar que la literatura argentina proviene de las mismas fuentes "civilizadas" y que tomó los mismos rumbos que la literatura europea.

Ricardo Rojas no es el único historiador argentino que relaciona la literatura gauchesca con los romances españoles. En su *Historia de la literatura argentina* de 1914 Enrique García Velloso trata la literatura gauchesca en el capítulo sobre la poesía popular. Desde el principio del capítulo queda claro para el lector que lo importante para el historiador será demostrar el parentesco entre la poesía popular argentina –es decir la literatura gauchesca– y la poesía española. El carácter del trabajo de García Velloso impide que éste se detenga en desarrollar la temática del trasplante y la posterior evolución de la cultura española en Argentina tan minuciosamente como Rojas, pero le permite escribir frases como las siguientes:

> Surge entonces en nuestro cancionero todo el sedimento andaluz, mezcla de cristiano y de musulmán. Y es allí donde está la fuente más pura de nuestra poesía; la fuente donde en día lejano irá a abrevar su sed de argentinismo artístico este pueblo hoy desquiciado espiritualmente por culpa de los rapsodistas, imitadores o simples plagiarios de las literaturas dos veces extranjeras por la lengua y por el medio que evocan (García Velloso 1914: 387).

El contexto en que caen estas palabras es la gran inmigración europea de finales del siglo XIX y comienzos del siglo XX en Argentina. Teniendo en cuenta la situación histórica en la que escribe García Velloso su historia, se puede buscar allí la explicación de una declaración tan ferviente a favor de las raíces españolas y en contra de otras influencias culturales de la literatura argentina. Nada más lógico, por lo tanto, de pasar en silencio el exterminio de la población indígena en la así llamada Conquista del Sur, acontecimiento que no aparece en ningún texto historiográfico.

4. Conclusión

¿Cuál es la relación que construyen las historias literarias argentinas y chilenas entre la cultura de los estados independientes y la historia colonial de sus países? Los ejemplos de las historias literarias argentinas y chilenas muestran que tanto en Argentina como en Chile les resulta imposible a los historiadores silenciar sus fuentes coloniales.

En este sentido quisiera mencionar un caso bastante particular de la historiografía chilena que da un ejemplo claro de la situación conflictiva que se crea cuando se quiere tratar de escribir una historia literaria rechazando la herencia cultural española.

Me refiero al *Bosquejo histórico de la literatura chilena* de Adolfo Valderrama, publicado en 1866. Este trabajo empieza con un detenido análisis de la cuestión de si pudo o no pudo existir una literatura chilena nacional en la época de la dominación española. La conclusión a la que llega Valderrama es que recién a partir del año 1810 –año de la independencia chilena– se puede hablar de una literatura chilena nacional. Y prosigue diciendo que esto se debe a que durante la época colonial no hubo libertad en Chile y que sólo en la libertad se puede llegar a una literatura original (Valderrama 1866: Introducción). La libertad es para él la condición por excelencia para la existencia de cualquier literatura nacional. Un análisis semejante sobre qué es lo que significa el término literatura nacional no se encuentra en ninguna de las otras historias literarias chilenas.

Uno esperaría que Valderrama respondiera a sus propias palabras con una historia de la literatura chilena empezando con los textos del siglo XIX, o sea nombrando aquellos autores y textos que se publicaron después de la independencia política. No es así. Valderrama, como todos los que lo siguieron, abre su panorama de la literatura chilena con un capítulo sobre la época colonial. La razón de esta manera de proceder se encuentra en la imposibilidad de escribir un trabajo historiográfico sin historia; entendiendo por "historia" un pasado cuyos comienzos quedan al límite de nuestra cronología.

Pero la introducción de Valderrama muestra un aspecto más de las dificultades con las que se enfrentan los historiadores al tratar la época colonial como parte decisiva de la historia nacional. Al hablar sobre la falta de libertad que hubo durante la dominación española en Chile, Valderrama está resumiéndole al lector el conocido discurso de la leyenda negra. Él habla de la no existencia de instituciones culturales o educativas, de la falta de instrucción en general. La misma descripción la podemos leer también en las historias literarias de Medina, Martínez o García Velloso. Estos historiadores nos informan sobre las dificultades para obtener libros en las colonias del Nuevo Mundo. Sobre todo Medina, que dedica su trabajo exclusivamente a la época colonial, describe en su introducción de más de cien páginas los acontecimientos históricos del período que tratará. Así, por ejemplo, nos enteramos de los problemas que hubo antes de que se inaugurase la Universidad de San Felipe en el siglo XVIII, y nos hizo leer varias cédulas reales relacionadas con aquello. ¿Por qué este énfasis en demostrar la injusticia de los reyes españoles al gobernar sus colonias? La clara condena al sistema político colonial va de la mano del aprecio que se tiene de la herencia cultural española; son las dos caras de la medalla de la independencia.

Los historiadores –como letrados de las nuevas naciones– están entre estas dos caras. La condena a la dominación española es el resultado de la independencia que a finales del siglo XIX sigue siendo interpretada como el derecho de un pueblo oprimido a tomar su destino en sus propias manos. Pero, y aquí está la otra cara, para formar parte del mundo civilizado –que para los letrados argentinos y chilenos es el mundo europeo– incluyen "lo europeo" en su tradición cultural.[17] Lo

---

17 Para mostrar cuán profundo es el sentido de los americanos de compartir el mismo mundo civilizado que los europeos, Mary Louise Pratt cita las impresiones de Sarmiento al visitar el norte de África y concluye: "[t]he world becomes simpler for Sarmiento when he goes to North Africa, where his status with respect to the civilization/barbarism dichotomy is clear. Here, and perhaps only here, does he get to be a European pure and simple, and a colonialist" (Pratt 1992: 192).

indígena entra entonces sólo como un matiz de distinción de "lo español" pero no llega a convertirse en la parte dominante de la tradición o de la historia. O, formulándolo de otra manera: lo que no pueden imaginarse los historiadores argentinos y chilenos es un letrado indio. Y a final de cuentas lo que también están construyendo en las historias literarias es su propia historia intelectual, la cual es concebida como la historia intelectual civilizada en el Nuevo Mundo. Tanto la descripción de los mapuches en las historias literarias chilenas como lo que opina Rojas de la cultura de los pueblos indígenas demuestran que el indio, considerado como el otro dentro de la misma nación, no forma parte de la civilización. De esta manera, ellos, los letrados, están colonizando por segunda vez a América.

Bibliografía

Barcia, Pedro Luis (1999): *Historia de la historiografía literaria argentina. Desde los orígenes hasta 1917*. Buenos Aires: Ediciones Pasco.

Bello, Andrés ([1848] 1957): "Modo de escribir la historia". En: *Obras completas. Temas de historia y geografía*. Tomo XIX. Caracas: Ministerio de Educación, pp. 229-242.

Figueroa, Pedro Pablo (1900): *Reseña histórica de la literatura chilena*. Santiago: Imprenta, litografía y encuadernación Barcelona.

García Velloso, Enrique (1914): *Historia de la literatura argentina*. Buenos Aires: Ángel Estrada y compañía.

González Stephan, Beatriz (1987): *La historiografía literaria del liberalismo hispanoamericano del siglo XIX*. Habana: Casa de las Américas. (La segunda edición corregida y aumentada se publicó bajo el título *Fundaciones: canon, historia y cultura nacional. La historiografía literaria del liberalismo hispanoamericano del siglo XIX*. Madrid: Iberoamericana/Frankfurt am Main: Vervuert, 2002.)

Hegel, Georg Wilhelm Friedrich (1970): *Vorlesungen über die Ästhetik*. 3 tomos. Frankfurt am Main: Suhrkamp.

Hobsbawm, Eric John (1990): *Nation and Nationalism since 1780. Programme, Myth, Reality*. Cambridge: Cambridge University Press.

Martínez, Felipe (1905): *La literatura argentina desde la conquista hasta nuestros días. Seguida de un estudio sobre la literatura de los demás países hispanoamericanos*. Buenos Aires: Imprenta de M. Biedma e hijo.

Medina, José Toribio (1878): *Historia de la literatura colonial de Chile*. 3 tomos. Santiago: Imprenta de la librería del Mercurio.

Menéndez Pelayo, Marcelino (1911): *Historia de la poesía hispano-americana*. 2 tomos. Madrid: Librería general de Victoriano Suárez.

Pastor, Beatriz (1988): *Discursos narrativos de la conquista: mitificación y emergencia*. Hanover: Ediciones del Norte.

Pratt, Mary Louise (1992): *Imperial Eyes. Travel Writing and Transculturation*. London/New York: Routledge.

— (2003): "La poética de la per-versión: Poetisa inubicable devora a su maestro. No se sabe si se trata de aprendizaje o venganza". En: Schmidt-Welle, Friedhelm (ed.): *Ficciones y silencios fundacionales. Literaturas y culturas poscoloniales en América Latina (siglo XIX)*. Madrid: Iberoamericana/Frankfurt am Main: Vervuert, pp. 27-46.

Rojas, Ricardo ([1917] 1960): *Historia de la literatura argentina*. 8 tomos. Buenos Aires: Editorial Guillermo Kraft.

Schäffauer, Markus Klaus (1998): *ScriptOralität in der argentinischen Literatur. Funktionswandel literarischer Oralität in Realismus, Avantgarde und Post-Avantgarde (1890-1960)*. Frankfurt am Main: Vervuert.

Schmidt-Welle Friedhelm (ed.) (2003): *Ficciones y silencios fundacionales. Literaturas y culturas poscoloniales en América Latina (siglo XIX)*. Madrid: Iberoamericana/Frankfurt am Main: Vervuert.

Valderrama, Adolfo (1866): *Bosquejo histórico de la poesía chilena*. Santiago: Imprenta chilena.

White, Hayden (1973): *Metahistory. The Historical Imagination in the Nineteenth-Century Europe*. Baltimore: The Johns Hopkins University Press.

Martha Guzmán

La reflexión sobre la(s) lengua(s) en Hispanoamérica en el primer siglo de la Independencia

1. Introducción

Para los que consulten este volumen la inclusión de un artículo sobre la lengua puede resultar rara, si no prescindible. Algunas razones justifican esta intromisión. Por una parte, debemos tener en cuenta que la reflexión sobre la lengua en la época que aquí nos ocupa aparece ligada a la reflexión sobre la creación literaria; no sólo porque fue llevada a cabo por intelectuales, que eran en su mayor parte también escritores, como Domingo Faustino Sarmiento, Andrés Bello o Juan Bautista Alberdi, sino también porque parte de sus reflexiones iban encaminadas justamente a determinar qué formas lingüísticas (variedades, rasgos o elementos) debían emplearse, también en la literatura. Por otra parte, porque explorar qué pasa y qué se piensa de la(s) lengua(s) resulta sumamente ilustrativo a la hora de intentar comprender las preocupaciones y quehaceres de los grupos humanos. La lengua, soporte de nuestro pensamiento y expresión, constituye además un elemento identitario fundamental tanto a nivel individual como de grupo. No es necesario recalcar que este último aspecto posee una especial relevancia en el momento de la ruptura política entre América y España; momento en el cual también surgen e intentan consolidarse como tales las repúblicas americanas.

Al referirnos al siglo que sigue a la emancipación americana no podemos dejar de pensar que las independencias suelen ser contextos históricos privilegiados para que se reflexione sobre la lengua e incluso para que se actúe sobre las lenguas del territorio independizado, llegando a producir en determinados casos cambios de denominaciones, divisiones dentro de áreas lingüísticas antes homogéneas e incluso, en casos extremos, sustitución total o parcial de una lengua por otra. Pensemos, para no remontarnos demasiado en la historia, en lo sucedido en la así llamada Europa del Este. Cada Independencia posee, sin embargo, una individualidad que no conviene desdibujar bajo los patrones a menudo demasiado generalizadores que pueden ofrecernos los estudios postcoloniales. En este artículo deseamos ofrecer una visión acerca de los derroteros y fines de la reflexión sobre la lengua en la América postcolonial; trataremos también, en la medida en que lo permita la extensión de estas páginas, de destacar las especificidades de diferentes regiones, épocas o autores.

Sólo resta precisar que si bien cuando se habla del período postcolonial se piensa en una etapa que parte de los años 20 del siglo XIX, atendiendo al momento en el que declaran su independencia definitiva la mayoría de las naciones americanas, algunos países como Nicaragua, Guatemala, Honduras y el Salvador se definirían como tales años después, y otros, como Cuba y Puerto Rico, continuarían siendo aún durante muchos años colonias españolas.

2. Breve comentario sobre la(s) lengua(s) en la América postcolonial

El panorama lingüístico de la América que se había independizado de España se parecía muy poco al actual. Si bien no podemos establecer mapas lingüísticos precisos ni ofrecer estadísticas exhaustivas, resulta claro que el español convivía con diversas lenguas autóctonas americanas. A pesar de que el número de dichas lenguas había ido mermando considerablemente durante el período colonial, el número de hablantes y la extensión de ciertas lenguas –por lo general de las llamadas lenguas generales– se había incrementado considerablemente. El lingüista Humberto López Morales, un autor que se ha ocupado en diversas ocasiones del tema, al tiempo que afirma que la lengua española fue sólo hasta cierto punto compañera del imperio sostiene que, una vez obtenida la independencia de América, sólo uno de cada tres americanos tenía como lengua materna el español.[1] Es decir, que para un número considerable de habitantes de los territorios independizados la lengua española sería una segunda lengua, cuando no una lengua desconocida. Sin tiempo para adentrarnos en esta situación podemos mencionar que entre las causas de deficitaria hispanización del

---

1 Para una explicación más detallada de esta situación véase López Morales (1998: 73-76).

continente americano se hallaría, además de la dificultad que implicaban sus grandes extensiones, el peso que tuvo en la colonización la evangelización de la población autóctona. Dado que para la misma se emplearon con frecuencia lenguas amerindias, una buena parte de la población indígena habría sido asimilada a la sociedad colonial, y hasta cierto punto culturalmente hispanizada, sin emplear el español.

El español contaba, sin embargo, con una situación mucho más favorable en algunas regiones de escasa o nula población indígena. También gozaba de una posición más ventajosa en las zonas urbanas, al tiempo que sería la lengua predominante en las capas sociales más altas. Esta situación es fundamental tanto para el futuro de la lengua en el continente como para nuestro estudio, ya que, salvo escasísimas excepciones, en el pasado sólo nos es posible acceder a las ideas sobre la lengua de aquellos que escribían y publicaban, es decir, de individuos de las capas superiores. Cuando nos referimos a la situación del español en América hay que añadir que en América existieron, desde los primeros tiempos, instituciones de carácter cultural como universidades,[2] teatros o imprentas, por no hablar de la literatura colonial. Es decir, que se trataba de una lengua cultivada y desarrollada en los más diversos ámbitos. Por último, debemos tener en cuenta que por muchos contactos que existieran con la metrópoli y por muchas personas que viajaran de ésta a las colonias y viceversa, el español que se hablaba en América no podía ser idéntico al peninsular, y sus hablantes tenían, en mayor o menor medida, conciencia de ello. A todo lo anterior viene a sumarse el hecho de que se darían, evidentemente, diferencias regionales dentro del continente.

Otras circunstancias de este período deben verse en relación con la lengua y con las actitudes hacia la misma. Por una parte, a las nuevas entidades políticas con carácter de nación que acababan de independizarse, con fronteras que se irían redefiniendo de forma no siempre pacífica, les urgía consolidarse en diferentes sentidos. Por tanto, la diferenciación lingüística habría podido ser un factor importante en la cimentación de las nuevas naciones, o incluso haber sido potenciada como una forma más de separación tanto de la antigua metrópoli como de las naciones vecinas. Por otra parte, España, que habría fungido como centro de referencia de la lengua en la época colonial, desapa-

---

2   Ya en 1538 se funda en Santo Domingo la primera Universidad de América.

rece, o al menos se aísla, de la constelación, al tiempo que aparecen otros posibles referentes.

3. Principales derroteros de la reflexión sobre la lengua

Antes de comenzar a esbozar los principales derroteros de la reflexión acerca de la lengua en América tras la Independencia debemos apuntar que en este trabajo se ha intentado estudiar y presentar las diferencias de temas y perspectivas en la reflexión lingüística tomando en cuenta tanto las especificidades regionales o nacionales como una perspectiva "diacrónica". La primera perspectiva ha sido tratada en algunas ocasiones (Eberenz 1995; López Morales 1998). Examinar las evoluciones de temas o tono en la reflexión sobre la lengua ha parecido aquí sumamente pertinente, no sólo porque la mezcla de autores y épocas puede dar la impresión de polémica donde no existió, sino porque únicamente teniendo en cuenta el factor temporal podremos esclarecer la relación entre las diferentes posiciones y los contextos sociohistóricos, las tendencias culturales o las teorías o ideas lingüísticas, factores todos que ejercen un mayor o menor influjo en la reflexión sobre la lengua. A continuación presentaremos de manera separada dos períodos dentro de este marco histórico: el momento que sigue a la Independencia (período postindependentista) y la época con la que se cierra el siglo XIX y comienza el XX (tercer tercio de siglo). Ambos momentos coinciden en la abundancia de textos que abordan el tema de la lengua.

3.1 El período postindependentista

En los años que siguen a las respectivas independencias de las naciones americanas surgen numerosos trabajos que tienen como tema la lengua: pensemos en las propuestas de reformas ortográficas de Andrés Bello y Domingo Faustino Sarmiento o en la vasta obra preceptivo-descriptiva de Bello. También pueden encontrarse abundantes alusiones a la lengua española y las variedades del español americano en textos de diversa índole, tanto de carácter literario como periodístico. No debemos, sin embargo, pensar que la(s) lengua(s) y variedades de América, su estatus y su futuro fueran una preocupación generalizada en el continente. En algunas zonas como el Cono Sur estos temas sí constituyeron, desde los primeros años del período que nos ocupa, tema fundamental de discusión. En este sentido se destacaron intelectuales como los argentinos Juan Bautista Alberdi, el ya mencionado Sarmiento o el venezolano radicado en Chile Andrés Bello. En otras zonas del continente como México o Perú, así como en los territorios que formaban parte de la Gran Colombia, las alusiones a estos temas son poco o nada frecuentes o se dan como reacción a las ideas defendidas por autores como Sarmiento y Alberdi.

A continuación comentaremos los temas o derroteros más frecuentes que tomó la reflexión o la polémica sobre la lengua en la América postindependentista, comenzando por las ideas acerca de las lenguas amerindias.

3.1.1 Indigenismo y lenguas amerindias

Las contiendas independentistas, o la Independencia, parecen haber propiciado en algunos países como México o Perú el (re)nacimiento de un interés por el pasado y la cultura indígenas. Si nos fijamos en el caso del Perú puede decirse que, en líneas generales, el interés por el mundo indígena no iba aparejado por un interés por las lenguas amerindias. Pensemos, por ejemplo, en las "Notas acerca del idioma", del intelectual indigenista peruano del XIX González Prada. En este texto, incluso cuando habla del contacto entre lenguas, el quechua parece no existir. También en México puede percibirse un interés por estas culturas e incluso por sus lenguas. Los fines de estos acercamientos pueden ser muy variados, entre ellos se halla el interés por estas lenguas desde la perspectiva de los estudios tipológicos de las lenguas en general.

Hemos de decir, sin embargo, que las reflexiones sobre estas lenguas se limitan a mostrarnos un interés cultural o lingüístico por las mismas y que no suele prestarse atención ni al estatus de las mismas dentro de las nuevas repúblicas ni a su futuro. Los pocos casos en los que estos últimos temas son tratados van por caminos ciertamente negativos para estas lenguas; así, por ejemplo, algunas constituciones americanas vinculan la condición de ciudadano de las nuevas repúblicas al conocimiento del español.[3] Si atendemos a regiones como Ar-

---

3   Sobre la situación de las lenguas indígenas tras las Guerras de Independencia y el reflejo de esta situación en las constituciones americanas véase Alvar (1986: 305) y López García (2005).

gentina podemos notar que si bien estas lenguas no son un tema frecuente, sí encontramos en autores como Sarmiento y Alberdi algunas
alusiones a las mismas, eso sí, del tenor de la siguiente:

> Habia ántes de 1810 en la República Arjentina dos sociedades distintas,
> rivales e incompatibles; dos civilizaciones diversas; la una española eu-
> ropea culta, i la otra bárbara, americana, casi indíjena; i la revolución de
> las ciudades solo iba a servir de causa, de móvil, para que estas dos ma-
> neras distintas de ser de un pueblo se pusiesen en presencia una de otra,
> se acometiesen, i después de largos años de lucha, una absorviese a la
> otra (Sarmiento 1961: 63).[4]

3.1.2 Lengua española y Lengua nacional

La mayoría de los fragmentos o textos sobre temas lingüísticos que
encontramos se refieren, por tanto, al español, si bien van en diferentes direcciones: la valoración o crítica de la lengua española, la expresión de actitudes hacia las variedades regionales o el intento de formación de una identidad lingüística propia; es decir, diferentes aspectos
de la problemática de la lengua que convenían a las naciones americanas.

No son raras, si bien suelen circunscribirse a autores argentinos,
las opiniones negativas hacia lo español, la cultura, la literatura y la
propia lengua española, como las que se recogen a continuación:

> Es evidente que aún conservamos infinitos restos del régimen colonial
> [...] ya que los españoles nos habían dado el despotismo en sus costum-
> bres oscuras y miserables [...] no tenemos hoy una idea, una habitud, una
> tendencia retrógrada que no sea de origen español (Alberdi, citado en
> Costa Álvarez 1922: 31).

> Si España quiere conservar su autoridad literaria en Sudamérica, trate de
> procurársela primero en la Europa misma, exhibiendo pensadores como
> Bacon, Descartes, Locke, Kant, y descubrimientos y progresos científi-
> cos y literarios capaces de rivalizar con los que ostenta a la faz del mun-
> do, la Europa del XIX extraña al habla castellana (Alberdi 1898: 122).

> ¡Estamos hablando un idioma muerto! Las colonias no se emanciparán
> sino abandonándolo, o traduciendo entero otro. Esto último será obra de
> varón. Lo otro sucederá por la lenta acción de las razas, que poblarán
> nuestro suelo, sirviendo nosotros de abono a la tierra (Sarmiento 1899:
> 316).

---

4 El fragmento se cita con la ortografía que el propio Sarmiento propondría para la
   lengua española.

> Si la lengua no es otra que una faz del pensamiento, la nuestra pide una armonía íntima con nuestro pensamiento americano, más simpático mil veces con el pensamiento francés que no con los eternos contorneos del pensamiento español. [...] imitar una lengua perfecta, es adquirir orden, claridad, laconismo, es perfeccionar nuestro pensamiento (Alberdi 1886b: 815).

Si bien se trata de expresiones de franca hostilidad hacia la lengua española, muestras de una antipatía hacia la antigua metrópoli nada rara en un momento que sigue a una emancipación, resulta desde luego mucho más difícil valorar hasta qué punto estas afirmaciones implican realmente una propuesta o una recomendación de acción real sobre la lengua. Por otra parte, como puede apreciarse en el último fragmento de Alberdi, la lengua de España fue rechazada por los autores de este grupo no sólo en tanto que expresión de una identidad incompatible con la nueva situación política y con el sentimiento de identidad americano, sino porque el acercamiento cultural a otras naciones y lenguas como el francés llevó a que las mismas se considerasen como más aptas en tanto vehículo del pensamiento que habría de acompañar la construcción de las nuevas naciones.

Como vertiente o desarrollo del rechazo a la lengua española surge dentro del ámbito de los intelectuales argentinos de la "Generación del 37" el concepto de "idioma nacional". A pesar de que este concepto surge en un ámbito argentino el término "nacional" no se usó siempre para referirse sólo a esta nación, sino para hablar de una comunidad lingüística americana con una lengua diferente del español de España, es decir, con el sentido de "lengua americana". El hecho de que esta idea en sus diversas variantes haya sido defendida con tanta insistencia justamente por autores argentinos puede obedecer a varios factores, entre ellos al hecho de que en esta región la tradición cultural hispánica haya sido menos duradera y de menor calado que en otras regiones como México o Perú. A ello podemos añadir el temprano e intenso cultivo del romanticismo en la región rioplatense, una corriente en la que lo propio de cada pueblo o nación adquiere una dimensión especial; también los idiomas, como dijera el propio Alberdi, se tiñen con los colores del suelo que habitan. Por último debemos apuntar que si bien el último fragmento de Alberdi que hemos reproducido recomienda un "afrancesamiento" de la lengua como camino para su perfeccionamiento, otros autores argentinos contemporáneos como Sarmiento recomiendan, muy por el contrario, que los americanos han de andar con cuidado para que al beber las ideas de otras naciones más avanzadas no se contamine su lengua de un "limo extraño" (Sarmiento 1849a: 331).

En otras zonas del continente no se da un proyecto de "lengua nacional". Tampoco en el caso del Cono Sur se da una monolítica reacción contra el español, como evidencia el siguiente fragmento del patriota, escritor y poeta argentino Florencio Varela, nacido en 1807 y emigrado a Montevideo durante la tiranía de Rosas:

> Nada hay en nuestra patria más abandonado que el cultivo de nuestra lengua; de esta lengua, la más rica, sonora y numerosa de todas las vivas, aun en el concepto de los extranjeros sensatos, [...] y de la cual, sin embargo, han dicho, poco hace, los diarios de Buenos Aires, que era pobre e incapaz de competir con los idiomas extranjeros probando que no saben su habla, ni han leído los buenos libros que hay en ella (Varela, citado en Costa Álvarez 1922: 22-3).

También el propio Alberdi, a pesar de ser conocido sobre todo por sus opiniones más radicales, cambia fundamentalmente su posición hacia lo español y hacia el español. Ejemplo de ello es el siguiente fragmento:

> La España misma, a pesar de todo, el país de Europa que más interesa estudiar al viajero de nuestra América meridional: allí están las raíces de nuestra lengua, [...] el secreto de nuestra índole y carácter (Alberdi 1886b: 31).

3.1.3 La fragmentación lingüística de y dentro de América

Menos frecuente en estos primeros años que la idea de la negación o la separación premeditada de la lengua castellana es la expresión del temor de que en América se irían formando una o varias lenguas, no sólo diferentes del español, sino también diferentes –y quizás incomprensibles– entre sí. El primero que alerta sobre este peligro, ya en el año 1847, es Andrés Bello, quien, como podemos apreciar a continuación, no predice un futuro de lenguas nacionales, sino de multitud de dialectos en coexistencia con "idiomas provinciales". Esta situación, según Bello, llevaría no sólo a una separación dentro de América, sino que sería un freno para su desarrollo futuro:

> Pero el mayor mal de todos, y el que si no se ataja, va a privarnos de las inapreciables ventajas de un lenguaje común, es la venida de neologismos de construcción, que inunda y enturbia mucha parte de lo que se escribe en América, y alterando la estructura del idioma, tiende a convertir-

lo en una multitud de dialectos irregulares, licenciosos, bárbaros; embriones de idiomas futuros que durante una larga elaboración reproducirían en América lo que fue la Europa en el tenebroso período de la corrupción del latín. Chile, el Perú, Buenos Aires, Méjico, hablarían cada uno su lengua, o por mejor decir, varias lenguas, como sucede en España, Italia y Francia, donde dominan ciertos idiomas provinciales, pero viven a su lado otros varios, oponiendo estorbos a la difusión de las luces, a la ejecución de las leyes, a la administración del estado, a la unidad nacional (Bello 1972: 13).

3.1.4 Las variedades americanas: estatus y norma frente al español peninsular

Otro problema ocupó –y enfrentó– alrededor de la década del 40 del siglo XIX a los intelectuales americanos: en qué situación se hallaba el español americano con respecto al español peninsular, y en qué medida tenían España y sus instituciones, como la Real Academia de la Lengua, algo que decir con respecto al o los español(es) americanos. Otra vez son hombres como Sarmiento o Alberdi los mayores defensores de una independencia por lo que a criterios de autoridad se refiere. Algunas de sus afirmaciones, como la siguiente, parecen una respuesta a intentos –puristas o españoles– de decidir los destinos de la lengua en América:

El que una voz no sea castellana es para nosotros objeción de poquísima importancia; en ninguna parte he encontrado el pacto que ha hecho el hombre con la divinidad ni con la naturaleza, de usar tal o cual combinación de sílabas (Sarmiento 1949b: 84).

Sin embargo, no se trata simplemente de una reacción contra la antigua metrópoli, sino de una resistencia, quizás de raíz romántica, ante cualquier forma de encorsetamiento o control, como podemos apreciar en los siguientes fragmentos del mismo autor: "No reconocemos magisterio en ningún país, menos en ningún nombre, menos en ninguna época" (Sarmiento 1949a: 79) o

[l]a soberanía del pueblo tiene todo su valor y predominio en el idioma; los gramáticos son como el senado conservador, creado para resistir a los embates populares, para conservar la rutina y las tradiciones (Sarmiento 1957: 256).

Alberdi, sin abandonar la idea romántica de la identidad entre lengua y nación, pone, si bien con un tono político que hoy ha ido perdiendo actualidad, el dedo en la llaga de heridas que aún siguen sin cerrarse. Véanse en este sentido los siguientes ejemplos:

Naturalmente, las lenguas siguen los destinos de las naciones que las hablan; y como cada nación tiene su suelo, su historia, su gobierno, su industria, su género de riqueza, sus vecinos, su comercio, sus relaciones extranjeras peculiares y propias, en cierto modo, se sigue de ello que dos naciones, aun hablando el mismo idioma, no podrán jamás hablarlo de un mismo modo. El idioma será el mismo, en el fondo, pero las más profundas e inevitables modificaciones naturales harán que, sin dejar de ser el mismo idioma, admitan sus dos modos naturales de ser manejado y practicado, dos perfecciones, dos purismos, dos diccionarios, igualmente autorizados y legítimos (Alberdi 1898: 231).

¿Cómo podría la América independiente y republicana dejar la legislación del idioma, que sirve de expresión a los actos de su vida pública, en manos de una monarquía extranjera relativamente menos poblada que ella? (Alberdi 1898: 197).

Bastaría que la Academia española se arrogase la autoridad o el derecho soberano de legislar en el idioma que habla la América hoy soberana, para que ésta tomase antipatía a una tradición y manera de practicar el idioma castellano, que le venían trazadas despóticamente del país trasatlántico, que había sido su metrópoli. No puede un país soberano dejar en manos del extranjero el magisterio de su lengua (Alberdi 1898: 197).

También sobre este tema surgen diferencias entre Bello y Sarmiento, quienes llegan a una verdadera polémica. La comparación de sus posiciones deja entrever que, más allá de diferentes actitudes ante lenguas o variedades, hay una diferencia de ideologías de base, de corte más bien ilustrado en Bello, profundamente romántica en Sarmiento.

Es indispensable que haya un cuerpo de sabios, que así dicte las leyes convenientes, como las del habla en que ha de expresarlas; y no sería menos ridículo confiar al pueblo la decisión de sus leyes, que autorizarle en la formación del idioma (Bello 1957: 242).

Si hay en España una academia que reúna en un diccionario las palabras que el uso general del pueblo ya tiene sancionadas, no es porque ella autorice su uso, ni forme el lenguaje con sus decisiones, sino porque recoge como un armario las palabras cuyo uso está autorizado unánimemente por el pueblo mismo y por los poetas (Sarmiento 1957: 252).

El estarnos esperando que una academia impotente, sin autoridad en España mismo, sin prestigio y aletargada por la conciencia de su propia nulidad, nos dé reglas, que nos vendrán bien después de todo, es una abyección indigna de naciones que han asumido el rango de tales (Sarmiento 1949a: 74).

Uno de los autores que expresa explícitamente su posición acerca de la norma que habría de seguir el español que se hable en América es Andrés Bello. Además de otras muchas obras descriptivas-preceptivas sobre nuestra lengua, Bello publica en 1847 su *Gramática de la lengua castellana destinada al uso de americanos*, una de las más importantes gramáticas de nuestra lengua, que sigue admirando por su capacidad de sistematización y su agudeza explicativa. En el Prólogo de su Gramática, encontramos afirmaciones como las que siguen:

> No se crea que recomendando la conservación del castellano sea mi ánimo tachar de vicioso y espurio todo lo que es peculiar de los americanos. Hay locuciones castizas que en la Península pasan por anticuadas y que subsisten tradicionalmente en Hispano América ¿por qué proscribirlas? Si según la práctica general de los americanos es más analógica la conjugación de algún verbo, ¿por qué razón hemos de preferir la que caprichosamente haya prevalecido en Castilla? Si de raíces castellanas hemos formado vocablos nuevos, según los procederes ordinarios de derivación que el castellano reconoce, y de que se ha servido y se sirve continuamente para aumentar su caudal, ¿qué motivos hay para que nos avergoncemos de usarlos? Chile y Venezuela tienen tanto derecho como Aragón y Andalucía para que se tomen sus accidentales divergencias, cuando las patrocina la costumbre uniforme y auténtica de la gente educada (Bello 1972: 13).

Por el contrario, tanto en la Gramática como en otras obras de Bello son criticados tanto rasgos regionales como el voseo, como otros generalizados en el español de América, por ejemplo, "el de dar a la *z* el valor de la *s*, de manera que en su boca no se distinguen *baza,* y *basa, caza* y *casa, cima* y *sima*" (Bello 1981a: 22). En la *Gramática*, cuando explica las formas de Imperfecto de Subjuntivo y Pluscuamperfecto de Subjuntivo en –SE *(amase, hubiese amado)* y –RA *(amara, hubiera amado)*, señala, contrariamente a lo que ya era el uso americano, que la primera es más frecuente; del mismo modo, explica las funciones del pasado compuesto *(he amado)* tomando en cuenta los valores temporales que las mismas tienen en España, pero no en América.[5] También con respecto al léxico se muestra crítico hacia ciertos usos regionales. Al criticar empleos del verbo *transar* "que se oyen en bocas de todos, inclusos (sic) los abogados y jueces" añade

> Pero ni el *Diccionario* de la Academia trae tal verbo, ni lo hemos visto en la obra de los jurisconsultos españoles, que, según hemos podido observar, sólo usan en este sentido el verbo *transigir* neutro. Dícese, pues, *Pedro y Juan transigieron* (Bello 1981b: 158).

---

5   Se ha empleado la terminología actual de la Real Academia Española (RAE) y no la que acuña Bello.

Según estos ejemplos y argumentos parece bastante difícil aceptar que "la gente educada" de América fuera, realmente, su patrón o criterio de autoridad. Más bien hemos de reconocer que para el más grande de nuestros gramáticos las variedades americanas poseían un estatus más bien precario. Esta situación, lejos de ser juzgada con los criterios de nuestra época, debe ser vista en relación, entre otras cosas, con el temor de Bello de que en América se produjera una fragmentación lingüística que atentaría contra su desarrollo tanto cultural como social.[6]

3.1.5 Propuestas de reforma del español en América

La preocupación por el español de los americanos había constituido, desde años antes de la Independencia,[7] tema de reflexiones y trabajos del lingüista venezolano Andrés Bello. En los años que nos ocupan, también Sarmiento se expresa sobre el tema e incluso propone, al igual que Bello, una reforma de la ortografía de la lengua. Ambos autores, sin embargo, se diferencian tanto por los criterios de autoridad por los que se orientan como por los fines de sus propuestas.[8] Sarmiento, por ejemplo, manifiesta:

> [...] Nuestra lengua, nuestra literatura y nuestra ortografía, se apegan rutinariamente a tradiciones rutinarias y preceptos que hoy nos son sumamente extraños y que nunca podrán interesarnos [...] El idioma de América deberá, pues, ser suyo propio, con su modo de ser característico y sus formas e imágenes tomadas de las virginales, sublimes y gigantescas que su naturaleza, sus revoluciones y su historia indígena le presentan. Una vez dejaremos de consultar a los gramáticos españoles, para formular la gramática hispanoamericana, y este paso de la emancipación del espíritu y del idioma requiere la concurrencia, asimilación y contacto de todos los interesados en él (Sarmiento, citado en Rosenblat 1984: 273).

En este fragmento, además de su espíritu romántico, podemos apreciar que no se habla sólo de un "idioma nacional", como frecuentemente hicieron los intelectuales argentinos, sino de un idioma de América e incluso de una gramática hispanoamericana. Sarmiento no propone una gramática hispanoamericana, pero sí una reforma de la ortografía española para los americanos. Con esta reforma pretendía facilitar la

---

6 Para un comentario más detallado sobre este tema véase Guzmán (2007).
7 Su primera propuesta de reforma ortográfica es de 1823.
8 Para un análisis más detallado de la posición de Sarmiento acerca de la norma véase Cichon (2007), para el mismo tema en Bello véase Guzmán (2007) en el mismo volumen.

alfabetización de la población, algo que él y otros contemporáneos suyos de la Generación del 37 consideraban como una condición indispensable para la construcción de las nuevas naciones.[9] La propuesta ortográfica de Sarmiento consiste en, haciendo caso omiso del origen de las palabras, establecer su grafía orientándose por la pronunciación, eliminando así letras "superfluas" como la <v> y las grafías que no se pronunciaran, como la <h> y la <u> tras <q>, entre otros cambios. Fundamental en esta propuesta es el hecho de que también la <z> debía, según él, desaparecer de la escritura.

La propuesta ortográfica de Bello, que, como ya hemos apuntado, es anterior, se apoya en principios similares. Según sus palabras:

> El mayor grado de perfección de que la escritura es susceptible, y el punto a que por consiguiente deben conspirar todas las reformas, se cifra en la cabal correspondencia entre los sonidos elementales de la lengua y los signos o letras que han de representarlos (Bello 1981c: 78).

Ahora bien, aunque según Bello la pronunciación que habría de servir de guía era aquella de la gente educada, en sus propuestas de reforma no se manejó nunca, como en la propuesta de Sarmiento, la idea de eliminar la <z>, cuya pronunciación, incluso en los más educados americanos, sería rara, si no inexistente.

No debemos, sin embargo, deducir de ello una postura antiamericanista por parte de Bello. Como él mismo explica, su propuesta no se limitaba al ámbito americano; sus fines eran también (recordemos que en esta época la lengua española no poseía una ortografía uniforme y fija) el perfeccionamiento de la expresión escrita en español, y la consecución de una ortografía uniforme para España y las naciones americanas. Ya en estos momentos despuntaba una preocupación que iría creciendo con el avance del siglo: el miedo a la fragmentación del español. De hecho, Bello, a pesar de disfrutar en Chile como Rector de la Universidad y organizador de proyectos educativos de una posición que le hubiera permitido favorecer la imposición de su reforma, luego de estudiar como alternativa la propuesta de Sarmiento, renuncia a toda reforma ortográfica que pudiera contribuir a la fragmentación del español.[10]

---

9 Sarmiento desarrolla una importante labor en la campaña de alfabetización chilena de 1840.

10 Algunos rasgos ortográficos debidos a la propuesta de Bello continuaron apareciendo en ediciones chilenas.

3.2 La reflexión sobre la lengua en el tercer tercio de siglo

En esta nueva etapa del siglo XIX encontramos un nuevo grupo de intelectuales para los que la reflexión y la polémica sobre la lengua, su norma y su estandarización, así como la relación con el español peninsular y España y sus instituciones, sigue teniendo actualidad. Si hablamos de estos temas en el período resulta indispensable hablar de tres personalidades y sus obras y posiciones: el lingüista colombiano Rufino José Cuervo, el intelectual argentino José María Gutiérrez y el francés radicado en Argentina Luciano Abeille.

3.2.1 La fragmentación lingüística de Hispanoamérica

Uno de los temas fundamentales en la reflexión sobre la lengua en la América de la época fue la discusión sobre la fragmentación lingüística, no sólo con respecto al español peninsular, sino también dentro del continente. Esta posibilidad, que como hemos comentado ya había sido apuntada por Andrés Bello, comienza a ser discutida con intensidad. Contrastemos las opiniones que, alrededor de los años 80 del siglo XIX, expresan el intelectual cubano Juan Ignacio de Armas y Rufino José Cuervo:

> Otro lenguaje especial existe, y otro idioma, hermano del primero, preparan las evoluciones de los tiempos en México y Centro América; otro, o acaso dos, en el Pacífico; otro en Buenos Aires. [...] Las leyes del transformismo no pueden alterarse en la ciencia filológica, como en ninguno de los otros ramos a que se extiende el estudio de las ciencias naturales. El castellano, llamado a la alta dignidad de lengua madre, habrá dejado en América, aun sin suspender el curso de su gloriosa carrera, cuatro idiomas, por lo menos, con un carácter de semejanza general, análogo al que hoy conservan los idiomas derivados del latín (Armas 1882: 98).

> Es infundado el temor de que en la parte culta de América, se llegue a verificar con el castellano lo que con el latín en las varias provincias romanas (Cuervo 1973: 59).

Algunos años después, sin embargo, será el propio Cuervo el mayor defensor de que la fragmentación lingüística de América era una realidad triste, pero inevitable. Esta preocupación se hallaba en total consonancia con las ideas lingüísticas de corte histórico-comparativo del siglo XIX y con la concepción de las lenguas como organismos vivos que, como tales, habrían de morir.[11] Los estudios lingüísticos de Cuervo lo llevan a vaticinar lo siguiente:

> Hoy sin dificultad y con deleite leemos las obras de los escritores americanos sobre historia y literatura, filosofía; pero llegando a lo familiar o local, necesitamos glosarios. Estamos, pues, en vísperas (que en la vida de los pueblos pueden ser bien largas) de quedar separados, como quedaron las hijas del Imperio Romano: hora solemne y de honda melancolía en que se deshace una de las mayores glorias que ha visto el mundo (Cuervo 1899: X).

Esta preocupación, que desde la perspectiva actual puede parecernos exagerada, no resultaba para nada descabellada en su época. En el prólogo al poema narrativo *Nastasio* del argentino Francisco Soto y Calvo, Cuervo apunta los siguientes argumentos para justificar su temor: la natural diferenciación debida a los diversos ambientes, estilos de vida y razas en los que se desarrollaba el español, el hecho de que España hubiera dejado de funcionar como posible factor de cohesión y fuente de inspiración intelectual y la falta de contacto entre los países americanos. A partir de este texto de Cuervo surge uno de los capítulos más señalados de la discusión sobre la fragmentación del español. Me refiero a la polémica que sostuvieron Cuervo y el escritor español Juan Valera y que se prolongó hasta los comienzos del siglo XX, en marcos tan disímiles como el periódico madrileño *Los Lunes de El Imparcial* o el *Bulletin Hispanique*. En la misma, más allá del hecho señalado por Cuervo de que los americanos no acudían a libros españoles y preferían otras universidades a las universidades españolas (Cuervo 1950: 275), se evidencia que las tensiones entre americanos y españoles seguían latentes, quizás reforzadas por la pérdida por España, a finales de siglo, de sus últimas colonias. Veamos algunos fragmentos a este respecto:

> Lo que yo sostengo es que ni el salvajismo de las tribus indígenas en general, ni la semicultura o semibarbarie de peruanos, aztecas y chibchas, añadió nada a esa civilización que allí llevamos y que ustedes mantienen y quizá mejoran y magnifican (Valera 1958: 738).

> Los españoles, al juzgar el habla de los americanos, han de despojarse de cierto invencible desdén que les ha quedado por las cosas de los criollos (Cuervo 1950: 288).

---

11 Para las ideas lingüísticas en el siglo XIX véase Mounin (1983) y Arens (1976).

[Valera] pretende que las naciones hispanoamericanas sean colonias culturales de España, aunque para abastecerlas sea menester tomar productos de países extranjeros, y figurándose tener aún el imprescindible derecho a la represión violenta de los insurgentes, no puede sufrir que un americano ponga en duda el que las circunstancias actuales consientan tales ilusiones. Hasta aquí llega el fraternal afecto (Cuervo 1950: 332).

3.2.2 El problema de la norma para la lengua en América

La pregunta de dónde se hallaría el modelo lingüístico, cómo se constituiría la norma de aquello que se hablara en América, no dejó de preocupar en los años más avanzados del siglo. En este sentido resulta indispensable tratar al menos tres aspectos: la relación entre los intelectuales americanos y la RAE, las ideas sobre el tema en la obra de Rufino José Cuervo y las posiciones sobre el tema en *Idioma nacional de los Argentinos* de Luciano Abeille.

Cuando se habla de la posición de los intelectuales americanos hacia la norma en general y hacia la Real Academia en particular se suele pensar en Juan María Gutiérrez, quien en 1876 declina su nombramiento como académico. Hemos de señalar que Gutiérrez, matemático, jurisconsulto, historiador, crítico y poeta argentino, fue, en palabras de Menéndez y Pelayo, el hombre de letras más completo de la América del XIX. A pesar de ser contemporáneo de Alberdi o Sarmiento es apenas por estos años, con motivo del rechazo de su nombramiento a la RAE, que expresa sus posiciones sobre la lengua y su norma. Veamos algunos de sus argumentos:

Aquí, en esta parte de América, poblada primitivamente por españoles, todos sus habitantes, nacionales, *cultivamos* la lengua heredada, pues en ella nos expresamos, y de ella nos valemos para comunicarnos nuestras ideas y sentimientos; pero no podemos aspirar a *fijar* su pureza y elegancia por razones que nacen del estado social que nos ha deparado la emancipación política de la antigua Metrópoli (Gutiérrez, citado en Cambours 1983: 46).

Los hombres que entre nosotros siguen carreras liberales, pertenezcan a la política o a las ciencias aplicadas, no pueden por su modo de ser, escalar los siglos en busca de modelos y de giros castizos en los escritores ascéticos y publicistas teólogos de una Monarquía sin contrapeso (Gutiérrez, citado en Cambours 1983: 47).

¿Qué interés verdaderamente serio podemos tener los americanos en fijar, en inmovilizar, al agente de nuestras ideas, al cooperador en nuestro discurso y raciocinio? ¿Qué puede llevarnos a hacer esfuerzos porque al lenguaje que se cultiva a las márgenes del Manzanares, se amolde y esclavice el que se transforma, como cosa humana que es, a las orillas de nuestro mar de aguas dulces? ¿Quién podrá constituirnos en guardianes celosos de una pureza que tiene por enemigos a los mismos peninsulares que se avecinan a esta Provincia? (Gutiérrez, citado en Cambours 1983: 51).

Las palabras de Gutiérrez no sólo suponen un rechazo de todo modelo, sobre todo si este viene de España; involucran también la convicción de que la lengua ha de desarrollarse sin ningún tipo de impedimento, por el camino que le exija su condición de colaboradora de la razón. No se ha de pensar, sin embargo, que la ausencia de todo tipo de control o modelo haya sido una idea generalizada tras la Independencia, ni siquiera en Argentina. Tanto en este país como en Colombia y México se había intentado, ya en los años 20 del siglo XIX, fundar Academias latinoamericanas, y algunos hispanoamericanos, el primero de ellos el argentino Ventura de la Vega, habían sido aceptados en la Academia española; en al año en el que Gutiérrez escribe, ya se habían fundado Academias en Colombia (1871) y México (1875).

Hay otra situación que es fundamental a la hora de aclarar el problema de la norma y que constituye una peculiaridad de Hispanoamérica en comparación con otras excolonias: en Hispanoamérica no tenemos una, sino varias naciones, por tanto se hace más difícil decidirse por una norma como alternativa a la peninsular. Rufino José Cuervo expresa el problema, y su posible solución, en los siguientes términos en sus *Apuntaciones críticas sobre el lenguaje bogotano con frecuente referencia al de los países de Hispano-América*:

> Pero ¿y cuál será la norma a la que todos hayamos de sujetarnos? Ya que la razón no lo pidiera, la necesidad nos forzaría a tomar por dechado de nuestra lengua a la de Castilla, donde nació, y llevando su nombre, creció y se ilustró con el cultivo de eminentísimos escritores [...] ¿Cuál, de entre los países de Hispano-América, descuella tanto por su cultura que dé la ley a los demás hermanos? [...] Excusado parecería tocar este punto, si personas desorientadas, que miran con ridículo encono cuanto lleva el nombre de España y cierran los ojos para no ver que en todo lo relativo al lenguaje hemos de acudir a ella (Cuervo 1955: 6).

Ni estas palabras, ni el hecho de que en su *Diccionario de construcción y régimen* aparezcan predominantemente autores españoles deberían llevar a tachar a Cuervo de poco americanista. La abundancia de autores españoles no requiere mayor comentario, ya que, más allá de razones numéricas, no creo que ningún americano sienta como menos propio a autores como Cervantes por haber nacido del otro lado del

Atlántico. En cuanto a su orientación hacia la norma castellana se debe tener en cuenta que si bien hoy en día no estamos, desde luego, dispuestos a acudir a España para todo lo relativo al lenguaje, lo que propone Cuervo no es seguir a pie juntillas los hábitos lingüísticos de la Península, sino, orientándose sobre todo hacia su literatura, hacernos de una serie de patrones para, entre otras cosas, evitar la por él temida fragmentación lingüística. Veamos el siguiente fragmento:

> [...] y cuando varios pueblos gozan del beneficio de un idioma común, propender a su uniformidad es vigorizar sus simpatías y relaciones, hacerlos uno solo. Nadie hace más por el hermanamiento de las naciones hispano-americanas, como los fomentadores de aquellos estudios que tienden a conservar la pureza de su idioma, destruyendo las barreras que las diferencias dialécticas oponen al comercio de las ideas (Cuervo 1955: 6).

Ya casi cerrando el siglo –de hecho se publica en 1900–, aparece un texto en el que, en principio, se defiende una posición diametralmente opuesta a la de Cuervo acerca de la norma en la lengua de América; se trata de *Idioma nacional de los argentinos*, del francés radicado en Argentina Luciano Abeille. Abeille ha sido frecuentemente criticado y ensalzado por este texto, en ambos casos, considero, sin mayor razón para ello. Hemos de anotar, pues el prometedor título de la obra podría llevarnos a pensar otra cosa, que se trata de una obra que se centra en el léxico. En el prólogo de la misma se encuentran muchas ideas que hoy por hoy nadie negaría, como que el léxico, sobre todo de regiones de diferente naturaleza y sociedad, está sujeto a experimentar cambios. Veamos cómo explica el propio autor el término "idioma nacional":

> Pero el español trasplantado al Río de la Plata ha empezado a evolucionar, ha experimentado y experimenta cambios en su vocabulario, en su sintaxis, en su fonética. Ya no es meramente el español; tampoco es aún el argentino porque su evolución es todavía incompleta. Es, por consiguiente, el *Idioma nacional de los Argentinos* (Abeille 1900: 54).

Seguidamente comenta Abeille que el "alma argentina" se asemeja a su "idioma nacional" y después de deshacerse en elogios sobre este idioma de "mucha abstracción [...] e incomparable hermosura" añade que es "digno de la raza que evoluciona en la República Argentina" (Abeille en Cambours 1983: 21). Estamos, pues, otra vez ante la ya conocida idea de la unión entre lengua y nación, eso sí, con un tono de alabanza algo exaltado y un curioso empleo del término "raza". No se trata, sin embargo, por lo que respecta a la lengua en sí, de una propuesta radical de diferenciación.

4. Conclusiones

Si tratamos de hacer un resumen general sobre la reflexión acerca de la(s) lengua(s) en América tras la Independencia de España, podemos decir, en primer lugar, que si bien los trabajos y debates sobre el tema abundan, no se puede concluir que el uso del español haya significado un conflicto para los americanos en general. Y es que, parafraseando al intelectual colombiano Rafael María Merchán, no se había hecho la guerra a la lengua española, sino al gobierno político español. Para aquellos que sí reflexionan sobre la lengua fueron importantes temas muy diversos. Entre ellos tenemos la conveniencia de desarrollar una lengua diferente al español de España o incluso diferente del español – piénsese en los trabajos tempranos de Alberdi y Sarmiento o en los de Luciano Abeille, de finales del XIX y principios del XX.

Otro tema que mereció la atención de muchos intelectuales –pensemos en Bello y en Cuervo– fue la idea de que la lengua que se hablaba en América se iría involuntaria e inevitablemente modificando hasta fragmentarse en numerosas lenguas diferentes del español y diferentes entre sí. En relación con este último temor –pero también con intentos de mejorar la expresión de los americanos, lo cual se consideraba condición indispensable del progreso en general– surgen varios intentos de estandarización lingüística: las propuestas de ortografía de Bello y Sarmiento, la amplia obra preceptiva de Bello y, posteriormente, los trabajos de Rufino José Cuervo.

Independientemente de que el surgimiento de diferentes lenguas fuera una aspiración o algo a evitar, es posible apreciar una preocupación por el lugar que ocupaba o debía ocupar lo particular, lo específico, en nuestros modos de hablar. También en este caso encontramos en Argentina las más claras reivindicaciones de una forma de hablar propia, diferente, pero sobre todo independiente de la española en cuanto a norma se refiere. El derecho a la diferencia, que no será negado tampoco por autores como Cuervo y, al menos en teoría, tampoco por Bello, tiene un papel menos protagónico en el resto de las regiones y autores. En este caso no se debe olvidar la incidencia del miedo a la fragmentación lingüística sobre la posición acerca de los modelos y la norma del español americano. En todo caso resulta claro que las grandes obras preceptivo-descriptivas que se escribieron por hispanoamericanos en este período, la *Gramática* de Bello y el *Diccionario* de Cuervo, no fueron motivadas ni estaban especialmente alentadas por un afán de diferenciación de nuestras variedades. Es importante tener en cuenta también que en las reflexiones y trabajos sobre la lengua propia, incluso en el caso de Argentina y aun cuando se usan términos como "lengua nacional", no se propone en ningún caso una acción sistemática sobre la lengua con vistas a buscar la diferenciación. Más bien se trató de una postura de indiferencia o negación hacia los usos peninsulares y de las funciones de sus instituciones normativizadoras.

De vital importancia es el hecho de que en esta época, sobre todo a medida que va avanzando el siglo, se desarrolla una reflexión acerca del estatus de nuestras variedades que no han dejado de tener calado en la actitud ante la lengua y en la propia lengua. Pensemos que justamente en la Argentina puede encontrarse una actitud −no generalizada en América− positiva hacia la propia variedad, y que rasgos característicos como el voseo poseen allí un estatus perfectamente neutro, que no tienen en otras variedades americanas donde también existe.

Hoy, a casi doscientos años de la Independencia, si se pasa revista a lo pasado, podemos ver que muchos aspectos de la polémica de entonces, como el estatus de los rasgos americanos o el derecho sobre la corrección lingüística, siguen teniendo actualidad. Los americanos podemos, además, preguntarnos parafraseando a los autores del XIX: ¿Ha desaparecido aquel desdén de los españoles hacia la lengua de los criollos de que hablara Cuervo? ¿Nos hemos librado −de veras− de recelos y nacionalismos lingüísticos?

Bibliografía

Abeille, Luciano (1990): *Idioma nacional de los argentinos*. Paris: Émile Bouillon.

Adkins, Arthur W. (1962): "Heidegger and Language". En: *Philosophy*, 37, pp. 229-237.

Alberdi, Juan Bautista: (1886a): *Obras completas*. Vol. III. Buenos Aires: La Tribuna Nacional.

— (1886b): *Obras completas*. Vol. II. Buenos Aires: La Tribuna Nacional.

— (1886c): *Obras completas*. Vol. V. Buenos Aires: La Tribuna Nacional.

— (1898): *Escritos póstumos*. Vol. 6: *Ensayos sobre la sociedad, los hombres y las cosas de Sudamérica*. Buenos Aires: Imp. Alberto Monkes.

— (1945): *Autobiografía*. Buenos Aires: Jackson.

Altamirano, Carlos (1994): "The Autodidact and the Learning Machine". En: Halperín, Tomas et al. (eds.): *Sarmiento: Author of a Nation*. Berkeley: University of California Press, pp. 156-168.

Alvar, Manuel (1986): "Lengua nacional y sociolingüística: las Constituciones de América". En: Alvar, Manuel (ed.): *Hombre, etnia, estado*. Madrid: Gredos, pp. 262-341.

Anderson, Bernard (1992): *Imagined Communities: Reflections on the Origins and Spread of Nationalism*. London/New York: Verso.

Arens, Hans (1976): *La lingüística sus textos y su evolución desde la antigüedad hasta nuestros días*. Madrid: Gredos.

Armas, Juan Ignacio de (1882): *Memorias de la Sociedad Económica Amigos del País*. Habana: Impresora del Gobierno y Capitanía General.

Bello, Andrés ([1842] 1957): "Ejercicios populares de lengua castellana". En: Durán Cerda, Juan (ed.): *El movimiento literario de 1842*, vol. 1. Santiago de Chile: Editorial Universitaria, pp. 241-243.

— ([1847] 1972): *Gramática de la lengua castellana destinada al uso de americanos*. Caracas: Ed. de Ministerio de Educación y cultura.

— ([1835] 1981a): "Principios de ortología y métrica de la lengua castellana". En: *Obras completas*, vol. 6. Caracas: La Casa de Bello, pp. 3-546.

— ([1833] 1981b): "Advertencias sobre el uso de la lengua castellana dirigida a los padres de familia, profesores de colegios y maestros de escuela". En: *Obras completas*, vol. 5. Caracas: La Casa de Bello, pp. 145-171.

— ([1823] 1981c:): "Indicaciones sobre la conveniencia de simplificar y uniformar la ortografía en América". En: *Obras completas*, vol. 5. Caracas: La Casa de Bello, pp. 69-87.

Bello, Andrés/García del Río, Juan (1823): "Indicaciones sobre la conveniencia de simplificar y uniformar la ortografía en América". En: *Biblioteca Americana o Miscelánea de Literatura, Artes y Ciencias*. London: G. Marchant, 1, pp. 50-62.

Blanco de Margo, Mercedes (1990): "El nacionalismo y las actitudes hacia la lengua en la Argentina 1880-1930". En: *Anuario de lingüística hispánica*, 6, pp. 65-86.

Caballero Wanguemert, María M. (1992): "La Polémicas lingüísticas durante el siglo XIX". En: *Cuadernos Hispanoamericanos*, 500, pp. 177-187.

Cambours Ocampo, Arturo (1983): *Lenguaje y nación*. Buenos Aires: Marymar.

Cichon, Peter (2007): "Autorenportrait: Domingo Faustino Sarmiento". En: Laferl, Christopher F./Pöll, Bernhard (eds.): *Amerika und die Norm: Literatursprache zwischen Tradition und Innovation*. Tübingen: Niemeyer, pp. 123-142.

Costa Álvarez, Arturo (1922): *Nuestra lengua*. Buenos Aires: Sociedad Editorial Argentina.

Cuervo; Rufino José (1899): "Prólogo". En: De Soto, Francisco: *Nastasio*. Chartres: Durand, pp. vii-x.

— (1901): "El castellano en América". En: *Bulletin hispanique*, 3, pp. 35-62.

— (1907): *Apuntaciones críticas sobre el lenguaje bogotano*. Paris: Roger-Chernoviz.

— (1950): *Disquisiciones sobre filología castellana*. Bogotá: Instituto Caro y Cuervo.

— (1955): *Apuntaciones críticas sobre el lenguaje bogotano con frecuente referencia al de los países de Hispano-América*. Bogotá: Instituto Caro y Cuervo.

— (1973): *Epistolario*. Bogotá: Instituto Caro y Cuervo.

— (1994): *Diccionario de construcción y régimen de la lengua castellana*. Santafé de Bogotá: Intitulo Caro y Cuervo.

Eberenz, Rolf (1995): "Norm und regionale Standards des Spanischen in Europa und Amerika". En: Müller, Oskar et al. (eds.): *Sprachnormen und Sprachnormwandel in gegenwärtigen europäischen Sprachen*. Rostock: Universität Rostock, pp. 47-58.

González Prada, Manuel (1946): "Notas acerca del idioma". En: *Obras completas*, vol. 1. Lima: PTCM, pp. 256-272.

Gutiérrez, Juan María (1876): "Carta al señor secretario de la Academia Española en *La Libertad*". En: Cambours Ocampo, Arturo (1983): *Lenguaje y nación*. Buenos Aires: Marymar, pp. 43-51.

Guzmán, Martha (2006): "Lenguas y variedades en América a raíz de la Guerra de Independencia". En: *Actas del VI Congreso Nacional de la (AJIHLE)*. Granada: Servicio de Publicaciones de la Universidad, pp. 59-75.

— (2007): "Andrés Bello y la norma del español (americano)". En: Laferl, Christopher F./Pöll, Bernhard (eds.): *Amerika und die Norm: Literatursprache zwischen Tradition und Innovation*. Tübingen: Niemeyer, pp. 263-282.

López García, Ángel (2005): "El avance del español americano dentro de sus fronteras". En: *Sprache in Iberoamerika, Festschrift für Wolf Dietrich zum 65. Geburtstag*. Hamburg: Helmut Buske, pp. 163-177.

López Morales, Humberto (1998): *La aventura del español en América*. Madrid: Espasa-Calpe.

Martínez de Codes, Rosa María (1986): *El pensamiento argentino (1853-1910). Una aplicación histórica del método generacional*. Madrid: Editorial Universidad Complutense.

Mounin, Georges (1983): *Historia de la lingüística. Desde los orígenes al siglo XX*. Madrid: Gredos.

Oesterreicher, Wulf (2002): "El español, lengua pluricéntrica: perspectivas y límites de una autoafirmación lingüística nacional en Hispanoamérica". En: *Lexis*, 26, 2, pp. 275-304.

Orozco y Berra, Manuel (1864): *Geografía de las lenguas y carta etnográfica de México: precedidas de un ensayo de clasificación de las mismas lenguas y de apuntes para las inmigraciones de las tribus*. México: J. M. Andrade y F. Escalante.

Pimentel, Francisco (1862): *Cuadro descriptivo y comparativo de las lenguas indígenas de México*. México: Imprenta de Andrade y Escalante.

Riva Agüero, José de la (1905): "Carácter de la literatura del Perú independiente". En: *Obras completas*, vol. I. Lima: Pontificia Universidad Católica del Perú, pp. 63-341.

Rona, José Pedro (1973): "Normas locales, regionales, nacionales y universales en la América española". En: *Nueva Revista de Filología Hispánica*, 22, pp. 310-321.

Rosa, Luis de la (1844): "Idiomas antiguos de México. Consideraciones sobre este objeto". En: *El Museo Mexicano*, t. III. México: Imprenta de Ignacio Cumplido, pp. 49-91.

Rosenblat, Ángel (1951): "Las ideas ortográficas de Bello" (Prólogo). En: Bello, Andrés: *Obras completas*, vol. V. Caracas: Ministerio de Educación, pp. IX-CXXXVIII.

— (1984): *Estudios sobre el español de América*. Caracas: Monte Ávila.

Sarmiento, Domingo Faustino (1899): "Una crítica española". En: *Obras completas*, vol. 29. Buenos Aires: Mariano Moreno, pp. 316-325.

— (1949a): *Obras completas*. Vol. 4. Buenos Aires: Luz del Día.

— (1949b): *Obras completas*. Vol. 5. Buenos Aires: Luz del Día.

— (1957): "Segunda contestación a un quidam". En: Durán Cerda, Juan (ed.): *El movimiento literario de 1842*, vol. 1. Santiago de Chile: Editorial Universitaria, pp. 251-257.

— (1961): *Facundo*. Buenos Aires: Ediciones Culturales Argentinas/Ministerio de Educación y Justicia.

Smith, Anthony D. (1991): *National Identity*. London: Penguin.

Torrejón, Alfredo (1990): "El castellano en América en el siglo XIX: creación de una nueva identidad lingüística". En: *Actas del Congreso Internacional de Español de América* 3, vol. 1, pp. 361-369.

Valera, Juan (1958): "Sobre el concepto que hoy se forma de España". En: *Obras completas*, vol. 3. Madrid: Aguilar, pp. 737-751.

— (1961): "Sobre la duración del habla castellana". En: *Obras completas*. Vol. 2. Madrid: Aguilar, pp. 1036-1040.

Eugenia Ortiz

Narrar la tradición nacional:
La novia del hereje de Vicente F. López

> Il faut des spectacles dans les grandes villes, et des romans
> aux peuples corrumpus.
> Jean-Jacques Rousseau, Julie ou *La Nouvelle Héloïse*.

1. La novela y la generación del 37

La frase con la que Rousseau inicia el prólogo del romance epistolar
más leído en Hispanoamérica a principios del siglo XIX, condensa una
idea sobre la literatura que adoptaron los intelectuales romántico-
liberales después de las independencias: civilizar a través de la literatura. Uno de estos grupos, la generación argentina de 1837, tuvo entre
sus miembros fervorosos lectores de novelas que vieron en este género
y en el folletín un modo privilegiado de difusión de sus ideas.

Aunque también tuvo sus retractores,[1] el género novelístico fue
considerado por los del 37 un signo de la madurez cultural del pueblo.
Bartolomé Mitre, uno de sus promotores, escribió al respecto en el
prefacio de su novela *Soledad* (1847):

> Es por esto que quisiéramos que la novela echase profundas raíces en el
> suelo virgen de la América. El pueblo ignora su historia, sus costumbres
> apenas formadas no han sido filosóficamente estudiadas, y las ideas y
> sentimientos modificadas por el modo de ser político y social no han sido
> presentadas bajo formas vivas y animadas copiadas de la sociedad en que
> vivimos. La novela popularizaría nuestra historia echando mano de los
> sucesos de la conquista, de la época colonial, y de los recuerdos de la
> guerra de la independencia (III).

El escritor consideraba esta forma discursiva como "el espejo en el
que el hombre se contempla tal cual es con sus vicios y virtudes" (II) y

---

[1] Marcos Sastre, en una de sus intervenciones en el Salón Literario, comenta: "[...]
esos libros que tanto lisonjean a la juventud; de esa multitud de novelas inútiles y
perniciosas, que a montones abortan diariamente la prensa europea" (Sastre 1958:
105).

proponía su novela como ejemplo para los jóvenes escritores.[2] De esta manera, el fin de la literatura debía ser moral: educar en virtudes y dar a conocer a los pueblos su pasado para crear conciencia nacional y unión.[3] De esta manera, como asegura Jorge Myers (2003: 331), entre 1830 y 1880, en la narrativa argentina, el nivel del contenido tuvo mayor relevancia que el estético.

2. Vicente Fidel López: la historia como ficción

La obra de Vicente F. López (1815-1903) se sitúa en un punto donde el estudio de la historia se entrecruza con la narración ficcional. Heredero de los historicistas narrativos como Thierry y Michelet, López quería buscar las tradiciones populares para explicar el alma de los personajes y de los pueblos, para resucitar el color local. Así, la investigación del pasado, más que una actividad erudita y especulativa, tuvo en él características pragmáticas (Segovia Guerrero 1980: 108-109). La historia, pues, fue para López un medio para comprender y encontrar soluciones a los problemas e inestabilidades del presente.[4]

Como hombre de la Generación del 37, compartía la convicción de que se debían retomar los valores democráticos de la Revolución de Mayo de 1810 y que el progreso del país dependía del sistema republicano. A su vez, consideraba que el pueblo debía conocerse a sí mismo y ser instruido en su historia y en sus tradiciones. Para esto, había ideado un plan narrativo que expuso con detalle en su "carta-prólogo" a la edición de 1854 de *La novia del hereje*:

> Parecíame entonces que una serie de novelas destinadas a resucitar el recuerdo de los viejos tiempos, [...] era una empresa digna de tentar al más

---

2   Sin embargo, reconoce sus limitaciones artísticas. Al final de este prólogo, dice, como disculpándose: "*Soledad* es un debilísimo ensayo que no tiene otro objeto sino estimular a las jóvenes capacidades a que exploren el rico minero de la novela americana" (IV).

3   Las novelas históricas se convirtieron en un fenómeno literario entre estos escritores gracias a la influencia de Walter Scott y James F. Cooper. Para un estudio muy completo de este tema, ver Ianes (1999).

4   Los hombres de la Generación del 37 vivieron durante años en el exilio a causa de la tiranía que ejercía el caudillo bonaerense Juan Manuel de Rosas (1793-1877) en Buenos Aires y otras provincias argentinas. En los países vecinos realizaron la mayor cantidad de trabajos de oposición al régimen federal hasta que venció una coalición aliada en 1852 y la mayoría de ellos regresaron a Buenos Aires para participar del proceso de Organización Nacional.

puro patriotismo; porque creía que los pueblos en donde falte el conocimiento claro y la conciencia de sus tradiciones nacionales, son como los
hombres desprovistos de hogar y de familia (López 2001: 21).

Como Mitre, López estimaba que el objeto primordial de la novela era
"pintar la vida doméstica y ennoblecer los afectos, que resultan de
esas relaciones morales en que se apoya la familia" (López 1845:
296).[5] Su plan consistía en relatar la historia de la nación argentina
desde sus orígenes hasta las guerras de la independencia. De esta manera, la primera novela de la saga era *La novia del hereje*, ambientada
en Lima durante la colonia; la segunda, *El conde de Buenos Aires*,
sobre el Virreinato del Río de la Plata y las invasiones inglesas; la
tercera, *Martín I*, sobre la revolución de Álzaga; la cuarta, *El capitán
Vargas*, sobre la campaña del general San Martín en Chile y la quinta,
Guelfos y Gibelinos, sobre la insurrección de las masas campesinas
contra los gobiernos centrales, al mando de Artigas y Ramírez (López
2001: 26). De las últimas, sólo se conocieron bosquejos, excepto de
El capitán Vargas. Además, López escribió y publicó *La loca de la
guardia*, también referida a la campaña de liberación de Chile y *La
gran semana de 1810*, una crónica epistolar.[6] En estas obras su intención era mostrar "la lucha en el centro de la vida americana para despertar el sentido y el colorido de las primeras tradiciones nacionales"
(López 2001: 25).

Además de Walter Scott y James F. Cooper, López tomó como
modelo los romances de Bulwer Lytton, pero no se limitó a copiar sus
estructuras narrativas (Garrels 1987). Imitó su modo de reelaborar e
incluir fuentes, de describir paisajes y vestimentas, de ubicar personajes bajos al lado de héroes y darles preeminencia a los primeros (Lukács 1976: 49). Pero propuso otra manera de entender el pasado: para
él, la historia estaba escrita por las decisiones de cada individuo. Esas
pequeñas acciones, las de la "vida familiar" (López 2001: 27), reper-
cutían en la vida pública y en esto consistió el trasfondo de la acción
en sus relatos.[7]

---

5   El *Curso de Bellas Letras* está escrito con ortografía fonética. Transcribo las citas
    modernizando las grafías.
6   También se le atribuye un drama inconcluso, *El último de los Pizarro* (c.1856).
7   De esta manera resume Roberto Madero el modo de López de entender la histo-
    ria: "Se trata, así, de examinar y a la vez juzgar moralmente a los actores indivi-
    duales, colectivos e institucionales que han participado con sus ideas, sus intere-
    ses y pasiones en la vida pública" (Madero 2003: 386).

3. Familia y poder: críticas al antiguo régimen

La llegada de la flota de Francis Drake al Perú en 1578 es el contexto de la novela *La novia del hereje o la inquisición de Lima*. En ésta se desarrollan dos tramas: la primera, la historia de amor entre un pirata inglés, Henderson, y la joven criolla María Pérez, hija de un oficial de la corona española; y la segunda, las negociaciones entre los piratas y los criollos que buscaban vengarse de la dominación española — personificada en el relato por el estado (el Virrey) y la Iglesia (la Inquisición). Estas dos tramas se entrecruzan en la acusación injusta de herejía que le hacen a las jóvenes María y Juana, y en un terremoto que descubre verdades ocultas sobre la ambición de unos frailes y el sometimiento del pueblo inca.

A lo largo de la novela, los recursos para criticar el antiguo régimen español son muy variados. En primer lugar, el narrador recurre a la metáfora al referir la llegada de los europeos a América como el rapto de una mujer inocente y finalmente mancillada.[8] Más adelante, mediante la exageración, explica el atraso cultural hispánico como una consecuencia del espíritu contrarreformista:

> [...] los frailes creyeron respirar el olor de la infidelidad y de la herejía, tomaron a escándalo los matices libres que el pensamiento del cristiano puede tomar al frente de [...] la civilización [...] haciendo que la mejor parte de españoles huyese a millones de la patria por el crimen de no pensar como sus opresores querían que se pensase. [...] Pero el espíritu de las tinieblas y la opresión habían hecho que el sentimiento religioso se convirtiera [...] en un fanatismo ciego y turbulento sin elevación y sin caridad; y su bravura militar [...] sirvió en el soldado español [...] para despertar los instintos de la destrucción (López 2001: 31).

Sin embargo, la forma más recurrente como presenta al poder político y religioso español es a través del ridículo. Según López, el ridículo cómico "excita la alegría y la complacencia y [...] por consiguiente, no es el sarcasmo ni aquella desesperante ironía que suele sernos inspiradas por el espectáculo de las infames mezquindades del mundo" (1845: 286). Pero, a su vez, son ciertas actitudes mezquinas y arbitrarias lo que ridiculiza. Así, el despotismo como deformación de la au-

---

8   Ver Kolodny (1975), para el análisis de la metáfora de la tierra como mujer. Sommer (1993) se basa en parte en esta analogía para la argumentación de las ficciones fundacionales.

toridad paternal-eclesial, es puesto en tela de juicio mediante recursos cómicos.

Un ejemplo de esto es la escena del apresamiento de la joven María por el tribunal de la Inquisición. En un primer momento, el narrador nos ubica en el interior de la casa de los Pérez y Gonzalvo durante la cena familiar:

> Esta casa, que siempre había sido moralmente triste y sombría, a causa de la concentración y de la severidad taciturna y dominante del amo de ella, estaba ahora tétrica, y como envuelta en una atmósfera de terror y de mutismo.
> El tono de su mesa a la hora de comer no había variado; porque en ella era de regla estricta el más profundo silencio: y tal era la nimia circunspección que debía observarse en el acto de la comida, que ninguno era osado a hablar o a levantar sus ojos; salvo el padre que era allí una especie de juez supremo para vigilar y reprimir la menor infracción de aquel silencio y compostura obligatorias (López 2001: 195).

El padre había presentado la denuncia y se convierte, así, en espejo de los apresadores. Durante la comida, Don Felipe Pérez le pregunta a su hija si se había confesado. María le responde humildemente que el sacerdote no la había admitido: "Al cabo de unos segundos [Don Felipe] dijo entre dientes: ¡Hipócrita perversa! Y tomó su primer [sic] cucharada de sopa: todo esto después de haber hecho su oración al Ser Supremo" (198). El insulto a su hija, la oración y el empezar a comer son acciones que logran el contraste y denuncian la hipocresía. Después de esto, llega la Inquisición a la casa, con sus guardias y estandartes, al son de oraciones solemnes. Cuando los oficiales entran en el comedor, María tiene un pan en la mano que se le cae sin querer. El gesto, mecánico y totalmente inocente se interpreta como un signo de desprecio a la Eucaristía: "Apuntad –dijo el alguacil a uno de los familiares– que ha dejado caer al vil polvo 'la gracia de Dios' sin levantarla y sin quererla besar" (201).

Así como ésta, otras situaciones casuales son interpretadas como confirmación de la herejía de María. Una de ellas es la escena tragicómica en la que un burro ataca a un fraile de la Inquisición porque éste lo había espoleado antes. La "imaginación mística del padre" (202) lee en la reacción del animal la del demonio: "Y no pudiendo contenerse al fin: –*Anathema! Anathema!* –exclamó y se lanzó sobre el cuitado animal dándole golpes y gritando–: *Hic est Satanas! Hic est Satanas!*"(203). La caricatura que hace el narrador de las disputas teológicas entre los frailes y todo el aparato de legitimación de la Inquisición cobra mayor contraste porque el pueblo admira a los religiosos ciegamente. Sin reflejar una postura abiertamente anticlerical, el narrador utiliza este tipo de situaciones como imágenes de la cosmovisión española, y toma a la institución censora como ejemplo cabal.

Como desarrolla Elizabeth Garrells (1987), hay en la novela un paralelismo entre las instituciones del poder y la estructura familiar. Según ella, esta idea la retoman varios escritores de la Generación del 37. López hace referencia a esta relación y la analiza a lo largo de la historia:

> Cualquiera que se tome el trabajo de inquirir el estado doméstico de aquellos países y aquellas épocas donde han aparecido grandes y bárbaros tiranos, donde la sociedad se ha visto sumida en mayor corrupción, hallará que el primero de sus rasgos es el despotismo paterno introducido en las relaciones de la casa (López 2001: 197).

Los mecanismos de la autoridad no se basaban en la ternura y en el amor durante la colonia, sino en el miedo: "la falta de libertad legítima y de atmósfera moral viciaba en su raíz el estado de la familia" (197). Así, el principio de la sociedad estaba basado en el despotismo (197). Si bien López quería plantear los ejes de poder de la antigua dominación española para contrarrestarlos con su idea de país, no quería que su novela fuera leída en clave política.[9] Aunque, inevitablemente, la crítica al antiguo régimen remite también a la dictadura de Juan M. de Rosas.[10]

Además de la familia cuya autoridad se basa en el miedo, como la de María, se presenta en el relato otro tipo de familia marcado por la relajación de normas y la ausencia o debilidad del jefe, como la de Mercedes, la del Fiscal Estaca o la del virrey: "Era por esto que la familia no tenía sino dos estados, extremos ambos: la tirantez del miedo o la relajación de todo respeto legítimo" (197).

Pero la polarización de la Iglesia, el poder político y la familia no son absolutos. El narrador contrapone el fanatismo religioso de algu-

---

9   Dice al respecto: "Todo lo que podría dar a U. rola, como U. sabe, sobre cosas argentinas; y aunque son trabajos viejos [...] parecerían escritos con intenciones actuales, y estoy hastiado de las luchas mezquinas de la pasión" (López 2001: 27).

10   Garrels comenta que Sarmiento, en Facundo, también explica la personalidad de Rosas por la educación española de su familia (Garrels 1987: 8).

nos sacerdotes con el cristianismo original del Arzobispo Morgrojevo, por ejemplo, quien creía que la persecución inquisitorial destruía en vez de edificar (173-174). A su vez, un tercer modelo de familia supera a los otros dos y está representado en la unión de María y Henderson. En la escena final, donde aparece la pareja en su hogar, se muestra una relación entre padre e hijo que incluye ternura, confianza e intimidad. Como contrapartida de los vínculos entre Don Felipe y María, el hijo de Henderson trata a su padre de "vos" (Carricaburo 1999: 136). Aunque, en apariencia un descuido y un anacronismo del autor, este uso remite a un trato muy especial en el contexto familiar rioplatense a mediados del siglo XIX.

4. La raza y la tradición nacional

En el célebre debate histórico de 1886, Vicente López había discutido con Bartolomé Mitre sobre el modo de escribir la historia argentina. Una de las diferencias más grandes entre estos dos autores era su manera de concebir la nación. Mitre creía en una nación romántica: en una cultura anterior al presente histórico fundada en "una civilización o raza, valores de igualdad compartidos y una lengua" la cual provenía "de antiguas diferencias y divisiones progresivamente superadas" (Madero 2003: 386-387). Y que finalmente esta nacionalidad se había convertido en una república democrática. Según esta visión, la historia debía fijar esos signos de nación del pasado y promover así el sentimiento de nacionalidad. Por el contrario, en las instancias del debate, López creía que la nación era consecuencia de decisiones políticas:

> La historia argentina es única y exclusivamente historia política [...] En nuestro territorio no se hallan enterrados los secretos de civilizaciones, ni de cultos, ni de razas perdidas, que [...] se hallen ligados en la oscuridad de los tiempos con nuestra raza y nuestro tipo social [...] Hemos hecho nuestro viaje desde España [...] Hemos traído una lengua conocida hasta en sus últimos filamentos [...] No hemos tenido tiempo ni desarrollo propio para caracterizar una nueva entidad etnológica [...] Nuestra vida, toda entera, está todavía en la plaza pública (Madero 2003: 386).

Hay, sin embargo, un cambio en su concepción más política que espiritual de la nacionalidad. En primer lugar, López sitúa la primera novela de la saga sobre la historia argentina en Perú. Por entonces, también se conocen sus trabajos sobre cuestiones filológicas de los pueblos e idiomas de los incas. Y finalmente, traza en su *Historia de la*

República Argentina (1883-1893) la geografía del pasado incaico incluyéndolo así a la historia nacional (Madero 2003: 398). Esta incorporación de la civilización peruana a la historia nacional es paulatina y marca una mayor cercanía a la postura de Mitre que tanto había criticado en el debate. La vinculación a la raza y a la historia peruanas implica también una unidad territorial argentina explícita en la crónica principal en la que se documenta *La novia del hereje*: el poema épico *Argentina y conquista del Río de la Plata* de Martín del Barco Centenera (1602).

Sin embargo, aunque elige Lima como escenario de la acción, el narrador inserta elementos de su presente de la enunciación. Intenta hacer una reelaboración del habla de la colonia pero recurre a comparaciones diacrónicas. Por ejemplo, es frecuente la comparación de Lima con otras ciudades americanas, entre ellas, Santiago de Chile y Córdoba del Tucumán (López 2001: 348). También se refiere a Buenos Aires, como cuando describe un día de mercado:

> Igual cosa, poco más o menos pasaba en Buenos Aires con la plaza del *Fuerte*, hoy 25 de Mayo, antes de 1822. En todas las demás ciudades coloniales, la Plaza central ha servido, y aun sirven todavía, de Mercado (268).

También utiliza comparaciones propias de un contexto argentino, al referirse a elementos de la naturaleza: "las formas del potro indómito de nuestras pampas" (306); "uno de sus brazos [...] robustos, como los de un gigante cedro del Tucumán" (306). Además, incluye vocabulario propio del Río de la Plata como "pulpería" (almacén), "tatita" (padre) o "paqueta" (coqueta), entre otras. Como señala Carricaburo, introduce la forma de tratamiento "che" y el voseo en diálogos de cholos y de niños (1999: 135-137). Estas alusiones y usos del lenguaje se comprenden si se sigue la teoría que sostiene Hebe Molina de que casi la toda *La novia del hereje* se terminó de escribir para un público argentino (1987: 201). De lo contrario, éstas no serían referencias para un público de Chile, lugar donde se publicaron los primeros capítulos en forma de folletín. Así, estos elementos acercan el pasado al lector argentino decimonónico mediante referencias culturales conocidas y explicaciones históricas.

5. Lecturas postcoloniales: una propuesta

Hasta ahora he analizado elementos significativos de *La novia del hereje* como novela de formación de la identidad argentina. Esta relación entre ficción y nación ha sido ya largamente estudiada. Y aunque las obras de López no pueden ser consideradas como *fundational fictions*, tienen una función discursiva que me parece interesante recuperar.

En primer lugar, ¿qué sucede cuando un escritor se sitúa en el margen y en el centro a la vez? Según Ashcroft, una cultura colonizada logra intercalar los discursos del dominador para transformarlos en formas que representan realidades locales (1999: 21). Si bien es cierto que López utiliza el género novela –discurso europeo– para hablar de cuestiones americanas, el lugar del centro y del margen cobra un sentido muy especial. Como asegura Mignolo (1996), España como Rusia pertenecían a una modernidad marginal durante el siglo XIX. Es decir, España era el margen del centro en relación al resto de Europa, en la época de las independencias americanas. A su vez, un americano ilustrado como López, cuyos ejemplos de progreso eran Francia e Inglaterra, utiliza como modelo discursivo la novela histórica scottiana y a través de ésta, critica el antiguo régimen español. Es decir, se opone al modelo conquistador mediante reelaboraciones de otros discursos centrales pero, en principio, no dominadores. Además, en el relato no solamente triunfa el matrimonio por amor, sino también el modelo de vida inglés: la novela concluye veinte años después de los sucesos de Lima, en una casa de campo en Inglaterra donde finalmente se casan y viven María y Henderson.

Otro aspecto que quiero analizar a partir de esta novela, es la función de la dicotomía civilización-barbarie en *La novia del hereje*. El estudio de la literatura argentina está signado por dos proyectos de nación, polarizados en la dictadura de Rosas (Viñas 1995): por un lado, los federales/bárbaros/americanistas (el modelo del dictador Rosas) y por otro, los unitarios/civilizados/europeizantes (el modelo de los exiliados). Aunque hubo excepciones en este planteamiento, se ubica generalmente a los escritores decimonónicos en algunos de estos paradigmas. Y aunque esta clasificación pueda parecer metodológicamente necesaria, considero que seguir manteniéndola deja de lado muchos matices. Si su visión es centralista, ¿porqué elige López co-

menzar su saga en Lima? En el prólogo justifica la elección porque
considera a esta ciudad representativa de todas las colonias españolas
en América, por ser "el centro de vida que el gobierno español había
dado a todos los vastos territorios" (López 2001: 22). Pero también se
remonta a Perú porque "allí palpitaban los trozos del imperio de los
Incas, y el pie de los triunfadores se hundía todavía sobre sus carnes"
(22). Esta alusión a la dominación española recarga las tintas de la
acusación, pero también incluye en el proyecto al otro, al indígena:

> Es sabido que el virreinato de Buenos Aires incluía las cuatro intenden-
> cias del Alto Perú, hoy Bolivia, en donde había una raza oprimida que
> descendía directamente de los pueblos Inca: raza industriosa y civilizada
> bajo cuyo trabajo había florecido antes el país. La opresión que sobre ella
> impuso la raza española, la redujo a la miseria y al servilismo; y fue tan
> dura, que produjo al cabo la insurrección formidable que lleva el nombre
> de Tupac-Amaru (25).

Y aunque sea de manera "estratégica", López revierte el binarismo
moderno: llama "civilizada" a la raza inca y ubica en el lugar del bárbaro –por la opresión y destrucción– a los conquistadores.[11] En la
novela, uno de los móviles de los zambos Mercedes y Mateo al ayudar
al pirata Henderson, es vengarse del sometimiento de los españoles.[12]
Es interesante ver cómo López no siempre propone una mirada centralista –aunque su idea de la historia estuviese regida por el progreso–:
el indígena y el mestizo tienen papeles claves en su novela. Así, los
incluye en las tradiciones nacionales de un país considerado *settler
colony* (Ashcroft/Griffiths/Tiffin 1998: 211-12) donde el aborigen fue,
de hecho, continuamente desplazado.

6. Conclusiones

La aplicación de los estudios postcoloniales[13] a los discursos hispanoamericanos ha suscitado muchos debates. Uno de los más conocidos

---

11 Después de esto, López dice que, una vez desaparecido el "peligro" de las insu-
    rrecciones indígenas, los criollos y españoles se verían enfrentados. De esta ma-
    nera, plantea de forma realista las circunstancias políticas que llevaron a la inde-
    pendencia a las Provincias Unidas del Río de la Plata.
12 En la novela que tratamos, Bautista Lentini, el boticario, de origen italiano, tam-
    bién quiere vengarse por lo que habían hecho los españoles en su tierra donde
    España había tenido virreinatos.
13 Para una síntesis precisa y completa de las distintas posturas postcoloniales en
    español, ver Vega (2003).

fue el de Walter Mignolo y Bill Ashcroft en la *Latin American Research Review*. Pero también tuvieron lugar en Alemania, donde Alfonso del Toro, entre otros, cuestionó la posibilidad de hablar de discursos postcoloniales latinoamericanos y abrió la discusión a otros conceptos como el de modernidad, hegemonía cultural y postmodernidad.[14] Como se ha comentado en estos trabajos, la complejidad de los discursos hispanoamericanos exige una reelaboración de los conceptos postcoloniales, de los binomios centro/margen y civilización/barbarie, por ejemplo. Para esto, me parece útil hacer una relectura de algunos textos no canónicos como *La novia del hereje* de López, en cual se combinan dos ideas de nación: una moderna y progresista y otra romántica.

Por su afán didáctico y su visión moral de la historia, López muestra que parte de esas tradiciones nacionales incluye la acción de los individuos en la lucha por un nuevo régimen. Utiliza para esto recursos de ridiculización y grotesco, mostrando en clave de humor las características de una sociedad y de unas instituciones en donde el autoritarismo y la falta de libertad eran modos de ejercer el poder. No busca con esto denostar estas instituciones (familia, Iglesia, gobierno) sino mostrar sus paralelismos y la necesidad de una regeneración de las mismas. Por eso, plantea personajes y relaciones que superan esta imagen negativa (el Arzobispo, Henderson y María) y formula así una salida argumental donde hay lugar para su propia idea de país. Además, esgrime la posibilidad de un lenguaje nuevo (en la boca de un niño, fruto de dos razas; en boca del pueblo oprimido que busca liberarse) y de un origen común que aúna la diversidad cultural de un mismo territorio. Estos dos aspectos, lenguaje y pasado, fueron centrales para la construcción identitaria: una tarea que la Generación del 37 se propuso realizar.

Bibliografía

Ashcroft, Bill (1999): "Modernity's First-born: Latin America and Post-colonial Transformation". En: Toro, Alfonso de/Toro, Fernando de (eds.): *El debate de la postcolonialidad en Latinoamérica. Una modernidad periférica o cambio de paradigma en el pensamiento latinoamericano.* Madrid: Iberoamericana/Frankfurt am Main: Vervuert, pp. 13-29.

---

14 Para el desarrollo de estos enfoques, ver Toro/Toro (1999) y Toro (2006).

Ashcroft, Bill/Griffiths, Gareth/Tiffin, Helen (1998): *Key Concepts in Post-Colonial Studies*. London/New York: Routledge.

Barco Centenera, Martín del (1602): *Argentina y conquista del Río de la Plata*. Lisboa: Pedro Crasbeeck.

Carricaburo, Norma (1999): *El voseo en la literatura argentina*. Madrid: Arco Libros.

Garrels, Elizabeth (1987): "El 'espíritu de familia' en *La novia del hereje* de Vicente Fidel López". En: *Hispamérica*, 16, 46-47, pp. 3-24.

Ianes, Raúl (1999): *De Cortés a la huérfana enclaustrada. La novela histórica del romanticismo hispanoamericano*. New York: Peter Lang.

Kolodny, Annette (1975): *The Lay of the Land*. Chapel Hill: North Carolina University Press.

López, Vicente F (1845): *Curso de Bellas Letras*. Santiago de Chile: Imprenta del Siglo.

— (2001): *La novia del hereje o La Inquisición de Lima*. Buenos Aires: Emecé. [Versión original: *La novia del hereje o la Inquisición de Lima*. Buenos Aires: Imprenta y Librería de Mayo, 1870].

Lukács, Georg (1976): *La novela histórica*. Barcelona: Grijalbo.

Madero, Roberto (2003): "Política editorial y géneros en el debate de la historia. Mitre y López". En: Jitrik, Noé (ed.): *Historia crítica de la literatura argentina. La lucha de los lenguajes*. Vol. II. Buenos Aires: Emecé, pp. 383-403.

Mignolo, Walter (1996): "Herencias coloniales y teorías postcoloniales". En: González Stephan, Beatriz (ed.): *Cultura y tercer mundo: 1. Cambios en el saber académico*. Caracas: Nueva Sociedad, pp. 99-136.

Mitre, Bartolomé (1847): *Soledad*. Paz de Ayacucho (Bolivia): Imprenta de la Época.

Molina, Hebe (1987): "Algunas precisiones sobre la elaboración de *La novia del hereje*. El texto definitivo". En: *Revista de Literaturas Modernas*, 20, pp. 201-207.

Myers, Jorge (2003): "'Aquí nadie vive de las bellas letras'. Literatura e ideas desde el Salón Literario a la Organización Nacional". En: Jitrik, Noé (ed.): *Historia crítica de la literatura argentina. La lucha de los lenguajes*. Vol. II. Buenos Aires: Emecé, pp. 305-333.

Rousseau, Jean-Jacques (1960): *Julie ou la Nouvelle Héloïse*. Paris: Garnier.

Sastre, Marcos (1958): "Ojeada Filosófica sobre el estado presente y la suerte futura de la Nación Argentina". En: Weinberg, Félix (ed.): *El Salón Literario*. Buenos Aires: Hachette, pp. 106-107.

Segovia Guerrero, Eduardo (1980): *La historiografía argentina del romanticismo*. Madrid: Universidad Complutense de Madrid.

Sommer, Doris (1993): *Fundational Fictions. The National Romances of Latin America*. Berkeley: University of California Press.

Toro, Alfonso de (ed.) (2006): *Cartografías y estrategias de la "postmodernidad" y la "postcolonialidad" en Latinoamérica. "Hibridez" y "globalización"*. Madrid: Iberoamericana/Frankfurt am Main: Vervuert.

Toro, Alfonso de/Toro, Fernando de (eds.) (1999): *El debate de la postcolonialidad en Latinoamérica. Una postmodernidad periférica o cambio de paradigmas en el pensamiento latinoamericano.* Madrid: Iberoamericana/Frankfurt am Main: Vervuert.

Vega, María José (2003): *Imperios de papel. Introducción a la crítica postcolonial.* Barcelona: Crítica.

Viñas, David (1995): *Literatura argentina y política. De los jacobinos porteños a la bohemia anarquista.* Vol. I. Buenos Aires: Sudamericana.

Wolfgang Matzat

Transculturación del naturalismo en la novela argentina.
En la sangre de Eugenio Cambaceres

La recepción y la consiguiente transformación del naturalismo europeo y particularmente francés en la novela argentina pueden ser consideradas como un ejemplo típico de lo que Ángel Rama llamó "transculturación narrativa" (Rama 1982: 32ss.). Ángel Rama se sirve del término transculturación, acuñado por Fernando Ortiz, para designar un proceso intercultural que consiste en la adaptación de modelos literarios que han sido desarrollados en las culturas dominantes, en el contexto de las culturas dependientes. Esta recepción no es meramente pasiva, así reza el argumento central de Rama, ya que el modelo, al ser trasladado, no mantiene una forma invariable, sino que padece una transformación provocada por las condiciones del nuevo contexto cultural. La recepción argentina del naturalismo se presta muy bien a ser analizada bajo esta perspectiva teórica, ya que se trata de un modelo literario caracterizado por una vinculación muy estrecha a su respectivo contexto social y cultural. Como la novela realista, también la novela naturalista tiene el objetivo no sólo de describir la sociedad contemporánea, sino también de facilitar una perspectiva crítica para el enjuiciamiento de los procesos sociales en cuestión. Es así que los procedimientos de la novela naturalista son forjados por Zola, su representante más destacado, para enfocar y criticar la sociedad francesa de la segunda mitad del siglo XIX, particularmente la sociedad del Segundo Imperio. Estos procedimientos tienen que modificarse necesariamente cuando se aplican a la situación social argentina ya que ésta, aunque no difiera totalmente de la situación francesa, tiene rasgos propios bien marcados, debidos tanto a su ubicación geográfica como a su estado postcolonial.

Como sucedió en España, la noticia de las novelas naturalistas francesas, particularmente de las novelas de Zola, se difundió muy rápidamente en el ámbito literario argentino (Gnutzmann 1998: 59-79;

Schlickers 2003: 60-113). El punto de arranque de la recepción argentina fue la publicación de una de las novelas más importantes del ciclo de los *Rougon-Macquart*, *L'Assommoir*, bajo el título *La taberna* en el periódico *La Nación* a partir de agosto de 1879, es decir, sólo tres años después de su primera publicación en forma de folletín en París. Un año más tarde, en 1880, se publica en *La Nación* la versión en castellano de *Nana*, acompañada por intensos debates y polémicas, como ocurriera el año anterior en Francia. Poco después aparecen las primeras novelas argentinas que siguen el modelo francés de manera más o menos estrecha. Eugenio Cambaceres inicia la serie de sus novelas en 1881 con *Pot-Pourri*, que ya en el título recuerda a la novela *Pot-bouille* de Zola, y la termina con *En la sangre* en el año 1887, la novela más naturalista en el marco de su obra. Juan Argerich es el primero que en *Inocentes o culpables*, novela publicada en 1884, vincula la concepción naturalista de la evolución social con el problema particularmente argentino de la inmigración. Manuel Podestá describe en *Irresponsable* el caso patológico de un joven bonaerense cuyos trastornos mentales lo llevan al manicomio. Julián Martel publica en 1890 la novela *La bolsa*, que retoma el tema tratado por Zola en *De l'argent*, centrándose en la crisis de 1889, que afectó gravemente a la economía argentina. Estos ejemplos muestran cómo en el transcurso de pocos años aparecen una serie de textos que nos autorizan a hablar de un verdadero naturalismo argentino.

En la sangre de Cambaceres es, como ya he dicho, una novela en la cual los rasgos naturalistas son muy acusados. Cambaceres retoma en este texto el tema de la inmigración, que, a partir de la novela de Juan Argerich, mencionada previamente, juega un papel central en el naturalismo argentino.[1] Como ya lo hizo Argerich, Cambaceres desarrolla en *En la sangre* el destino del hijo de un inmigrante italiano como un caso ejemplar para la interacción de la herencia biológica y el medio social. El factor decisivo para el aspecto de la herencia, o sea de la raza, es la procedencia italiana del padre del protagonista. Venido de Calabria y de modesto origen, trabaja en Buenos Aires como tachero, lo que le permite reunir una pequeña fortuna y establecer un

---

1   Véase Fishburn que subraya en su análisis de *En la sangre* los procedimientos empleados por Cambaceres para dar una imagen negativa del inmigrante (1981: 70-92).

comercio de hojalatería. A pesar de este éxito, el texto le atribuye exclusivamente características negativas. Ya su aspecto exterior –"De cabeza grande, de facciones chatas, ganchuda la nariz, saliente el labio inferior", con "ojos chicos y sumidos"–, revela el rasgo dominante de su carácter: "una rapacidad de buitre" (Cambaceres 1968: 379).[2] Su avaricia se vincula con una carencia absoluta de apego hacia su familia. La primera escena de la novela lo muestra totalmente indiferente durante el nacimiento de su hijo Genaro, a continuación se narra cómo maltrata a su mujer y a su hijo. Con respecto a Genaro se afirma el dogma naturalista de la herencia biológica con toda rigidez. El propio Genaro reconoce en sí mismo una "ingénita tendencia que lo impulsara al mal" (419) que no se deja dominar:

> Obraba en él con la inmutable fijeza de las eternas leyes, era fatal, inevitable, como la caída de un cuerpo, como el transcurso del tiempo, estaba en su sangre eso, constitucional, inveterado, le venía de casta como el color de la piel, le había sido transmitido por herencia, de padre a hijo, como de padres a hijos se transmite el virus venenoso de la sífilis [...] (419-420).

Voy a comentar más adelante el hecho de que esta aseveración sea presentada en la forma del discurso indirecto libre. Por ahora hay que subrayar que el texto insiste de manera recurrente –tanto por parte del narrador como por parte del personaje– en la herencia negativa que marca a Genaro. Como en el caso de su padre, esta herencia se concretiza en una avaricia innata, en "la astucia felina de su raza" (404), en "las malas, las bajas pasiones de la humanidad" (399). Ya se deja notar que en el caso de Genaro la influencia de la herencia no se revela recurriendo a las formas típicas del naturalismo zoliano, por ejemplo la decadencia física o la tendencia al alcoholismo. En lugar de las consecuencias físicas o biológicas de la sangre corrompida, se acentúa en el texto de Cambaceres la inferioridad moral que conlleva la procedencia italiana y que distingue a Genaro de sus compatriotas criollos.

Según el programa naturalista, el texto de Cambaceres intenta demostrar cómo transcurre la vida de un individuo marcado por estos rasgos heredados en el medio de la sociedad argentina. Al contrario al tratamiento muy simplista del factor de la herencia, la representación del medio social comprende aspectos bastante diversos. El primero de

---

2   El texto se cita en la edición de las *Obras completas*, ed. por Eduardo M.S. Danero.

los medios descritos en el texto es el de los inmigrantes, el conventillo miserable en el que nace Genaro y donde la influencia negativa de las condiciones materiales de la existencia –ya de niño Genaro tiene "la marca de la anemia en el semblante" (381)– se une a la influencia social de sus camaradas que se reúnen en pandillas de pequeños pícaros, lo que causa en él una "precoz y ya profunda corrupción" (382). Mientras que esta combinación de una herencia biológica negativa con las nefastas influencias del medio social representa el tipo clásico del destino naturalista, la relación entre individuo y medio cambia de signo en la medida en que Genaro logra ascender la escala social, a pesar de sus principios poco prometedores. El éxito comercial del padre conlleva la mudanza a un barrio más decente y, después de la muerte de su padre, la fortuna amasada por él hace posible que Genaro ingrese a la universidad. Esto implica que entra en contacto con la sociedad criolla. La influencia del medio universitario es doble. Por una parte, Genaro se ve confrontado con los prejuicios de los estudiantes criollos que se burlan cruelmente de él cuando descubren que es hijo de un tachero. Por otra, la universidad le brinda a Genaro posibilidades positivas de desarrollo que éste no sabe aprovechar, o que sólo puede aprovechar de manera fraudulenta. En el transcurso de sus estudios, Genaro tiene que darse cuenta de que, al contrario de sus condiscípulos criollos, él no posee las facultades intelectuales pertinentes. A pesar de esto aprueba sus exámenes con éxito, ya que gracias a una estafa puede enterarse antes de la materia sobre la que versa el examen oral. A continuación se repiten tanto la experiencia del rechazo por el medio social como la integración lograda por medios ilegítimos. Debido a que el trabajo y una carrera profesional le parecen a Genaro un camino demasiado largo y difícil por recorrer en el ascenso social anhelado, busca medios para entrar más rápidamente en la buena sociedad criolla. Sin embargo, su deseo de ser miembro del prestigioso Club del Progreso se ve frustrado; más éxito tiene en su relación con Máxima, hija de una buena familia criolla. Tras haberse fijado en ella en el teatro Colón, logra ganarse el acceso a la familia, la cual se muestra más generosa en su comportamiento que el directorio del Club.[3]

3　El padre de Máxima incluso defiende a Genaro contra las prevenciones de sus amigos que critican "la facilidad con que había sido éste [Genaro] acogido" en su familia (445-446).

Genaro explota esta situación seduciendo a Máxima y forzando así a sus padres a consentir en la boda. Como es de esperar, este matrimonio no corresponde al modelo de los *foundational fictions*, analizados por Doris Sommer,[4] ya que los consortes de esta unión desigual no pueden formar una familia armónica y sentar así las bases para una nueva sociedad. Máxima se da cuenta del carácter abyecto de su esposo; en Genaro comienza a manifestarse la avaricia heredada. Después de la muerte de su suegro, el esposo comienza a especular con el dinero heredado –de manera parecida a la manera de actuar en situaciones anteriores, ha tomado posesión de una parte de la herencia de manera ilegítima– poniendo en peligro el caudal de la familia. La novela tiene un final abierto. La última escena muestra a los esposos en un estado de crisis tanto sentimental como financiero, sin dar indicios concluyentes respecto al desarrollo ulterior de sus vidas.

Este resumen pone de manifiesto que esta novela no permite juzgar fácilmente la relación entre el individuo, marcado por su lastre hereditario, y el medio social que influye en él. Por una parte, el medio tiene una influencia negativa, fomentando las "bajas pasiones" heredadas de Genaro, ya que éste, al verse rechazado y además dándose cuenta de su inferioridad moral, se ve corroborado en su deseo de lograr un ascenso social por todos los medios posibles, sin dejarse frenar por escrúpulos morales. Por otra parte, la sociedad criolla se muestra abierta y hospitalaria, por lo menos en el caso del padre de Máxima que, como viejo unitario perseguido por Rosas, es caracterizado como representante ejemplar de esta sociedad, sin que este aspecto positivo del medio pueda provocar la reacción correspondiente en Genaro. Por lo tanto, la sociedad criolla puede parecer o demasiado dura o demasiado blanda frente al inmigrante. Con todo, el texto presta más plausibilidad a la segunda variante, atribuyendo a Genaro un carácter negativo innato y que permanece invariable pese a las influencias cambiantes del medio.[5]

---

4   En el contexto argentino Sommer se vale del ejemplo de *Amalia* para demostrar su tesis de la vinculación del deseo erótico con el deseo patriótico en las novelas nacionales de América Latina (Sommer 1991: 83-113). Respecto a la negación de este paradigma en las novelas argentinas de los ochenta véase Nouzeilles (1996).

5   El tratamiento ambivalente de la importancia respectiva a la herencia y al medio social ha motivado lecturas opuestas en la crítica. Mientras que Aída Apter Cragnolino afirma que Cambaceres recurre a "premisas puramente biológicas" (1999: 92) para explicar el destino de Genaro, Kamil Uhlíř opina que la novela demues-

A continuación voy a profundizar en este balance provisional mediante la comparación de la visión naturalista de la sociedad argentina, contenida en *En la sangre,* con el naturalismo zoliano. Se dará así la posibilidad de ver cómo la ambivalencia del texto de Cambaceres resulta de un proceso de transculturación que contiene elementos contradictorios. Esto se debe, por lo menos en parte, al hecho de que ya la obra de Zola propone diversos modelos de interacción entre individuo y sociedad. Por lo tanto, la comparación con la obra zoliana se hará en dos pasos. En el primer paso compararé *En la sangre* con *L'Assommoir,* o sea *La taberna,* en el segundo con *Nana* – refiriéndome así a las dos novelas zolianas más conocidas en la Argentina del siglo XIX. En una tercera parte de mi análisis mostraré cómo el tratamiento de la perspectiva narrativa de *En la sangre* contribuye a la transformación de los presupuestos del naturalismo zoliano.

En *L'Assommoir,* la interacción de los factores de la herencia genética y del medio social se presenta de la manera siguiente. Gervaise Coupeau, la protagonista de la novela, está severamente marcada por la herencia biológica. Ya que proviene de la línea ilegítima de la familia de los Rougon-Macquart, hereda no sólo el temperamento nervioso de su abuela Adelaïde, sino también la tendencia al alcoholismo de su abuelo Macquart, que continúa en los padres de Gervaise, Antoine y Joséphine Macquart. Gervaise, a pesar de estos antecedentes y a pesar de haber dado a luz a dos niños a edad temprana, lucha por una existencia decente. Después de haber abandonado Plassans, logra establecerse en París como propietaria de una pequeña lavandería. Pero este éxito se revela ilusorio, ya que cae víctima del medio social en el suburbio parisino. A la influencia de la miseria material, representada de manera emblemática por los malos olores que emanan de la ropa sucia y que provocan una especie de vértigo en Gervaise, y de la miseria moral, que se manifiesta en su convivencia forzada con dos hombres, se une como factor decisivo el incitamiento al alcoholismo, representado por la taberna que se encuentra en los alrededores inmediatos de su casa – y a la que se refiere explícitamente el título de la versión castellana. Atribulada por sus preocupaciones, Gervaise se

---

tra, a pesar de las intenciones de Cambaceres, que la "fatalidad que influía en Genaro no era la fatalidad biológica, sino la 'fatalidad' de origen social" (Uhlíř 1963: 234).

vuelve cliente regular de la "Goutte d'or", cediendo así a los impulsos heredados, lo que causa su degeneración absoluta y finalmente su muerte. Por lo tanto, el destino del personaje se presenta como resultado necesario de la combinación de los factores de la herencia genética y del medio social. Sin embargo, la afirmación de tal determinismo no imposibilita una postura crítica. Si Zola, como hemos visto, sugiere la posibilidad de que el personaje pueda superar la fuerza negativa de la herencia, esto tiene como consecuencia que la responsabilidad de su ruina recaiga sobre el medio, o sea, sobre una sociedad que tolera la existencia de tales condiciones sociales. Esta crítica social, aunque en su mayor parte quede implícita, se acentúa de manera efectiva por la modelación de la perspectiva narrativa. En gran parte de la novela domina el punto de vista de Gervaise, lo que motiva al lector a compartir el destino del personaje. De hecho, a la propia Gervaise se le atribuye el rol de criticar a la sociedad burguesa del Segundo Imperio, esa sociedad que pone en escena su vida suntuosa en el nuevo París creado por Haussmann a costa de las capas inferiores del pueblo. Al buscar algo de comer en la basura, Zola hace expresar a Gervaise –por el procedimiento del discurso indirecto libre– la siguiente protesta: "Ah! la crevaison des pauvres, les entrailles vides qui crient la faim, le besoin des bêtes claquants des dents et s'empiffrant de choses immondes, dans ce grand Paris si doré et si flambant!" (Zola 1961a: 752). Con esto, la novela corresponde a los postulados formulados por Zola en el texto teórico "Le roman expérimental". El autor naturalista se propone indagar y representar objetivamente la miseria social y sus causas para incitar a los políticos a realizar las reformas necesarias.[6]

Al comparar la novela de Cambaceres con *L'Assommoir* se perciben tanto los parecidos, debidos a los presupuestos naturalistas comunes, como las diferencias que resultan de su aplicación a la situación social respectiva. Genaro en *En la sangre* pertenece, como Gervaise, a una capa inferior de la sociedad y, como en el caso de Gervaise, este handicap social está vinculado al handicap biológico de una herencia genética dañada. Sin embargo, su confrontación con la sociedad toma

---

6   Véase Zola (1971: 80): "[...] nous devons nous contenter de chercher le déterminisme des phénomènes sociaux, en laissant aux législateurs, aux hommes d'application, le soin de diriger tôt ou tard ces phénomènes [...]".

otra dirección. A diferencia de Gervaise, él no está condenado a permanecer en el medio social que corresponde a su origen, sino que se gana el acceso a la buena sociedad, lo que lo asemeja –como veremos en seguida– a Nana. Pero a pesar de las posibilidades que le brinda la sociedad argentina, Genaro no logra liberarse de la carga de su herencia biológica que consiste –ya lo hemos anotado– más en una inferioridad moral que en una falta de vigor para abrirse camino en la lucha por la existencia. Es así que constituye un peligro para una sociedad en que prevalecen –según la ideología afirmada por el texto– los rasgos positivos. De esta manera, la relación entre individuo y el medio social se presenta de manera totalmente opuesta al modelo de *L'Assommoir*. Mientras que en la novela de Zola el individuo cae víctima de las condiciones de un medio social desfavorable y, a fin de cuentas, de una sociedad burguesa corrompida, la novela de Cambaceres muestra cómo una sociedad fundamentalmente sana corre peligro de ser destruida en la confrontación con un individuo que se muestra impermeable a las influencias de un medio favorable.[7] Teniendo en consideración esta disociación del método naturalista del compromiso social zoliano y su vinculación con un punto de vista conservador, David Viñas constata, con razón, que el naturalismo argentino está caracterizado por una inversión de la perspectiva.[8] Sin embargo, veremos a continuación que la transculturación argentina del naturalismo no se puede reducir a este aspecto.

Nana constituye un segundo modelo para la relación entre el individuo desfavorecido y la sociedad en la obra de Zola. La protagonista, hija de Gervaise, representa, como su madre, la capa inferior de la sociedad, pero al contrario de ella, no parece ser afectada por la herencia biológica negativa de los Macquart. Lo que sí se repite en ella es la influencia del medio social del suburbio, que la lleva a ganarse la vida como prostituta. El verdadero significado del personaje, empero, se manifiesta cuando logra ser una cortesana famosa que tiene relaciones con hombres que representan la cima de la sociedad: banqueros, aristócratas e incluso un alto dignatario de la corte imperial, el conde

---

7   Con la formulación acertada de Aída Apter Cragnolino (1999: 95): "La herencia biológica vence entonces a la bondad del medio".
8   David Viñas (1971: 230): "[...] al invertir la perspectiva que en Europa atacaba [Cambaceres] a la burguesía, impugna el avance del proletariado urbano en formación".

Muffat, que es su víctima más destacada. Todos ellos son arrastrados por su pasión por Nana como por una vorágine: pierden su fortuna, su rango social y, en algunos casos, su vida. La función de Nana en este proceso de destrucción es doble. Por una parte, representa al pueblo que logra, a través de ella, vengarse de una sociedad injusta; en las palabras del narrador: "[...] elle avait vengé son monde, les gueux et les abandonnés" (Zola 1961b: 1470). Por otra parte, Nana deviene el símbolo de una fuerza de la naturaleza: "[...] une force de la nature, un ferment de destruction [...] corrompant et désorganisant Paris entre ses cuisses de neige" (Zola 1961b: 1269). Esta fuerza, sin embargo, "la toute-puissance de son sexe", no sólo amenaza a la sociedad del Segundo Imperio, que por su corrupción inherente dispone de pocas posibilidades de defensa frente al poder destructivo del sexo representado por Nana, sino a toda la sociedad. Esto se acentúa en el hecho de que el conde Muffat no es un representante típico del Segundo Imperio como lo es, por ejemplo, Aristide Saccard en *La Curée*. Él proviene de una vieja familia burguesa que, aún después de ser ennoblecida por Napoleón I, ha preservado sus viejos hábitos de moraleja y religiosidad. El derrumbe completo del personaje tiene así un efecto tanto más impresionante.

Las diferencias entre *En la sangre* y *Nana* parecen ser menos acusadas que en el caso de *L'Assommoir*. Genaro es, como la protagonista en la novela de Zola, un personaje que viene de los bajos fondos de la sociedad y que, después de ganarse el acceso a la élite social, constituye una amenaza para el orden burgués. Esta semejanza estructural radica en el hecho de que la postura de la crítica social del naturalismo zoliano no es tan decisiva en *Nana* como en *L'Assommoir*. La intención de presentar el triunfo de Nana como una venganza del pueblo cede al enaltecimiento del poder de su sexo. Pero es justamente esta característica de Nana la que implica otra diferencia respecto a la novela argentina. En este contexto, el hecho de que el protagonista de la novela de Cambaceres sea un hombre tiene una importancia particular, tanto más cuanto que es propio del naturalismo argentino dar a los personajes femeninos menos relieve del que suelen tener en el naturalismo francés y europeo en general. El significado particular de los personajes femeninos en la novela naturalista, de *Germinie Lacerteux* de los hermanos Goncourt y *Thérèse Raquin* de Zola hasta personajes como Gervaise y Nana, resulta de su nexo particularmente estrecho con la naturaleza –según la imagen típica de la mujer en el siglo XIX– y por tanto con la concepción negativa de la naturaleza que marca al naturalismo francés.[9] La mujer, en la novela naturalista, ilustra la influencia nefasta de la naturaleza, o como víctima de sus pasiones y de la fatalidad biológica, como en el caso de Gervaise, o como agente activo que arruina a los hombres y, por ende, a la sociedad, como en el caso de Nana. Es justamente esta dimensión metafísica de la naturaleza[10] la que falta en la representación de Genaro en *En la sangre*. Genaro no representa la naturaleza en su conjunto, sino una naturaleza inferior en el sentido que se desprende de las teorías de la raza contemporáneas, es decir, como hijo de un italiano del sur que aparece desfavorecido frente a la sangre más noble de los criollos – si bien esta pretensión criolla no tenga un fundamento muy sólido si se tiene en cuenta las jerarquías de las razas establecidas en el siglo XIX que favorecen a la "raza" anglosajona. Así Genaro no tiene el papel de ejemplificar los estragos de una naturaleza igualmente todopoderosa como inhumana que fomenta las pasiones destructivas, los conflictos sangrientos, la decadencia y la muerte de los seres vivos para asegurar así la continuidad de la vida. Esto no quiere decir que esta visión sombría de la naturaleza esté totalmente ausente en el naturalismo argentino. El propio Cambaceres crea en *Sin rumbo* un personaje marcado profundamente por las teorías de Schopenhauer y por su concepción negativa de las fuerzas de la vida. Pero en *En la sangre* no le da a Genaro esta dimensión universal para preservar así la oposición entre la naturaleza sana de los criollos y la naturaleza pervertida de los inmigrantes.

En conclusión podemos constatar que Cambaceres se aleja tanto del compromiso social del naturalismo de Zola como de la concepción

---

9   Esta concepción se basa en una visión negativa de los procesos de la vida, desarrollada de manera más explícita por Schopenhauer y también contenida en la teoría de la evolución de Darwin. Partiendo de estos presupuestos, la vida se presenta como una lucha implacable por la existencia implicando necesariamente la decadencia, la enfermedad y la muerte. Véase para este aspecto del naturalismo sobre todo Baguley (1990: 204-223). Baguley hace este resumen acertado de la visión naturalista de la naturaleza: "Nature may be aesthetically good, but it is ontologically evil" (216).

10 Para Michel Foucault la concepción de la vida forma parte de las "métaphysiques des 'fonds'" típicas del siglo XIX (Foucault 1966: 258).

vitalista de la vida y de la naturaleza contenida en la obra de éste.[11] Esto tiene consecuencias importantes para la modelación de la perspectiva narrativa, como se ve también en la comparación con el modelo francés. Zola, como admirador de Flaubert, utiliza en sus novelas el procedimiento de la focalización interna de manera cada vez más acusada. Se sirve de este método, sobre todo, para dar relieve a los personajes que son víctimas del determinismo naturalista, víctimas del medio social o de la herencia biológica o –el caso clásico, representado por Gervaise– de la combinación de ambos factores. Zola acentúa así la experiencia del fracaso padecido por los personajes desfavorecidos para señalar la superioridad de las fuerzas de las que caen víctimas. Son a la vez víctimas de la sociedad corrompida que influye en ellos a través del medio, y de la naturaleza destructiva que se manifiesta en la herencia dañada. La visión trágica que tienen los propios personajes de su destino inexorable se desarrolla plenamente gracias al hecho de que corresponde a la visión del narrador y –vale decirlo– a la del autor. Centrar el texto en la visión de las víctimas es, para Zola, por una parte, un medio para subrayar la necesidad de reformar la sociedad injusta y, por otra, corresponde a la base vitalista del naturalismo zoliano. Cambaceres sigue el modelo zoliano utilizando en *En la sangre* el procedimiento de la focalización interna de manera bastante rigurosa; y es también la visión del personaje desfavorecido por la sociedad y por la herencia biológica la que se presenta de esta manera. Pero en este caso, la visión de Genaro no coincide con la visión del narrador o, si hay coincidencia, ésta no deja de poner en tela de juicio la posición del narrador.

Como hemos visto, es una parte esencial de la experiencia de Genaro que, en diversas ocasiones, sufre un marcado rechazo por la sociedad criolla. En la universidad es objeto de las burlas de sus compañeros por ser hijo de tachero, más tarde su solicitud para ser admitido como miembro del Club del Progreso no tiene éxito. Son justamente estas situaciones las que Cambaceres acentúa con la focalización interna, representando las reacciones de Genaro en el discurso indirecto libre. Cuando sus compañeros le reprochan su origen, se pregunta:

> ¿Por qué el desdén al nombre de su padre recaía sobre él, por qué había sido arrojado al mundo marcado de antemano por el dedo de la fatalidad,

---

11   Para este aspecto de la obra de Zola véase Warning (1999).

condenado a ser menos que los demás, nacido de un ente despreciable, de un napolitano degradado y ruin?

¿Qué culpa tenía él de que le hubiese tocado eso en suerte para que así lo deprimieran los otros, para que se gozasen en estarlo zahiriendo, reprochándole su origen como un acto ignominioso, enrostrándole la vergüenza y el ridículo de ser hijo de un tachero? (399).

El texto le atribuye a Genaro una reacción contradictoria. Por una parte, rechaza el desprecio de sus compañeros considerándolo injusto; por otra, él mismo reproduce los prejuicios en lo que corresponde a su padre llamándolo "napolitano degradado y ruin". La segunda posición, que afirma el influjo ineludible de la herencia, o sea, de la raza, es también la del narrador que, a modo de introducción, comenta el soliloquio de Genaro de la manera siguiente:

> Y víctima de las sugestiones imperiosas de la sangre, de la irresistible influencia hereditaria, del patrimonio de la raza que fatalmente con la vida, al ver la luz, le fuera transmitido, las malas, las bajas pasiones de la humanidad hicieron de pronto explosión en su alma (399).

La cita muestra cómo el narrador afirma sin restricción la fatalidad biológica y así el factor de la raza atribuyendo "las malas pasiones" de Genaro a la "sangre" heredada.

Esta mezcla contradictoria de argumentos se repite más tarde en situaciones parecidas. Cuando después de una cena común en la cual se festeja su examen universitario, Genaro no es capaz de pronunciar el discurso obligatorio, es otra vez él mismo quien cree reconocer en su inhibición "las eternas leyes" de la herencia, igualmente fijas que las que rigen "la caída de un cuerpo" (419). Después del rechazo por parte del directorio del Club de Progreso, es de nuevo la actitud de protesta contra la injusticia padecida que prevalece y que motiva acusaciones acerbas contra la sociedad criolla:

> [...] de dónde procedían, de dónde habían salido, quiénes habían sido, su casta, sus abuelos [...] gauchos brutos, baguales, criados con la pata en el suelo, bastardos de india con olor a potro y de gallego con olor a mugre, aventureros, advenedizos, perdularios, sin dios ni ley, oficio ni beneficio de esos que mandaba la España por barcadas, que arrojaba por montones a la cloaca de sus colonias [...] (437).

Este pasaje tiene un significado particular ya que añade un nuevo elemento a la mezcla discursiva del texto. Aquí es Genaro quien se sirve de los argumentos del discurso sobre las razas para denigrar a sus adversarios. Ni siquiera falta el argumento del mestizaje que representa el prejuicio europeo –y también norteamericano– más incisivo contra las "razas" latinoamericanas.[12] El narrador, por su parte, toma la misma posición que antes. Rechaza esta acusación tachándola de "bajo estallido de odios" (437) y representando así el punto de vista criollo que presupone la inferioridad del inmigrante italiano.

Estas citas dejan ver que la visión de la víctima no tiene la misma función en *En la sangre* que en las novelas de Zola. Si Genaro acusa al medio, es decir a la sociedad criolla, de injusta, le falta el apoyo del narrador; si se acusa a sí mismo por haber surgido de una raza inferior, coincide con el narrador, pero le falta credibilidad porque reproduce así los argumentos de sus adversarios.[13] La credibilidad de su autocrítica se debilita aún más por el hecho expuesto previamente de que las leyes de la herencia biológica no remiten, de la misma manera como en Zola, a la base epistemológica –en el sentido de Foucault– del vitalismo del siglo XIX.[14] Con esto el discurso sobre la herencia y sobre las razas es presentado en el texto de Cambaceres más bien como discurso social y no como un discurso científico que, por su anclaje metafísico, elude todo cuestionamiento. Lamentándose de su procedencia, Genaro parece referirse menos a una verdad científica que a la imagen que le trasmite el medio social al utilizar el discurso sobre las razas para marcar la diferencia entre criollos e inmigrantes. Es obvio que el hecho, ya mencionado antes, de que se acentúa sobre todo la inferioridad moral del inmigrante italiano, corresponde a esta función social. La contextualización social del discurso sobre las razas afecta también la posición del narrador. También ésta es marcada como posición social en el diálogo entre criollos e inmigrantes puesto en escena por el texto, lo que hace surgir la pregunta de si su punto de vista está justificado. El narrador de Cambaceres no posee la autoridad absoluta que suele tener en las novelas de Zola, ya que le falta la base discursiva necesaria para ello. No puede fundar su autoridad en el

---

12 Con respecto a la recepción del discurso positivista sobre las razas en América Latina véase Stabb (1967: 12-33).
13 Como señala Schlickers (2003: 145), esta inverosimilitud ya le llamó la atención a la crítica contemporánea.
14 Gilles Deleuze ha mostrado, refiriéndose sobre todo a la *Bête humaine* de Zola, como la "petite hérédité" que se refiere a la herencia dentro del marco de la familia se vincula con la "grande hérédité" asociada por él con el deseo de muerte freudiano, basándose así en el tema vitalista del carácter autodestructivo de la vida (Deleuze 1969: 376ss.).

estatus científico, y por tanto "metasocial" del discurso sobre la herencia y las razas, ya que éste es presentado como discurso que se utiliza
con intenciones sociales concretas, como lo hace también Genaro
cuando cita los clichés que les atribuyen a los mismos criollos una
inferioridad racial. Es así que la novela de Cambaceres asume un carácter dialógico en el sentido de Bajtín, que muestra como no sólo los
personajes, sino también el narrador se mueven dentro del universo
discursivo de su ambiente social.[15] Puede que esto no corresponda a la
intención del autor, pero es una consecuencia de la estructura inherente al género de la novela que fomenta tales efectos dialógicos.

Para concluir podemos resumir los efectos de transculturación en
la novela de Cambaceres de la manera siguiente: al adoptar el esquema naturalista de la interacción entre el individuo desfavorecido con el
medio social para tratar la problemática de la inmigración, propia de la
Argentina de su tiempo, Cambaceres le da un giro conservador, atri-
buyéndoles de manera exclusiva al individuo y a su inferioridad heredada la responsabilidad de su destino. Pero al mismo tiempo sustrae
de este destino el carácter de una fatalidad trágica al desvincularlo del
discurso vitalista que subordina los procesos sociales a los poderes
inexorables de una naturaleza indiferente a los anhelos humanos. Por
lo tanto, este giro conservador carece de autoridad discursiva y se
manifiesta como maniobra ideológica. En cierta manera, la novela de
Cambaceres se vuelve así un espejo deformador del naturalismo zoliano, ya que pone de manifiesto una ambivalencia implícita en los
presupuestos de Zola. También en Zola el recurso a las leyes de la
herencia biológica tiene un aspecto conservador que no concuerda
bien con el compromiso social postulado y –claro está– no sólo postulado sino también auténtico. Es esta contradicción la que la novela de
Cambaceres hace visible de una manera igualmente contradictoria:
acentuando la tendencia conservadora del discurso naturalista y pri-
vándolo de su objetividad aparente.

---

15 Mis trabajos sobre el naturalismo español, centrados en obras de Galdós y Clarín,
    me han llevado a conclusiones parecidas (Matzat 1993; 1995; 1996).

Bibliografía

Apter Cragnolino, Aída (1999): *Espejos naturalistas. Ideología y representación en la novela argentina (1884-1919)*. New York: Peter Lang.

Baguley, David (1990): *Naturalist Fiction. The Entropic Vision*. Cambridge: Cambridge University Press.

Cambaceres, Eugenio (1968): "En la sangre". En: Cambaceres, Eugenio: *Obras completas*. Ed. de Eduardo M. S. Danero. Santa Fe: Castellví, pp. 379-488.

Deleuze, Gilles (1969): "Zola et la fêlure". En: Deleuze, Gilles: *Logique du sens*. Paris: Minuit, pp. 373-386.

Fishburn, Evelyn (1981): *The Portrayal of Immigration in Nineteenth Century Argentine Fiction: [1845-1902]*. Berlin: Colloquium-Verlag.

Foucault, Michel (1966): *Les mots et les choses. Une archéologie des sciences humaines*. Paris: Gallimard.

Gnutzmann, Rita (1998): *La novela naturalista en Argentina (1880-1900)*. Amsterdam: Rodopi.

Matzat, Wolfgang (1993): "Galdós und der französische Realismus/Naturalismus. Zur Wirklichkeitsmodellierung in den Novelas contemporáneas". En: Lüsebrink, Hans-Jürgen/Siepe, Hans T. (eds.): *Romanistische Komparatistik. Begegnungen der Texte – Literatur im Vergleich*. New York: Peter Lang, pp. 127-145.

— (1995): "Natur und Gesellschaft bei Clarín und Galdós. Zum diskursgeschichtlichen Ort des spanischen Realismus/Naturalismus". En: Matzat, Wolfgang (ed.): *Peripherie und Dialogizität. Untersuchungen zum realistisch-naturalistischen Roman in Spanien*. Tübingen: Narr, pp. 13-44.

— (1996): "Naturalismo y ficción en la novela galdosiana: el caso de *Lo prohibido*". En: Geisler, Eberhard/Povedano, Francisco (eds.): *Benito Pérez Galdós. Aportaciones con ocasión de su 150 aniversario*. Madrid: Iberoamericana/Frankfurt am Main: Vervuert, pp. 81-93.

Nouzeilles, María Gabriela (1996): "Pathological Romances and National Dystopias in Argentine Naturalism". En: *Latin American Literary Review*, 24, pp. 23-39.

Rama, Ángel (1982): *Transculturación narrativa en América Latina*. México, D.F.: Siglo XXI.

Schlickers, Sabine (2003): *El lado oscuro de la modernización. Estudios sobre la novela naturalista hispanoamericana*. Madrid: Iberoamericana/Frankfurt am Main: Vervuert.

Sommer, Doris (1991): *Foundational Fictions. The National Romances of Latin America*. Berkeley/Los Angeles: University of California Press.

Stabb, Martin S. (1967): *In Quest of Identity. Patterns in the Spanish American Essay of Ideas, 1890-1960*. Chapel Hill: North Carolina University Press.

Uhlíř, Kamil (1963): "Cuatro problemas fundamentales en la obra de Eugenio Cambaceres". En: *Philologica Pragensia*, 6, pp. 225-245.

Viñas, David (1971): *De Sarmiento a Cortázar. Literatura argentina y realidad política*. Buenos Aires: Siglo Veinte.

— (1995): *Literatura argentina y política. De los jacobinos porteños a la bohemia anarquista.* Buenos Aires: Sudamericana.

Warning, Rainer (1999): "Kompensatorische Bilder einer 'wilden Ontologie': Zolas *Les Rougon-Macquart*". En: Warning, Rainer: *Die Phantasie der Realisten.* München: Fink, pp. 240-268.

Zola, Émile (1961a): "L'Assommoir". En: Zola, Émile: *Les Rougon-Macquart. Histoire naturelle et sociale d'une famille sous le Second Empire.* Vol. II. Paris: Gallimard, pp. 371-796.

— (1961b): "Nana". En: Zola Émile: *Les Rougon-Macquart. Histoire naturelle et sociale d'une famille sous le Second Empire.* Vol. II. Paris: Gallimard, pp. 1093-1488.

— (1971): "Le Roman expérimental". En: Zola, Émile: *Le Roman expérimental.* Paris: Garnier-Flammarion, pp. 55-97.

André Otto/Kurt Hahn

José Asunción Silva y la vida de las cosas sin fama. Del objeto colonial a la memoria fantasmática

Aboli bibelot d'inanité sonore
Stéphane Mallarmé

1.

El mundo de los modernistas está poblado, incluso sobrecargado, por objetos preciosos y artificiales cuyo prestigio radica, sin duda, en un sistema de valores europeos. No parece eso nada extraño, en vista de los modelos literarios que sirven de base para el modernismo, como el Parnaso y el simbolismo franceses o el prerrafaelismo inglés y el decadentismo finisecular, extendido por toda Europa. Tanto a nivel de los motivos como a nivel intertextual en general, se manifiesta así una dependencia que perpetúa, en cierto modo, los mecanismos coloniales dentro de una cultura presuntamente postcolonial. En consecuencia, la crítica temprana culmina en el reproche de que el modernismo consiste sólo en una moda de epígonos sin poetología propia. La implantación de un imaginario descontextualizado, agregan los acusadores, propicia un escapismo que pasa completamente por alto la realidad sociopolítica de Latinoamérica, en vía de una modernización problemática.[1]

Es obvio que una polémica tan unidimensional no corresponde a la complejidad del fenómeno modernista e incurre inevitablemente en contradicciones. Por eso, tanto las estrategias intertextuales del modernismo como su pretendido distanciamiento del ámbito social se han analizado más tarde desde presupuestos más equilibrados y pertinentes. Así, por ejemplo, el sincretismo poetológico se considera ahora como una apropiación productiva que inicia un dinamismo transcultu-

---

1   Se pueden destacar las devaluaciones del modernismo por parte de poetas españoles como Manuel Machado, Pedro Salinas o Dámaso Alonso; véase el resumen de Shaw (1967: 195-202); Alonso (1952: 91) y también Silva Castro (1974: 316-324).

ral y recombina los modelos importados, a fin de crear una nueva estética.[2] Pero la abundancia en referencias literarias no sólo lleva a una
hibridación, sino desemboca en una verdadera lógica hipertrófica, que
oscurece las referencias coloniales específicas y sus particulares autoridades, y de ese modo establece la signatura modernista. Según Ángel
Rama y Noé Jitrik, asimismo hay que revisar la tendencia escapista
imputada a los modernistas. A través de una dialéctica negativa, Rama
advierte que el ideal esteticista del poeta modernista significa una
redefinición de su lugar –marginal– en la vida política y en la nueva
estructura económica. Pues, tras la diferenciación funcional de la sociedad (Luhmann 1973: 81-115), ya no puede remitirse al rol romántico de visionario ni a la tarea pedagógica de ilustración, que conllevaba
hasta entonces la poesía del siglo XIX:

> Pero al confinarlo a la-poesía-como-especialización, la sociedad nueva le
> está exigiendo al poeta que redefina su función y establezca su nuevo
> campo de acción, cosas ambas más que difíciles en las tierras hispanoa-
> mericanas, donde la endeblez del medio cultural era bien conocida. [...]
> Por lo tanto, los poetas se transformarán en los servidores, custodios, de
> dos valores siempre vagos y mal definidos –el ideal y la belleza–, agru-
> pándose en una suerte de cofradía que se autoabastece y dentro de la cual
> se fabrican, guardan y transmiten algunos productos de elaboración tan
> compleja como los artefactos industriales que comienzan a llegar desde
> Europa (Rama 1985: 46-47).[3]

Como lo sugiere Rama, el artefacto resulta el punto de intersección
paradigmático de dos sistemas: el objeto artístico pasa del campo de
valores económicos e industriales al terreno del arte. Dentro de ese

---

2   La noción de "transculturación" ya fue acuñada por el sociólogo Fernando Ortiz
     en *Contrapunteo cubano del tabaco y el azúcar* (Ortíz [1940] 1978: 86). En
     cuanto a su aplicación literaria, hay que remitir a Ángel Rama *Transculturación
     narrativa en América Latina* (Rama 1982: 32-56), que completa el modelo tripar-
     tito de Ortiz –"parcial desculturación", "incorporaciones procedentes de la cultu-
     ra externa" y "recomposición manejando los elementos supervivientes de la cul-
     tura originaria"– por las fases de la "selección" y la "re-invención creativa". El
     proceso transcultural en el modernismo discute por ejemplo el estudio de Wolf-
     gang Matzat, "Transkulturation im lateinamerikanischen Modernismus: Rubén
     Daríos *Prosas profanas y otros poemas*" (Matzat 1997: 347-363).
3   Las observaciones de Rama se refieren, entre otras fuentes, a Jitrik (1978). Desde
     una perspectiva parecida, localizan el modernismo dentro del desarrollo de la
     burguesía en Latinoamérica Gutiérrez-Girardot (1983) y más centrado en el aná-
     lisis textual Pearsall (1984). Para un resumen de las definiciones distintas del
     modernismo véanse p.ej. las recopilaciones críticas de Schulman (1987) y Card-
     well/McGuirk (1993).

proceso, es sobre todo la noción de fabricación del artefacto la que se convierte en el eje central de la producción poética y garantiza su transformación en auto-referencialidad estética. La multitud de objetos raros en el poema modernista, entonces, no queda reducida a un trasfondo decorativo o una mera ornamentación. Más bien crea, ya a nivel del contenido, una atmósfera programática de artificialidad que la enunciación potencia performativamente con el resultado de un mimetismo de "segundo grado" (Mahler 2006: 34-47).

Sin embargo, la poesía modernista en general no cuestiona la condición de los objetos representados, no los ubica en sus contextos históricos ni problematiza explícitamente su proveniencia cultural. Éstos son descritos como entidades materiales y unidades discretas, cuya historicidad sólo es considerada como efectos para aumentar su alcance simbólico. Precisamente en lo que se refiere a la selección y la funcionalidad del objeto, descolla la escritura del colombiano José Asunción Silva (1865-1896), lo cual señala también su posición intermedia en la literatura decimonónica de Latinoamérica.

Los intentos por clasificar a la poesía silviana necesariamente han conducido a resultados contradictorios. Por una parte, Silva es considerado un romántico tardío que combina el patetismo de Víctor Hugo con la estética becqueriana de la volatilidad; por otra parte, figura en la primera generación del modernismo con una marcada orientación simbolista.[4] Son verificables ambas tendencias, si se efectúa un recorrido lineal por la obra dispersa de Silva,[5] desde su poemario juvenil y de clara influencia romántica *Intimidades* (escrito entre 1881 y 1884), pasando por la sátira lírica de *Gotas amargas* (fecha insegura), hasta

---

4   La crítica enfoca sobre todo la relación del colombiano con el modernismo –que el mismo Silva satiriza previamente en la "Sinfonía color de fresa con leche"–, mientras que el romanticismo (francés y becqueriano) es considerado una referencia omnipresente, pero no cuestionada a fondo. En cuanto al modernismo, sólo remitimos a Gicovate (1990: 393-410); Camacho Guizado (1990: 411-421); Charry Lara (1989: 23-60); Carranza (1996: 13-25). La doble influencia romántica de Hugo y Bécquer se discute por ejemplo en Orjuela (1996: 29-82). Un breve resumen de la evolución poética de Silva ofrece Meregalli (1981: 17-28).

5   Numerosos poemas de Silva no fueron publicados durante su vida, de modo que su datación y la repartición en los poemarios mencionados se deben a un largo proceso de reconstrucción editorial. Véanse al respecto la "Introducción del coordinador" y la "Cronología" detallada de Orjuela (Orjuela 1990a: XXII-XXXVIII; Orjuela 1990b:501-510), así como el resumen de Mejía (1990: 471-500).

la maestría modernista del *Libro de versos* (redactado entre 1891 y 1896). Sea recordado de paso que le debemos a Silva también el pro-totipo ficticio del *dandy*-artista hispanoamericano.[6] Su perfil degene-rado esboza el diario novelesco *De sobremesa* (escrito entre 1887 y 1896, publicado en 1925) que ha contribuido mucho, por sus alusiones autobiográficas –a menudo sobreestimadas– y por la historia agitada del manuscrito, a la leyenda de su autor, el *dandy* excéntrico y perver-so.[7] Teniendo en cuenta la rapidez y la habilidad con que Silva recibe, adapta y modifica los hipertextos europeos, es comprensible que la mayoría de la crítica se esfuerce por averiguar sus fuentes potenciales. Eso es válido en particular para la descodificación de los textos líricos, dentro de cuyo panorama sobresale la famosa pieza de antología "Nocturno III (Una noche)" que provocó, por su ritmo vanguardista, una enorme cantidad de lecturas.

A diferencia de las investigaciones intertextuales,[8] nos propone-mos aprovechar justamente la posición entre la autorreflexividad mo-dernista y el mal del siglo romántico de Silva para abordar su peculiar textualización del objeto. Éste se distingue por dos rasgos importantes del artefacto modernista, tal como lo hemos caracterizado previamen-te. Por un lado, Silva renuncia al culto de la rareza –promulgada por la escuela parnasiana–,[9] de modo que temáticamente no se restringe a observar preciosos objetos de arte o artesanía. También presta aten-ción a las cosas menos prestigiosas, pues tiende a transmitir, según su fórmula enfática, la "voz de las cosas"[10] en general. Por otro lado,

---

6   Para una ubicación de la novela dentro del decadentismo finisecular véanse Meyer-Minneman (1991: 40-73); Montero (1999: 249-261) y Calero Llanés et al. (1996).

7   La leyenda que rodea a Silva se basa tanto en su suicidio escenificado (el 24 de mayo de 1896) como en su estilo de vida extravagante, a lo que se añade la pér-dida de sus manuscritos –entre ellos el texto terminado de *De sobremesa*– duran-te el naufragio del vapor *L'Amérique* (el 27 de enero de1895). En vista de estas desventuras, se explica la fascinación biográfica por parte de la crítica. El estudio de Zuleta (2000) reconstruye la leyenda silviana desde una metaperspectiva re-cepcionista.

8   Esta acusada tendencia de la crítica silviana documentan las recopilaciones de Cobo Borda (1983; 1997); Charry Lara (1985).

9   En el artículo poetológico "Crítica ligera" (1888), Silva se distancia nítidamente del preciosismo parnasiano y de su devoción por la descripción impasible (Silva 1990: 368-372).

10   Así se titula un poema que Silva inserta en su *Libro de versos* (Silva 1990: 36).

acentúa la dimensión histórica, de modo que los objetos transparentan una temporalidad corrosiva y pierden su unidad de forma invariable. En consecuencia, Silva no sólo enfoca las cosas cotidianas y *sin fama*, sino las cosas cotidianas en vía de decaimiento, cuyo recuerdo parece conservar el poema.

La insistencia en la historicidad del objeto permite al mismo tiempo un planteamiento "postcolonial" que lleva la escritura de Silva desde la representación mimética y la alegoría política[11] a la simulación de la memoria. Limitándonos, primero, al análisis sucinto de dos poemas, examinaremos desde dos ángulos contradictorios el intento de una genealogía históricamente fundada: mientras que en "La ventana" el objeto descrito se convierte en manifestación material del pasado colonial, "Al pie de la estatua" insinúa la posible afirmación de una identidad latinoamericana descolonizada. Ambos textos fracasan como discursos identitarios, puesto que los objetos, en vez de convertirse en proyecciones de una autodefinición cultural o nacional, sucumben a una "expropiación melancólica". En contraposición a ese movimiento que procede del objeto y lleva a su disolución, "Vejeces", en que se centra nuestro interés, adopta una actitud reconstructiva. Aquí el punto de partida es el olvido que el poema intenta remediar, conjurando todo un catálogo de cosas anticuadas y deterioradas que revelan una evidente signatura colonial. Por lo visto se trata de un *writing back* en el sentido temporal,[12] ya que "Vejeces" procura llenar un hueco de memoria. Esta dinámica va invirtiéndose en la medida en que Silva socava la veracidad de la Historia y, en cambio, dota a las cosas de una multitud de narrativas fingidas y parciales. Lo que se constituye de tal manera, son recuerdos virtuales o simulados que resultan muy productivos dentro del carácter procesal lírico, pero ya no restablecen una continuidad histórica. Al corroer los objetos acumulados y al inscribirles una "memoria fantasmática", "Vejeces" de-

---

11   Según las observaciones de Fredric Jameson, la literatura de las ex-colonias se define por el hecho de que convierte el destino individual en una alegoría política (Jameson 1986: 65-88). Bajo este enfoque, Doris Sommer interpretó la novela latinoamericana del siglo XIX y su trama erótica como proyección alegórica del pretendido *nation-building* (Sommer 1990: 30-51).

12   Claro que usamos aquí el concepto de *writing back* con una semántica distinta a la que suelen darle los *postcolonial studies*. Como se sabe, la noción fue acuñada por Salman Rushdie y teorizada después por Bill Ashcroft (1989; Ashcroft et al. 2002).

construirá la configuración de una identidad cultural basada en la recuperación del pasado. Pero precisamente en esa negación se dibuja la situación postcolonial de Silva, entendida como "estructura melancólica" que transforma el objeto colonial en el "fetiche" –nunca plenamente apropiable– del deseo poético.[13]

2.

Silva sí experimentaba intensamente el "fetichismo de la mercancía" ("Fetischcharakter der Ware") (Marx 1968: 85-98). Con sólo diecinueve años tuvo que encargarse del negocio familiar para vender artículos de lujo franceses a los altos círculos sociales de Bogotá.[14] Pero en cuanto a su poesía, temprano pone otro acento. En lugar de hacer resaltar el capital simbólico y un valor de cambio mistificado, se interesa por los artículos de uso, al parecer insignificantes. Que éstos, sin embargo, no sean inocentes respecto a cuestiones historiográficas, lo atestigua por ejemplo el poema "La ventana" (datado de 1883) (Silva 1990: 191-193),[15] cuya inspiración romántica apenas cabe destacar. Ni siquiera hubiese requerido del epígrafe de Víctor Hugo ("Oh temps évanouis! O splendeur éclipsés [sic!],/ Oh soleils descendus derrière l'horizon"; Silva 1990: 191), con que Silva determina de antemano el enfoque bajo el cual debe entenderse aquí la constitución lírica del objeto: un evidente clima de fugacidad determina la percepción de la ventana y amenaza su consistencia sustancial. Si se añade la connotación tópica, la ventana funciona como medio de tránsito invisible que se abre hacia un más allá y hace desaparecer, a favor de la transgresión imaginativa, toda materialidad. Siguiendo la tradición romántica,

---

13 Sobre el fetiche como "paradosso di un oggetto inafferrabile che soddisfa un bisogno umano proprio attraverso il suo essere tale [inafferrabile]" véase Giorgio Agamben (1977: 41) y nuestras explicaciones más adelante. Igual que Homi Bhabha, quien introduce el concepto del fetiche en la discusión postcolonial (Bhabha 1994: 66-84 y 85-92), Agamben recurre por supuesto al planteamiento psicoanalítico de Sigmund Freud sobre el "Fetischismus" (Freud 1973: 379-388).

14 El anuncio (1890) del Almacén Ricardo Silva e Hijo habla de un "surtido de mercancías franceses", de "papel de colgadura, paños finos" y de "pianos" (Mataix 2006: 21). Sobre las actividades económicas de Silva y su fracaso final compárese la biografía detallada de Enrique Santos Molano (1997).

15 José Jesús Osorio apunta a los aspectos históricos y socioculturales que ya se manifiestan en los poemas románticos e intimistas del joven Silva (Osorio 2006: 7-45).

Silva escenifica la vista panorámica para marcar un umbral, indicado además por el crepúsculo vespertino, por la "lumbre postrera/ del sol en occidente" (Silva 1990: 191, vv. 9/10). El pasaje topológico entre el interior y el exterior, entre aquí y allá, se refleja así en el eje temporal que se extiende entre ahora y antaño. Simultáneamente, se agrava el lamento nostálgico hasta tornarse en una visión casi agónica o, como lo articula el poema mismo, en "letal melancolía" (19).[16]

Es curioso constatar que en "La ventana" la melancolía desempeña un doble papel y afecta tanto la percepción "de" la ventana como la mirada "por" la ventana. Pero, desde un principio, no hay duda de que ambas perspectivas converjan en la sugerencia del pasado colonial. Eso se explicita ya en la primera estrofa 1-8 donde la ventana contrasta, por su procedencia y su vejez, claramente con el entorno, representado por el "balcón" decimonónico de enfrente:

> Al frente de un balcón, blanco y dorado,
> obra de nuestro siglo diez y nueve
> hay en la estrecha calle una muy vieja
> ventana colonial. [...] (1-4).

Que la "muy vieja/ ventana" tenga en efecto antecedentes españoles, esclarece, a partir de la segunda estrofa 9-38, la vista "por" la ventana, que suplementa la historia de la ventana con una serie de personificaciones. El vidrio se transforma de esta manera en un plano de proyección poética, dado que sobre ésta se entrecruzan miradas de direcciones[17] y niveles ontológicos distintos. Pues con el "oidor" (14) o la "dama española" (15), el poema fantasea a personas, quienes, en otros tiempos, se hubiesen asomado tal vez a la ventana y cuyas vidas conservan –contrariamente a la presente "turba infantil" (23)– el recuerdo del pasado. En un acto de identificación delinea entonces el destino colonizador de la "dama" (15), sin abandonar, dentro de esa narración hipodiegética, el tono de *spleen* del discurso externo. Resumido en abstracto, el texto pasa de la contemplación exterior de la ventana a

---

16 Ante expresiones patéticas como la "letal melancolía" se entiende que la crítica asumió en gran parte la posición de Miguel de Unamuno –formulada en su prólogo a la primera edición (1908) de las *Poesías* de Silva (1923: 7-27)–, y sigue acentuando la metafísica negativa o la angustia existencial de Silva. Véase por ejemplo Orjuela (1976: 68-124).

17 Más precisamente, se trata de la diferencia entre la perspectiva que se dirige desde el exterior a la ventana y la mirada que va desde el interior hacia fuera.

una primera dimensión imaginativa que configura tras el cristal al sujeto de la memoria,[18] cuya introspección es rastreada en la segunda fase. Es aquí donde entra en juego el desplazamiento territorial que exilia a la señora española "de la hermosa Andalucía" (17), la traslada "a la colonia nueva" (18) y hace brotar consecutivamente "el germen de letal melancolía" (19). A causa de su irreversibilidad –su implacable "ya no"–, la separación espacial y temporal no sólo engendra una dinámica del deseo, sino reclama, simultáneamente, una compensación adecuada. Por lo tanto, la tercera estrofa 39-51 evoca, con mucho énfasis, varios pormenores del pasado español que intensifican la atmósfera romántica del ansia y que, a fin de cuentas, desembocan en una glorificación folclórica de Andalucía. La lista de los tópicos contiene la "cántiga española" (40), así como las "desventuras amorosas" (42), y alcanza su apogeo pintoresco con la "gentil guitarra" (44) que toca el "noble caballero" (45) a orillas del "Guadalquivir" (49). Para completar la estilización de "la aristocrática Sevilla" (48) se dibuja, en el trasfondo iluminado por la "luna" (51), la fachada majestuosa de la "Giralda" (50). Lo que no se aclara, sin embargo, es el agente de la percepción. El pronombre "ella" (40/65) puede referirse tanto a la ventana personificada como a su metonimia efectivamente humana, la "dama española" (15). En todo caso, el lector sigue hasta entonces una focalización interior o, en otras palabras, adopta la mirada anhelante que se proyecta hacia fuera, hacia una otredad ya irrecuperable.

La situación se modifica en la cuarta estrofa 52-63. Se produce ahora una oscilación que atraviesa el umbral de la ventana alternativamente desde el exterior al interior o viceversa. Llevados por la "brisa, dulce y leve" (52), penetran de fuera perfumes o sonidos evanescentes por los "barrotes duros" (54), mientras que desde dentro suben al cielo las "plácidas historias" (59) y las oraciones. Se desdibuja, a la vez, la localización exacta de la señora imaginada, de modo que se encuentra en un intervalo desterritorializado entre el allá de su patria española y el aquí colonial. Aunque la determinación de las coordenadas temporales sea igualmente difícil, los últimos veinticinco versos van encaminándose cada vez más al presente del acto enunciativo. En función de realizar ese acercamiento, el poema alude a momentos centrales de la vida como las bodas ("risueñas fiestas de

---

18 Se trata tanto del sujeto que conmemora, como del sujeto conmemorado.

himeneo", 56) o las muertes ajenas ("mortuorios cirios", 58) y los contextualiza dentro de la genealogía familiar de la "dama" (15). En lo siguiente, ella asume el papel de la "noble abuela" (60) que mira pasar las generaciones y entra en comunicación con su heredero: el "rubio nieto" (61) no sólo anticipa la "turba de los niños" (70) mencionada en la quinta estrofa, sino remite también a la "loca turba infantil" (23) del comienzo. De esta manera, se establece una relación inmediata entre la dama/abuela –ubicada, acordémonos, en un pasado hipotético– y los niños que juegan actualmente detrás de la ventana, si bien forman parte de dos realidades distintas. Aparte de esos pormenores genealógicos, se revela aquí la estructura cíclica del poema que, después de explorar la lejanía europea, vuelve a su punto de partida, es decir a la ventana colonial.

Al dirigir la atención a la "niñez risueña" (75), el texto ha regresado finalmente al presente. En consecuencia, se invierte de nuevo la perspectiva y predomina, otra vez, la observación externa de la ventana. Con esto, el poema corta también el desbordamiento imaginario, desencadenado por la cualidad mediática del vidrio, y retoma la descripción inicial del objeto. La ventana recobra ahora su materialidad, que los recuerdos fingidos de la dama han escamoteado completamente. Mientras que la quintaesencia de la historia interna se reduce a la queja tópica del *tempus fugit*, los últimos cuatro versos insinúan que la sustancia física de la ventana podría sobrevivir al desmoronamiento general:

...Tal vez mañana,
cuando de aquellos niños queden sólo
las ignotas y viejas sepulturas
aún tenga el mismo sitio la ventana (79-82).

Pero, irónicamente, es precisamente la persistencia del lugar lo que el poema de Silva pone en entredicho. Aunque las líneas citadas parezcan acentuar su estabilidad, es sobre todo la ventana la que está sometida al condicionamiento histórico, ya que en ella se refleja la inestabilidad de la situación postcolonial. Teniendo en cuenta que la memoria nostálgica caracteriza la biografía de la dama como experiencia del desarraigo, la singularidad de la ventana resulta un efecto de alienación. Expuesta desde el comienzo por su alteridad arquitectónica, la ventana acaba por formar una "heterotopía",[19] cuya disfuncionalidad se pone de manifiesto en la caracterización como "inútil, allí, a solas" (59). Por consiguiente el "monograma" (7), "hecho de incomprensibles iniciales" (8) y grabado en el marco de la ventana, queda indescifrable hasta el fin. Aún más, el intento de descifrarlo y de determinar su origen culmina en una nueva borradura. En última instancia, la reconstrucción de la continuidad histórica que emprende el poema al contemplar la ventana, se convierte en melancolía regresiva que indica inexorablemente el destierro postcolonial del objeto colonial.

3.

Entre los poemas de Silva que discutimos aquí, "Al pie de la estatua" (Silva 1990: 17-25) se destaca por varios aspectos, y en particular por su manejo de lo objetivo. Si dejamos de lado la extensión de esta silva –abarca unos 330 versos–, cambian tanto la clase y el funcionamiento del objeto textualizado como la pragmática externa del poema. De manera programática, ambas categorías apuntan a la afirmación de una identidad cultural y política, para la cual Bolívar es el ejemplo por antonomasia. Ya el título pone en claro que el poema tematizará, con la estatua de Bolívar, un objeto que se presenta en público y que tiene gran valor emblemático para el *nation-building* latinoamericano. No es por casualidad que Silva recitara el texto, por primera vez, el día de la fiesta nacional de Venezuela (el 5 de julio de 1895), durante la recepción que el ministro de ese país dio en Bogotá.[20] Dado el trasfondo oficial, "Al pie de la estatua" necesariamente tiene que irritar. Pues, aunque alude a las expectativas genéricas del sermón epideíctico, como lo practicó la copiosa tradición clasicista-romántica de la poesía heroica latinoamericana, viola varias convenciones de dicho discurso. Por ello, el poema incluso fue tachado de fracaso estético, ya que se infiltran numerosas perturbaciones en la exaltación del libertador.[21] En

---

19 Sobre la noción de la *hétérotopie* véanse las explicaciones conocidas de Foucault (1994: 752-762).
20 "Al pie de la estatua" se publicó poco después, el 28 de octubre de 1895, en *El Correo Ilustrado* (Caracas).
21 De esta manera, la editora de las *Poesías* de Silva, Rocío Oviedo y Pérez de Tudela (Silva 1997: 81), critica "el sentimiento decadente" del poema, sin advertir el aspecto subversivo que está vinculado con la descomposición de la estatua.

efecto, el texto suprime hasta el punto de referencia principal que suele garantizar la importancia de la estatua: el nombre de Bolívar no se menciona nunca. Tampoco presenta hechos ilustres, grandes batallas o dichos famosos para identificar al héroe. En cambio, la actitud enunciativa sigue vacilando entre la alabanza de Bolívar y la insistencia en aspectos precarios de su mito. Ese conflicto peculiar lo demuestran ya los primeros versos, puesto que, por un lado, glorifican al pionero de la independencia como "semidiós", pero, por otro lado, exhiben abiertamente su cansancio y su "mortal melancolía":

> Con majestad de semidiós, cansado
> por un combate rudo,
> y expresión de mortal melancolía
> álzase el bronce mudo
> que el embate del tiempo desafía [...] (1-5).

Ni la envergadura política del monumento, ni la opción parnasiana de la *transposition d'art*[22] –la transformación estética de la escultura en poema– pueden impedir que entremos, otra vez, en el universo silviano de las cosas decadentes. La estructura ambigua, que celebra al precursor de las "libres naciones" (7) o al "Padre de la Patria" (131/293) y que, al mismo tiempo, hace hincapié en la caducidad de toda significación histórica, será el rasgo más notable de "Al pie de la estatua".

De esta manera, una "voz misteriosa" (59), respectivamente "la voz de la ignorada boca" (62), le manda al sujeto hablante que no se limite a pintar los escenarios bélicos y las victorias "en la lucha/ que redimió a la América Española" (106/107). Al contrario, debe cantar los momentos poco triunfales de la duda, de la angustia y de la morbosidad, para salvarlos del olvido en que cayeron tantos sucesos al parecer memorables.[23] Como ejemplo altamente sugestivo, el poema menciona la doble estirpe de la población latinoamericana, pues ella recordó, durante siglos, el trauma de la Conquista. Incluso el conflicto desigual entre el "indio" (78) de la "feraz llanura" (77) y el "hispano aventurero" (85) sucumbió a la eficacia del tiempo y se disipó en las

---

22 Véase al respecto la recopilación crítica en Klaus W. Hempfer (2000).
23 "Al pie de la estatua" no escatima esfuerzos retóricos en evocar las fases depresivas de Bolívar, como se nota por ejemplo en los siguientes versos 187-190/211-216: "Y luego cuenta/ las graves decepciones/ que aniquilan su ser, las pequeñeces/ de míseras pasiones [...] Di las melancolías/ de sus últimos días/ cuando a la orilla de la mar, a solas/ sus tristezas profundas acompaña/ el tumulto verdoso de las olas/ cuenta sus postrimeras agonías!"

"hondas tinieblas del olvido" (94). El procedimiento retórico que practica la voz inspiradora posibilita recordar tanto las "hazaña[s]" (113) del libertador como sus "tristezas profundas" (214). Aunque explícitamente prohíbe cantar los sucesos heroicos, los presenta ya en la extensa enumeración prohibitiva.

En la reacción del locutor-"poeta" (47) al mandamiento de la voz apuntadora, detectamos la misma ambivalencia. Reprobando la falta de heroísmo en la actualidad, el poeta, por un lado, intensifica la dignidad de la generación independentista. Pero, por otro lado, problematiza así el contexto institucionalizado de la enunciación misma –la conmemoración colectiva– y su posible significatividad, en la medida en que niega a sus contemporáneos toda sensibilidad para el patetismo épico: "Oh siglo que declinas:/ te falta el sentimiento de lo grande" (266/267). La devaluación del sentido histórico, que se revela aquí, tampoco deja intacta a la estatua, cuya función simbólica es controvertida progresivamente. Presentando las etapas críticas de la vida y la muerte de Bolívar, el poema no sólo relativiza el "significado" esperado de la oración panegírica; también pone de relieve la relación semiótica con el "significante", porque des-automatiza la lógica representativa de la estatua. Su materialidad, que suele esconderse tras la persona cincelada o el concepto abstracto, adquiere en "Al pie de la estatua" una nueva relevancia.[24] En ella se concretiza con nitidez la inconstancia y el rápido desgaste de los "grandes relatos". Así, el diagnóstico psicopatológico de la melancolía, que el texto repite varias veces (3/16/211), no concierne exclusivamente al "triunfador" (15) vivo, sino que repercute asimismo en su doble esculpido. Desvinculada la relación tradicional entre objeto e idea, entre el monumento de Bolívar y la autonomía latinoamericana, la auscultación del "alma de las cosas" (48) ya no desvela una patente semántica profunda.[25] De ahí resulta que la percepción externa de la estatua sigue, desde el comienzo, una tendencia que apenas permite modelar una figura fundadora. Tal vez la "melancólica postura" (16) sea aún compatible con el aspecto majestuoso de la "escultura" (14), si se la entiende como expresión de la sabiduría desilusionada. No obstante, se puede dudar de tal

---

24 En su lectura del famoso "Nocturno III" David Laraway acentúa igualmente la "scandalous materiality" (Laraway 2002: 539).

25 Sobre la semántica o la "metafísica profunda", conjurada por el romanticismo y sus paisajes de correspondencia, véase Warning (1991: 301).

actitud estoica, cuando el "monumento" (17) corre peligro de descomponerse completamente. En vez de constituir un ejemplo edificante, se convierte en concreción del duelo y de la pérdida que exhala "lo triste de una tumba" (19). Por ello, si se enfocan las señales irritantes, la reconstrucción lírica de la estatua corresponde a la deconstrucción del mito bolivariano, cuya imitación (des-)figurada simboliza más el *memento mori* que la identidad política de Latinoamérica.

Para llevar ese cuestionamiento de la literatura conmemorativa a las últimas consecuencias, el poema de Silva abandona en lo siguiente su presunto enunciado, es decir la representación del monumento. Pasa a la descripción minuciosa del parque circundante (22-46) y lo provee de todos los elementos tópicos del *locus amoenus* (las flores, 22, "la brisa", 23, el perfume de "los cálices frescos", 25, "la luz matinal", 26, "la espuma" de los "claros surtidores", 27). Por lo tanto, el "amplio jardín florido" (22) contrasta marcadamente con la morbidez latente de la estatua – como objeto y emblema histórico. Pero como ya que hemos observado en "La ventana",[26] es sobre todo el juego de los niños en el parque, el que atrae la fascinación del poeta hablante. Tomada primero como detalle insignificante, la "loca turba infantil" (31) vuelve a animar el escenario y relega a un plano secundario la "soledad" (32) paralizada de la estatua. En qué medida esa desviación de la percepción lírica no se reduce a una *amplificatio* ornamental del sublime himno, se revela al final del poema: encontramos, otra vez, la organización cíclica que estructura el texto y que retorna, significativamente, a las "cadenciosas rondas" (33/320) de los niños "al pie del pedestal" (40/327). Por cierto, Silva insinúa la interpretación obvia como sucesión generacional, con motivo de mitigar el contraste e instituir a los niños como herederos de la "gloria" (299) eterna de Bolívar.[27] Sin embargo, esa lectura teleológica es minada por el hecho de

---

26 Que los dos poemas estén ligados, se manifiesta también en una extensa autocitación. Silva inserta los versos 32-38 de "La ventana", casi literalmente, en el segundo párrafo de "Al pie de la estatua" (47-55); eso llama la atención en la medida que, en ambos casos, se trata del valor histórico del objeto: "Fija en ella sus miradas el poeta,/ con quien conversa el alma de las cosas,/ en son que lo fascina,/ para quien tienen una voz secreta,/ las leves lamas grises y verdosas/ que al brotar en la estatua alabastrina/ del beso de los siglos son señales,/ y a quien narran leyendas misteriosas/ de las sombras de las viejas catedrales."

27 Véase los versos 293-304: "¡Oh Padre de la Patria!/ te sobran nuestros cantos; tu memoria/ cual bajel poderoso,/ irá surcando el oceano oscuro/ que ante su dura

que "Al pie de la estatua" no describe a los niños como defensores futuros de la independencia, sino como otra encarnación del paso del tiempo. Su "idilio de vida sonrïente" (38) está empañado, de principio a fin, por el "ser para la muerte", de modo que "la vida borrascosa" (305) se convertirá ineludiblemente en "cenizas" (306) y terminará "en la tumba" (306). Después del pasado (la biografía de Bolívar) y el presente (su estatua), el síndrome omnipresente de la decadencia ahora afecta también al futuro (los niños), cuyas opciones realizadoras respecto al proyecto identitario están restringidas de antemano.

Pero aún más grave es el impacto que tiene el retorno final al parque para el alcance político-simbólico de la estatua. Como el poema descentra el escenario –precisamente en las posiciones claves del principio y fin del texto– y enfoca el entorno espacial, expone el monumento conmemorativo a los efectos de la contingencia. En este ambiente, "la epopeya de bronce de la estatua" (42/329) pierde su evidencia de símbolo patriótico y hasta corre el riesgo de pasar desapercibida: "[n]ada la escena dice/ al que pasa a su lado indiferente" (43/44). Haría falta un suplemento, a fin de impedir que la estatua se transforme en fenómeno marginal, en "cosa sin fama", y para salvar su relevancia histórica. Pero eso sería justamente la retórica epideíctica del "patrio sentimiento" (46) que la ocasión solemne de la enunciación reclama y cuyo fundamento epistémico es problematizado radicalmente por el poema de Silva.

4.

Bajo el enfoque de la historicidad, "La ventana" y "Al pie de la estatua" llevan a cabo una desintegración del objeto, que lo somete a una dinámica de lo efímero. Este proceso se caracteriza por una melancolía retrospectiva que introduce un quiebre temporal en la constitución poética del objeto, de modo que el referente de la representación queda retirado para siempre. Así, la melancolía asume una forma nostálgica y corresponde a la concepción freudiana del luto patológico (Freud 1917; 1973: 193-212).

---

quilla abre la historia/ y llegará a las playas del futuro./ Junto a lo perdurable de tu gloria,/ es el rítmico acento/ de los que te cantamos,/ cual los débiles gritos de contento/ que lanzan esos niños, cuando en torno/ giran del monumento."

"Vejeces", incluido en *El libro de versos* (1891-1896) de Silva, desemboca igualmente en el embellecimiento arcádico de un pasado irrecuperable ("lugares halagüeños/ en épocas distantes y mejores", 44-45). [28] No obstante, este texto poetológico explicita una posibilidad que ya se entreveía en lo anterior: el proceso mismo de la historización lírica logra reanudar el contacto con aquella edad desvanecida, cuyas voces el poeta sabe percibir e incorporar en su discurso. Paradójicamente, tal apropiación debe efectuarse entonces bajo las condiciones de la pérdida. Por consiguiente, "Vejeces" empieza con una caracterización contradictoria de su asunto, quitando a las "cosas viejas" (1) todos los rasgos fenomenológicos distintivos y desterrándolas de la memoria colectiva. Pero al mismo tiempo, la primera décima destaca los recuerdos secretos, inherentes a las cosas, que ellas comunican de vez en cuando y "casi al oído":

Las cosas viejas, tristes, desteñidas,
sin voz y sin color, saben secretos
de las épocas muertas, de las vidas
que ya nadie conserva en la memoria,
y a veces a los hombres, cuando inquietos
las miran y las palpan, con extrañas
voces de agonizante dicen, paso,
casi al oído, alguna rara historia
que tiene oscuridad de telarañas,
són de laúd, y suavidad de raso (1-10).

Respecto a la macro-estructura del poema, los endecasílabos citados instalan un marco metapoético y programático, completado por la casi simétrica décima final.[29] Aparentemente lineal, el encuadramiento textual conduce desde la tristeza y la agonía de las cosas a la revelación de una edad de oro, cuyo reflejo conservan justamente esas cosas desgastadas. Para el que sabe reavivar su plenitud sinestética, es decir para el poeta o el "soñador" (39) sensible, las cosas se convierten tanto en medio comunicativo como en médium espiritista ("sugestiones místicas", 50) que hacen vislumbrar una mítica profundidad simbólica. La pretendida recuperación de lo pasado se refleja en la organiza-

---

28 "Vejeces" se publicó por primera vez póstumamente el 26 de agosto de 1897 en la revista colombiana *El Rayo*. Aquí se cita de la edición de 1990, véase el apéndice al final del artículo.

29 Sobre el aspecto metapoético véase también el poema "La voz de las cosas" (Silva 1990: 36).

ción sintáctica, porque el texto sigue una estructura cíclica y vuelve dos veces a su punto de partida. Mientras que la primera décima, separada por la tipografía, se inicia con el sintagma "Las cosas viejas" (1), se pueden delimitar semánticamente dos partes más (11-41/42-51), cuyo verso final reitera esa fórmula casi como estribillo. A cada uno de los tres párrafos, que se distinguen también por su pragmática enunciativa, corresponde una sola frase, lo que hace resaltar la desproporcionada extensión de la parte central (treinta versos).

La circularidad sintáctica apunta a la verdadera dinámica del texto, que despliega la parte central. Más que de una regresión lineal desde el presente de las cosas viejas hacia un pasado remoto, se trata del "recargo" de las cosas con una memoria suplementaria. Para descubrir su funcionamiento fantasmático es preciso escudriñar el catálogo enumerativo que amontona una mezcolanza de objetos poco llamativos. Son antigüedades usadas y por lo visto innecesarias que en muchos casos revelan una procedencia colonial y que, por ello, materializan la discontinuidad de la historia latinoamericana. En total, la lista abarca diecisiete elementos, distintamente detallados y separados cada vez por punto y coma. Comprende objetos tan diversos como la "anticuada miniatura" (11), los "fantásticos espejos" (20) o el "arpa olvidada" (36) que, al sonar, sólo emite un lamento desafinado. Desde una perspectiva sinóptica, se puede sistematizar el conjunto arbitrario, ya que ciertas cosas pertenecen al paradigma aristocrático-militar, otras forman parte del contexto cristiano y las demás solían servir de prestigiosa decoración interior. No cuesta conjeturar que sobre todo las dos primeras isotopías remiten a un determinado horizonte de referencia: hallamos aquí la "sortija" (30) del "hidalgo de espadín y gola" (31) así como el "histórico blasón" (16) con su "divisa latina" (17), que aluden a la aristocracia europea, mientras que el "crucifijo" (24) y los "misales de las viejas sacristías" (19) evocan el catolicismo de la ex-metrópoli española. También el "negro sillón de Córdoba" (27) obedece a un ideal de estilo europeo, cuyo dogma estético subyace igualmente en el surtido de tejidos preciosos como la "batista" (33), "la seda" (34) o los "ricos brocateles" (35).

Sin embargo, "Vejeces" no se limita a establecer el inventario de los "trastos" coloniales y por ello obsoletos. Mirándolo de cerca, el listado realiza efectivamente el planteamiento programático del marco, pues excede a la sola mención de los objetos. Igual que en "La ventana" y "Al pie de la estatua", las cosas expuestas en "Vejeces" aparecen situadas dentro de sus historias específicas, cuya parcialidad es acentuada por la reducción lingüística de la *enumeratio*. A través de atributos o frases elípticas se construyen micro-narrativas fragmentarias con motivo de devolverles a las cosas su propio pasado, enterrado al comienzo del poema como "époc[a] muert[a]" (3). De este modo, el "crucifijo" (24) guarda las "lágrimas de pena" (25) de los moribundos o el "blasón" (16) casi borrado atestigua el orgullo social de la clase aristocrática ("presuntuosa", 17), a la vez que la "sortija" (30) recuerda la elegancia anterior del "hidalgo" (30/31) y el "monograma incomprensible en las antiguas rejas" (37/38) insta a varias especulaciones. No obstante, el memorar las cosas olvidadas está doblemente condicionado. Por un lado, el gesto reconstructivo no logra ofuscar que se trata de una historicidad ficticia que tan sólo cuenta "alguna rara historia" (8), pero ya no se integra en una lógica meta-narrativa. Lo histórico llega a ser un efecto de la imaginación. De ahí que el poema de Silva pueda variar las categorías ontológicas y pasar de "crónicas" (48) a "consejas" (48), de "siglos" (20) históricos a sus reflejos en los "fantásticos espejos" (20).

Por otro lado, se pone de manifiesto en este contexto el fondo paradójico del texto, según lo cual la restitución poética de los objetos equivale a la narración de su desvanecimiento.[30] Así "Vejeces" reúne todo un archivo de fantasías decadentes que se expresan en un vocabulario matizado: la anticuada miniatura queda "dormida" (12); las letras de la carta son "borrosa[s]" (13); la pintura es "por el tiempo y el polvo ennegrecida" (15) o "se deshace" (14) completamente; el blasón "pierde" (16) su divisa y los ricos tejidos van desintegrándose (33-35); etc. Con particular plasticidad se evidencia la simultaneidad de de- y reconstrucción en el "arca" (23) y la "alacena" (27), cuya vacuidad actual se debe al paso del tiempo. Pero es mucho más que eso. A la vez, la imaginación procura rellenar el arca y la alacena con "ducados" (23) o un "tesoro peregrino" (28), de modo que justamente la constatación de la ausencia conjura una presencia anterior.

La dinámica contradictoria, que da una vuelta afirmativa a la disolución de las cosas, permite diferenciar otro tipo de melancolía. Éste

---

30 Sobre la desintegración como procedimiento constitutivo en la poesía silviana véase también Schwartz (1959: 74-75).

no se reduce a la intención regresiva del luto, sino además libera un exceso de deseo que resulta en creatividad fantasmática. En vez de representar una melancolía patológica, "Vejeces" actualiza más bien la reinterpretación del concepto freudiano de Giorgio Agamben. Agamben matiza la noción de la pérdida –constitutiva de la homología freudiana entre luto y melancolía– y advierte que el objeto del deseo melancólico no puede ser poseído y, por ende, tampoco perdido.[31] Al revés, es precisamente la sugestión fantasmática que crea la impresión de la pérdida y, de esta manera, posibilita escenificar una apropiación posterior:

> In questa prospettiva, la malinconia non sarebbe tanto la reazione regressiva alla perdita dell'oggetto d'amore, quanto la capacità fantasmatica di far apparire come perduto un oggetto inappropriabile. Se la libido si comporta *come se* una perdita fosse avvenuta, benché *nulla* sia stato in realtà perduto, ciò è perché essa inscena cosí una simulazione nel cui ambito ciò che non poteva essere perduto perche non era mai stato posseduto appare come perduto e ciò che non poteva essere posseduto perché, forse, non era mai stato reale, può essere appropriato in quanto oggetto perduto. [...] Ricoprendo il suo oggetto coi funebri addobbi del lutto, la malinconia gli conferisce la fantasmagorica realtà del perduto; ma in quanto essa è il lutto per un oggetto inappropriabile, la sua strategia apre uno spazio all'esistenza dell'irreale e delimita una scena in cui l'io può entrare in rapporto con esso e tentare un'appropriazione che nessun possesso potrebbe pareggiare e nessuna perdita insidiare (Agamben 1977: 25-26).

La explicación de Agamben cuadra muy bien con el gesto paradójico del poema de Silva. A primera vista, entabla un clima de luto y cali-

---

31 Enfocando la cualidad de la pérdida, Agamben señala por supuesto la problemática que se manifiesta en el paralelismo freudiano entre luto y melancolía: "Freud non nasconde, infatti, il suo imbarazzo di fronte all'irrefutabile costatazione che, mentre il lutto consegue a una perdita realmente avvenuta, nella malinconia non solo non è affatto chiaro che cosa è stato perduto, ma non è nemmeno certo se di una perdita si possa veramente parlare" (Agamben 1977: 25). Aunque en las reflexiones fundamentales de Freud ("Trauer und Melancholie") el luto y la melancolía son homólogos respecto a su direccionalidad regresiva, se distinguen por la manera en que la tarea de luto logra retirar la libido y la memoria del objeto perdido, mientras que en la melancolía la pérdida se transforma en "introyección" del objeto deseado y termina en pérdida de sí misma. La matización de la noción freudiana del luto por parte de Jacques Derrida (1994: 13-35) se asemeja, en cierto sentido, a las observaciones de Agamben. Sin embargo, Derrida no se centra en la melancolía, sino destaca ya la dinámica virtual del luto que consigue interrumpir la ausencia definitiva y hace volver a la persona o al objeto perdidos a través de proyecciones imaginarias.

fica las "cosas viejas, tristes, desteñidas" (1) de inalcanzables para hacerlas resurgir, al mismo tiempo, dentro del ámbito de lo irreal. En este sentido, "Vejeces" no se detiene lamentando el olvido –de antemano relegado al anonimato ("que ya *nadie* conserva en la memoria", 4 [nuestro énfasis])–, sino que crea inmediatamente un espacio para las "voces" (7) apenas perceptibles de las cosas. Su multiplicación lírica no corresponde, por ello, a un recorrido museístico ni tiende a una *écfrasis* a manera esteticista. La situación comunicativa de la parte central sugiere todo lo contrario. La apelación directa, que se dirige a los objetos tuteándolos íntimamente, les inspira vida y los relaciona con el hablante implícito. Mientras que en la primera décima las cosas aún están sin dueño y, en cierto modo, buscan un público para sus historias, aquí se efectúa el acto decisivo de la apropiación – en el momento mismo en que culmina el deterioro. Por su amplia descripción, las cosas vuelven a obtener un perfil histórico que ahora se deriva exclusivamente de la imaginación del locutor. Esta simulación historiográfica reemplaza la falta inicial del recuerdo y, a la vez, da forma a la productividad fantasmática del deseo.

Hay que insistir en el importante papel que al respecto asume el sujeto emisor, implicado en la interlocución personalizada. Sólo su existencia hace plausible el anhelo que se proyecta sobre las "cosas sin fama" como metonimias de un pasado perdido y nunca poseído. Las micro-historias diseminadas de los objetos posibilitan acceder a este pasado, puesto que traducen la carencia de la memoria a un fantasma, apropiable para el deseo. Pero, según las reflexiones de Agamben, el fantasma toma cuerpo en el "fetiche". Por analogía con la melancolía, el filósofo italiano concibe el fetiche no sólo como síntoma psicopatológico, sino incluso como paradigma de la creatividad cultural (Agamben 1977: 39-48). Desde tales presupuestos, el catálogo establecido en "Vejeces" constituye una acumulación de objetos-fetiche, cuya carga afectiva y erótica es subrayada varias veces. Pues el amor ("os ama", 39), que sienten los "poetas soñadores" (46) por las cosas "dulces, gratísimas y caras" (47), los distingue en esencia del "vulgo" (39). Gracias a su anhelo, "el soñador" (39) consigue transformar la insignificancia de las antigüedades reunidas en su propia satisfacción imaginaria. Pero ésta se restringe a una experiencia instantánea y está sujeta a un desplazamiento permanente, porque la materialidad del fetiche sirve ante todo de signo para una ausencia:

> In quanto presenza, l'oggetto-feticcio è sí, infatti, qualcosa di concreto e perfino di tangibile; ma in quanto presenza di un'assenza, esso è, nello stesso tempo, immateriale e intangibile, perché rimanda continuamente al di là di se stesso verso qualcosa che non può mai realmente essere posseduto.
>
> Questa ambiguità essenziale dello statuto del feticcio spiega perfettamente un fatto che l'osservazione aveva già rivelato da tempo, e, cioè, che il feticista tende immancabilmente a collezionare e a moltiplicare i suoi feticci. [...] Proprio en quanto esso è negazione e segno di un'assenza, il feticcio non è infatti un *unicum* irripetibile, ma è, al contrario, qualcosa di surrogabile all'infinito, senza che nessuna delle sue successive incarnazioni possa mai esaurire completamente il nulla di cui è la cifra. E per quanto il feticista moltiplichi le prove della sua presenza e accumuli harem di oggetti, il feticcio gli sfugge fatalmente fra le mani e, in ognuna delle su apparizioni, celebra sempre e soltanto la propria mistica fantasmagoria (Agamben 1977: 41-42).

La ambigüedad del fetiche como objeto tanto concreto como irreal, se demuestra en "Vejeces" mediante la relación ya señalada entre la mera enumeración de las cosas y su disolución en narrativas fragmentarias. Así, la apelación dirigida a los objetos tangibles puede trocarse también en apóstrofe que se referiría entonces a la ausencia o, en otras palabras, a la presencia fantasmática de las cosas. A nivel metapoético, el apóstrofe actualiza las condiciones melancólicas, bajo las cuales, en general, el objeto puede entrar en la esfera semiótica. Sólo la renuncia a lo material permite la re-presentación lingüística del objeto – que es nada sino la huella de su desaparición. En ese aspecto, el poema de Silva realiza el desear insaciable por una apropiación simbólica. Pero, como el pasado deseado tan sólo se puede aprehender a través de su descomposición metonímica, el texto debe pasar de un fetiche a otro, sin llegar a una plenitud simbólica.

Finalmente, si se tiene en cuenta la proveniencia colonial de los objetos expuestos, "Vejeces" igualmente esboza una negociación postcolonial con el pasado. Pues, desde el ángulo postcolonial, el objeto colonial es exactamente lo que, como el fetiche, se sustrae continuamente, ya que remite a una historia ajena e inaccesible. La relación con tal historia se caracteriza por un anhelo que fantasea la pérdida, sin que jamás hubiera existido una posesión. Dentro de la lógica melancólica surge, sin embargo, la posibilidad de una reescritura que aprovecha la disipación de las significaciones coloniales para crear nuevas semánticas. En el ámbito de lo enunciado, Silva describe gozosamente ese decaimiento a fin de iniciar, en el acto enunciativo, otra forma de adquisición. La simulación de memoria, que es el doble melancólico de la pérdida, no intenta restituir la integridad de las cosas venidas a menos ni ubicarlas históricamente. La devaluación de los objetos coloniales de valor sirve más bien como fondo estructural o palimpsesto en el que se inscriben las figuraciones discontinuas del poema postcolonial.

Respecto a la construcción de una memoria cultural, que al comienzo parecían transportar las cosas anticuadas, podemos inferir que "Vejeces" afirma su falta y, en base a esta afirmación, abre un espacio para el pasado virtual. En cierta medida, éste es el *third space*, donde la escritura silviana pone en tela de juicio la conexión normativa entre lo objetivo y sus símbolos culturales.

> It is that Third Space, though unrepresentable in itself, which constitutes the discursive conditions of enunciation that ensure that meaning and symbols of culture have no primordial unity or fixity; that even the same signs can be appropriated, translated, rehistoricized and read new (Bhabha 1994: 37).

No obstante, resultaría exagerado diagnosticar en el caso de Silva una subversión que desestabilizara las formaciones discursivas del colonialismo y las sustituyera por una visión de historia propiamente latinoamericana. Lo que sí debe tomarse en serio es el cambio de niveles, por el cual "Vejeces" sobrepasa los otros poemas discutidos y traduce los objetos contemplados a un acto procesal poético. Ya no puros fantasmas y aún no signos identitarios, las "esencias fantásticas" (43),[32] que el texto abstrae de las cosas, revelan su verdadera eficacia en una "topologia dell'irreale".[33] En cuanto a "Vejeces", esta topología se cristaliza en una "escena de la enunciación",[34] que sigue diluyendo la

---

32 El verso final de "La voz de las cosas", que recuerda en varios aspectos la textualización del objeto en "Vejeces", trata explícitamente de los "fantasmas grises" a los cuales se dirige el deseo del hablante (Silva 1990: 36).

33 "Non piú fantasma e non ancora segno, l'oggetto irreale dell'introiezione malinconica apre uno spazio che non è né l'allucinata scena onirica dei fantasmi né il mondo indifferente degli oggetti naturali; ma è in questo intermediario luogo epifanico, situato nella terra di nessuno fra l'amore narcisistico di sé e la scelta oggettuale esterna, che potranno un giorno collocarsi le creazioni della cultura umana [...]. [E] la topologia dell'irreale che essa disegna nella sua immobile dialettica è, nello stesso tempo, una topologia della cultura" (Agamben 1977: 32).

34 La noción de la "scène de l'énonciation" fue acuñada por Certeau (1982: 209-273) con respecto a las modalidades enunciativas del discurso místico. Certeau se

materialidad y la semántica histórica de su enunciado (el objeto), para re-apropiarse de su reflejo en el objeto textual. Hallamos aquí una táctica "postcolonial" en el sentido de que Silva expone el mundo colonial y sus restos materiales a una permanente expropiación. Por cierto, de esto no se desprende un nuevo proyecto de identidad cultural, pero se perfila el punto cero de una estética de emergencia fantasmática, como la performa el modernismo latinoamericano.

Bibliografía

Agamben, Giorgio (1977): *Stanze. La parola e il fantasma nella cultura occidentale.* Torino: Einaudi.

Alonso, Dámaso (1952): *Poetas españoles contemporáneos.* Madrid: Gredos.

Ashcroft, Bill et al. (1989): *The Empire Writes Back. Theory and Practice in Post-Colonial Literatures.* London: Routledge.

Benveniste, Emile (1970): "L'appareil formel de l'énonciation". En: *Langages,* 17, pp. 12-18.

Bhabha, Homi K. (1994): *The Location of Culture.* New York/London: Routledge.

Calero Llanés, Lida et al. (eds.) (1996): *"De sobremesa". Lecturas críticas.* Santiago de Cali: Programa Editorial Facultad de Humanidades.

Camacho Guizado, Eduardo (1990): "Silva ante el modernismo". En: Silva, José Asunción: *Obra completa. Edición crítica.* Ed. de Héctor H. Orjuela. Madrid: CSIC, pp. 411-421.

Carranza, María Mercedes (1996): "Silva y el modernismo". En: Silva, José Asunción: *Obra poética.* Madrid: CSIC, pp. 13-25.

Certeau, Michel de (1982): *La fable mystique (XVIe-XVIIe siècle).* Paris: Gallimard.

Charry Lara, Fernando (ed.) (1985): *Jose Asunción Silva: vida y creación.* Bogotá: Procultura.

— (1989): *José Asunción Silva.* Bogotá: Procultura.

Cobo Borda, Juan Gustavo (ed.) (1983): *Jose Asunción Silva, bogotano universal.* Bogotá: Villegas.

— (ed.) (1994-1997): *Leyendo a Silva.* 3 vols. Bogotá: Instituto Caro y Cuervo.

Cardwell, Richard A./McGuirk, Bernard (eds.) (1993): *¿Qué es el modernismo? Nueva encuesta, nuevas lecturas.* Boulder: Society of Spanish and Spanish-American Studies.

Derrida, Jacques (1994): "Kraft der Trauer". En: Wetzel, Michael/Wolf, Herta (eds.): *Der Entzug der Bilder. Visuelle Realitäten.* München: Fink, pp. 13-35.

refiere ciertamente a la división básica de la comunicación en lo enunciado y el acto de la enunciación, como la han establecido Benveniste (1970: 12-18) y Todorov (1970: 3-11).

Foucault, Michel ([1967] 1994): "Des espaces autres". En: Foucault, Michel: *Dits et écrits (1954-1988)*. Ed. de Daniel Defert y François Ewald. Vol. 4. Paris: Gallimard, pp. 752-762.

Freud, Sigmund (1917): "Trauer und Melancholie". En: *Studienausgabe*. Vol. III, pp. 193-212.

— ([1927] 1973): "Fetischismus". En: Freud, Sigmund: *Studienausgabe*. Vol. 3. Ed. de Alexander Mitscherlich. Frankfurt am Main: Fischer, pp. 379-388.

Gicovate, Bernardo (1990): "El modernismo y José Asunción Silva". En: Silva, José Asunción: *Obra completa. Edición crítica*. Ed. de Héctor H. Orjuela. Madrid: CSIC, pp. 393-410.

Gutiérrez-Girardot, Rafael (1983): *Modernismo*. Barcelona: Montesinos.

Hempfer, Klaus W. (ed.) (2000): *Jenseits der Mimesis. Parnassische "transposition d'art" und der Paradigmenwandel in der Lyrik des 19. Jahrhunderts*. Stuttgart: Steiner.

Jameson, Fredric (1986): "Third-World Literature in the Era of Multinational Capitalism". En: *Social Text*, 15, pp. 65-88.

Jitrik, Noé (1978): *Las contradicciones del modernismo. Producción poética y situación sociológica*. México, D.F.: Colegio de México.

Laraway, David (2002): "Shadowing Silva". En: *Revista Canadiense de Estudios Hispánicos*, 26, pp. 537-544.

Luhmann, Niklas (1973): "Weltzeit und Systemgeschichte. Über Beziehungen zwischen Zeithorizonten und sozialen Strukturen gesellschaftlicher Systeme". En: *Kölner Zeitschrift für Soziologie und Sozialpsychologie*, 16, pp. 81-115.

Mahler, Andreas (2006): "Sprache – Mimesis – Diskurs. Die Vexiertexte des Parnasse als Paradigma anti-mimetischer Sprachrevolution". En: *Zeitschrift für französische Sprache und Literatur*, 116, pp. 34-47.

Marx, Karl (1968): *Das Kapital. Erstes Buch*. En: Marx, Karl/Engels, Friedrich: *Werke*. Vol. 23. Berlin: Dietz, pp. 85-98.

Mataix, Remedios (2006): "Introducción". En: Silva, José Asunción: *Poesía – De Sobremesa*. Ed. de Remedios Mataix. Madrid: Cátedra, pp. 9-164.

Matzat, Wolfgang (1997): "Transkulturation im lateinamerikanischen Modernismus: Rubén Daríos *Prosas profanas y otros poemas*". En: *Romanistisches Jahrbuch*, 48, pp. 347-363.

Mejía, Gustavo (1990): "Jose Asunción Silva: sus textos y su crítica". En: Silva, José Asunción: *Obra completa. Edición crítica*. Ed. de Héctor H. Orjuela. Madrid: CSIC, pp. 471-500.

Meregalli, Franco (1981): "Sobre el desarrollo de la lírica de José Asunción Silva". En: *Studi Lettaratura Ispano-Americana*, 11, pp. 17-28.

Meyer-Minneman, Klaus (1991): "*De sobremesa* de José Asunción Silva". En: Meyer-Minneman, Klaus: *La novela hispanoamericana de fin de siglo*. México, D.F.: Fondo de Cultura Económica, pp. 40-73.

Montero, Óscar (1999): "Escritura y perversión en *De sobremesa*". En: *Revista Iberoamericana*, 63, 178/179, pp. 249-261.

Orjuela, Héctor H. (1976): "La angustia existencial en José Asunción Silva". En: Orjuela, Héctor H.: *"De sobremesa" y otros estudios sobre José Asunción Silva*. Bogotá: Instituto Caro y Cuervo, pp. 68-124.

— (1990a): "Introducción del coordinador". En: Silva, José Asunción: *Obra completa. Edición crítica*. Ed. de Héctor H. Orjuela. Madrid: CSIC, pp. XXII-XXXVIII.

— (1990b): "Cronología". En: Silva, José Asunción: *Obra completa. Edición crítica*. Ed. de Héctor H. Orjuela. Madrid: CSIC, pp. 501-510.

— (1996): *Las luciérnagas fantásticas. Poesía y poética de José Asunción Silva*. Bogotá: Kelly.

Ortiz, Fernando ([1940] 1978): *Contrapunteo cubano del tabaco y el azúcar*. Caracas: Biblioteca Ayacucho.

Osorio, José Jesús (2006): *José Asunción Silva y la ciudad letrada*. Lewiston/Queenston: Mellen.

Pearsall, Priscilla (1984): *An Art Alienated from Itself. Studies in Spanish American Modernism*. Mississipi: Romance Monographs.

Rama, Ángel (1982): *Transculturación narrativa en América Latina*. México, D.F.: Siglo XXI.

— (1985): *Rubén Darío y el modernismo*. Caracas/Barcelona: Alfadil.

Santos Molano, Enrique (1997): *El corazón del poeta. Los sucesos reveladores de la vida y la verdad inesperada de la muerte de José Asunción Silva*. Bogotá: Nuevo Rumbo.

Schulman, Ivan A. (ed.) (1987): *Nuevos asedios al modernismo*. Madrid: Taurus.

Schwartz, R. J. (1959): "En busca de Silva". En: *Revista Iberoamericana*, 24, pp. 65-77.

Shaw, Donald (1967): "'Modernismo': A Contribution to the Debate". En: *Bulletin of Hispanic Studies*, 44, pp. 195-202.

Silva, José Asunción (1923): *Poesías. Edición definitiva*. Prólogo de Miguel de Unamuno, notas de Baldomero Sanín Cano. Paris/Buenos Aires: Louis Michaud.

— (1990): *Obra completa. Edición crítica*. Ed. de Héctor H. Orjuela. Madrid: CSIC.

— (1997): *Poesías*. Ed. de Rocío Oviedo y Pérez de Tudela. Madrid: Castalia.

Silva Castro, Raúl (1974): "¿Es posible definir el modernismo?". En: Castillo, Homero (ed.): *Estudios críticos sobre el Modernismo*. Madrid: Gredos, pp. 316-324.

Sommer, Doris (1990): *Foundational Fictions. The National Romances of Latin America*. Berkeley: University of California Press.

Todorov, Tzvetan (1970): "Problèmes de l'énonciation". En: *Langages*, 17, pp. 3-11.

Warning, Rainer (1991): "Romantische Tiefenperspektivik und moderner Perspektivismus. Chateaubriand – Flaubert – Proust". En: Maurer, Karl/Wehle, Winfried (eds.): *Romantik. Aufbruch zur Moderne*. München: Fink, pp. 295-324.

Zuleta, Rodrigo (2000): *El sentido actual de José Asunción Silva. Análisis de la recepción de un clásico de la literatura colombiana*. Frankfurt am Main: Lang.

Apéndice

Vejeces

1   Las cosas viejas, tristes, desteñidas,
      sin voz y sin color, saben secretos
      de las épocas muertas, de las vidas
      que ya nadie conserva en la memoria,
5   y a veces a los hombres, cuando inquietos
      las miran y las palpan, con extrañas
      voces de agonizante dicen, paso,
      casi al oído, alguna rara historia
      que tiene oscuridad de telarañas,
10   són de laúd, y suavidad de raso.

      ¡Colores de anticuada miniatura,
      hoy, de algún mueble en el cajón, dormida;
      cincelado puñal; carta borrosa,
      tabla en que se deshace la pintura
15   por el tiempo y el polvo ennegrecida;
      histórico blasón, donde se pierde
      la divisa latina, presuntuosa,
      medio borrada por el liquen verde;
      misales de las viejas sacristías;
20   de otros siglos fantásticos espejos
      que en el azogue de las lunas frías
      guardáis de lo pasado los reflejos;
      arca, en un tiempo de ducados llena,
      crucifijo que tanto moribundo,
25   humedeció con lágrimas de pena
      y besó con amor grave y profundo;
      negro sillón de Córdoba; alacena
      que guardaba un tesoro peregrino
      y donde anida la polilla sola;
30   sortija que adornaste el dedo fino
      de algún hidalgo de espadín y gola;
      mayúsculas del viejo pergamino;
      batista tenue que a vainilla hueles;
      seda que te deshaces en la trama
35   confusa de los ricos brocateles;
      arpa olvidada que al soñar, te quejas;

barrotes que formáis un monograma
incomprensible en las antiguas rejas,
el vulgo os huye, el soñador os ama
40   y en vuestra muda sociedad reclama
las confidencias de las cosas viejas!
El pasado perfuma los ensueños
con esencias fantásticas y añejas
y nos lleva a lugares halagüeños
45   en épocas distantes y mejores,
por eso a los poetas soñadores,
les son dulces, gratísimas y caras,
las crónicas, historias y consejas,
las formas, los estilos, los colores
50   las sugestiones místicas y raras
y los perfumes de las cosas viejas! (Silva 1990: 38-39).

Beatriz González-Stephan

Martí y la experiencia de la alta modernidad: saberes tecnológicos y apropiaciones (post)coloniales

Modernizar es una cuestión de género: máquinas, músculos y virilidades.

Muchos intelectuales responsables de la configuración de los estados nacionales latinoamericanos tuvieron una relación a ratos reñida con ciertos ángulos de la modernización, pero también a ratos celebratoria, en particular con aquellos aspectos que entrañaban una sustancial transformación y mejora de las condiciones materiales de vida (al menos para las capas medias/altas urbanas), sobre todo en cuanto a un significativo aumento de los bienes de consumo y producción. No es infrecuente encontrar ya a finales de la centuria una adhesión más complaciente con los beneficios que traía el progreso, porque a la postre la modernidad era medida a través de invenciones y alcances tecnológicos que compensaban los déficits de este proceso.

De la misma manera que la alfabetización se extendía y la cultura en general se democratizaba, surgió a la par una nueva inclinación hacia toda clase de invenciones tecnológicas en menor escala: los "saberes del pobre" (Sarlo 1992), que incitaban al genio creativo de las capas populares a desarrollar una especie de "ciencia para todos" también como posibilidad de alcanzar la fama y salir de la pobreza.

En esta primera etapa, el universo de las máquinas y de las cosas automatizadas adquirió un aura especial tanto para las masas como para las élites letradas: en ese nuevo mundo de la robótica las cosas podían moverse independientemente de la mano humana. La tecnología cobraba así la naturaleza de las ficciones poéticas. Y como fuerzas mágicas, no en vano el ferrocarril como el teléfono devinieron emblemas de la modernización y panacea de esperados futuros promisorios. Desde luego estamos hablando de las décadas de entre siglo, posteriores a una primera etapa de desconfianza, y anteriores a su rechazo crítico (Fig. 1).

Figura 1: Compound beam engine
(Science Museum/Science & Society Picture Library)

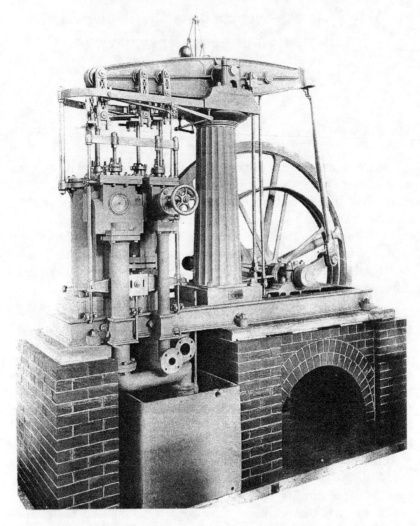

Fuente: Wosk (1992: 188). Ingenio con motor a vapor de alta presión para cortar caña de azúcar (1860). Las máquinas en las exposiciones aparecían aisladas del contexto laboral, en una soledad autárquica que borraba la explotación. Para aliviar la desconfianza que producían, en su diseño fueron incorporados elementos neoclásicos que tendían puentes con una tradición más humana. Su estetización edulcoraba su violencia implícita.

No olvidemos las diversas actitudes que los intelectuales y artistas tuvieron frente a la modernización, no sólo en esta etapa finisecular, sino después durante las vanguardias, y su relación conflictiva, contradictoria y ambivalente, por una parte, frente al mundo de las revoluciones tecnológicas –recordemos la simpatía de Marinetti por las máquinas y la velocidad sin advertir su final adscripción eufórica al fascismo–; pero, por el otro, la desconfianza y malestar al no poder deslindar con suficiente claridad ideológica los logros materiales del capitalismo, las condiciones sociales de la clase trabajadora, los lenguajes artísticos renovadores y los proyectos sociales revolucionarios. Durante este período buena parte de la intelectualidad latinoamericana vio con recelo este ángulo de la modernidad –pensemos en Rodó, Larreta, Cambaceres, Darío, Vargas Vila, Blanco Fombona, Díaz Rodríguez, Pedro César Domínici– y eligió como respuesta el repliegue nostálgico hacia un pasado señorial (Bradford Burns 1990; Montaldo 1994). Otros festejaron en sus narraciones el ángulo "poético" de este mundo de invenciones como parte de un repertorio de posibilidades utópicas que escapaban al peso abrumador de las lógicas positivistas. Como fue el caso de Rubén Darío con su relato "Verónica" (1896), donde puso en juego la posibilidad de radiografiar el alma con la máquina de fotografiar. Las duplicaciones de lo real como parte de toda una cultura de la simulación se potenciaron con estas nuevas tecnologías –recordemos también el caso de Horacio Quiroga entrado el siglo XX–, pero que no necesariamente simpatizaban con todo el proyecto modernizador. Es a la luz de este contexto, como veremos, como José Martí resultó un caso singular porque celebraba los beneficios materiales de las "máquinas dinamoeléctricas" y las aplicaciones de la "ciencia eléctrica"; y sin perder su visión crítica del capitalismo, enmarcó todo su pensamiento dentro de las propuestas del liberalismo más avanzado de la época.

De la misma manera, la no corta experiencia que tuvo el cubano en sus 15 años de estadía en la América del Norte, le permitió conocer desde sus entrañas el proceso mismo de esta modernización (Belnap/ Fernández 1998; Font/Quiroz 2006; Ramos 1989; Rotker 1992); y sin soslayar su lado oscuro –de miserias y contradicciones– celebraba los inventos tecnológicos que luego puntualmente reseñaba en sus innumerables crónicas para sus lectores hispanos (Kaye 1986; Kirk 1982; Rodríguez-Luis 1999; Ripoll 1984). Entre 1881 y 1895 la escena norteamericana le permitió acercarse con entusiasmo y con no menos asombro a toda clase de exposiciones y ferias, desde las grandes internacionales (como las de Nueva Orleans en 1884 y la de Chicago en 1892), hasta las modestas destinadas a rubros más específicos (como las dedicadas a la electricidad, artefactos sanitarios, ferrocarriles, caballos y ferias agrícolas) (Lomas 2000).[1]

Particularmente las exposiciones eran los lugares de la quintaesencia de las manifestaciones de la nueva cultura material. Eran literalmente los espacios donde se congregaban los más recientes progresos tecnológicos, la galería de artefactos que permitirían optimizar las condiciones de la vida cotidiana y un resumen variopinto de centenares de materias primas, en fin, un muestrario que sintetizaba las capacidades mundiales de producción de bienes. Pero además eran escenarios donde se condensaba el gesto más contundente de la cultura escópica del siglo: las exposiciones eran espacios que exhibían un universo de cosas, donde el ojo debía adquirir un nuevo disciplinamiento para ver todo de otro modo. Martí se percataría que estos escenarios ofrecían otras posibilidades pedagógicas alternativas, sobre todo para las masas obreras, lo que por otra parte lo obligaría a cuestionar la educación puramente "literaria" como él la llamaría:

> Ningún libro ni ninguna colección de libros puede enseñar a los maestros de agricultura lo que *verán por sus propios ojos* en los terrenos de la Exposición [...] La disposición de los objetos anuncia la futura amplitud de la Ciencia Eléctrica, las máquinas magnetoeléctricas y dinamoeléctricas, la telegrafía, la telefonía, las aplicaciones de la electricidad a la Galvanoplastia, a los caminos de hierro, al arte militar, a las máquinas de vapor, a los motores hidráulicos, a las menudencias domésticas, a ciertos objetos de arte [...] Ya las Exposiciones no son lugares de paseo. *Son avisos*: son lecciones enormes y silenciosas: son escuelas (Martí 1963, VIII: 351. Énfasis mío).

---

1   Dentro de la vasta y proteica obra de José Martí –que sobrepasa los 20 volúmenes– hay una pequeña sección dedicada al tema de las "Exposiciones" (Martí 1963, VIII). Ella reúne un conjunto de crónicas que Martí destinó a sus reflexiones sobre las exposiciones de electricidad, ferrocarriles, caballos, algodones, productos agropecuarios, realizadas en Boston, Chicago, Nueva York, Nueva Orleans, Louisville. Sin embargo, una atenta revisión de la obra completa permitiría configurar un volumen de no pocas páginas que dieran cuenta de la atención que Martí tuvo por las ferias, las exposiciones, galerías, exhibiciones de pintura, fotografía, dioramas y panoramas, las noticias sobre el cine y todas las invenciones tecnológicas del momento, a las que prestaba atención, y cuyas notas recorren prácticamente todos sus textos.

Eran teatros donde los actores sociales habían desaparecido detrás de un mundo de cosas hechas por otras cosas y sin mediaciones. Este mundo proliferante de objetos desplegados en las vitrinas de almacenes y galerías de las exposiciones modificaría también el consumo de la industria cultural, obligando ahora a jerarquizar más la mirada como una forma de lectura, también más descentralizada y democrática (González-Stephan, en prensa).

Martí percibía que detrás de esa babel de mercancías que no dejaban de maravillarlo, lo que se intensificaba era una nueva y más aguerrida etapa de la economía de mercado, más agresiva porque empezaba a comprometer globalmente las economías tanto de las naciones imperiales como de las colonias en una interrelación inédita:

> Boston abre el 3 de septiembre su exposición notable. Los muelles están llenos de buques que de *todas partes de la tierra* traen al noble *certamen*, –a la *batalla moderna*–, productos de todos los continentes [...] No está todo en producir, sino en *saber presentar*. En envolver bien está a las veces el único secreto de *vender mucho*. El hombre es por naturaleza, y aún a despecho suyo, artista [...] (Martí 1963, VIII: 349. Énfasis mío).

Martí tenía conciencia de que las nuevas guerras (la "batalla moderna") que se abrían tenían que ver con la competencia ("certamen") de mercados, la lucha que se establecía no sólo entre la producción de bienes, sino en saber mercadearlos ("saber presentar"), saber venderlos en arenas internacionales. Por consiguiente, se abría una nueva fase del arte en la plaza pública donde las mercancías debían "estetizarse" para el consumo. O al revés, la intensificación de la circulación de las cosas las posicionaba lejos de sus centros locales de producción ("de todos los continentes") y las colocaba en un nuevo posicionamiento público (las mundializaba), para lo cual era indispensable exteriorizar sus cualidades innatas ("saber presentar" y ser "artista"). La "envoltura" era el factor aureático: transformaba la cosa en mercancía, en arte para la venta. De ahí no es de extrañar que Martí le diera gran importancia a la luz eléctrica ("¡Qué expansiva, risueña y hermosa es la luz eléctrica sobre un campamento de máquinas en acción, de ruedas gigantes, de émbolos veloces, de pistones jadeantes, de inmensas palas de vapor!", Martí 1963, VIII: 353) porque irradiaba los objetos y máquinas exhibidos y los aureaba dotándolos de un resplandor que ocultaba el lado miserable del trabajo fabril: era el "sublime tecnológico".[2]

En este sentido, el cubano se detenía en toda clase de máquinas, dinamos, motores hidráulicos, aparatos magnetoeléctricos, calderas, velocípedos, máquinas a vapor..., en cuya prolija descripción podríamos inferir su no escaso refrendamiento de los alcances de la sociedad industrial; pero a la vez también entendía que los tiempos modernos cifraban las identidades sobre el juego de las re-presentaciones, es decir, el peso político de las formas. Por un lado, estaba ganado para celebrar la dinámica de las economías "duras" (la tecnología, el liberalismo económico, los bienes de la sociedad capitalista) y, por el otro, la retórica necesaria para el intercambio (la gramática de las apariencias).

En las exposiciones universales regían las reglas de los centros metropolitanos, y se volvían a reproducir las asimetrías de la modernidad: las regiones que habían sido colonizadas seguían representando en el repertorio exhibicionista a las naciones subalternizadas. Los países latinoamericanos no dejaban de asistir, pero difícilmente podían competir... Y Martí con y desde su propia experiencia colonial podía ahora localizarse en una frontera intermedial *(in-between)* porque ya tenía a sus espaldas la historia de una economía dependiente e intersectada por las demandas de los intereses imperiales trasatlánticos, y, por el otro lado, estaba aprendiendo desde el capitalismo "duro" otras forma más ventajosas para entrar en el mercado (por ejemplo, del azúcar).

Recalcaba desde la metrópoli que la clave del éxito podía estar en saber ex-poner, colocar para los demás, presentar hacia afuera. Decía a propósito de la Exposición de Nueva Orleans (1883) que "es una Exposición de frutos primos [...] De frutos como los nuestros [...] Y en esto, si nos damos *maña para presentar con garbo* todo lo que tenemos, de fijo que no hemos de quedar a la zaga de nadie" (Martí 1963, VIII: 365. Énfasis mío).

---

2 El fenómeno de la nueva luz que se desprendía de la "Ciencia Eléctrica", como la llamaba Martí, turbaba especialmente los sentidos, porque no sólo "deja el aire completamente puro, sino aumenta el poder de la visión, sobre todo para distinguir los colores" (Martí 1965, XXIII: 64). La luz eléctrica en cierto modo desordenaba las categorías duras del valor de los objetos y dotaba a la mercancía de una nueva aura.

Establecía una nueva ecuación igualmente pragmática entre el aprender a ver (que llevaba a una pedagogía inductiva basada en la observación) y aprender a ser visto (que llevaba a ex-ponerse, a colocarse de tal modo para el consumo de los otros); era tomar conciencia –derivada de la experiencia norteamericana de moverse entre multitudes y en un mercado competitivo– de la doble direccionalidad de la mirada: ver y ser visto. La "maña" era aprovechar esa nueva economía política de los espacios escópicos para presentar de modo atractivo ("con garbo") los productos. Se trataba de "posar", de fabricar identidades sobre la apariencia ("presentar para"), pero para entrar "sin quedar a la zaga de nadie" en el mercado internacional.

Por consiguiente, Martí daba un paso más al no quedarse simplemente en un nivel contemplativo de las nuevas estéticas visuales ("las Exposiciones no son lugares de paseo. Son avisos") y calibrar la oportuna rentabilidad entre la erotización política de los sentidos y sus fines pragmáticos ("ser artista" y "saber presentar").[3] El espectáculo visual de las exposiciones velaba el aguerrido clima competitivo entre los países. Su recomendación para las naciones latinoamericanas fue un llamado conminatorio. Veamos una cita largamente necesaria por las equivalencias de orden sexuado que va trazando entre la sociedad tecnológica y las economías más agrarias:

> ¡Cuánto ingenioso invento, cuánta preparación útil, cuánta mejora mecánica, cuánto mérito artístico, cuánta teoría brillante, quedan desconocidos, y mueren como si no hubiesen existido nunca, en nuestras tierras de América, por falta de aire industrial, de capitales para el tiempo de la prueba, de exposiciones que sancionen con sus premios el invento [...] de *espíritu brioso* que afronte los *riesgos* de sacarlos a plaza! Pues todo eso pondría yo en la Exposición Hispanoamericana en New York: Artes, productos del cultivo, muestras de las industrias incipientes, que servirán por lo menos para revelar a los capitalistas lo que puede hacer de nuestras materias primas.
> [...]

---

3 José Martí en su pensamiento correlacionaba libertad (legado de la Ilustración del XVIII), tecnología y ciencia (aportes del XIX) como andamiajes básicos de su utopía para las sociedades latinoamericanas. Su confianza en la tecnología lo llevó a celebrar no sin cierta ingenuidad máquinas y automatizaciones, más si no perdamos de vista que aún en Cuba seguía vigente el sistema esclavista. El contraste con su experiencia norteamericana lo hizo calibrar dentro de un humanismo liberal los avances más bien del progreso de la ingeniería mecánica y eléctrica (donde veía los ejes neurálgicos de la liberación), más que de la galvanoplastia que producía artefactos y cosas en serie.

Necesitamos *inspirar respeto*; necesitamos *ponernos en pie* de una vez con toda nuestra *estatura*, necesitamos indicar por la fama de nuestras Exposiciones lo que hemos perdido por la fama de nuestras revoluciones [...] presentarnos como *pueblo fuerte, trabajador, inteligente e intrépido*, a este otro pueblo que abunda en estas condiciones y sólo respeta al que las posee.
Se nos tiene por una *especie de hembras* de la raza americana. Y va siendo urgente que nos vean en *trabajos viriles*: sobre todo cuando es cierto, que, dados medios iguales, en condición ninguna de actividad, laboriosidad e ingenio nos sacan ventaja los *hombres* del Norte (Martí 1963, VIII: 362-64. Énfasis mío).

El escenario de mercancías manufacturadas de las exposiciones de algún modo también potenciaba en Martí un eje de permanentes comparaciones que se orientaba polarizadamente: Norte-Sur; países industrializados-países agrícolas. Este marco modeló su valoración de los Estados Unidos y de la América Latina de acuerdo a una metáfora sexuada; es decir, comprendía la estructura socio-económica de ambos hemisferios bajo una perspectiva *gendered*, no menos deudora del mismo binarismo de la tradición patriarcal que moldeó gran parte de su pensamiento (Faber 2002). Así su concepción del carácter heroico y viril del hombre de letras lo extendió hacia las modalidades de la producción material. Asociaba las revoluciones tecnológicas, las máquinas, el mundo industrializado con las "razas viriles, fuertes, inteligentes e intrépidas" como los "hombres del Norte" (Martí 1963, VIII: 364); asociaba implícitamente el desarrollo material y la modernidad con el lado épico y varonil (duro y fálico) de los procesos históricos triunfantes: con esa modernidad del capitalismo industrial.

Y su nostalgia por otros tiempos más heroicos del pasado la habría de proyectar sobre el presente a través de la guerra como metáfora. Recordemos que para Martí la nueva épica de los tiempos, la "batalla moderna", es la guerra de competencias mercantiles, y la dimensión viril de los pueblos (es decir, fuertes, sanos, inteligentes, y no amanerados) la apreciaba en relación a una competencia en los saberes del mercado y al manejo del circuito de producción y venta de mercancías. A la postre, heroico podía ser tanto el capitalista como el ingeniero, y viriles las sociedades con tecnología y "espíritu brioso" tanto para la producción en gran escala como para colocarla en el mercado. Mientras que por el otro lado, calificaba con desaliento y ansiedad que a "nosotros se nos tiene por una especie de hembras de raza americana, y va siendo urgente que nos vean en trabajos viriles". No se trataba sólo de ser consumidores de bienes suntuarios –lo que Martí en cierta ocasión cuestionaría del pueblo venezolano–,[4] sino ser "fuertes" (hombres) al poder negociar mejor dentro de las reglas del capitalismo los "frutos primos" y así poder superar ("ponerse en pie") los lastres de la colonialidad.

En este sentido, establecía una equivalencia que no escapaba al pensamiento androcéntrico, donde la civilización era a la industria, y ésta a lo masculino como productivo/inteligente/mercadeable/respetuoso; y donde la naturaleza era a las materias primas y economías pre-capitalistas, y éstas a lo femenino como lo improductivo/irrelevante/flébil/amanerado/ocioso. Por ello, el llamado que hacía a los países latinoamericanos para que participaran en las exposiciones nacionales e internacionales, era un llamado de atención a "virilizar" sus economías, a organizarse mercantilmente y rentabilizar sus productos, y no quedarse a la "zaga" (como "hembras") en el proceso creciente de mundialización. Las exposiciones eran, por consiguiente, las nuevas odiseas del espacio, los nuevos campos de batalla mediadados por el libre espíritu de competencia (Fig. 2).

No son escasos los ejemplos en sus crónicas donde asimila hombres a las máquinas. Comentaba de la exhibición de Chicago (de 1883) que

> fue una exhibición explicada, práctica de utilidad inmediata [...] Al pie de cada *rueda* había *un hombre inteligente* que *explicaba* sus funciones. Junto a los productos de cada fábrica, un *comentador diestro* y *activo* que hacía resaltar sus ventajas, y las ponía en juego a los ojos de los visitantes (Martí 1963, VIII: 352. Énfasis mío. Orvell 1995; Tickner 1994).

---

4   En su corta permanencia en Venezuela (desde enero a julio de 1881, cuando salió para Nueva York) se involucró intensamente en la vida intelectual del país. Como curiosidad, cuando José Martí llegó a Caracas lo primero que hizo fue a ver la estatua de Bolívar. Interesa destacar aquí que la economía del derroche suntuario (una economía basada sólo en el consumo) es valorada como "enclenque" y "enfermizo"; por el contrario, la economía basada en el ahorro y en desarrollo del capital (como producto del desarrollo de las fuerzas laborales como por acumulación) es equivalente a "sano", fuerte, y, por ende, entraña una virilidad heroica que no malgasta y disemina la energía libidinal. Es decir, una ética de la contención y abstinencia (Cominos 1963).

Figura 2: Der Dampfhammer

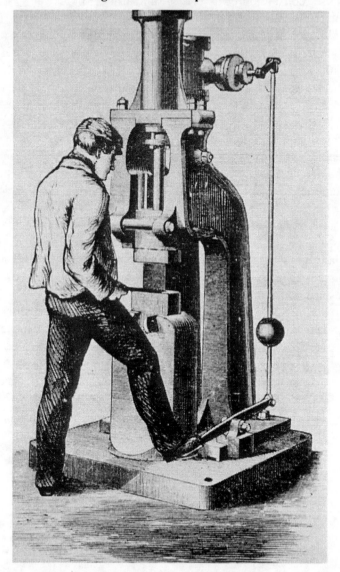

Fuente: Beutler/Metken (1973: 99). La relación que Martí estableció con el universo de las máquinas lo hacía desde una experiencia colonial esclavista. Por ello prefirió aquellas que el ser humano podía controlar y no las gigantescas que remedaban el poder del capitalismo imperial. Al manipular cómodamente las tecnologías no fue extraño que máquina y cuerpo fuesen una mutua prolongación.

Las correlaciones que se establecen van emparejando el logos (la "inteligencia que explica") de la tecnología industrial (la "rueda", "los productos de cada fábrica") con ese sujeto masculino que, por una parte, queda adscrito a esa élite ilustrada que lo separa de la masa ("visitantes") y que posee un saber que disemina o populariza de arriba a bajo; y, por otra parte, ese mismo sujeto está culturalmente localizado: en la América del Norte y en la economía capitalista. Es "hombre" y "comentador diestro y activo", como la "rueda" cuyas funciones explica. El paralelismo hombre-máquina, hombre-activo está a un paso de máquina-virilidad, y capitalismo desarrollado a despliegue de heroísmos modernos.[5]

Recordemos que en otro lugar, en el "Prólogo" que Martí escribiera para el "Poema del Niágara" de Juan Antonio Pérez Bonalde (en Nueva York, 1882), volvía sobre el peligro del amaneramiento de los hombres. Si bien ahora por otras razones a las antes señaladas (como el ascenso de la mujer intelectual, la feminización de la cultura) (Douglas 1988; Putney 2001), no dejaba de ser un tópico reiterado:

¡Ruines tiempos [...]! Son los hombres ahora como ciertas damiselas, que se prendan de las virtudes cuando las ven encomiadas por los demás [...] ¡Ruines tiempos [...] por la confusión de estados [...] época de tumulto y de dolores [...]! Hembras, hembras débiles parecerían ahora los hombres [...]! (Martí 1978: 206-207).

Del mismo modo, no es otra su preocupación cuando escribió su novela *Lucía Jerez o Amistad Funesta* (en 1885), o "noveluca" como él despectivamente la llamó, porque su protagonista Juan Jerez, que "empezó con mejores destinos que los que al fin tiene [...] hubo que convertirlo en mero galán de amores", cuando en realidad estaba "dispuesto a más y a más altas empresas (grandes) hazañas"; Juan quedaría reducido a "los deberes corrientes" y "a las imposiciones del azar a oficios pequeños". Su relación "funesta" con Lucía absorbe toda su energía productiva y noble que había encaminado en la lucha como abogado para restituir las tierras a los indígenas. Por ello el género novelesco no le satisfacía a Martí ("el autor avergonzado pide excusa

---

5   Sería sumamente sugerente y no menos polémico establecer la correspondencia entre el cuerpo físico enfermo, débil y achacoso de José Martí y su admiración por las máquinas, por los personajes heroicos de la cultura griega y ciertos héroes de las Independencias, sus recomendaciones para usar aparatos gimnásticos para desarrollar un cuerpo musculoso.

[...] el género no le place [...] porque hay mucho que fingir en él [...] ni siquiera es lícito levantar el espíritu del público con hazañas de caballeros y de héroes [...] Pequé, Señor, pequé", Martí 1969: 36-37) porque el exceso de idilios sentimentalizaba y "afeminaba" la ética viril de los hombres, que debían seguir cerrando filas entre ellos para velar como "apóstoles" la construcción de ciudadanías sanas con géneros literarios menos blandos. Recordemos cómo en esta novela las protagonistas –Lucía, enérgica y extrañamente atraída hacia Sol; Ana, la artista enferma e invalida; y Sol, quien muere a manos de una Lucía desequilibrada por los celos– forman una comunidad amenazante para Juan. En otros términos, guardar la prudente distancia de las mujeres para poder preservar la integridad viril. La misoginia latente transfiere a la comunidad femenina tensiones lésbicas marcadas entre Lucía y Sol. De la misma manera estas inversiones están presentes en el travestismo autorial de la novela: Martí la publicó bajo el seudónimo femenino de Adelaida Ral. Toda una trama de géneros problemáticos (Butler 1990; Ette 2006) que afloraron a partir de su experiencia norteamericana donde la mujer había ganado más presencia en el espacio público. Esta visibilidad será negativamente calificada por el cubano como "libertad afeadora", y de "la condensación en ellas de una fuerza viril que se confunde con la fuerza del hombre" (Martí 1963, X: 431). Se trasluce la ansiedad por el trastocamiento separado de los géneros.

Así pues, el intelectual debía ser un soldado de las letras, un guerrero de la pluma al servicio de la construcción de patrias; y por ello su fortaleza debía ser en cierto sentido heroica, como los caballeros de antaño, castos como apóstoles. Entonces nada más recomendable que promover la frecuencia de la comunidad masculina donde la entereza se obtendría a través del fortalecimiento del cuerpo muscular.

No es entonces de extrañar que dentro de este horizonte ideológico, el cubano recomendase como texto escolar obligatorio la obra del venezolano Eduardo Blanco, *Venezuela heroica* (1881 y 1883), porque al desplegar en sus capítulos la historia de las luchas de la emancipación, serviría para prefigurar modelos de protagonismo heroico que combinasen la fuerza muscular y la solidaridad compacta de comunidades masculinas que pudiesen a la postre contrarrestar la creciente inclinación por una cultura blanda y amanerada. También en su "Prólogo" a esta obra, Martí señalaba que *Venezuela heroica* podía restituir a las letras patrias ese vigor en riesgo. Un pueblo nuevo necesita pasiones sanas: los amores enfermizos, las ideas convencionales, el mundo abstracto [...] producen una generación enclenque e impura [...] que no puede ayudar al desarrollo serio, constante y uniforme de las fuerzas prácticas de un pueblo (Martí 1977: 233).

Al suscribir esta "poética masculina" como la moral necesaria para los tiempos modernos, recomendaba este "noble ensayo histórico" como "libro de lectura de los colegios americanos". Pero no para todos los americanos: sólo para ser leído por el *maestro a su discípulo, del padre al hijo*". El acto performativo de la lectura de la épica era también un ejercicio sexuado para promover las solidaridades masculinas (los *Männerbund*): "[t]odo *hombre* debe escribirlo: todo *niño* debe leerlo" (Martí en Blanco 1970: 7-8).

José Martí ya residía en los Estados Unidos cuando escribía estos textos; y seguramente los recepcionaba bajo el tamiz de la cultura de la fuerza motriz y de las dinámicas tecnológicas. En el mismo año que encomiaba la segunda edición de *Venezuela heroica* (1883), en una crónica "El gimnasio en la casa" (publicado en *La América*, marzo de 1883), manifestaba su preocupación por desarrollar un cuerpo muscular, no sólo en función de la salud, sino también para hacer frente a las nuevas exigencias de la sociedad industrial.

En estos tiempos de ansiedad –puntualizaba–, urge fortalecer el cuerpo. En las ciudades donde el aire es pesado y miasmático; el trabajo, excesivo; el placer, violento; y las causas de fatiga grandes, se necesita segurar [...] un sistema muscular bien desenvuelto [...] A los niños, sobre todo, es preciso robustecer el cuerpo a medida que se les robustece el espíritu (Martí 1963, XXII: 201).

El aparato que Martí recomendaba "lo tenía todo: barras paralelas para anchar bien el pecho, y desenvolver los músculos de los brazos y los hombros". Insistía en que no debía "dejarse músculo alguno en inacción". Y a la postre, con condescendencia, también lo recomendaba para "nuestras niñas y mujeres pudorosas [...] que necesitan tan grandemente de estos ejercicios" (Martí 1963, VIII: 389-391) (Fig. 3).

Figura 3: Orthopädische Geräte der Klinik Dr. Zander von Gorranson

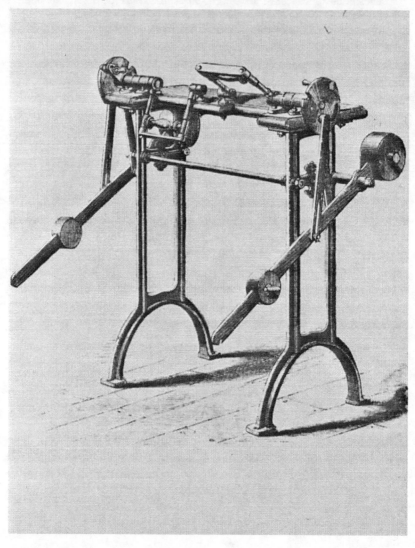

Fuente: Beutler/Metken (1973: 161). Aparato de gimnasia diseñado por el Doctor Zander von Gorranson. En el pensamiento martiano las máquinas constituían un nuevo orden social basado en fuerzas motrices y eléctricas. Comprendió que también el cuerpo era una máquina cuya energía y salud podía ser aumentada a través del ejercicio. "Urge fortalecer el cuerpo" decía, no sólo de los hombres sino también el de las mujeres. Al invitar también al sexo "débil" a fortalecer su musculatura, ¿no estaría proponiendo la virilización de la mujer que tanto cuestionaba?

Su interés por los dinamos y motores hidráulicos –porque ahí la energía eléctrica autonomizaba la máquina de todo elemento humano– representaba quizás dentro de la perspectiva martiana la metáfora más potente de la nueva ética viril: encarnaban metafóricamente la combinación ideal entre el *homo economicus* y el "espíritu brioso" para el apostolado público. De ahí una permanente analogía en su escritura entre la musculatura atlética y las máquinas, el trabajo útil y la electricidad como imágenes del heroísmo moderno. La exaltación de la máquina era la metáfora moderna del cuerpo musculoso del atleta, de los héroes griegos o de los próceres de las independencias americanas, que sirvió a Martí para asimilar su concepción patricia del letrado con las nuevas funciones del profesional moderno. Combinar de algún modo su idea tradicional del letrado como "sacerdote" de la nación, con el técnico o el maestro ingeniero. Con una sana y fuerte virilidad porque el cuerpo atlético serviría de escudo para preservar la energía y contener el derroche de pulsiones insanas. En este sentido, Martí actualizaba para el intelectual moderno una especie de ascetismo muscular (una *muscular christianity*) (Connell 1995; Nelson 1998; Putney 2001).[6]

Por eso en uno de los números de *La Edad de Oro*, le dedicaba a los niños hispanos la crónica "La galería de máquinas" (no. 4 de octubre de 1889) para que viesen bien "toda la riqueza de aquellos palacios"; y que al ver bien pudiesen "los niños ser fuertes y bravos, y de buena estatura, para que les ayude a crecer el corazón, el grabado de La Galería de Máquinas". Establecía pues una relación concomitante entre la estructura autónoma de la máquina, su fuerza independiente e inalterable, con el cuerpo masculino para que éste fuese como aquella: fuerte, duro y resistente. Es decir, no proclive al consumo de las modas blandas y domésticas. En otras palabras, que nutriesen su espíritu con narrativas épicas y crónicas con saberes útiles y prácticos, y no con lecturas de ficciones desviantes.

Sin duda que el empleo de los símiles sexuados (viril *vs.* afeminado) expresaba la lucha en el terreno de la estética por la hegemonía de otros géneros literarios menores y preteridos: la tensión entre la novela

---

6   En términos generales, el cuerpo de letrados suscribió como parte crucial de la modernización el fomento o importación del "progreso" material. Desde Simón Rodríguez, Andrés Bello, Domingo Faustino Sarmiento hasta José Ingenieros se insistió en desarrollar una educación científica y técnica.

y la crónica; es decir, entre las batallas de los idilios domésticos, que convertían a los hombres en damiselas atrapados en la cultura sentimental; y la épica o la crónica, una literatura útil, que formaría básicamente a los hombres para las nuevas batallas públicas de la vida económica. En otro lado la constante pedagógica martiana señalaría que:

> [e]n el sistema de educación en América Latina se está cometiendo un error gravísimo: en pueblos que viven casi por completo de los productos del campo, se educa exclusivamente a los hombres para la vida urbana [...] con el actual sistema de educación se está creando un gran ejército de desocupados y desesperados [...] Y cada día con la educación puramente literaria que se viene dando, se añade a la cabeza, y se quita al cuerpo (Martí 1963, VIII: 369).[7]

Desplazándonos hacia otro terreno, quizás podríamos comprender mejor que a Martí no le sería fácil escapar de estos binarismos sexuados o problematización de los géneros, si tomamos en cuenta, por ejemplo, los debates arquitectónicos de aquellos tiempos (no perdamos de vista que era asiduo visitante de las exposiciones universales), donde los estilos que debían representar la modernidad occidental eran los neogóticos por encima de las modas islámicas y bizantinas –apreciadas de mórbidas, afeminadas e irracionales– que ganaron los gustos noratlánticos. A fin de cuentas el neogótico encarnaba la tradición cristiana y podía ajustarse a las revoluciones tecnológicas al coincidir el logos con la fuerza viril de las máquinas. Por consiguiente, el estilo adoptado en las grandes exposiciones universales –como en definitiva eran los palacios del progreso material– fue el neogótico; pero asignaron a los países latinoamericanos (que sólo presentaron sus materias primas y algunos objetos prehispánicos) pabellones en estilos orientales. Es decir, América Latina en este repertorio internacional, aparecía feminizada. Martí no alcanzó a percibir este detalle, pero que corroboró al reproducir en su crónica de "La Exposición de París" de 1889 (que también insertó en *La Edad de Oro* en el no. 3 de septiembre de 1889) abundantes fotografías de los pabellones de nuestros países, donde, por ejemplo, México fue célebre por su "Palacio Azteca" que

---

7   La intención pedagógica permeó todas sus crónicas, donde en muchos trayectos su escritura adquirió el gesto de "manual de instrucción práctica". En ese sentido, la crónica le permitió "performar" un ejercicio genérico "masculino" donde el gesto de la escritura al tiempo que describía hacía visible la tecnología.

remedaba el estilo egipcio, reafirmando la imagen orientalizante y afeminada que los centros metropolitanos tenían de los países periféricos. Dentro de esta lógica, el neogótico representaba la versión moderna de la ecumene cristiana en la nueva fase del liberalismo económico, y el triunfo del expansionismo del progreso material. Estaban a la orden del día estos esquemas deudores de la tradición patriarcal que como una retícula epistémica controlaría toda la semántica de una época, y Martí no escaparía de ello (Fig. 4).

Figura 4

Fuente: Beutler/Metken (1973: 121). Grabado que ilustró "La Galería de máquinas" en el no. 4 de *La Edad de Oro*. Esta crónica iba dirigida a los varones de América. El neogótico (con su estructura de hierro y vidrio) fue el estilo arquitectónico para exhibir las máquinas. Se establecía un acuerdo entre la tradición cristiana, el capitalismo tecnológico y el androcentrismo euroccidental.

Sin duda que Martí abrazaba la modernidad. Sin duda que también era un sujeto moderno con sus contradicciones; contradicciones heredadas y acrecentadas por haber vivido intersectado entre dos modernidades: una periférica y colonial; otra, metropolitana y capitalista. No sólo atrapado entre dos hemisferios, sino sobre todo atrapado en un aparato binario de conceptualizaciones que siguió controlando todas sus reflexiones, tanto en una dirección judeo-cristiana de maniqueísmos que oponían cuerpo-espíritu, naturaleza-civilización, femenino-masculino, débil-fuerte; como también dentro del legado de la razón ilustrada, que lo llevó a manejar el campo de la cultura en términos igualmente polarizados, de artes literarias y artes útiles, mundo del libro y universo de la cultura escópica, letras y tecnología, el libro y la máquina, la cabeza y el cuerpo. Y por esta vía seguiría haciendo distinciones entre un cuerpo elegido de hombres ilustrados (una élite de varones ascéticos y musculosos) como el aristos para direccionar el destino de las naciones; y la masa de obreros para el trabajo industrial (que habrán dejado de lado la enseñanza literaria y retórica para convertirse en un cuerpo laboral más eficiente y especializado).

No siempre la pareja de conceptualizaciones binarias en Martí iba a guardar una perfecta simetría. Del mismo modo que era un sujeto a caballo entre dos sociedades estructuralmente disimétricas –entre una situación colonial pero intensamente involucrada en la red de mercados imperiales; y una metrópoli del capitalismo avanzado pero con fuertes contrastes entre altas tecnologías y miserias obreras–, su pensamiento fue deviniendo en muchos trayectos en un híbrido ideológico (o mestizaje ideológico de entre siglos, mestizaje del sujeto *in-between*), en el sentido de que trataba de "cronicar" las manifestaciones de la modernidad del capitalismo con herramientas que le venían, por un lado, de un patriciado colonial, y por el otro, con sensibilidades deudoras de las capas medias urbanas, que le permitieron comprender los nuevos fenómenos de la cultura de masas, los nuevos sujetos urbanos y las nuevas luchas sociales.

1. Canibalización de la tecnología

Ante el sublime tecnológico del capitalismo avanzado, José Martí tuvo preferencias por los artefactos de tamaño más bien pequeño, que de alguna manera podían ser manipulados por el ser humano; o, de otro modo, que requerían de la interacción humana. Se divertía particularmente por lo que hoy llamaríamos *gadgets* o adminículos, que incluso podían ser ocultados bajo la ropa, o, por qué no, hasta ser ingeridos. En el mes de noviembre de 1883, le dedicó una entusiasta crónica a uno de esos inventos curiosos *(el glosógrafo)* que materializaban la aplicación de la energía eléctrica por la que sentía especial interés.

Desde la revista *La América* de Nueva York para su extensa audiencia continental, describía con minuciosa plasticidad:

> Es un aparatillo ingeniosísimo, que puesto en lo interior de la boca, a la que se acomoda sin trabajo, no impide el habla, y la reproduce sobre el papel con perfección de escribiente del siglo XV. De tal modo está construido el aparato que una vez puesto en la boca, queda en contacto con el cielo de ésta, los labios y la lengua. Un registro electromagnético recibe los sonidos y los transmite al papel. Sólo exige que se pronuncie con toda claridad; y cada sílaba al punto que es pronunciada, ya es colocada sobre el papel que la espera; y sin confusión para el que lee, una vez que aprende la correspondencia de los nuevos signos [...] No se necesita alzar la voz. Con la voz más baja se logra la más fiel reproducción. "Póngase de un lado –dice un comentador– el que presuma de escribir más rápidamente con la pluma, y del otro lado el que hable con el glosógrafo. Es seguro que éste escribe con el aparato cinco veces más que el más veloz escribiente" (Martí 1963, VIII: 418-419).

Este invento presagiaba no sólo la grabadora, sino la transcripción computarizada de la voz, es decir, para las aspiraciones del cubano, poder ahorrarse la lentitud manual de la escritura, por una reproducción automática y rápida de la palabra. Celebraba la feliz combinatoria de la liberación del esfuerzo físico y la aceleración. Automatización y velocidad eran las consignas de los nuevos tiempos, y él las veía como uno de los lenguajes del nuevo orden social, es decir, para agilizar también los circuitos de la producción y consumo de la cultura.

Sin duda que resulta doblemente interesante y significativo el que Martí se haya detenido en este "aparatillo" de la "ciencia electromagnética" porque dice de la fagocitación o apropiación "calibanesca" de ciertos lenguajes de la modernización tecnológica por el sujeto colonial. Ubicado ante tantas ofertas de la cultura material (tecnologías pesadas y livianas), Martí seleccionó la apropiación de las que podía manejar, por varias razones digamos alegóricas: como sujeto nómada y migrante se identificaba con aquellas tecnologías móviles y fluidas (con la energía eléctrica y magnética; con los panoramas móviles); y como sujeto subalterno y con lengua "bífida" (recordemos las dos bocas de Calibán, una adelante y otra atrás), la calibanización del "glosógrafo" le permitiría, por un lado, hablar "sin confusión", y "reproducir fielmente" los "nuevos signos", es decir, manejar adecuadamente los nuevos lenguajes de la modernidad avanzada, y sin tergiversar los sentidos ("aprender la correspondencia de los nuevos signos") poder usarlos discretamente ("sin alzar la voz"). Así la apropiación de la técnica podría corregir el "decir mal" de los subalternos (y tal vez también "mal decir" porque se puede "usar la voz más baja"), y ocultar –recordemos que el aparatillo es invisible, nadie lo nota– el "mal decir" de los colonizados. Por el otro lado, podría usar la tecnología "sin alzar la voz", encubrir discretamente los desniveles de las competencias entre los sujetos subalternos y los imperiales. Pero también por su estructura electromagnética podría diseminar internacionalmente su lengua, es decir, la cultura y los productos de los pueblos menos desarrollados. En este caso como en muchos otros, la política de las tretas del débil controlaría una hábil selección de las invenciones tecnológicas a su favor.

A despecho de muchas sensibilidades colectivas que vieron el nuevo mundo de las máquinas como una disrupción de formas más tranquilas y pastorales de vida; como una alteración del equilibrio con la naturaleza y una disrupción de modos ancestrales de sociabilidad laboral, en Martí terminaba por pesar más la experiencia metropolitana de la tecnología porque seleccionaba y valoraba la mecanización a contraluz de su vivencia colonial, donde para él los modos de producción no revestían formas para nada bucólicas.

Aquí el gesto antropofágico de la tecnología podría leerse –tal como sugerimos antes– como una prótesis compensatoria del cuerpo de Martí. Sin embargo, también podemos arriesgar otra lectura, en la cual el cuerpo "mutilado" por el colonialismo (porque el cuerpo del cubano fue la huella del poder colonial) sólo pudo canibalizar tecnologías de mediano calibre, por cuanto las competencias de ese cuerpo "enfermo" sólo le permitían entrar disimétricamente en las dinámicas de la modernidad y elegir transferencias manejables por ese cuerpo (Goebel 2006). Por ello dirá que

> el departamento en que hemos de tener puestos con más cuidado los ojos los latinoamericanos es el de las aplicaciones de la electricidad en la *medicina* y en la *cirugía* [...] Curiosísimo va a ser el departamento de aplicaciones de electricidad a las *cosas de la casa*, a las *menudencias domésticas de alumbrado y de cocina*, a ciertos *objetos de arte* y a *modos de adorno* (Martí 1963, VIII: 349. Énfasis mío).

En la situación colonial, el tiempo era lento y las distancias imposibles. Así como en su agenda política luchó por una independencia sin medias tintas, abrazó aquellos aspectos de la tecnología que representaban, por un lado, la velocidad (para las comunicaciones mediáticas y transportes terrestres y marítimos), y, por el otro, la automatización (la mecánica de los motores y electrodinamos). Superar aceleradamente el atraso de las estructuras económicas que dejaba el pasado colonial, es decir, dar saltos en el tiempo histórico al introducir máquinas que produjesen más a menos costo; al tiempo de conectar también más aceleradamente a su isla con el resto del mundo (a través de las nuevas comunicaciones). En este sentido apostaba a una modernización de movilidades fluidas que permitiesen una alteración de las distancias geográficas entre centros y periferias; cancelar en cierto modo la colonialidad después de la colonización. Y, por el otro lado, que permitiera el efecto virtual –pero no menos real– de la percepción simultánea de acontecimientos gracias a las revoluciones electrónicas; la posibilidad de un consumo informativo y conexión mundializada, sin barreras ni destiempos (Fig. 5).

Probablemente, la situación de haber vivido una colonialidad "insular" que aislaba doblemente a sus habitantes (tanto la ansiedad por la desconexión geográfica, como la marginalidad por la situación política), hizo que Martí prefiriese las revoluciones de los medios de comunicación, aquellos relativos a la diseminación de la palabra como de la imagen. Su entusiasmo por el "teléfono teatral" (que "podía transmitir conciertos y óperas ofrecidas en Roma y ser escuchadas en Milán, Nápoles o Austria"); o "el teléfono de Herz" (donde "gracias a los cables sumergidos la conversación por teléfono podía efectuarse a largas distancias entre Brest y Penzance") (Martí 1965, XXIII: 82); o "el teléfono magnético" fueron indicadores de que más allá del hechizo que ejercía la automatización, las ventajas de la nueva energía podían mediante efectos virtuales salvar distancias. Veamos otro ejemplo notable de cómo Martí describía y hacía visible para sus lectores el "teléfono Berliner", donde podremos comprobar de nuevo el desliz canibalístico en el uso de ciertas tecnologías:

> Berliner, de Hannover, ha presentado en Viena un teléfono culto, distinguido, leal, discreto; se puede hablar por él en voz serena y baja, como se habla en los salones [...]; no se pierden las sílabas, ni se corre el riesgo de ser oído por todos los que andan cerca. El mismo transmisor microfónico, que trae a una alcoba los acordes briosos de la fanfarria de las calles [...], conduce sutilmente, y con amable reserva, la más delicada conversación de negocios entre dos oficinas distantes (Martí 1963, VIII: 416).

Figura 5

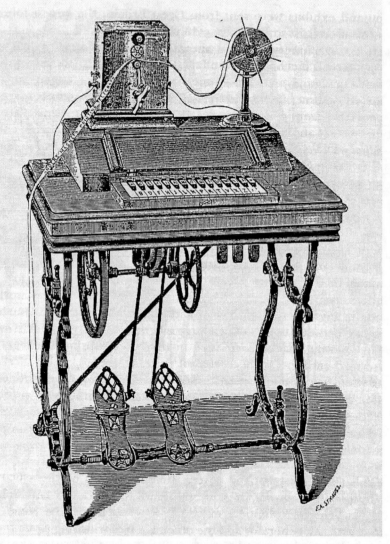

Fuente: Ingram (1976: 294). Telégrafo magnético con impresión automatizada de Anders, de la Exposición de Filadelfia (1876). Funcionaba con electricidad y sin baterías; con un teclado electrónico que permitía enviar las cartas y al tiempo imprimirlas en una bovina de papel. El uso del poder eléctrico agilizaba las comunicaciones, amén de la fascinación que ejercía la automatización porque liberaba la mano del hombre de un trabajo forzado.

Y es comprensible esta subyugación por las nuevas tecnologías e inventos, en particular el universo de máquinas dinamizadas por la electricidad que revolucionaban el sistema de comunicaciones: "máquinas magnetoeléctricas y dinamoeléctricas", "máquinas de vapor, las de gas, motores hidráulicos", "un ferrocarril movido por electricidad", "un tranvía eléctrico", velocípedos, "un aparato que permite direccionar a los globos aerostáticos", "ascensores", la telegrafía, la telefonía, el cable submarino, captaban el interés de Martí. Sobre todo el poder invisible de la energía que motorizaba las cosas:

> Y acaba de inventarse ahora un tranvía gallardo movido por una potencia invisible, que no ha menester cables ni pilares. El fluido eléctrico se transmitirá al tranvía por la cara interior de los rieles, a los cuales se adaptarán bandas en las junturas para impedir que se interrumpan las corrientes (Martí 1965, XXIII: 229).

Todo lo que aceleraba los desplazamientos y agilizaba el contacto de las sociedades, más si se trataba de difundir en la América Latina lo que iba siendo su experiencia de la modernidad avanzada, al menos traducir en sus crónicas la representación de esa modernidad.

De todas las novedades tecnológicas, reparaba con mayor simpatía en aquellas que gracias a la electricidad podían establecer una red de comunicaciones trasatlánticas eficientes para diseminar los avances del progreso hacia América Latina, y así poder mitigar mediante la actualidad informativa las asimetrías entre las potencias y los pueblos marginados con respecto a la modernización. En cierto sentido al abrazar una subjetividad nómada, su pensamiento simpatizaba con los elementos fluidos de la tecnología, es decir, con flujos tecnológicos (energía, luz, dinamos, fuerzas motrices), con una cultura material que permitía la migración. Podríamos decir que se situaba y pensaba la modernidad desde las aguas ("¡El mundo entero va ahora como *moviéndose* en *la mar* [...] y del barco del mundo, la torre es el mástil!"; Martí 1992: 167. Énfasis mío). Supone un estar ubicado entre dos bordes, entre La Habana y Nueva York, lo que supone no sólo una ubicación entre dos costas, sino entre dos fronteras imperiales, al tiempo que una (des)localización entre el viejo imperio colonial y el nuevo imperialismo norteamericano.[8]

---

8   Martí siguió muy de cerca todos los avances del arte fotográfico. Aparte del aspecto que para él entrañaba el fenómeno de la reproducción de la imagen (recordemos que *La Edad de Oro* está llena de imágenes), lo que más le atraía eran

Martí tuvo conciencia que desde su mirador privilegiado de Nueva York podía catalizar las experiencias más eufóricas y pujantes de la modernización económica y social, al tiempo de traducirlas como corresponsal a diversos periódicos. Confiaba en una curiosa combinación entre la efectividad de la letra (por ello sus crónicas *escritas*) con la fidelidad documental de la fotografía y la rapidez de los nuevos medios de comunicación (telégrafo, teléfono, glosógrafo, cable submarino) que ajustaban una menor distorsión de los mensajes a una mayor velocidad de la transmisión.

De algún modo, la escena norteamericana inflexionó su perspectiva (post)colonial para hacerlo preferir máquinas y artefactos de menor escala, y no aquellas enormes cuyas dimensiones sólo podían ser controladas por algún centro industrial. Estas máquinas en sus proporciones gigantescas contenían una despersonalización que las asimilaba al autoritarismo del poder central; mientras que las otras, de dimensiones más reducidas (como por un lado las trilladoras, imprentas a vapor, máquinas de coser, y por otro, telégrafos, glosógrafos, teléfonos, ...) eran más antropocentradas porque se podían adquirir, trasladar y luego ser operadas por mano humana. Estas máquinas resultaban –para un sujeto que había padecido las formas de la dominación imperial– una tecnología más democrática, flexible y sobre todo al alcance de la participación del cuerpo laboral (Adas 1989; Hoffenberg 2001).

De esta forma el "progreso material", cuyos símbolos tecnológicos más comunes se cifraban en las máquinas de gran escala –como las locomotoras o el dinamo de Henry Adam– aparecían ante los ojos del cubano peligrosamente imperializantes en su aura despersonalizada. Los aparatos y máquinas pequeñas eran más controlables y ofrecían al sujeto que había pasado por una experiencia colonial la posibilidad de apropiarse y manejar la tecnología, es decir, canibalizarla: como el "glosógrafo", un dispositivo electromagnético que se podía ingerir y así emblemáticamente controlar la maquinización de ese nuevo orden social.

---

los experimentos que captaban la fugacidad del movimiento. De igual modo registraba las más recientes técnicas de los panoramas móviles que vaticinaban el advenimiento del cine. Particularmente registró su interés por los de tema histórico porque el medio permitía recrear un perfecto ilusionismo para representar las guerras en marcha. Aquí de nuevo se conjugaría la debilidad de Martí por la tecnología de la industria de masas con los temas bélico-heroicos.

Sin embargo, entre la intelectualidad latinoamericana las apreciaciones y apropiaciones en relación a la alta tecnología variarían considerablemente. Desde luego que fueron importados por las élites el ferrocarril, los molinos, las trilladoras, las trituradoras de metales, las máquinas a vapor... porque representaban las innovaciones "pesadas" de la modernización, a despecho de no pocas resistencias, porque amén de dejar sin trabajo o sin tierra a miles de obreros, esas "máquinas" con sus fuerzas demoníacas cobraban masivamente vidas o dejaban cuerpos mutilados. Martí se ocupó de subrayar precisamente este ángulo nefasto de la alta tecnología. Escribió para *La Opinión Nacional* de Venezuela (el 20 de mayo de 1882) una crónica sobre los accidentes del ferrocarril elevado:

> Londres tiene ferrocarril en la ciudad, por sobre las casas y debajo de ellas. Y Nueva York tiene su ferrocarril elevado [...] Pero ese ferrocarril está lleno de riesgos [...] Los trenes se detienen muy poco en las estaciones, y como a ellas fluye mucha gente, que se precipita a los carros, y los conductores son descuidados, y el tren suele echar a andar antes de que los pasajeros hayan entrado, acontecen a cada paso desgracias tremendas. Luego el ruido de ese ferrocarril es cosa aturdidora [...] Sin contar que ha sucedido muchas veces que el ferrocarril se ha salido de los rieles, y ha venido a tierra (Martí 1965, XXIII: 299).

Irónicamente sólo José Martí fue en gran parte testigo de este mundo de la cultura industrial, y pudo ver con sus propios ojos estos inventos. Convirtió, sin embargo, sus crónicas en la vitrina donde estas invenciones aparecían cuidadosamente descritas. Cuidaba a la par el sentido traslúcido de las palabras. Recordemos que la cualidad que tenía el glosógrafo era esa capacidad de la transcripción "fiel" y "sin confusión" de los signos. Entendió la crónica como un mediador del deseo de modernidad de los latinoamericanos; como una plataforma traductora al conducir el deseo de lo moderno a través del relato pormenorizado, minucioso y lúcido, de los más diversos aspectos y objetos que circulaban en la babélica escena norteamericana. De este modo su crónica funcionó como un catálogo de las posibilidades de lo moderno, como el acto performativo literario del progreso. Su trabajo entonces se convirtió en hacer visible para el lector lejano el espectáculo de la cornucopia de mercancías, y en dejar traslucir una modernidad sustitutiva (Castillo Zapata 2004).

Como cronista asumió la tarea de ver por los otros, de ver por los que no podían ver lo que él estaba viendo en pleno teatro moderno. Su

escritura paradójicamente fue transmisora de cargas de intensidad
moderna a las ciudades latinoamericanas ávidas de noticias e imágenes de progreso. Su responsabilidad de mirar por el otro, de co-res-
ponder a la necesidad de visibilidad que el lector lejano manifestaba,
impregna de imperativo político a la crónica al transformarla en vehículo ético de esa modernidad. Recordemos aquí otra vez que en su
"La galería de máquinas", al estar dirigida a sus pequeños lectores, la
necesidad de "ver bien" era clave para una nueva pedagogía: la escritura en este caso estuvo reforzada por un grabado. Del mismo modo,
Martí nunca visitó la "Exposición de París" de 1889. Pero gracias a las
fotografías (que incorporaría también en su crónica) y reseñas de
prensa, pudo hacerla visible para sus lectores:

> Y eso vamos a ver ahora, como si lo tuviésemos delante de los ojos. Va-
> mos a la Exposición, a esta visita que se están haciendo las razas huma-
> nas. Vamos a ver en un mismo jardín los árboles de todos los pueblos de
> la tierra. A la orilla del río Sena, vamos a ver la historia de las casas [...]
> Veremos, entre lagos y jardines, en monumentos de hierro y porcelana, la
> vida del hombre entera (Martí 1992: 166-167).

Es por esto que su escritura funcionó como una prótesis de visibilidad
mediante la cual la letra in-vidente era capaz de asistir mediante la
prosa densamente analógica la escena de los acontecimientos de la
modernidad, y hacerla visible al que no la ve. Así la crónica devino en
un dispositivo de simulación (no perdamos de vista que lo que más le
atraía del "glosógrafo" y del "teléfono Berliner" era ese carácter dis-
creto, disimulado del dispositivo), una máquina que Freud habría llamado de "satisfacciones sustitutivas", que operó como una técnica
perversa que permitía el disfrute vicario de una modernidad inalcan-
zada: la escritura así canibalizaba la mercancía y la convertía en fetiche de palabra.

La crónica permitía una experiencia simulada de la modernidad,
que suplía perversamente el goce impedido de una modernidad todavía no experimentada. Con esa poética de lo mínimo y la sensibilidad
por el menor detalle, exponía una hiperbólica acumulación que ani-
maban al lector a la necesidad de poseer esos objetos. De algún modo,
y también vicariamente, el consumo de la crónica como gesto performativo de lectura, era también un gesto de antropofagia cultural, que
bordeaba sólo la representación virtual del consumo de una modernidad que pasaba por el agenciamiento estético.

Bibliografía

Adas, Michael (1989): *Machines as the Measure of Men: Science, Technology, Ideologies of Western Dominance*. Ithaca/New York: Cornell University Press.

Belnap, Jeffrey/Fernández, Raúl (eds.) (1998): *José Martí's "Our America": From National to Hemispheric Cultural Studies*. Durham: Duke University Press.

Beutler, Christian/Metken, Günter (1973): *Weltausstellungen im 19. Jahrhundert. Idee, Auswahl und Texte*. München: Die neue Sammlung, Staatliches Museum für angewandte Kunst.

Bifano, José Luis (2001): *Inventos, inventores e invenciones del siglo XIX venezolano*. Caracas: Fundación Polar.

Blanco, Eduardo ([1881/1883] 1970): *Venezuela heroica*. Madrid: J. Perez del Hoyo.

Bradford Burns, E. (1990): *The Poverty of Progress. Latin America in the Nineteenth Century*. Los Angeles/Berkeley: University of California Press.

Butler, Judith (1990): *Gender Trouble: Feminism and the Subversion of Identity*. London/New York: Routledge.

Castillo Zapata, Rafael (2004): "Almacenes babilónicos. Mercancía, deseo y modernidad en las crónicas neoyorkinas de José Martí". En: *Actualidades*, 11, pp. 80-89.

Cominos, Peter (1963): "Late-Victorian Sexual Respectability and the Social System". En: *International Review of Social History*, 8, pp. 4-38.

Connell, Raewyn (1995): *Masculinities*. Los Angeles/Berkeley: University of California Press.

Diego, Estrella de (1992): *El andrógino sexuado. Eternos ideales, nuevas estrategias de género*. Madrid: Visor.

Douglas, Ann (1988): *Feminization of American Culture*. New York: Anchor Books.

Ette, Ottmar (2006): "Gender Trouble: José Martí and Juana Borrero". En: Font, Mauricio A./Quiroz, Alfonso W. (eds.): *The Cuban Republic and José Martí*. Oxford: Lexington Books, pp. 180-193.

Faber, Sebastian (2002): "The Beautiful, the Good, and the Natural: Martí and the Ills of Modernity". En: *Journal of Latin American Cultural Studies*, 2, pp. 173-193.

Font, Mauricio A./Quiroz, Alfonso W. (eds.) (2006): *The Cuban Republic and José Martí*. Oxford: Lexington Books.

Goebel, Walter (2006): *Beyond the Black Atlantic. Relocating Modernization and Technology*. London/New York: Routledge.

González, Manuel Pedro (1953): *José Martí, Epic Chronicler of the United States in the Eighties*. Chapel Hill: University of North Carolina Press.

González-Stephan, Beatriz (2006): "Invenciones tecnológicas. Mirada postcolonial y nuevas pedagogías: José Martí en las Exposiciones Universales". En: González-Stephan, Beatriz/Andermann, Jens (eds.): *Galerías del Progreso: Museos, Exposiciones y Cultura Visual en América Latina*. Buenos Aires: Beatriz Viterbo Editora, pp. 221-259.

— (2007): "Cultura material y educación de la mirada: José Martí y los dilemas de la modernización". En: *Bulletin of Hispanic Studies*, 84, 1, pp. 1-111. Volumen especial "Beyond the Nation".

Gutiérrez Girardot, Rafael (1983): *Modernismo*. Barcelona: Montesinos.

Harvey, Penelope (1996): *Hybrids of Modernity: Anthropology, the Nation State, and the Universal Exhibition*. London/New York: Routledge.

Hoffenberg, Peter H. (2001): *An Empire on Display. English, Indian, and Australian Exhibitions from the Crystal Palace to the Great War*. Los Angeles/Berkeley: University of California Press.

Ingram, J.S. ([1876] 1976): *The Centennial Exposition. America in two Centuries: An Inventory*. New York: Arno Press.

Jay, Martin (1988): "Scopic Regimes of Modernity". En: Foster, Hal (ed.): *Vision and Visuality*. Seattle: Bay Press, pp. 3-27.

Kasson, John F. (1976): *Civilizing the Machine: Technology and Republican Values in America, 1776-1900*. New York: Viking Press.

Kaye, Jacqueline (1986): "Martí in the United States: The Flight from Fisorder". En: Kaye, Jacqueline (ed.): *José Martí: Revolutionary Democrat*. London: Athlone Press, pp. 65-82.

Kirk, John (1982): "José Martí and the United States: A Further Interpretation". En: *Journal of Latin American Studies*, IX, 2, pp. 275-290.

Lomas, Laura (2000): "Imperialism, Modernization and the Commodification of Identity in José Martí's 'Great Cattle Exposition'". En: *Journal of Latin American Cultural Studies*, 9, pp. 193-212.

— (2006): "José Martí Between Nation and Empire. Latino Cultural Critique at the Intersection of the Americas". En: Font, Mauricio A./Quiroz, Alfonso W. (eds.): *The Cuban Republic and José Martí*. Oxford: Lexington Books, pp. 115-126.

— (2008): *José Mari, Migrant Latino Subject, and American Modernities*. Durham/London: Duke University Press.

Martí, José (1963): "Exposiciones". En: *Obras Completas. Nuestra América*. Vol. VIII. La Habana: Editorial Nacional de Cuba, pp. 343-471.

— (1963): *Obras Completas. En los Estados Unidos*. Vol. X. La Habana: Editorial Nacional de Cuba.

— (1964): *Obras Completas. En los Estados Unidos*. Vol. XII. La Habana: Editorial Nacional de Cuba.

— (1965): *Periodismo diverso*. En: *Obras Completas*. Vol. XXIII. La Habana: Editorial Nacional de Cuba.

— ([1885] 1969): *Lucía Jerez*. Ed. de Manuel Pedro González. Madrid: Gredos.

— (1977): "Un viaje a Venezuela". En: Marinello, Juan/Achugar, Hugo/Vitier, Cintio (eds.): *Nuestra América*. Vol. 15. Caracas: Biblioteca Ayacucho, pp. 227-239.

— (1978): *Obra Literaria*. Vol. 40. Ed. de Cintio Vitier. Caracas: Biblioteca Ayacucho.

— (1992): *La Edad de Oro*. Ed. de Roberto Fernández Retamar. México, D.F.: Fondo de Cultura Económica.

Montaldo, Graciela (1994): *La sensibilidad amenazada. Fin de Siglo y Modernismo*. Rosario: Beatriz Viterbo Editora.

Nelson, Dana D. (1998): *National Manhood. Capitalist Citizenship and the Imagined Fraternity of White Men*. Durham: Duke University Press.

Orvell, Miles (1995): *After the Machine. Visual Arts and the Erasing of Cultural Boundaries*. Jackson: University Press of Mississippi.

Putney, Clifford (2001): *Muscular Christianity. Manhood and Sports in Protestant America, 1880-1920*. Cambridge: Harvard University Press.

Ramos, Julio (1989): *Desencuentros de la modernidad en América Latina. Literatura y política en el siglo XIX*. México, D.F.: Fondo de Cultura Económica.

Ripoll, Carlos (1984): *José Martí, the United States, and the Marxist Interpretation of Cuban History*. New Brunswick: Transaction Books.

Rodríguez-Luis, Julio (ed.) (1999): *Re-Reading José Martí (1853-1895): One Hundred Years Later*. Albany: SUNY Press.

Rotker, Susana (1992): *La invención de la crónica*. (Premio Casa de las Américas 1991). Argentina: Ediciones Letra Buena.

Sarlo, Beatriz (1992): *La imaginación técnica. Sueños modernos de la cultura argentina*. Buenos Aires: Ediciones Nueva Visión.

Schivelbusch, Wolfgang (1986): *The Railway Journey. The Industrialization of Time and Space in the 19th Century*. Los Angeles/Berkeley: University of California Press.

Tablada, Ricardo Hodelín (2006): "José Martí. De la cárcel a España, enfermedad y sufrimientos". En: <http://www.uvs.sld.cu/humanides/plonearticlemultipage. 74870657408/jose-marti-de-la-carcel-a-espana-enfermedades-y-sufrimientos> (15.08.2006).

Tickner, Lisa (1994): "Men's Work? Masculinity and Modernism". En: Bryson, Norman/Holly, Michael Ann/Moxey, Keith (eds.): *Visual Culture. Images and Interpretations*. London: Wesleyan University Press, pp. 42-82.

Virilio, Paul (1995): *The Art of the Motor*. Minneapolis: University of Minnesota Press.

Weinberg, Gregorio (1998): *La ciencia y la idea de progreso en América Latina, 1860-1930*. Argentina: Fondo de Cultura Económica.

Wosk, Julie (1992): *Breaking Frame. Technology and the Visual Arts in the Nineteenth Century*. New Jersey: Rutgers University Press.

Autoras y autores

Vittoria Borsò, Catedrática de filología románica en la Universidad Heinrich Heine de Düsseldorf.

Katja Carrillo Zeiter, Investigadora en el Instituto Ibero-Americano de Berlín.

Robert Folger, Catedrático de literatura y cultura española en la Universidad de Utrecht.

Beatriz González-Stephan, Catedrática de literatura y estudios culturales latinoamericanos en la Universidad William Marsh Rice de Houston.

Martha Guzmán, Docente de lingüística hispánica en la Universidad Ludwig-Maximilian de Múnich.

Kurt Hahn, Profesor titular de filología románica en la Universidad Católica de Eichstätt-Ingolstadt.

Xuan Jing, Colaboradora científica de filología románica en la Universidad Ludwig-Maximilian de Múnich.

Christopher F. Laferl, Catedrático de literatura iberoamericana en la Universidad de Salzburgo.

Stephan Leopold, Catedrático de literatura francesa, española y latinoamericana en la Universidad Johannes Gutenberg de Maguncia.

Wolfgang Matzat, Catedrático de filología románica en la Universidad Eberhard-Karl de Tubinga.

Gesine Müller, Directora del grupo de investigación Emmy Noether: "Caribe Transcolonial" en la Universidad de Potsdam.

Fernando Nina, Colaborador científico en filología hispanoamericana en la Universidad Ludwig-Maximilian de Múnich.

Eugenia Ortiz, Profesora ayudante en literatura hispánica y teoría de la literatura de la Universidad de Navarra.

André Otto, Colaborador científico en literatura hispanoamericana en la Universidad Ludwig-Maximilian de Múnich.

Annette Paatz, Profesora titular de literatura española e hispanoamericana en la Universidad Georg August de Gotinga.

Michael Rössner, Catedrático de filología románica en la Universidad Ludwig-Maximilian de Múnich.

Javier G. Vilaltella, Docente de literatura española e hispanoamericana en la Universidad Ludwig-Maximilian de Múnich.

Monica Wehrheim, Profesora titular de filología románica en la Universidad Friedrich-Wilhelm de Bonn.